权威·前沿·原创

皮书系列为
"十二五""十三五"国家重点图书出版规划项目

智库成果出版与传播平台

企业社会责任蓝皮书

BLUE BOOK OF
CORPORATE SOCIAL RESPONSIBILITY

中国企业社会责任研究报告（2020）

RESEARCH REPORT ON CORPORATE SOCIAL
RESPONSIBILITY OF CHINA (2020)

强化责任担当，决胜全面小康

李　扬　彭华岗／顾　问
黄群慧　钟宏武　张　蒽／著
任姣姣　刘璐璐　等／数据分析

社会科学文献出版社
SOCIAL SCIENCES ACADEMIC PRESS (CHINA)

图书在版编目(CIP)数据

中国企业社会责任研究报告.2020:强化责任担当,决胜全面小康/黄群慧,钟宏武,张蒽著.--北京:社会科学文献出版社,2020.11
 (企业社会责任蓝皮书)
 ISBN 978-7-5201-7549-4

Ⅰ.①中… Ⅱ.①黄… ②钟… ③张… Ⅲ.①企业责任-社会责任-研究报告-中国-2020 Ⅳ.①F279.2

中国版本图书馆 CIP 数据核字(2020)第 207606 号

企业社会责任蓝皮书
中国企业社会责任研究报告(2020)
——强化责任担当,决胜全面小康

顾　　问 / 李　扬　彭华岗
著　　者 / 黄群慧　钟宏武　张　蒽

出 版 人 / 谢寿光
责任编辑 / 张　超

出　　版 / 社会科学文献出版社·皮书出版分社 (010)59367127
　　　　　　地址:北京市北三环中路甲29号院华龙大厦　邮编:100029
　　　　　　网址:www.ssap.com.cn
发　　行 / 市场营销中心 (010)59367081　59367083
印　　装 / 天津千鹤文化传播有限公司
规　　格 / 开　本:787mm×1092mm　1/16
　　　　　　印　张:23.75　字　数:356千字
版　　次 / 2020年11月第1版　2020年11月第1次印刷
书　　号 / ISBN 978-7-5201-7549-4
定　　价 / 168.00元

本书如有印装质量问题,请与读者服务中心(010-59367028)联系

▲ 版权所有 翻印必究

主要编撰者简介

黄群慧 中国社会科学院经济研究所所长、研究员、博士生导师,《经济研究》主编,兼任中国企业管理研究会副会长、理事长,国家制造强国建设战略咨询委员会委员,国务院反垄断委员会专家咨询组成员,2009年享受国务院颁发的政府特殊津贴,2013年入选"百千万人才"国家级人选,荣获"国家级有突出贡献的中青年专家"称号,2015年入选文化名家暨"四个一批"人才,2016年入选第二批"万人计划"国家社会科学领军人才。主要研究领域为产业经济和企业管理。曾主持国家社科基金重大项目、国家自然科学基金以及多项省部级重大项目。在《中国社会科学》《经济研究》等学术刊物公开发表论文300余篇,独立撰写、参与撰写著作30余部。其成果曾获第十二届孙冶方经济科学奖、第二届蒋一苇企业改革与发展学术基金优秀专著奖、第三届蒋一苇企业改革与发展学术基金优秀论文奖、第十四界中国图书奖、第四届"三个一百"原创图书奖、中国社会科学院优秀科研成果二等奖和三等奖等。

钟宏武 中国社会科学院教授,管理学博士,中国社会责任百人论坛秘书长,责任云研究院名誉院长。主持"中央企业社会责任蓝皮书"(国资委课题)、"中央企业'一带一路'履责报告"(国资委课题)、"中央企业海外社会责任研究"(国资委课题)、"中央企业社会责任推进机制研究"(国资委课题)、"企业参与精准扶贫优秀案例"(国务院扶贫办课题)、"促进企业参与扶贫机制研究"(国务院扶贫办课题)、"'一带一路'与中资企业海外社会责任"(国家发改委课题)、"中国矿业企业社会责任报告指引"(国土资源部课题)、"责任制造2025"(工信部课题)、"中国食品药品行业社会责任信息披露机制研究"（国家食药监局课题）、"中国保险业社会责任研究"（保监会课题）、"上市公司社会责任信息披露情况研究"（深交所课题）；先后访问日本、南非、英国、瑞典、缅甸、苏丹、美国、韩国、荷兰、赞比亚、津巴布韦、泰国、印度尼西亚、老挝、埃塞俄比亚、孟加拉国、捷克，研究企业社会责任。编写《中央企业社会责任蓝皮书》《企业扶贫蓝皮书》《中国企业精准扶贫50佳案例》《中国企业社会责任报告编写指南》《企业社会责任管理体系研究》《企业社会责任基础教材》《企业社会责任蓝皮书》《企业公益蓝皮书》《企业社会责任报告白皮书》《中国国际社会责任与中资企业角色》《慈善捐赠与企业绩效》等50余部。在《经济研究》《中国工业经济》《人民日报》等报刊上发表论文50余篇。

张　蒽　中国社会科学院教授，管理学博士，经济学博士后，中国社会责任百人论坛执行秘书长，责任云研究院首席专家。作为主要研究人员参与"责任制造2025""中央企业社会责任推进机制研究""上市公司社会责任信息披露""中央企业社会责任理论研究""企业社会责任指标体系研究"等重大课题的研究。参与编写《企业社会责任蓝皮书》《中国企业社会责任发展指数报告》《中国企业社会责任报告编写指南》《企业社会责任管理体系研究》《企业社会责任基础教材》《中国企业社会责任报告白皮书》《中国上市公司非财务信息披露研究报告》《企业社会责任负面信息披露研究》等，在《中国工业经济》《经济管理》等期刊公开发表与社会责任相关论文。

中国社会责任百人论坛简介

"中国社会责任百人论坛"(China Social Responsibility 100 Forum,简称"责任百人论坛"),是由致力于推动中国社会责任发展的专家学者、企业家、社会活动家等自发建立的公益性机制,是中国社会责任领域的高端平台。

责任百人论坛通过持续举办重点热点问题研讨会、重要成果发布会等,实现汇聚责任思想、共享责任成果、提升履责绩效的论坛宗旨,为政府推进社会责任发展建言献策,为企业履行社会责任指明方向,助力中国走出一条经济繁荣、社会进步、环境优美的可持续发展之路,携手共筑"中国梦"。

一、责任百人论坛发起人(32人)

彭华岗　国务院国资委党委委员、秘书长

李　扬　中国社会科学院学部委员、国家金融与发展实验室理事长

欧晓理　国家发改委社会司司长

张晓刚　国际标准化组织(ISO)主席

宋志平　中国上市公司协会会长

刘兆彬　中国质量万里行促进会会长

曹宏瑛　中国外商投资企业协会常务副会长

崔建国　中国黄金行业协会副会长

王小康　全国政协委员、中国节能环保集团有限公司原董事长

宋　鑫　中国节能环保集团有限公司董事长、全国政协委员

刘　冰　中国黄金集团有限公司董事、总经理、党委副书记

史正江	中国南方电网有限责任公司原党组副书记、副总经理
张　涛	国务院国资委中央企业专职外部董事、行业协会商会党建局（工作局）原局长
蓝　屹	华润集团秘书长、办公厅主任
吕大鹏	中国石化新闻发言人、党组宣传部部长
陈建军	圣象集团董事长
党彦宝	宁夏宝丰集团有限公司董事长、宁夏燕宝慈善基金会理事长
郑崇华	台达集团创办人暨荣誉董事长
王　彤	中国三星首席副总裁
张　凯	松下电器（中国）有限公司副总裁
潘家华	中国社会科学院城市发展与环境研究所所长、中国社会科学院学部委员
黄群慧	中国社会科学院经济研究所所长
李雪松	中国社会科学院工业经济研究所党委书记
刘纪鹏	中国政法大学商学院院长
邓国胜	清华大学公共管理学院副院长
张洪忠	北京师范大学新闻传播学院副院长、教授
周祖城	上海交通大学安泰经济与管理学院教授
倪鹏飞	中国社会科学院城市与竞争力研究中心主任
胡志浩	国家金融与发展实验室副主任
董忠云	中航证券研究所所长
钟宏武	中国社会科学院博士、教授（论坛秘书长）
张　蒽	中国社会科学院博士、教授（论坛执行秘书长）

二、责任百人论坛理事会单位（35 家）

中国石化、国投集团、华润集团、南方电网、东风汽车、中国一汽、中国华电、中国电建、中国旅游集团、中国黄金、华润电力、华润燃气、华润创业、蒙牛、华发集团、中国民生银行、阿里巴巴、华夏幸福、伊利、圣象、碧桂园集团、宝丰集团、天润新能、中国三星、SK 集团、现代汽车、松下电器、LG 化学、台达、东风悦达起亚、Apple、中国兵器工业、中国移动、安利、华润健康

三、责任百人论坛秘书处联系方式

秘　书　长：钟宏武　13911200188　zhonghw@ cass – csr. org
执行秘书长：张　蒽　18611745997　zhangen@ cass – csr. org

研究业绩

课题

- 国务院国资委:"中央企业社会责任蓝皮书",2020;
- 国务院国资委:"中央企业海外社会责任蓝皮书",2020;
- 国务院国资委:"中央企业抗击新冠肺炎疫情案例集",2020;
- 国务院国资委:"中央企业脱贫攻坚白皮书",2020;
- 国务院扶贫办、国务院国资委:"中央企业精准扶贫优秀案例",2020;
- 国务院扶贫办:"企业精准扶贫案例研究",2020;
- 国家发改委:"从消除绝对贫困到缓解相对贫困——2020年后的中国减贫问题研究",2020;
- 工业和信息化部:"企业社会责任与精准扶贫支撑",2020;
- 国务院国资委:"中央企业社会责任蓝皮书",2019;
- 国务院国资委:"中央企业海外社会责任蓝皮书",2019;
- 国务院扶贫办:"企业精准扶贫案例研究",2019;
- 国务院国资委:"中央企业社会责任蓝皮书",2018;
- 国务院国资委:"中央企业'一带一路'履责报告",2018;
- 国务院扶贫办:"企业参与精准扶贫优秀案例",2018;
- 国务院国资委:"中央企业社会责任蓝皮书",2017;
- 国务院国资委:"中央企业海外社会责任研究",2017;
- 国务院国资委:"中央企业社会责任报告专题分析报告",2017;
- 国务院扶贫办:"促进企业参与精准扶贫机制研究",2017;

- 国务院扶贫办:"陇南市电商精准扶贫执行效果第三方评估报告",2013~2015;
- 国家发改委:"'一带一路'与海外企业社会责任",2015;
- 工业和信息化部:"责任制造——以社会责任推动'中国制造2025'",2015;
- 国务院国资委:"中资企业海外社会责任研究",2014;
- 国务院国资委:"中央企业社会责任优秀案例研究",2014;
- 国家食药监局:"中国食品药品行业社会责任信息披露机制研究",2014;
- 国土资源部:"中国矿业企业社会责任评价指标体系研究",2014;
- 中国保监会:"中国保险业社会责任研究",2014;
- 全国工商联:"中国民营企业社会责任研究报告",2014;
- 陕西省政府:"陕西省企业社会责任研究",2014;
- 国土资源部:"中国矿业企业社会责任报告制度研究",2013;
- 国务院国资委:"中央企业社会责任优秀案例研究",2013;
- 中国扶贫基金会:"中资企业海外社会责任研究",2012~2013;
- 北京市国资委:"北京市属国有企业社会责任研究",2012年5~12月;
- 国资委研究局:"企业社会责任推进机制研究",2010年1~12月;
- 国家科技支撑计划课题:"社会责任国际标准风险控制及企业社会责任评价技术研究"之子任务,2010年1~12月;
- 深交所:"中国上市公司社会责任信息披露报告",2009年3~12月;
- 中国工业经济联合会:工信部"关于制定'推进企业社会责任建设指导意见'"前期研究成果,2009年10~12月;
- 中国社会科学院:"灾后重建与企业社会责任",2008年8月至2009年8月;
- 中国社会科学院:"海外中资企业社会责任研究",2007年6月至2008年6月;

●国务院国资委:"中央企业社会责任理论研究",2007年4~8月。

专著

● 《中国企业社会责任研究报告(2019)》,社会科学文献出版社,2019;
● 《中国企业社会责任研究报告(2018)》,社会科学文献出版社,2018;
● 《中国企业社会责任研究报告(2017)》,社会科学文献出版社,2017;
● 《中国企业扶贫研究报告(2016)》,社会科学文献出版社,2016;
● 《中国企业公益研究报告(2016)》,社会科学文献出版社,2016;
● 《中国企业社会责任研究报告(2016)》,社会科学文献出版社,2016;
● 《中国企业公益研究报告(2015)》,社会科学文献出版社,2015;
● 《中国企业社会责任研究报告(2015)》,社会科学文献出版社,2015;
● 《中国企业社会责任研究报告(2014)》,社会科学文献出版社,2015;
● 《中国企业社会责任研究报告(2013)》,社会科学文献出版社,2014;
● 《中国国际社会责任与中资企业角色》,中国社会科学出版社,2013;
● 《中国企业社会责任研究报告(2012)》,社会科学文献出版社,2012;
● 《中国企业社会责任研究报告(2011)》,社会科学文献出版社,2011;
● 《中国企业社会责任研究报告(2010)》,社会科学文献出版社,2010;
● 《中国企业社会责任研究报告(2009)》,社会科学文献出版社,2009。

论文

在《经济研究》《中国工业经济》《人民日报》《光明日报》等报刊上

发表论文数十篇。

专访

接受中央电视台、北京电视台、中央人民广播电台、中央人民国际广播电台、人民网、新华网、光明网、凤凰卫视、法国24电视台等数十家媒体专访。

摘 要

在延续和发展《中国企业社会责任研究报告》(2009~2019)研究方法和技术路线的基础上，课题组编写了《中国企业社会责任研究报告(2020)》。全书由总报告、分报告、专题报告、行业报告和附录五大部分构成。

总报告即《中国企业社会责任发展报告(2020)》。课题组构建了一套反映企业社会责任管理现状和社会责任信息披露水平的综合评价体系，它以中国企业300强为研究对象，从企业社会责任报告、财务报告、企业官方网站等公开渠道搜集企业主动披露的责任信息，对2019~2020年中国国有企业100强、民营企业100强、外资企业100强以及重点行业的社会责任管理和信息披露水平进行整体评价，总结年度特征。

分报告包括《中国国有企业100强社会责任发展指数(2020)》《中国民营企业100强社会责任发展指数(2020)》《中国外资企业100强社会责任发展指数(2020)》三部分，分别对国有企业100强、民营企业100强、外资企业100强的社会责任发展指数进行详细解读。

专题报告由《中央企业社会责任发展报告(2020)》《中国企业抗击疫情捐赠报告(2020)》两部分构成。《中央企业社会责任发展报告(2020)》以国务院国有资产监督管理委员会监管的中央企业为评价对象，分析中央企业社会责任发展阶段性特征。《中国企业抗击疫情捐赠报告(2020)》聚焦中国企业在抗击新冠肺炎疫情中的捐赠行为，以捐赠金额达100万元以上的企业为评价对象，分析企业的捐赠特征。

行业报告是对重点行业社会责任发展指数的详细解读，对银行、电力、军工、建材、电子、保险、房地产、钢铁、采矿、家用电器、建筑、食品、节能环保、机械设备、汽车、石油化工、医药生物、快递、互联网、日化等20个社会关注度高、影响力大的行业进行研究，分析各行业中重点企业的社会责任发展指数，总结各行业社会责任管理与社会责任信息披露水平的阶段性特征。

附录一全面呈现2020年中国企业300强社会责任发展指数及排名，附录二详细呈现2020年国有企业100强社会责任发展指数及排名，附录三列举了2020年民营企业100强社会责任发展指数及排名，附录四详细列举了2020年外资企业100强社会责任发展指数及排名，附录五呈现了2020年中国企业300强责任管理指数及排名，附录六呈现了2009～2020年中国企业300强社会责任发展指数及排名，附录七呈现了20个重点行业2020年社会责任发展指数及排名，附录八简单介绍了人才建设/行业研究的基本情况。

关键词： 企业社会责任　社会责任发展指数　责任管理

Abstract

Following and developing the research methods and routes of the Research Report on Corporate Social Responsibility of China (2009 ~ 2019), We write the *Research Report on Corporate Social Responsibility of China (2020)*. The book is constituted by 5 parts: General Report, Partial Report, Thematic Report, Industry Report and Appendix.

General Report is "The CSR Development Report of Chinese Enterprises (2020)". The studying team builds a comprehensive appraisal system to evaluate the situation of CSR management and the level of CSR information disclosure. The research objects are top 300 series enterprises in China, containing top 300 Chinese enterprises, top 100 state-owned enterprises (SOEs), top 100 private enterprises, top 100 foreign-invested enterprises and key industries. Collecting the CSR information via their CSR reports, annual reports and official websites, we did an all-around research on their current CSR management and CSR information disclosure between 2019 and 2020.

The Partial Reports include 3 chapters, which are "The CSR Development Index of Top 100 SOEs in China (2020)", "The CSR Development Index of Top 100 Private Enterprises in China (2020)", "The CSR Development Index of Top 100 Foreign-invested Enterprises in China (2020)". Those 3 chapters explain the CSR development index and summarize the annual CSR characteristics.

The Special Reports consist of two parts: "Research Report on the Development of Social Responsibility of State-owned Key Enterprises (2020)" and "Research Report on Donations by Chinese Enterprises to Fight the COVID – 19 (2020)". The "Research Report on the Development of Social Responsibility of State-owned Key Enterprises (2020)" takes State-owned Key Enterprises under the supervision of the State-owned Assets Supervision and

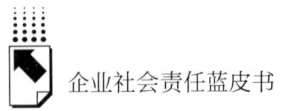

Administration Commission of the State Council as the evaluation objects, and analyzes the characteristics of the development of social responsibility of those enterprises. The "Research Report on Donations by Chinese Enterprises in Fighting the COVID – 19 (2020)" analyzed the characteristics of donation behaviors of 4,061 companies that donated more than 1 million RMB for fighting against the COVID – 19.

The Industry Report is a detailed interpretation of the industry social responsibility development index. The emphasis is laid on the analysis of 20 key industries with high social concern and great influence, which are the banking, electric power, Special Equipment Manufacturing, building materials, electronics, insurance, real estate, steel, mining, Home Appliance Manufacturing, construction, food, energy conservation and environmental protection, machinery and equipment, automobiles, petrochemicals and medical biology. The report aims to reflect the level of social responsibility management and social responsibility information disclosure in various industries.

In Appendices, we provide the details of "The CSR Development Index of Top 300 Enterprises in China (2020)", "The CSR Development Index of Top 100 SOEs in China (2020)", "The CSR Development Index of Top 100 Private Enterprises in China (2020)", "The CSR Development Index of Top 100 Foreign-invested Enterprises in China (2020)", "The CSR Management Index of Top 300 Enterprises in China (2020)", "The CSR Development Index of Top 300 Enterprises in China (2009 – 2020)", "The CSR Development Index of Key Industry (2020)" in Appendix 1 – 7. We also list the Talent Construction/Industry Research in Appendix 8.

Keywords: Corporate Social Responsibility; Social Responsibility Development Index; Social Responsibility Management

前　言

2020年是全面建成小康社会收官之年。这是我们党向人民、向历史作出的庄严承诺，是14亿多中国人民的共同期盼，是中华民族伟大复兴征程上的一座重要里程碑。在这一伟大实践中，企业如何更好地履责担当是一道重要的"必答题"，是历史赋予的光荣使命和时代重任！

"小康"是中华民族几千年来孜孜以求的理想社会状态。《诗经》"民亦劳止，汔可小康"的诗句，就表达出中国老百姓向往幸福安康生活的朴素愿望。改革开放之初，邓小平同志首次用"小康"来诠释"中国式现代化"，提出到20世纪末"在中国建立一个小康社会"的奋斗目标。那时，经济体制改革下的企业正在"摸着石头过河"，社会责任也处于萌芽状态。随着党和人民不断赋予"小康"更高的标准、更丰富的内涵，从解决温饱到小康水平，从总体小康到全面小康，从全面建设到全面建成，从来具有"兼济天下"精神的中国企业始终明白：只有让发展成果为人民共享，企业改革才能凝心聚力；只有让人民幸福安康，经济发展才能行稳致远。中国企业越来越主动、勇敢地承担起社会责任。

"小康"讲的是发展水平，"全面"讲的是发展的平衡性、协调性、可持续性。全面建成小康社会是中国历史上亘古未有的巨大成就，是中国对人类社会的伟大贡献，在中华民族发展史上，乃至在世界发展史、社会主义发展史上，都具有极为重大的意义。党的十八大顺应我国经济社会新发展和人民对美好生活的新期待，将全面建成小康社会纳入"四个全面"战略布局，并居于引领位置，习近平总书记更擘画了实现"两个一百年"奋斗目标宏伟蓝图。企业深入贯彻新发展理念，努力提升发展可持续性，为实现全面建成小康社会目标贡献了重要力量。党的十九大发出决胜全面建成小康社会的动员令，要求在"两个一百年"奋斗目标历史交汇期，既全面建成小康社会、实现第一个百年奋斗目标，又乘势而上开启全面建设社会主义现代化国家新征程，向第二个百年奋斗目标进军。企业也在新一轮科技革命和产业变革中，不断树立全球化、可持续发展视野和战略格局，积极创新社会责任管理与履责实践，为全面小康刻下最温暖的时代印记。

习近平总书记曾在 2016 年网络安全和信息化工作座谈会上的讲话中指出："只有富有爱心的财富才是真正有意义的财富，只有积极承担社会责任的企业才是最有竞争力和生命力的企业。"任何企业只有真诚回报社会、切实履行社会责任，才能真正得到社会认可，才是符合时代要求的企业。多年来，我国人民生活实现从贫困落后到美好幸福的划时代跨越，我国企业实现从唯经济效益增长论英雄到"走出去"成为"全球公民"的转变，社会责任事业蓬勃发展。而这离不开各个利益相关方的支持，尤其离不开党和国家的高度重视。2006 年是中国企业社会责任元年，当年开始实行的《公司法》将"公司承担社会责任"写入法律条文中；2008 年，国务院国资委以 1 号文形式发布《关于中央企业履行社会责任的指导意见》，推动实现企业与社会、环境全面协调可持续发展；2013 年，党的十八届三中全会审议通过《中共中央关于全面深化改革若干重大问题的决定》，将"承担社会责任"明确为深化国有企业改革六大重点任务之一，第一次将企业社会责任写入党的文件；2014 年，党的十八届四中全会审议通过《中共中央关于全面推进依法治国若干重大问题的决定》，指出要"加强社会责任立法"，标志着企业社会责任进入法制化建设轨道。2015 年，《社会责任指南》《社会责任报告编写指南》《社会责任绩效分类指引》三项社会责任国家标准正式出台，为全社会各类社会责任组织包括各类企业开展社会责任工作提供规范性建议与指南。2018 年，中国证监会在新版《上市公司治理准则》中要求上市公司贯彻新发展理念，弘扬优秀企业家精神，积极履行社会责任；深交所、上交所、港交所等也先后发布社会责任或 ESG 指引，推动上市企业积极履责……

与此同时，国际社会责任思潮澎湃，标准衡量趋于规范。2010 年，国际标准化组织推出社会责任国际标准 ISO 26000，在全球范围内统一社会责任定义，明确社会责任的原则与核心主题。2015年，联合国继千年发展目标之后提出"2030年可持续发展目标"（SDGs），呼吁全世界一同实现所有人更美好和更可持续的未来。2016年，全球报告倡议组织（GRI）发布更新版本的可持续发展报告架构，并于2018年全面取代G4指南，成为企业社会责任报告新的世界标准，等等。

作为学者，我们始终努力为我国企业社会责任制度建设和学术研究贡献力量。2009年，我们首次发布"企业社会责任蓝皮书"，构建"中国企业社会责任发展指数"评价中国企业社会责任管理和信息披露水平，产生广泛社会影响。同年，我们推出《中国企业社会责任报告指南（CASS - CSR1.0）》，这是我国本土第一本社会责任报告编写指南；该指南于2017年升级至4.0版本，为中国企业编制社会责任报告提供了最佳参考。2010年，中国社会科学院研究生院MBA中心开设了我国MBA第一个企业社会责任必修课，在中国企业社会责任教育领域迈出第一步。2013年，我们牵头编写的国内第一本系统性企业社会责任教材——《企业社会责任基础教材》（第一版）发布，实现了国内企业社会责任教材"从0到1"的重大转变；2019年，又发布《企业社会责任基础教材》（第二版），为企业更充分学习和借鉴国内外先进经验提供重要参考。2020年，我们连续第12年发布"企业社会责任蓝皮书"，以强大前沿理论研究和数据积累为企业更扎实履行社会责任、助力决胜全面小康献智献策。

举目回望，从"一穷二白"到成为世界第二大经济体、制造业第一大国、货物贸易第一大国，从缺吃少穿、生活困顿到追求生活品质、文化娱乐丰富。现在，承载着亿万人民梦想的全面小康，已经可以眺望到胜利航船的"桅杆尖头"，只要再进一步，就能够迎来梦想成真的时刻。而社会责任正是企业助力决胜全面小康紧握的奋斗之桨，高扬的担当之帆。企业履行社会责任是助力打赢三大攻坚战的重要举措。党的十九大把防范化解重大风险、精准脱贫、污染防治作为全面建成小康必须打赢的"三大攻坚战"，尤其把贫困人口脱贫作为底线任务和标志性指标。多年来，对口帮扶、定点扶贫、"光彩事业"、"万企帮万村"、"救急难"等一系列脱贫攻坚举措早已成为企业的思想自觉和统一行动，助推我国贫困人口从2012年底的9899万人减少到2019年底的551万人，贫困发生率由10.2%降至0.6%，为决战脱贫攻坚、决胜全面小康社会提供了坚实保障，也推动了我国提前10年实现联合国2030年可持续发展议程减贫目标。企业履行社会责任是推动改革创新的重要途径。改革创新内生动力的最大源泉是作为社会生产力基本载体的市场主体，其中最大活力蕴藏在企业中间。在新一轮全球增长面前，惟改革者进，惟创新者强，惟改革创新者胜。企业履行社会责任能够最大限度地解放和激发改革创新的巨大潜能，使创新要素配置更加高效、全要素生产率明显提高，有力推动企业在理念、技术、管理、模式等各方面持续升级，使现代企业制度更加成熟定型，企业发展更具质量。企业履行社会责任是提升文明开放的重要基础。文明多样性是人类社会的基本特征，文明交流互鉴是推动人类社会进步的动力和世界和平的纽带。社会责任履责实践与文化宣传在推动形成向上向善、诚信互助的社会风尚方面，以润物无声的方式温养人心、构筑和谐；同时，一个更加透明、友善、亲和的企业形象也更易获得普遍认可和信任，有利于向世界展现真实、立体、全面的中国形象，推动企业在更高水平的对外开放中实现更好发展，促进国内国际双循环，构建人类命运共同体。企业履行社会责任是人民美好生活的重要保障。人民幸福生活是最大的人权，而就业是最大的民生工程、民心工程、根基工程。"六稳""六保"中就业都是首位，宏观经济政策目标正从"保增长，稳就业"向"保就业，稳民生"转变，增加就业、关爱员工成为企业社会责任的重要方面。改革开放以来，企业按照以人民为中心的发展思想，强化履责担当，以新业态开辟经济新蓝海，以新就业满足发展新需求，以新手段提供关爱新温暖，让人民稳稳地享受殷实丰裕的民生福祉，尽情地沐浴全面小康幸福生活的灿烂阳光。企业履行社会责任是克服急难险重的重要体现。在党和国家坚强领导下，多年来中国企业担道义、应变局、战洪水、防非典、抗地震、控疫情，彰显强烈的责任意识和厚重的家国情怀。尤其是在遭遇新冠肺炎疫情这只"黑天鹅"的当口，企业奋勇担责、主动作为，在疫情防控期间开足马力保障物资，在复工复产中迅速抢回时间，为打赢疫情防控的人民战争、总体战、阻击战，实现经济社会发展目标任务助力良多。2020年的"企业社会责任蓝皮书"专题设置了《中国企业抗击疫情捐赠报告》，以多维度分析4061家抗疫捐赠总额超过100万元的企业为基础，记录下其奋斗履责的足迹。

驻足远望。新冠肺炎疫情冲击只是短期的、阶段性的，中国经济稳中向好、长期向好的基本面没有改变，潜力足、韧性强、回旋空间大、政策工具多的基本特点没有改变。从站起来、富起来到强起来，中国已具有全球最完整、规模最大的工业体系，具有强大的生产能力、完善的配套能力。"十四五"时期是在全面建成小康社会基础上开启全面建设社会主义现代化国家新征程的第一个五年，我国将进入新发展阶段。面对增量风险与存量难题彼此交织、世纪灾疫与百年变局相互叠加，企业只有强化责任担当、积极主动作为，在危机中育新机、于变局中开新局，才能在时代大考中交出合格答卷。企业社会责任要在新发展格局形成中发挥作用。2020年全国"两会"以来，习近平总书记多次提到形成以国内大循环为主体、国内国际双循环相互促进的新发展格局。这是立足世界正经历百年未有之大变局、新一轮科技革命和产业变革蓬勃兴起的大背景，基于中华民族伟大复兴的战略全局提出的。从经济循环角度看，企业必须严格落实好本质责任，畅通产业链、创新链和价值链，推动产业智能化、高端化、绿色化和服务化水平，加快从单一生产环节向价值链两端拓展，提高产品与服务供给质量，不断满足人民日益增长的对美好生活的需要。企业社会责任要与世界一流对标优化。1989年中国企业第一次登上世界500强排行榜时，仅有一家。而在2020年，中国大陆（含香港）公司数量达124家，历史上第一次超过美国（121家），实现历史性跨越，加上台湾地区企业，中国共有133家公司上榜，再次刷新纪录。但仍要清晰看到，我国企业发展质量还不够高，"大而不强"问题仍然存在，社会责任距离世界一流企业还有很长一段路要走。企业要以对标世界一流为出发点和切入点，以加强社会责任管理体系和管理能力建设为主线，努力构建形成系统完备、科学规范、运行高效的社会责任管理体系，推动建设具有全球竞争力的世界一流企业。企业社会责任要同企业发展齐头并进。

企业做得越大,社会责任、道德责任就越大,公众对企业这方面的要求也就越高。企业要立足可持续发展长远未来,充分考虑和平衡当前利益与长远发展,坚持社会责任与企业管理同频共振、与企业发展同向并行;坚持以发展的眼光看待社会责任相关议题,以负责任的经营态度推动经济效益、社会效益、生态效益相统一;坚持以人民为中心,变革创新社会责任履责实践与传播路径,拓展出更多新理念新思想新战略,串联起更多新伙伴新故事新声音,在新一代信息通信技术为主要驱动力的数字化浪潮中,开辟出企业可持续发展的基业长青新路!

凡作事,将成功之时,其困难最甚。正如2015年习近平总书记在党的十八届五中全会第二次全体会议上的讲话中对深刻认识全面建成小康社会决胜阶段的形势所指出的:"现在,这个时跨本世纪头20年的奋斗历程到了需要一鼓作气向终点线冲刺的历史时刻。完成这一战略任务,是我们的历史责任,也是我们的最大光荣。"我们要以必胜的信心、昂扬的斗志、扎实的努力、坚实的担当,决胜全面建成小康社会,夺取新时代中国特色社会主义伟大胜利!

中国社会科学院经济研究所所长
中国社会责任百人论坛发起人
黄群慧

目 录

Ⅰ 总报告

B.1 中国企业社会责任发展报告（2020）……………………………… 002
    一　研究方法和技术路线 …………………………………………… 002
    二　中国企业300强社会责任发展指数排名（2020）…………… 014
    三　中国企业300强社会责任发展阶段性特征（2020）……… 018

Ⅱ 分报告

B.2 中国国有企业100强社会责任发展指数（2020）……………… 039
B.3 中国民营企业100强社会责任发展指数（2020）……………… 055
B.4 中国外资企业100强社会责任发展指数（2020）……………… 070

Ⅲ 专题报告

B.5 中央企业社会责任发展报告（2020）…………………………… 085
B.6 中国企业抗击疫情捐赠报告（2020）…………………………… 094

Ⅳ 行业报告

B.7 重点行业社会责任发展指数（2020） ………………… 110

Ⅴ 附录

B.8 附录一 中国企业300强社会责任发展指数排名（2020） ……… 230
B.9 附录二 国有企业100强社会责任发展指数排名（2020） ……… 249
B.10 附录三 民营企业100强社会责任发展指数排名（2020） ……… 255
B.11 附录四 外资企业100强社会责任发展指数排名（2020） ……… 260
B.12 附录五 中国企业300强责任管理指数排名（2020） …………… 266
B.13 附录六 中国企业300强社会责任发展指数排名
　　　　　（2009~2020） ………………………………………… 285
B.14 附录七 重点行业社会责任发展指数排名（2020） …………… 314
B.15 附录八 人才建设/行业研究 ……………………………………… 340

B.16 后　记 ……………………………………………………………… 345

CONTENTS

I General Report

B.1 The CSR Development Report of Enterprises in China (2020)　　/ 002
　　1. Research Methods and Routes　　/ 002
　　2. Ranking of the CSR Development Index of Top 300 Enterprises
　　　　in China(2020)　　/ 014
　　3. The Phrase Characteristics of CSR Development of Top 300 Enterprises
　　　　in China (2020)　　/ 018

II Partial Reports

B.2 The CSR Development Index of Top 100 SOEs in China (2020)　　/ 039
B.3 The CSR Development Index of Top 100 Private Enterprises
　　in China (2020)　　/ 055
B.4 The CSR Development Index of Top 100 Foreign-invested Enterprises
　　in China (2020)　　/ 070

III Thematic Reports

B.5 The CSR Development Index of Top State-owned Key Enterprises
　　in China (2020)　　/ 085

003

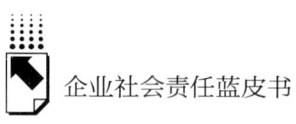

B.6　Research Report on Chinese Companies Fighting the
　　　COVID-19（2020） / 094

Ⅳ　Industry Report

B.7　The CSR Development Index of Industry (2020) / 110

Ⅴ　Appendices

B.8　Appendix 1　The CSR Development Index of Top 300 Enterprises
　　　in China (2020) / 230

B.9　Appendix 2　The CSR Development Index of Top 100 SOEs
　　　in China (2020) / 249

B.10　Appendix 3　The CSR Development Index of Top 100 Private
　　　Enterprises in China (2020) / 255

B.11　Appendix 4　The CSR Development Index of Top 100 Foreign-invested
　　　Enterprises in China (2020) / 260

B.12　Appendix 5　The CSR Management Index of Top 300 Enterprises
　　　in China (2020) / 266

B.13　Appendix 6　Ranking of the CSR Development Index of Top 300
　　　Enterprises in China(2009-2020) / 285

B.14　Appendix 7　The CSR Development Index of Key
　　　Industry (2020) / 314

B.15　Appendix 8　Talent Construction / Industry Research / 340

B.16　Postscript / 345

总 报 告
General Report

2009年以来，课题组连续十二年编著"企业社会责任蓝皮书"，发布中国企业社会责任发展指数，评价中国企业年度社会责任管理状况和社会/环境信息披露水平，辨析中国企业社会责任发展的阶段性特征，为深入推进中国企业社会责任发展提供基准性参考。2020年，课题组继续以"责任三角"理论为基础，对中国最大的300家企业进行独立、系统、深入的研究，促进中国企业社会责任高质量发展。

B.1
中国企业社会责任发展报告（2020）

摘　要： 本报告在"中国企业社会责任发展系列指数（2019）"指标评价体系的基础上，新增抗击疫情关键指标，对国有企业100强、民营企业100强、外资企业100强以及20个重点行业的社会责任发展水平进行评价，研究2019~2020年中国企业社会责任的最新进展，评价中国企业社会责任管理状况和社会/环境信息披露水平。研究发现，2019年中国企业300强社会责任发展指数为36.0分，同比增长3.3分，整体仍处于起步者阶段。国有企业100强社会责任发展指数领先于民营企业100强和外资企业100强。从责任板块来看，中国企业300强责任管理指数得分为21.5分，达到二星级水平、起步者阶段；责任实践指数得分为39.8分，接近追赶者阶段。在责任实践板块中，社会责任指数优于本质责任和环境责任。分析责任议题发现，政府责任、股东责任、抗击疫情、伙伴责任和社区责任五个责任议题表现较好，达到三星级水平。

关键词： 企业社会责任　社会责任发展指数　责任管理指数　发展年度特征

一　研究方法和技术路线

企业社会责任发展指数是对企业社会责任管理体系建设现状和社会/环境信息披露水平进行评价的综合指数，根据评价对象不同可产生不同的指数分类,进而形成中国企业社会责任发展系列指数。

中国企业社会责任发展指数(2020)的研究路径如下:延续"责任三角"企业社会责任理论模型,参考企业社会责任管理"三步十法"体系,优化评价框架;参考 ISO 26000、SDGs 等国际社会责任倡议文件、国内社会责任倡议文件和世界 500 强企业社会责任报告指标,依据实质性和重要性,对责任议题下设的通用指标和行业指标进行优化升级;结合当前热点社会问题,纳入精准扶贫、抗击疫情相关内容;从企业社会责任报告、企业年报、企业单项报告①、企业官方网站、课题组调研等渠道收集企业 2019 年 8 月 1 日至 2020 年 7 月 31 日公开披露的社会责任信息;参考外部权威媒体新闻,补充收集企业社会责任管理重大创新、重大负面事件等信息;对企业社会责任信息进行内容分析和定量分析,得出企业社会责任发展指数得分(见图 1)。

(一)理论模型

本研究以"责任三角"理论模型为基础。该模型以责任管理为核心,以本质责任为顶端,以社会责任和环境责任为两大基石,构成了稳定的"责任三角"结构(见图 2)。责任管理评价维度依据企业社会责任管理"三步十法"体系构建,包括三个步骤及十项关键工作。其中,第一步为责任组织,包含责任治理、责任理念、责任规划、责任制度四项关键工作;第二步是责任融合,包含责任议题、责任流程②、责任绩效、责任能力四项关键工作;第三步是责任沟通,包含责任报告、利益相关方参与两项关键工作(见图 3)。企业用其产品和服务创造社会价值、解决社会问题,并在此过程中获得经济回报,是最为本质的社会责任。本质责任包括股东责任、客户责

---

① 企业单项报告包括企业公益报告、扶贫报告、海外报告、环境报告、员工报告、客户报告、供应链报告等针对特定相关方对外发布的报告。
② 责任流程是指企业确保责任议题在日常工作中得以落地的制度设计,通过将责任议题的具体要求嵌入工作流程,优化关键岗位的工作方式,切实提升履行社会责任的绩效。本研究在责任流程方面侧重于考察企业推动社会责任工作融入集团总部相关部门日常运营、推动社会责任管理与实践融入下属单位业务经营的具体表现。

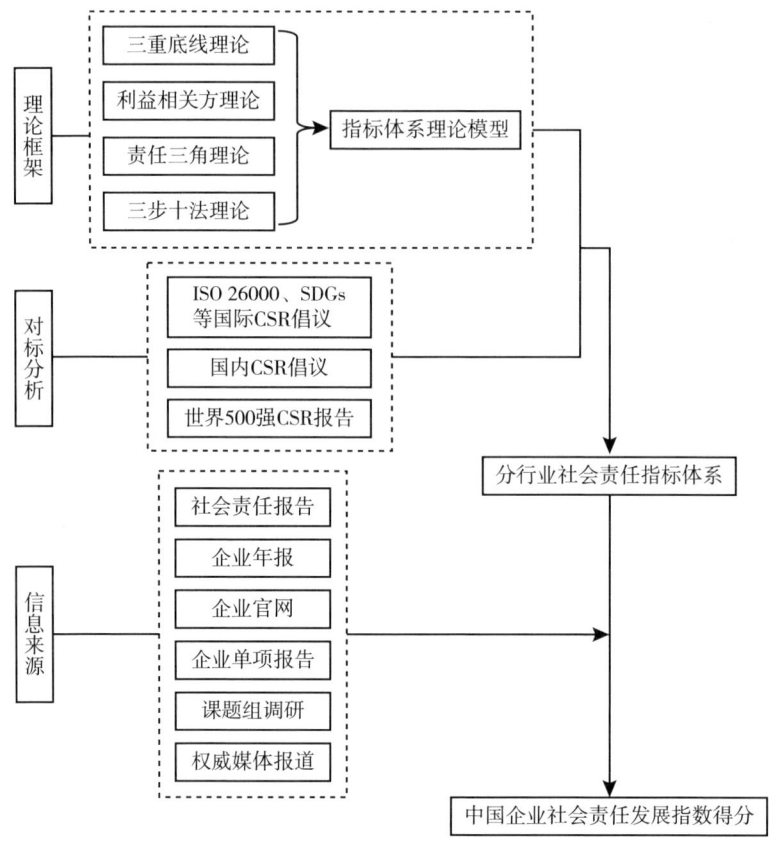

图 1　中国企业社会责任发展指数研究路径

任等内容；社会责任包括政府责任、伙伴责任、员工责任、安全生产、社区责任、精准扶贫、抗击疫情等内容；环境责任包括绿色管理、绿色生产和绿色运营等内容。

（二）指标体系

1. 对标分析

为使中国企业社会责任发展指数指标体系既遵从国际规范又符合中国实践，本研究参考了联合国可持续发展目标（SDGs）、国际标准化组织社会责任指南（ISO 26000）、全球报告倡议组织（GRI）可持续发展报告指南（GRI

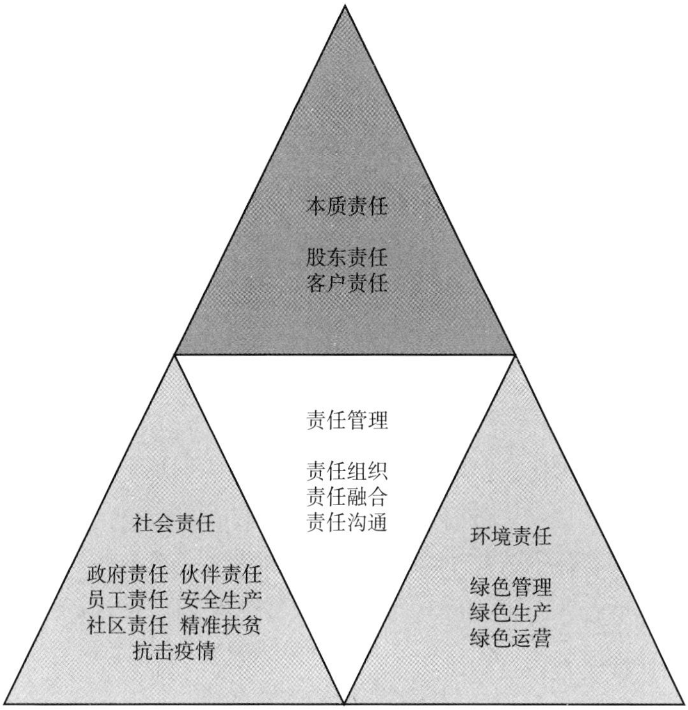

图 2 "责任三角"理论模型

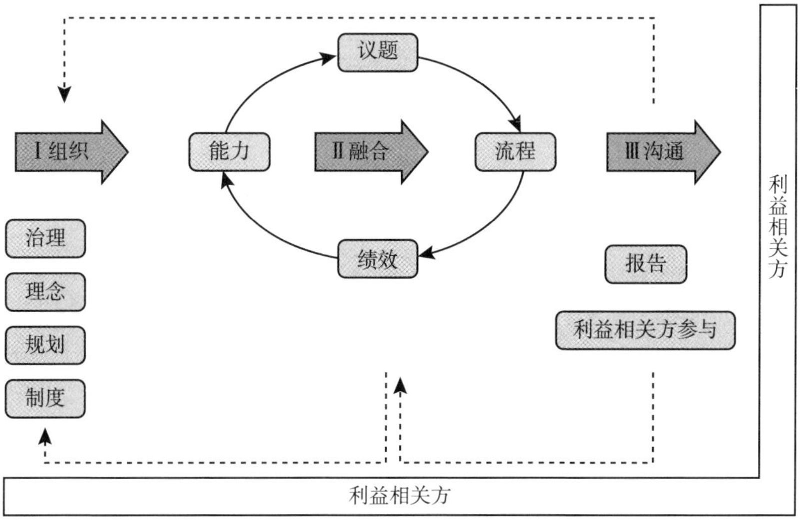

图 3 企业社会责任管理"三步十法"理论模型

资料来源：彭华岗主编《企业社会责任基础教材》（第二版），华侨出版社，2019，第 218 页。

Standard)、道琼斯可持续发展指数等国际社会责任倡议文件和指标体系；参考了《关于中央企业履行社会责任的指导意见》、《关于国有企业更好履行社会责任的指导意见》、《关于进一步完善上市公司扶贫工作信息披露的通知》、《中共中央、国务院关于实施乡村振兴战略的意见》、GB/T 36000－2015《社会责任指南》、香港联合交易所《环境、社会及管治报告指引》、《中国企业社会责任报告指南（CASS－CSR4.0)》及各分行业指南等国内社会责任倡议文件和指标体系；同时参考世界500强企业社会责任报告，借鉴行业关键指标。

2. 分行业的指标体系

不同行业社会责任议题的重要性差异较大，为保证评价的科学性，课题组以国家统计局"国民经济行业分类"为基础，参考证监会13个门类划分方式，根据各行业社会责任关键议题相近程度进行合并与拆分，确定了中国企业社会责任发展指数47个行业划分标准（见表1），并依据行业特性构建了分行业企业社会责任指标体系。

表1　中国企业社会责任发展指数行业划分标准

序号	行业类别	描述信息
1	农林牧渔业	指对各种农作物的种植活动、林产品种植、为了获得各种畜禽产品而从事的动物饲养活动、海洋动植物养殖业及农林牧渔相关服务业
2	煤炭开采与洗选业	对各种煤炭的开采、洗选、分级等生产活动,不包括煤制品的生产和煤炭勘探活动
3	石油和天然气开采业与加工业	主要包括天然原油和天然气开采、加工及炼焦,以及与石油和天然气开采和加工有关的服务活动
4	一般采矿业	主要包括黑色金属矿采选业、有色金属矿采选业、非金属矿采选业及对地热资源、矿泉水资源以及其他未列明的自然资源的开采活动
5	金属冶炼及压延加工业	包括黑色金属冶炼及压延加工业和有色金属冶炼及压延加工业等
6	金属制品业	包括结构性金属制品制造、金属工具制造、集装箱及金属包装容器制造、金属丝绳及其制品的制造、建筑或安全用金属制品制造、金属表面处理机热处理加工、不锈钢及类似日用金属制品制造等

续表

序号	行业类别	描述信息
7	非金属矿物制品业	包括水泥制造业、水泥制品和石棉水泥制品业、砖瓦/石灰和轻质建筑材料制造业、玻璃及玻璃制品业、陶瓷制品业、耐火材料制品业、石墨及碳素制品业、矿物纤维及制品业以及砂轮/油石/砂布/砂纸/金刚砂等磨具/磨料的制造、晶体材料的生产等
8	工业化学品制造业	包括基础化学原料制造、肥料制造、农药制造、涂料油墨颜料制造、合成材料制造、专用化学品制造等
9	日用化学品制造业	包括肥皂及合成洗涤剂制造、化妆品制造、口腔清洁用品制造、香料及香精制造等
10	机械设备制造业	包括普通机械制造业和专用设备制造业等
11	交通运输设备制造业	包括铁路运输设备制造业、汽车制造业、摩托车制造业、自行车制造业、电车制造业、船舶制造业以及航空航天器制造业等
12	通信设备制造业	指用于工控环境的有线通信设备和无线通信设备制造等
13	家用电器制造业	又称民用电器制造、日用电器制造,包括制冷电器制造、空调器制造、清洁电器制造、厨房电器制造、整容保健电器制造、声像电器制造等
14	电子产品及电子元件制造业	包括电子元件及组件制造和印制电路板制造等
15	计算机及相关设备制造业	包括电子计算机整机制造、电子计算机网络设备制造和电子计算机外部设备制造等
16	特种设备制造业	主要指生产和销售军事相关技术和设备等
17	电力生产业	按照生产形式,可分为火力发电、水力发电、核力发电和其他能源发电等
18	电力供应业	指利用电网出售给用户电能的输送、分配与供电等活动
19	食品饮料业	指从事食品和饮料加工生产的行业,主要包括三大类:农副食品加工、食品制造以及饮料制造
20	酒精及饮料酒制造业	指用玉米、小麦、薯类等淀粉质原料或用糖蜜等含糖原料,经蒸煮、糖化、发酵及蒸馏等工艺制成的酒精产品的生产以及白酒、啤酒、葡萄酒等酒类的生产业
21	纺织业	指利用棉花、羊绒、羊毛、蚕茧丝、化学纤维、羽毛羽绒等从事棉纺织、化纤、麻纺织、毛纺织、丝绸、纺织品针织行业、印染业等
22	服装鞋帽制造业	包括纺织服装制造、纺织面料鞋的制造和制帽业等
23	木材家具制造业	包括木材加工及木、竹、藤、棕、草制品业和家具制造业
24	医药生物制造业	包括五大类:化学药品原药制造业、化学药品制剂制造业、中药材及中成药加工业、动物药品制造业及生物制品业

续表

序号	行业类别	描述信息
25	造纸及纸制品业	包括纸浆制造、造纸与纸制品制造,纸浆制造指经机械或化学方法加工纸浆的生产活动
26	印刷业	指从事出版物、包装装潢印刷品和其他印刷品的印刷经营活动
27	废弃资源及废旧材料回收加工业	指从各种废料[包括固体废料、废水(液)、废气等]中回收,并使之便于转化为新的原材料的再加工处理活动
28	建筑业	指专门从事土木工程、房屋建设和设备安装以及工程勘察设计工作的生产部门
29	交通运输服务业	包括铁路运输业、道路运输业、城市公共交通业、水上运输业、航空运输业、寄递服务等六大领域,涉及客运和物流两大类别
30	互联网行业	指网络公司通过互联网为客户提供信息的服务
31	零售业	指百货商店、超级市场、专门零售商店、品牌专卖店、售货摊等主要面向最终消费者(如居民等)的销售活动
32	批发贸易业	指批发商向批发、零售单位及其他企事业单位、机关批量销售生活用品和生产资料的活动以及从事进出口贸易和贸易经纪与代理的活动
33	通信服务业	指通过电缆、光缆、无线电波、光波等传输的通信服务,主要包括固定电信业务、移动电信业务和其他电信业务
34	计算机服务业	为满足使用计算机或信息处理的有关需要而提供软件和服务的行业,包括处理服务、软件产品、专业服务和统合系统等方面,以及计算机和有关设备的租赁、修理和维护等
35	银行业	包括三部分:中央银行、商业银行和其他银行
36	保险业	包括人身保险业、财产保险业、再保险业和其他保险业
37	证券、期货、基金等其他金融业	包括证券期货业、金融信托业、基金业、互联网金融平台及其他金融业
38	餐饮业	指在一定场所,对食物进行现场烹饪、调制,并出售给顾客主要供现场消费的服务活动的行业,主要包括四大类:正餐服务、快餐服务、饮料及冷饮服务、其他餐饮服务
39	酒店业	指从事有偿为顾客提供临时住宿的服务活动的行业,主要包括两大类:旅游饭店、一般旅馆
40	旅游业	指凭借旅游资源和设施,专门或者主要从事招徕、接待游客,为其提供交通、游览、住宿、餐饮、购物、文娱等六个环节的综合性行业
41	房地产开发业	指房地产开发企业进行的基础设施建设、房屋建设,并转让房地产开发项目或者销售、出租商品房的活动
42	房地产服务业	指为房地产经纪活动提供信息咨询、研究、培训、软件和网络等,包括物业管理、房地产中介和其他房地产服务

续表

序号	行业类别	描述信息
43	水的生产和供应业	包括自来水的生产和供应、污水处理及其再生利用以及其他水的处理、利用与分配三个方面
44	燃气的生产和供应业	指利用煤炭、油、燃气等能源生产燃气,或外购液化石油气、天然气等燃气,并进行输配,向用户销售燃气的活动,以及对煤气、液化石油气、天然气输配及使用过程中的维修和管理活动,但不包括专门从事罐装液化石油气零售业务的活动
45	文化娱乐业	包括新闻出版业、广播电视电影和音像业、文化艺术业和娱乐业等
46	一般制造业	指不包括以上制造业的普通制造业
47	一般服务业	指不包括以上服务业的普通服务业

3. 指标体系

课题组针对企业社会责任通用议题构建了通用议题评价指标,并结合行业特色社会责任议题,构建了分行业社会责任评价指标体系,最终形成中国企业社会责任发展指数(2020)"通用指标+行业特色指标"的评价指标体系(见表2)。

2020年初,面对突如其来的新冠肺炎疫情,一大批中国企业积极作为,参与了惊心动魄的抗疫大战。为评价中国最大的300家企业在抗击新冠肺炎疫情中的责任担当,本研究在"社会责任"维度下新增"抗击疫情"的二级指标,从抗击疫情资金投入、疫情防护支持举措等方面评价中国企业的抗击疫情表现。

表2 中国企业社会责任发展指数通用指标体系(2020)

一级指标	二级指标	三级指标(部分)
责任管理	责任组织	①责任理念;②责任治理;③责任规划;④责任制度
	责任融合	①责任议题;②责任流程;③责任绩效;④责任能力
	责任沟通	①责任报告;②利益相关方参与
本质责任	股东责任	①营业收入;②净利润;③资产负债率
	客户责任	①产品/质量管理体系;②研发投入;③客户信息保护

续表

一级指标	二级指标	三级指标(部分)
社会责任	政府责任	①纳税总额;②带动就业人数;③政策响应
	伙伴责任	①责任采购;②知识产权保护;③公平运营
	员工责任	①劳动合同签订率;②社会保险覆盖率;③员工培训绩效;④员工帮扶投入
	安全生产	①安全生产管理体系;②安全生产培训;③安全生产绩效
	社区责任	①公益方针或主要公益领域;②捐赠总额;③员工志愿者
	精准扶贫	①精准扶贫规划;②年度扶贫资金及物资投入;③帮助建档立卡贫困人口脱贫数
	抗击疫情	①支持社区抗击疫情;②抗击疫情投入总额
环境责任	绿色管理	①环境管理体系;②环保投入;③环保培训
	绿色生产	①能源消耗总量或减少量;②清洁能源使用量;③"三废"排放量;④温室气体排放量
	绿色运营	①绿色办公绩效;②环保公益活动

4. 指标赋权与评分

中国企业社会责任发展指数的赋值和评分共分为六个步骤。

（1）根据各行业指标体系中各项企业社会责任内容的相对重要性，运用层次分析法确定责任管理、本质责任、社会责任、环境责任板块的权重。

（2）根据不同行业的实质性和重要性，为每大类责任议题以及每一议题包含的具体指标赋权。

（3）根据企业社会责任管理现状和社会/环境信息披露的情况，给出各项责任版块下具体指标得分。[①]

（4）根据权重和各项责任板块的得分，计算企业在所属行业下社会责任发展指数的初始得分。计算公式为：中国企业社会责任发展指数初始得分 $= \sum_{j=1,2,3,4} A_j \times W_j$，其中，$A_j$ 为企业某社会责任板块得分，W_j 为该项责任板

---

① 评分标准是：管理类指标，如果从企业公开渠道、课题组调研获取的信息中能够说明企业已经建立相关体系或开展相关工作，就给分，否则，该项指标不得分；绩效类指标，如果从企业公开信息中能够说明企业已经建立了相关体系或披露了相关绩效数据，就给分，否则，该项指标不得分。各项指标得分之和就是该项责任板块的得分。

块的权重。

（5）初始得分加上调整项得分就是企业在所属行业下的社会责任发展指数得分。调整项得分包括企业社会责任相关奖项的奖励分、企业社会责任管理的创新实践加分，以及年度重大社会责任缺失扣分项。

（6）如果企业的经营范围为单一行业，则所属行业下的社会责任发展指数得分就是该企业的社会责任发展指数最终得分。如果企业被确定为混业经营，则该企业的社会责任发展指数最终得分 = $\sum_{j=1,\cdots,k} B_j \times I_j$，其中，$B_j$ 为企业在某行业下的社会责任发展指数得分，I_j 为该行业的权重。各行业权重按照行业的社会责任敏感度设定，跨两个行业的企业，按照"6、4"原则赋权，社会责任敏感度较高的行业权重为60%，敏感度较低的行业权重为40%；跨三个行业的企业，按照"5、3、2"原则赋权，社会责任敏感度最高的行业权重为50%，其次为30%，最后为20%。[①]

（三）评价样本

中国企业300强社会责任发展指数评价对象的选取参考了2020《财富》世界500强榜单，中国企业联合会、中国企业家协会"2020中国企业500强榜单"，全国工商联"2020中国民营企业500强榜单"，并综合考虑企业营业收入、行业属性、股权分布、业务经营深度、影响力与知名度等因素，最终确定了在中国规模巨大、责任重大的100家国有企业、100家民营企业以及100家外资企业。

（四）数据来源

中国企业社会责任发展指数的评价信息主要来自企业自愿披露的社会/环境信息。这些信息应该满足主动性、公开性、实质性及时效性四大基本原则。

---

① 社会责任敏感度主要从环境敏感度、客户敏感度考察，耗能大、污染多的行业环境敏感度较高；与大量消费者直接接触的行业客户敏感度较高。

本报告的信息收集截止日期为2020年7月31日。如果企业在此之前公开发布了2019年度社会责任报告、2019企业年度报告和企业单项报告，则纳入信息采集范围。企业官方网站的信息采集区间为2019年8月1日至2020年7月31日发布的消息。社会责任管理体系的信息部分来源于课题组对企业的调研。为综合评价企业社会责任履行情况，课题组还从新华网、人民网等权威媒体和政府网站收集企业的责任缺失行为和社会责任负面信息的相关报道。

综上，本研究的信息来源为：2019年度企业社会责任报告①、2019年企业年报、企业专项报告、企业官方网站、课题组调研及权威媒体新闻报道。

（五）星级划分

为直观反映企业社会责任管理现状和信息披露水平，课题组根据企业社会责任发展的阶段特征，将企业年度社会责任发展指数进行星级分类，分别为五星级、四星级、三星级、二星级和一星级，分别对应卓越者、领先者、追赶者、起步者和旁观者五个发展阶段，各类企业对应的社会责任发展指数星级水平和企业社会责任发展特征见表3。

表3　企业社会责任发展类型

序号	星级水平	得分区间	发展阶段	企业特征
1	五星级（★★★★★）	80分以上	卓越者	企业建立了完善的社会责任管理体系，社会责任信息披露完整，是我国企业社会责任的卓越者
2	四星级（★★★★）	60~80分	领先者	企业基本建立了社会责任管理体系，社会责任信息披露较为完整，是我国企业社会责任的先行者

---

① 企业社会责任报告是企业非财务报告的统称，包括可持续发展报告、企业公民报告、企业社会责任报告等。

续表

序号	星级水平	得分区间	发展阶段	企业特征
3	三星级（★★★）	40~60分	追赶者	企业开始推动社会责任管理工作,社会责任披露基本完善,是社会责任领先企业的追赶者
4	二星级（★★）	20~40分	起步者	企业社会责任工作刚刚"起步",尚未建立系统的社会责任管理体系,社会责任信息披露也较为零散、片面,与领先者和追赶者有着较大的差距
5	一星级（★）	20分以下	旁观者	企业尚未开展社会责任工作,企业社会责任信息披露严重不足

（六）中国企业社会责任发展系列指数

中国企业社会责任发展指数（2020）以企业性质、所在行业为划分标准，形成了包括"国有企业100强社会责任发展指数""民营企业100强社会责任发展指数""外资企业100强社会责任发展指数""中央企业社会责任发展指数""中国企业300强责任管理指数""重点行业社会责任发展指数"6个分类指数（见表4）。

表4 中国企业社会责任发展指数组

	指数分类	指数名称
中国企业社会责任发展指数系列	按企业性质划分	国有企业100强社会责任发展指数
		民营企业100强社会责任发展指数
		外资企业100强社会责任发展指数
		中央企业社会责任发展指数
	按责任板块划分	中国企业300强责任管理指数
	按行业划分	重点行业社会责任发展指数

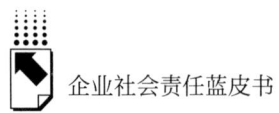

二 中国企业300强社会责任发展指数排名（2020）

表5 中国企业300强社会责任发展指数排名前100位（2020）

单位：分

排名	企业名称	企业性质	行业	社会责任发展指数
★★★★★（17家）				
1	华润(集团)有限公司	中央企业	混业(电力生产业；酒精及饮料酒制造业；房地产开发业)	92.9
2	三星(中国)投资有限公司	外资企业	混业(电子产品及电子元件制造业；通信设备制造业)	91.6
3	中国华电集团有限公司	中央企业	电力生产业	88.4
4	现代汽车集团(中国)	外资企业	交通运输设备制造业	87.2
5	中国石油化工集团有限公司	中央企业	石油和天然气开采业与加工业	87.1
6	中国华能集团有限公司	中央企业	电力生产业	86.9
6	中国建材集团有限公司	中央企业	非金属矿物制品业	86.9
8	国家开发投资集团有限公司	中央企业	混业(电力生产业；一般采矿业；交通运输服务业)	85.3
8	中国第一汽车集团有限公司	中央企业	交通运输设备制造业	85.3
10	东风汽车集团有限公司	中央企业	交通运输设备制造业	85.2
10	中国南方电网有限责任公司	中央企业	电力供应业	85.2
12	中国黄金集团有限公司	中央企业	一般采矿业	85.1
13	中国电信集团有限公司	中央企业	通信服务业	83.8
14	中国铝业集团有限公司	中央企业	混业(金属冶炼及压延加工业；一般采矿业；批发贸易业)	82.4
15	中国电力建设集团有限公司	中央企业	混业(建筑业；机械设备制造业)	80.2
15	中国民生银行股份有限公司	民营企业	银行业	80.2
17	松下电器中国东北亚公司	外资企业	混业(电子产品及电子元件制造业；家用电器制造业)	80.1
★★★★（55家）				
18	国家能源投资集团有限责任公司	中央企业	混业(煤炭开采与洗选业；电力生产业)	79.9
18	中国LG	外资企业	混业(电子产品及电子元件制造业；家用电器制造业、工业化学品制造业)	79.9

中国企业社会责任发展报告（2020）

续表

排名	企业名称	企业性质	行业	社会责任发展指数
20	中国旅游集团有限公司[香港中旅(集团)有限公司]	中央企业	旅游业	79.3
★★★★（55家）				
20	中国交通建设集团有限公司	中央企业	建筑业	79.3
22	中国建筑集团有限公司	中央企业	建筑业	78.8
23	中国移动通信集团有限公司	中央企业	通信服务业	78.5
23	中国宝武钢铁集团有限公司	中央企业	金属冶炼及压延加工业	78.5
25	新兴际华集团有限公司	中央企业	金属冶炼及压延加工业	77.7
26	浦项(中国)投资有限公司	外资企业	金属冶炼及压延加工业	76.8
27	腾讯控股有限公司	民营企业	互联网服务业	76.7
28	中国盐业集团有限公司	中央企业	混业(食品饮料业；工业化学品制造业)	76.5
29	华为投资控股有限公司	民营企业	通信设备制造业	76.4
30	Apple	外资企业	电子产品及电子元件制造业	76.3
31	北京控股集团有限公司	其他国有企业	混业(环保产业；公用事业和基础设施；酒精及饮料酒制造业)	76.1
32	中国节能环保集团有限公司	中央企业	废弃资源及废旧材料回收加工业	75.6
33	内蒙古伊利实业集团股份有限公司	民营企业	食品饮料业	75.5
34	台达(中国)	外资企业	电子产品及电子元件制造业	75.4
35	中国石油天然气集团有限公司	中央企业	石油和天然气开采业与加工业	74.4
36	五粮液集团有限公司	其他国有企业	食品饮料业	73.9
37	碧桂园控股有限公司	民营企业	房地产开发业	73.3
38	新城控股集团股份有限公司	民营企业	房地产开发业	72.4
39	中国铁道建筑集团有限公司	中央企业	建筑业	70.9
39	中国联合网络通信集团有限公司	中央企业	通信服务业	70.9
41	中国南方航空集团有限公司	中央企业	交通运输服务业	70.8
42	中国中车集团有限公司	中央企业	交通运输设备制造业	70.5
42	中国人寿保险(集团)公司	国有金融企业	保险业	70.5
44	华夏幸福基业股份有限公司	民营企业	房地产开发业	70.3
45	永辉超市股份有限公司	民营企业	零售业	70.0
45	北京汽车集团有限公司	其他国有企业	交通运输设备制造业	70.0
47	中国一重集团有限公司	中央企业	机械设备制造业	69.8

续表

排名	企业名称	企业性质	行业	社会责任发展指数
★★★★(55家)				
48	中国有色矿业集团有限公司	中央企业	混业(一般采矿业;金属冶炼及压延加工业;建筑业)	69.5
49	中国海洋石油集团有限公司	中央企业	石油和天然气开采业与加工业	69.2
50	中国钢研科技集团有限公司	中央企业	金属冶炼及压延加工业	69.1
51	中国铁路通信信号集团有限公司	中央企业	通信服务业	68.6
52	珠海华发集团有限公司	其他国有企业	一般服务业	67.6
53	佳能(中国)有限公司	外资企业	混业(电子产品及电子元件制造业;计算机及相关设备制造业;计算机服务业)	67.3
54	招商局集团有限公司	中央企业	混业(交通运输服务业;房地产开发业;银行业)	66.9
55	温氏食品集团股份有限公司	民营企业	农林牧渔业	66.7
56	中国机械工业集团有限公司	中央企业	混业(机械设备制造业;建筑业;批发贸易业)	66.4
57	浙江吉利控股集团有限公司	民营企业	交通运输设备制造业	65.8
58	中国国际海运集装箱(集团)股份有限公司	其他国有企业	机械设备制造业	65.4
59	中粮集团有限公司	中央企业	混业(食品饮料业;房地产开发业;批发贸易业)	65.2
60	台积电	外资企业	电子产品及电子元件制造业	64.8
61	国家电网有限公司	中央企业	电力供应业	63.8
62	中国平安保险(集团)股份有限公司	民营企业	保险业	62.6
63	中国长江三峡集团有限公司	中央企业	电力生产业	62.3
64	万科企业股份有限公司	民营企业	房地产开发业	62.2
65	交通银行股份有限公司	国有金融企业	银行业	62.0
66	中国大唐集团有限公司	中央企业	电力生产业	61.8
67	比亚迪股份有限公司	民营企业	交通运输设备制造业	61.5
68	中国东方航空集团有限公司	中央企业	交通运输服务业	61.4
69	中国农业银行股份有限公司	国有金融企业	银行业	61.2
70	中国铁路工程集团有限公司	中央企业	建筑业	61.1
71	中国建设银行股份有限公司	国有金融企业	银行业	60.9
72	中国中煤能源集团有限公司	中央企业	煤炭开采与洗选业	60.8

续表

排名	企业名称	企业性质	行业	社会责任发展指数
★★★（28家）				
73	华夏银行股份有限公司	民营企业	银行业	59.8
74	中国通用技术（集团）控股有限责任公司	中央企业	混业（机械设备制造业；医药生物制造业；批发贸易业）	59.5
75	上海汽车集团股份有限公司	其他国有企业	交通运输设备制造业	59.2
76	中国航空集团有限公司	中央企业	交通运输服务业	58.9
77	招商银行股份有限公司	国有金融企业	银行业	58.4
78	阿里巴巴集团控股有限公司	民营企业	互联网服务业	58.3
79	联想控股股份有限公司	民营企业	电子产品及电子元件制造业	58.2
79	SK中国	外资企业	混业（工业化学品制造业、电子产品及电子元件制造业、交通运输服务业）	58.2
81	苏宁易购集团股份有限公司	民营企业	零售业	58.1
82	中国电子信息产业集团有限公司	中央企业	电子产品及电子元件制造业	58.0
83	中国太平保险集团有限责任公司	国有金融企业	保险业	57.6
83	中国国际技术智力合作集团有限公司	中央企业	一般服务业	57.6
85	鞍钢集团有限公司	中央企业	金属冶炼及压延加工业	57.5
86	中国医药集团有限公司	中央企业	医药生物制造业	57.4
87	机械科学研究总院集团有限公司	中央企业	机械设备制造业	57.0
88	哈尔滨电气集团有限公司	中央企业	机械设备制造业	56.8
89	中国远洋海运集团有限公司	中央企业	交通运输服务业	55.8
90	中国工商银行股份有限公司	国有金融企业	银行业	55.1
91	中国太平洋保险（集团）股份有限公司	国有金融企业	保险业	54.6
92	巴斯夫（中国）有限公司	外资企业	工业化学品制造业	54.1
93	上海浦东发展银行股份有限公司	国有金融企业	银行业	53.8
93	中国储备粮管理集团有限公司	中央企业	农林牧渔业	53.8
95	新希望集团有限公司	民营企业	混业（食品饮料业；工业化学品制造业）	53.6

续表

排名	企业名称	企业性质	行业	社会责任发展指数
★★★（28家）				
96	TCL集团股份有限公司	民营企业	家用电器制造业	53.4
96	顺丰控股股份有限公司	民营企业	交通运输服务业	53.4
98	中国银行股份有限公司	国有金融企业	银行业	53.2
99	中兴通讯股份有限公司	民营企业	通信设备制造业	52.9
100	海尔集团公司	民营企业	家用电器制造业	52.6

三 中国企业300强社会责任发展阶段性特征（2020）

（一）中国企业300强社会责任发展指数为36.0分，整体处于起步者阶段

2009年以来，中国企业社会责任指数经历了从旁观到起步的发展历程。2009年，中国企业300强社会责任发展指数仅为15.2分，处于旁观者阶段；2012年，达23.1分，进入起步者阶段；2017年，进入发展高峰，达37.4分。2018~2019年，因课题组对评价指标进行优化，以更加严格的标准评价企业社会责任管理和信息披露现状，中国企业社会责任发展指数经历了短暂的下滑。2020年，中国企业300强社会责任发展指数为36.0分，较2019年增长10.1%，整体仍处于起步者阶段（见图4）。

（二）超四成企业社会责任发展指数达到三星级及以上水平，124家企业仍在"旁观"

2020年，中国企业300强社会责任发展指数达到五星级水平（80~100分）的企业有17家，处于卓越者阶段，较2019年下降41.4%；有55家企业社会责任发展指数达到四星级水平（60~80分），处于领先者阶段；有

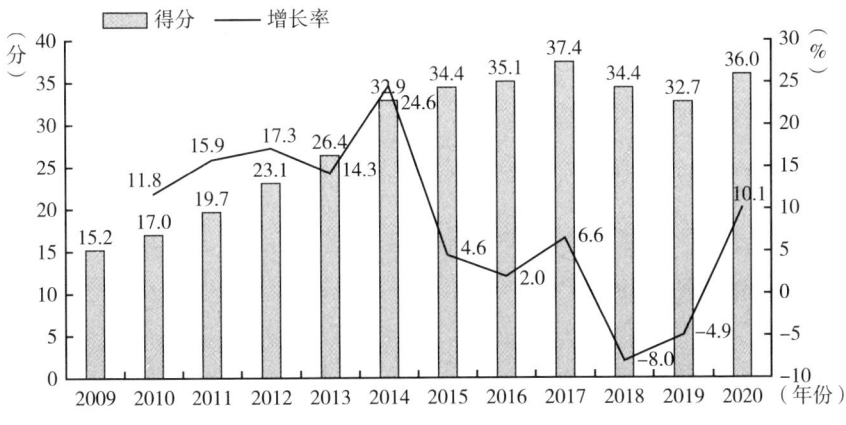

图4 2009~2020年中国企业300强社会责任发展指数

60家企业社会责任发展指数达到三星级水平（40~60分），处于追赶者阶段；社会责任发展指数为二星级水平（20~40分）、处于起步者阶段的企业有44家；社会责任发展指数为一星级水平（20分以下）、处于旁观者阶段的企业数量最多，有124家，其中1家企业的社会责任发展指数得分为0，未主动披露任何社会责任相关信息（见图5）。

图5 2009~2020年中国企业300强社会责任发展指数星级分布

纵向对比来看，2009年至今，社会责任发展指数为一星级水平的企业数量整体呈现下降趋势，由2009年179家下降至2020年124家；社会责任发展指数为四星级及以上水平的企业数量由2009年14家上升至2020年72家。由此可见，随着党和国家对社会责任的日益重视及社会环境的快速变迁，越来越多的企业在注重自身经营发展的同时，更加注重履行社会责任，重视建立健全社会责任管理体系，提升社会信息披露水平。

（三）国有企业100强社会责任发展指数连续12年领先于民营企业100强和外资企业100强

2020年，国有企业100强、民营企业100强和外资企业100强社会责任发展指数均实现增长。其中，国有企业100强社会责任发展指数得分最高，为58.5分，较2019年提升4.0分；民营企业100强次之，为29.3分，提升3.3分；外资企业100强得分最低，为20.1分，提升2.2分。

2009~2020年，国有企业100强、民营企业100强和外资企业100强社会责任发展指数整体呈上升趋势，国有企业100强社会责任发展指数持续领先于民营企业100强和外资企业100强。2009年，国有企业100强社会责任发展指数由25.6分起步，于2012年达到40.9分后一直保持在追赶者阶段，2020年已经接近四星级水平，有望迈入领先者阶段。民营企业100强社会责任发展指数总体略高于外资企业100强，由12.9分起步，于2014年达到20.5分后一直保持在起步者阶段。外资企业100强社会责任发展指数起步较低，2009年仅为7.1分，2014年达到26.4分，进入起步者阶段，2019年回落至17.9分，落入旁观者阶段，2020年略有增长，再度迈入起步者阶段（见图6）。

（四）中国企业300强责任管理指数为21.5分，8家企业达到五星级水平，超六成企业处于旁观者阶段

2020年，中国企业300强责任管理指数得分为21.5分，为二星级水平，处于起步者阶段，较2019年提升4.8分。其中，华润集团、中国华电、新兴际华集团、中国三星等8家企业责任管理指数达到五星级水平，处于卓越者阶段，占比2.7%；25家企业责任管理指数达到四星级水平，处于领先

图6 2009~2020年不同性质企业社会责任发展指数

者阶段,占比8.3%;34家企业责任管理指数达到三星级水平,处于追赶者阶段,占比11.3%;责任管理指数为二星级水平、处于起步者阶段的企业有45家,占比15.0%;责任管理指数为一星级水平、处于旁观者阶段的企业数量最多,有188家,占比62.7%(见图7)。

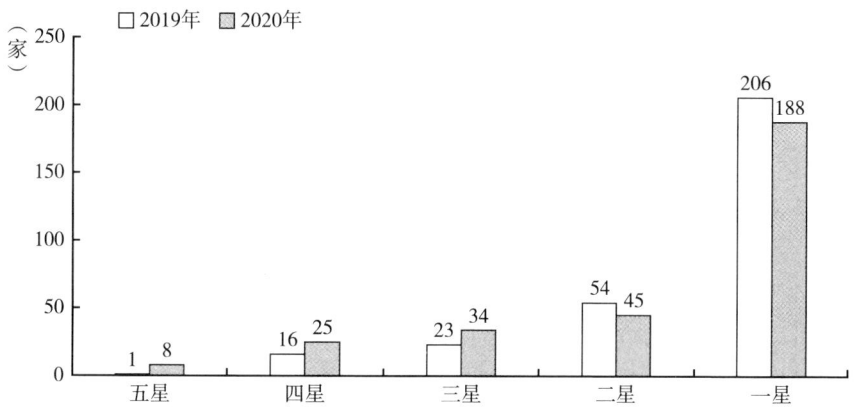

图7 2019~2020年中国企业300强责任管理指数星级分布

从不同性质企业来看,2020年,国有企业100强责任管理指数得分最高,为38.3分,较2019年增加7.3分,仍处于起步者阶段;民营企业100强和外资企业100强责任管理指数得分分别为15.0分和11.3

分,较2019年略有增长,但仍低于国有企业100强,处于旁观者阶段(见图8)。

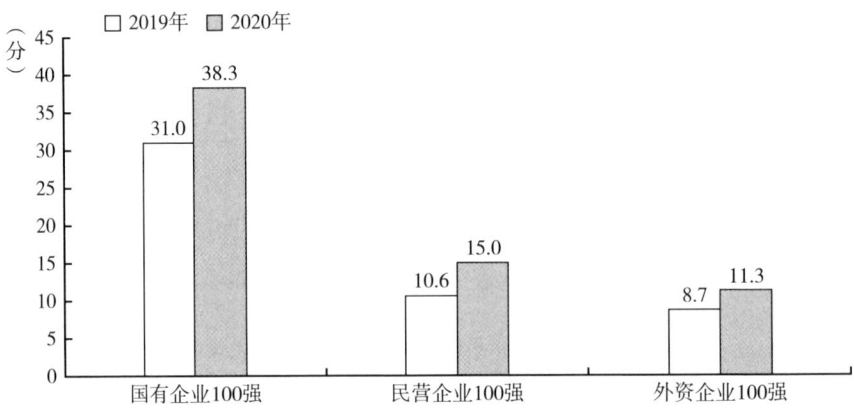

图8　2019~2020年不同性质企业责任管理指数

从责任组织、责任融合、责任沟通三个维度来看,中国企业300强责任沟通和责任组织得分较高,分别为24.9分和23.3分,达到二星级水平、起步者阶段;责任融合指数得分最低,仅11.2分,处于一星级水平、旁观者阶段(见图9)。

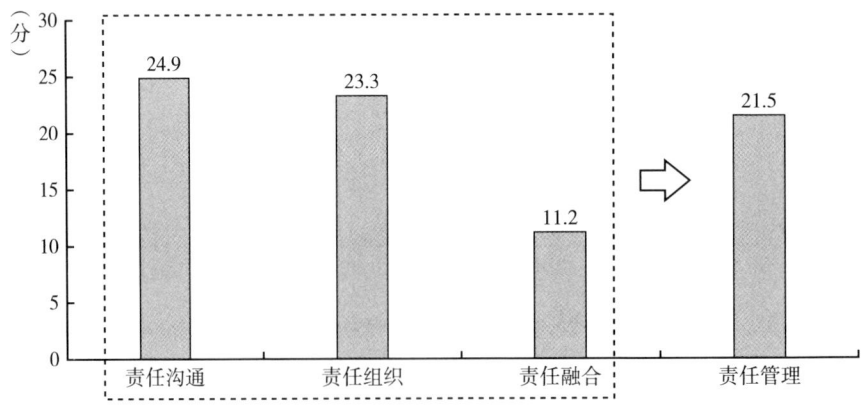

图9　2020年中国企业300强责任管理指数结构特征

2009~2020年有110家企业始终为中国企业300强的研究对象,其中有35家企业连续12年发布社会责任报告,并将其作为责任沟通的重要手段。具体来看,国有企业24家(占比68.6%)、民营企业7家(占比20%)、外资企业4家(占比11.4%)(见表6)。

表6 连续12年发布社会责任报告的企业

单位:

序号	企业名称	企业性质	行业名称	2020年社会责任发展指数
1	华润(集团)有限公司	中央企业	混业(电力生产业;酒精及饮料酒制造业;房地产开发业)	92.9
2	三星(中国)投资有限公司	外资企业	混业(电子产品及电子元件制造业;通信设备制造业)	91.6
3	中国华电集团有限公司	中央企业	电力生产业	88.4
4	中国石油化工集团有限公司	中央企业	石油和天然气开采业与加工业	87.1
5	中国华能集团有限公司	中央企业	电力生产业	86.9
6	中国南方电网有限责任公司	中央企业	电力供应业	85.2
7	东风汽车集团有限公司	中央企业	交通运输设备制造业	85.2
8	中国铝业集团有限公司	中央企业	混业(金属冶炼及压延加工业;一般采矿业;批发贸易业)	82.4
9	中国民生银行股份有限公司	民营企业	银行业	80.2
10	中国交通建设集团有限公司	中央企业	建筑业	79.3
11	中国建筑集团有限公司	中央企业	建筑业	78.8
12	中国移动通信集团有限公司	中央企业	通信服务业	78.5
13	华为投资控股有限公司	民营企业	通信设备制造业	76.4
14	中国石油天然气集团有限公司	中央企业	石油和天然气开采业与加工业	74.4
15	中国联合网络通信集团有限公司	中央企业	通信服务业	70.9
16	中国南方航空集团有限公司	中央企业	交通运输服务业	70.8
17	中国海洋石油集团有限公司	中央企业	石油和天然气开采业与加工业	69.2
18	交通银行股份有限公司	国有金融企业	银行业	69.0

续表

序号	企业名称	企业性质	行业名称	2020年社会责任发展指数
19	国家电网有限公司	中央企业	电力供应业	63.8
20	中国平安保险(集团)股份有限公司	民营企业	保险业	62.6
21	中国大唐集团有限公司	中央企业	电力生产业	61.8
22	中国东方航空集团有限公司	中央企业	交通运输服务业	61.4
23	中国农业银行股份有限公司	国有金融企业	银行业	61.2
24	中国建设银行股份有限公司	国有金融企业	银行业	60.9
25	中国银行股份有限公司	国有金融企业	银行业	60.2
26	上海汽车集团股份有限公司	国有企业	交通运输设备制造业	59.2
27	苏宁易购集团股份有限公司	民营企业	零售业	58.1
28	中国人民保险集团股份有限公司	国有金融企业	保险业	56.2
29	中国工商银行股份有限公司	国有金融企业	银行业	55.1
30	巴斯夫(中国)有限公司	外资企业	工业化学品制造业	54.1
31	中兴通讯股份有限公司	民营企业	通信设备制造业	52.9
32	丰田汽车(中国)投资有限公司	外资企业	交通运输设备制造业	50.0
33	兴业银行股份有限公司	民营企业	银行业	48.8
34	美的集团股份有限公司	民营企业	家用电器制造业	48.4
35	索尼(中国)有限公司	外资企业	混业(电子产品及电子元件制造业;家用电器制造业)	36.5

(五)中国企业300强责任实践表现优于责任管理,社会责任指数高于本质责任和环境责任指数

2020年,中国企业300强责任实践指数得分为39.8分,为二星级水平,处于起步者阶段。其中,32家企业责任实践指数达到五星级水平,处于卓越者阶段,占比10.7%;62家企业责任实践指数达到四星级水平,处于领先者阶段,占比20.7%;49家企业责任实践指数达到三星级水平,处于追赶者阶段,占比16.3%;责任实践指数为二星级水平、处于起步者阶

段的企业有39家，占比13.0%；责任实践指数在一星级水平的企业数量最多，有118家，占比39.3%（见图10）。

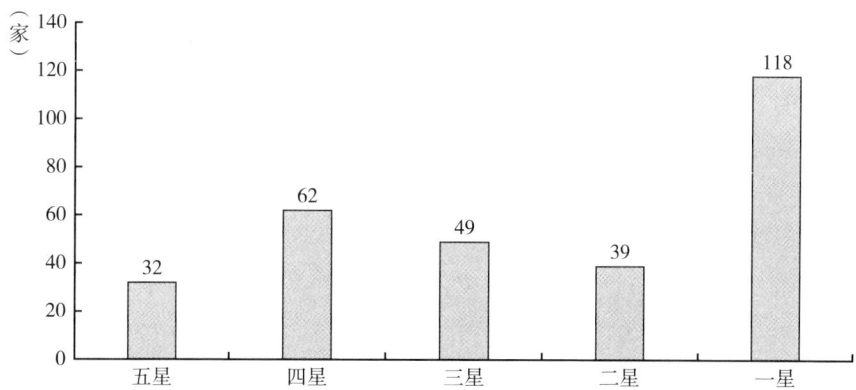

图10　2020年中国企业300强责任实践指数星级分布

2020年，中国企业300强责任实践指数（39.8分）依然领先于责任管理指数（21.5分）。在责任实践包含的三个板块中，社会责任指数（42.4分）得分最高，本质责任指数（40.5分）次之，环境责任指数（35.1分）得分最低（见图11）。

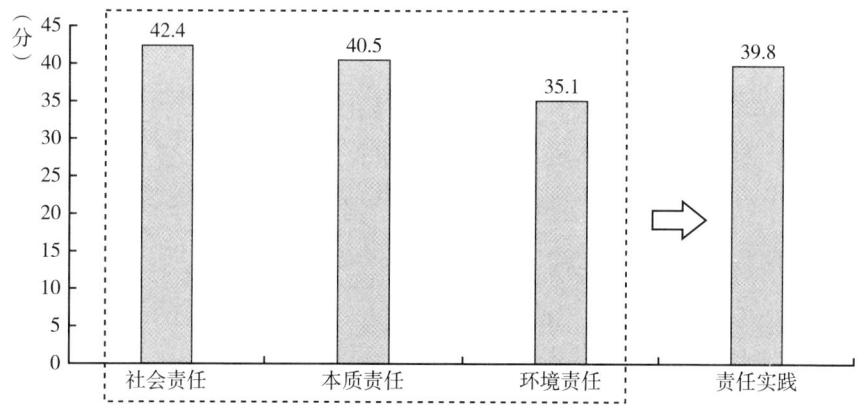

图11　2020年中国企业300强责任实践指数结构特征

从企业性质来看，2020年国有企业100强、民营企业100强、外资企业100强责任实践指数得分同比均有所增长。其中，国有企业100强责任实践指数得分最高，为64.5分，处于领先者阶段；民营企业100强和外资企业100强责任实践指数较低，分别为32.6分和22.2分，处于起步者阶段（见图12）。

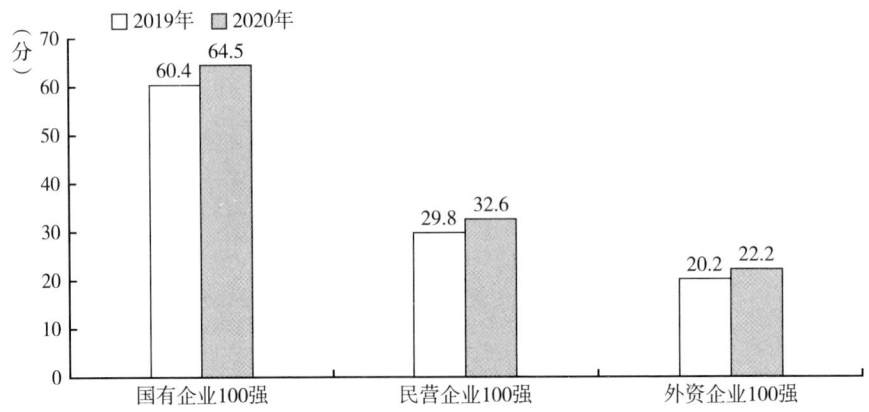

图12　2019~2020年不同性质企业责任实践指数

（六）国有企业100强各项责任议题指数得分大幅领先于民营企业和外资企业

从具体责任议题来看，中国企业300强在政府责任（52.4分）、股东责任（49.6分）、抗击疫情（48.5分）、伙伴责任（46.1分）、社区责任（41.9分）方面均达到三星级水平，处于追赶者阶段；绿色管理（39.6分）、绿色运营（37.6分）、客户责任（36.7分）、安全生产（35.4分）、精准扶贫（35.3分）、员工责任（32.0分）、绿色生产（28.7分）七项指标达到二星级水平，处于起步者阶段（见图13）。

国有企业100强在各项责任议题上的表现整体优于民营企业100强和外资企业100强，且国有企业和民营企业的责任议题披露重点相同。具体来看，国有企业100强和民营企业100强都倾向于披露政府责任、股东责任、

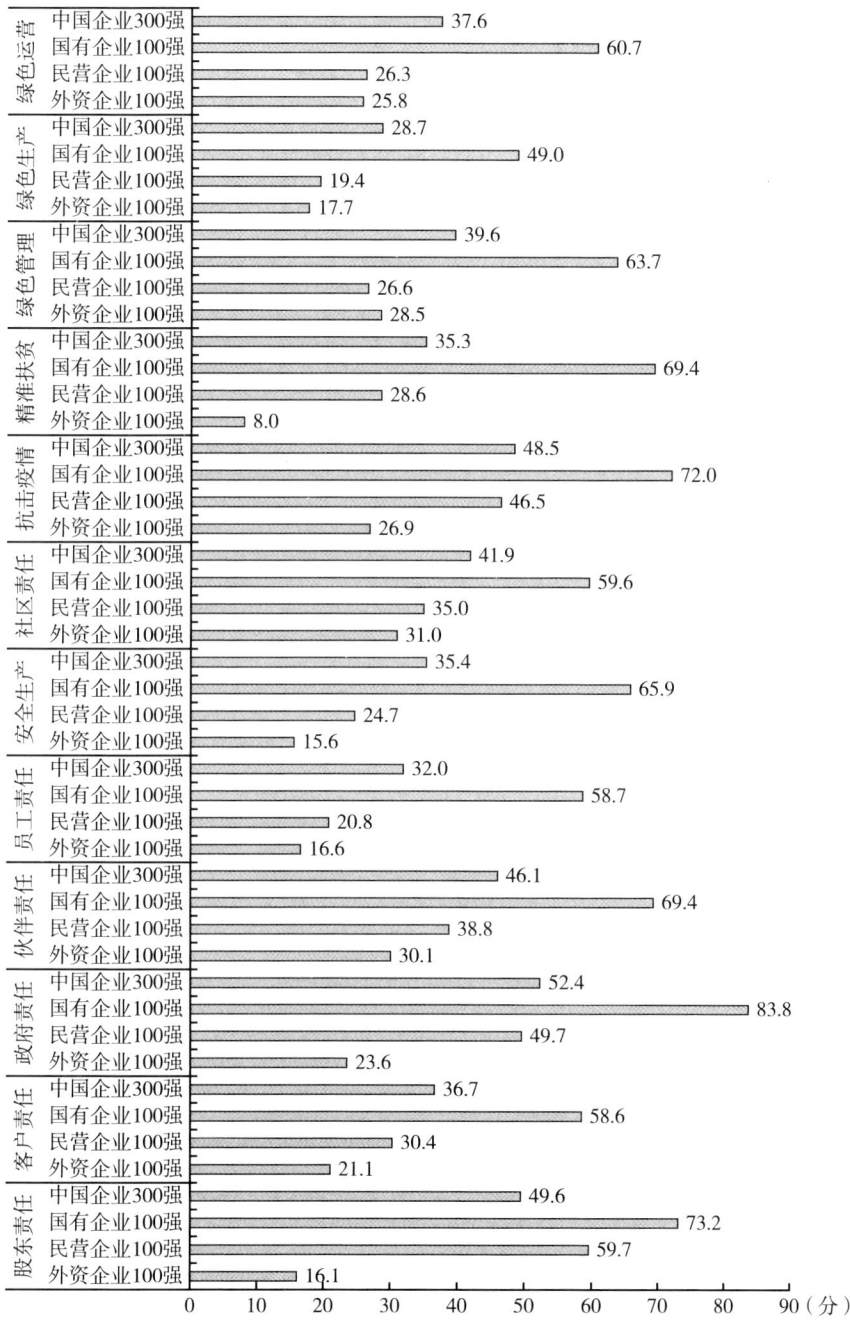

图13 2020年中国企业300强责任议题指数

抗击疫情等方面数据信息，而外资企业100强更加注重社区责任、伙伴责任和绿色管理议题的信息披露。

（七）中国企业300强精准扶贫议题得分为35.3分，国有企业100强大幅领先于民营企业100强和外资企业100强

2020年是脱贫攻坚的收官之年，精准扶贫不仅是社会各界关注的热点，也是中国企业履行社会责任的重点议题。2020年，中国企业300强精准扶贫议题得分为35.3分，同比增加6.8分。其中，国有企业100强表现最佳（69.4分），民营企业100强次之（28.6分），外资企业得分最低，为8.0分（见图14）。

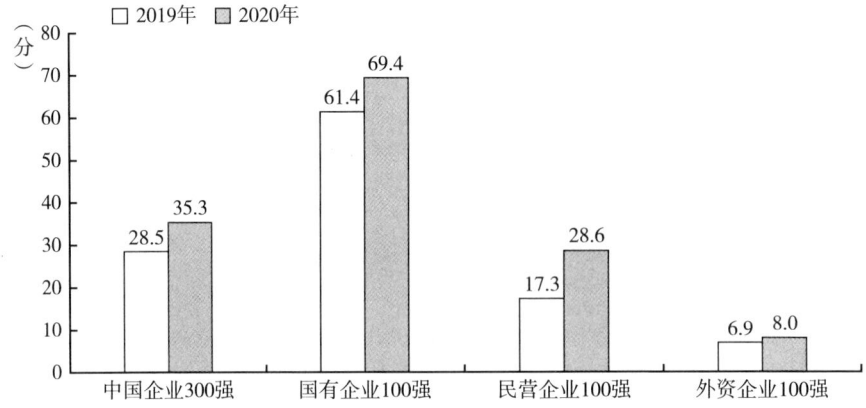

图14　2019～2020年中国企业300强精准扶贫议题得分

从具体指标的披露情况来看，"扶贫项目类型"和"精准扶贫规划"披露率较高，分别有124家企业（占比41.3%）和118家企业（占比39.3%）披露；103家企业披露了"年度扶贫资金及物资投入"，占比34.3%；74家企业披露了"建立扶贫组织体系"，占比24.7%；"帮助建档立卡贫困人口脱贫数"（38家）和"设立扶贫产业基金"（29家）披露率最低，分别为12.7%、9.7%（见图15）。

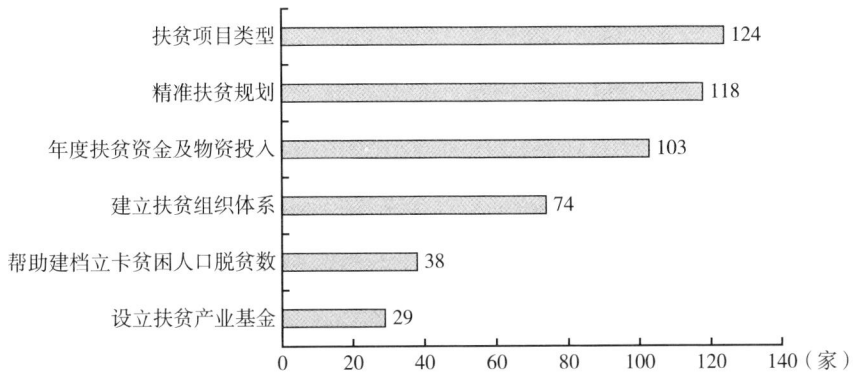

图15　2020年中国企业300强精准扶贫六项指标披露情况

（八）中国企业300强抗击疫情议题得分为48.5分，国有企业表现领先

面对新冠肺炎疫情，中国企业积极履行社会责任，同心抗疫、共克时艰。2020年，中国企业300强抗击疫情议题得分为48.5分。其中国有企业100强得分最高，为72.0分，民营企业100强次之，为46.5分；外资企业100强得分最低，为26.9分（见图16）。

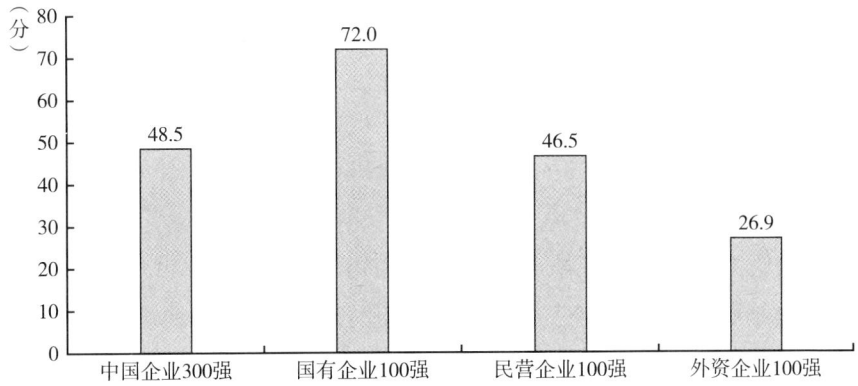

图16　2020年中国企业300强抗击疫情议题得分

从具体指标的披露情况来看，中国企业 300 强中有 121 家企业（占 40.3%）披露了"稳定就业"举措；分别有 133 家企业（占 44.3%）和 127 家企业（占 42.3%）披露了"支持社区抗击疫情"和"抗击疫情投入总额"相关举措；100 家企业（占 33.3%）披露了"保障员工健康"相关情况；85 家企业（占 28.3%）披露了"供应链帮扶"举措（见图 17）。

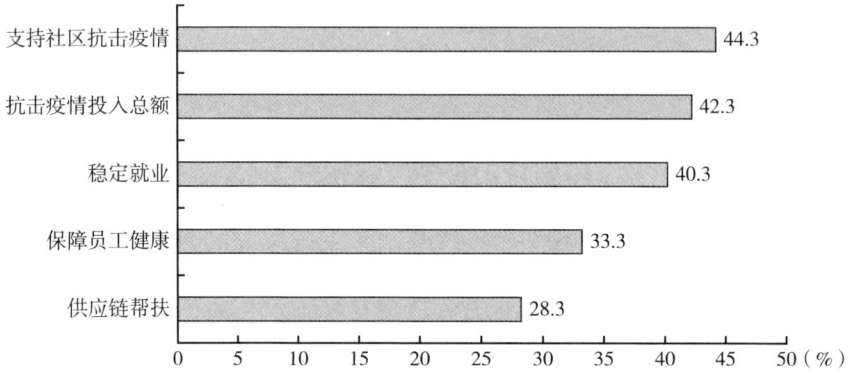

图 17 2020 年中国企业 300 强抗击疫情议题披露情况

（九）银行业、电力行业社会责任发展指数表现最佳，日化行业表现最差

2020 年，课题组选取了 20 个社会关注度高，对经济、社会、环境影响较大的行业/领域进行重点行业社会责任发展指数分析。研究发现，银行业、电力行业社会责任发展指数最高，均为 52.0 分，与军工行业、建材行业、电子行业一同处于三星级水平、追赶者阶段；房地产行业、保险业、钢铁行业、采矿业、建筑行业、食品行业、节能环保行业、机械设备制造业、家用电器制造业、汽车行业、石油化工行业、医药生物制造业、快递行业、互联网行业 14 个行业社会责任发展指数均处于二星级水平。

日化行业社会责任发展指数最低,为17.2分,处于一星级水平、旁观者阶段(见图18)。

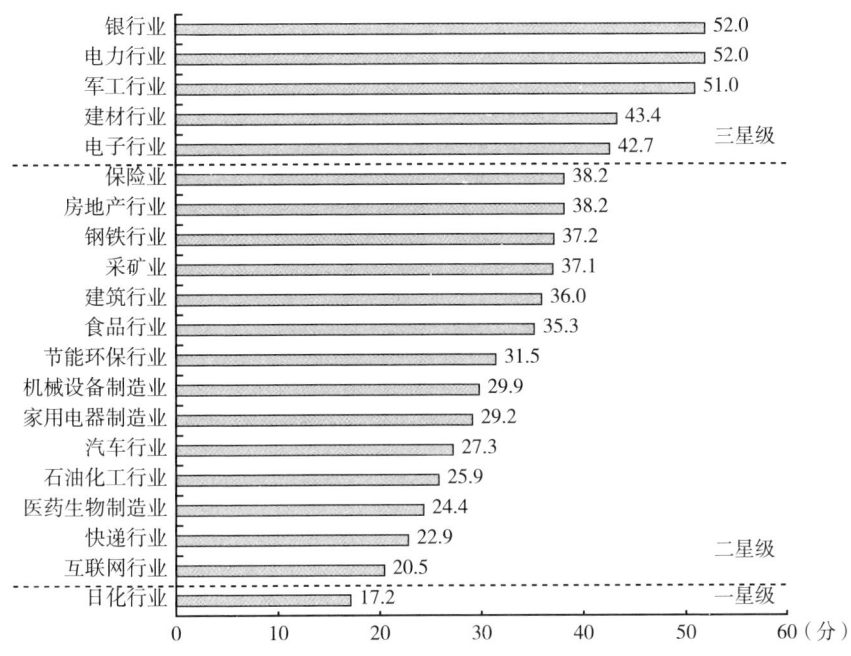

图18　2020年重点行业社会责任发展指数排名

2009~2020年,共有7个重点行业连续十二年被列为社会责任发展指数重点关注行业。其中,电力行业和银行业表现最佳,持续领先;石油化工行业虽然在2015年达到峰值,但在2019年降幅较大;机械设备制造业分别在2010年和2016年达到12年的低点和高点。2020年,7个重点行业中,除电力行业、汽车行业外,其余行业较2019年均呈上升趋势(见图19)。

(十)十二年社会责任发展指数总分前30的企业中,国有企业占23家

2009~2020年,有110家企业始终为中国企业300强的研究对象。中

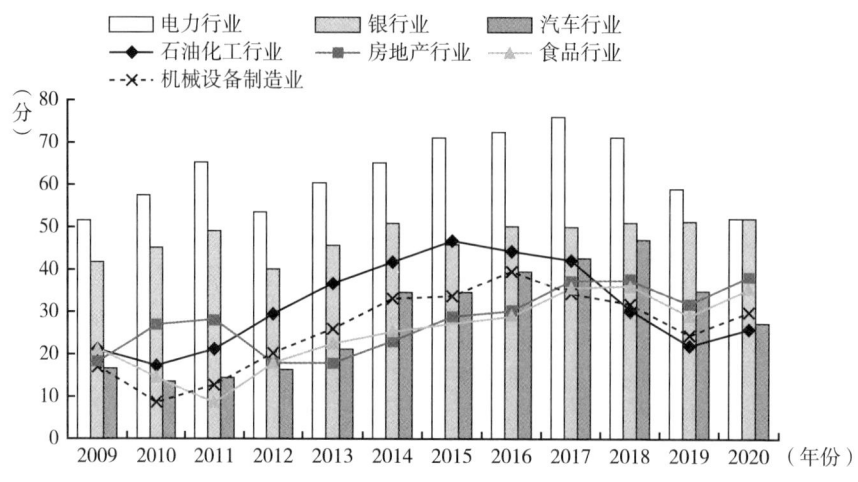

图19 2009~2020年重点行业社会责任发展指数

国企业300强十二年社会责任发展指数总分30强中，国有企业23家、民营企业5家、外资企业2家，其中，有7家企业得分超过900分。十二年社会责任发展指数总分前十中，中央企业以明显优势占据8个席位，另外两家均为民营企业（见表7）。

表8、表9、表10分别列举了2009~2020年以来，国有企业100强、民营企业100强、外资企业100强中，社会责任发展指数总分排名前十的企业。位列国有企业总分前十的全部为中央企业，南方电网（993.7分）、中国移动（991.3分）、中国石化（988.5分）位列前三。民生银行（933.0分）、华为（882.9分）、平安保险（746.5分）位列民营企业社会责任发展指数总分前三；中国三星（804.3）、佳能（中国）（700.2分）、松下电器（658.2分）位列外资企业社会责任发展指数总分前三。比较发现，国有企业社会责任发展指数总分前十的企业，其得分明显高于民营企业和外资企业社会责任发展指数总分前十的企业。

表7 2009~2020年中国企业300强十二年社会责任发展指数总分30强

单位：分

排名	企业名称	企业性质	十二年指数	2020年指数	2019年指数	2018年指数	2017年指数	2016年指数	2015年指数	2014年指数	2013年指数	2012年指数	2011年指数	2010年指数	2009年指数
1	中国南方电网有限责任公司	中央企业	993.7	85.2	86.5	90.9	91.6	95.0	88.4	89.5	88.3	81.3	75.5	67.5	54.0
2	中国移动通信集团有限公司	中央企业	991.3	78.5	85.7	84.8	87.0	91.7	90.5	87.8	81.5	71.5	78.5	79.3	74.5
3	中国石油化工集团有限公司	中央企业	988.5	87.1	88.2	93.3	91.9	91.0	86.0	84.3	86.6	78.0	74.3	67.5	60.3
4	中国华能集团有限公司	中央企业	979.7	86.9	88.0	91.1	92.5	89.0	87.6	84.3	80.0	74.5	69.8	63.0	73.0
5	中国华电集团有限公司	中央企业	972.6	88.4	88.6	93.4	95.3	94.0	89.8	85.7	81.6	73.5	69.5	58.3	54.5
6	国家电网有限公司	中央企业	967.1	63.8	79.4	79.7	81.7	85.2	84.0	86.7	89.3	85.0	76.8	78.5	77.0
7	中国民生银行股份有限公司	民营企业	933.0	80.2	85.3	85.2	88.7	83.9	82.7	80.9	79.8	72.5	72.3	62.5	59.0
8	华润（集团）有限公司	中央企业	888.7	92.9	92.7	95.9	96.8	89.2	87.0	79.5	80.7	74.0	35.9	12.6	51.5
9	华为投资控股有限公司	民营企业	882.9	76.4	86.6	71.4	90.8	88.6	86.9	83.5	74.6	74.0	58.8	51.3	40.0
10	东风汽车集团有限公司	中央企业	869.8	85.2	86.6	87.1	89.4	85.5	83.8	78.8	61.6	58.0	44.3	53.5	56.0

续表

排名	企业名称	企业性质	十二年指数	2020年指数	2019年指数	2018年指数	2017年指数	2016年指数	2015年指数	2014年指数	2013年指数	2012年指数	2011年指数	2010年指数	2009年指数
11	中国铝业集团有限公司	中央企业	861.4	82.4	85.6	88.1	89.6	80.3	80.7	78.9	78.8	72.0	58.4	37.6	29.0
12	中国电信集团有限公司	中央企业	832.7	83.8	82.9	68.2	82.2	83.7	80.6	79.3	74.9	71.0	53.8	37.3	35.0
13	中国建筑集团有限公司	中央企业	827.0	78.8	85.1	80.6	86.7	89.1	87.2	83.0	76.7	67.7	55.8	13.3	23.0
14	中国交通建设集团有限公司	中央企业	811.0	79.3	82.8	79.7	85.4	81.9	77.5	68.3	54.8	52.5	48.0	57.8	43.0
15	中国海洋石油集团有限公司	中央企业	810.1	69.2	61.4	76.5	84.7	84.9	82.5	74.0	60.0	40.3	47.3	60.3	69.0
16	三星（中国）投资有限公司	外资企业	804.3	91.6	88.7	93.0	92	91.3	87.5	80.2	70.5	49	18.7	11.3	30.5
17	中国石油天然气集团有限公司	中央企业	797.0	74.4	80.2	64.7	71.6	74.5	75.3	56.3	55.9	60.3	61.3	60.5	62.0
18	交通银行股份有限公司	国有金融企业	761.5	62.0	66.4	66.7	77.3	74.6	65.6	72.0	61.4	67.2	47.0	43.8	57.5
19	中国联合网络通信集团有限公司	中央企业	750.6	70.9	82.1	78.6	82.6	81.1	79.5	76.5	70.5	26.8	33.0	35.5	33.5
20	中国南方航空集团有限公司	中央企业	746.6	70.8	59.7	64.6	67.8	63.7	73.2	63	52.2	57.8	66.5	52.3	55.0
21	中国平安保险（集团）股份有限公司	民营企业	746.5	62.6	63.7	62.8	73.6	73.2	50.6	56.5	64.4	57.5	59.8	57.8	64.0

续表

排名	企业名称	企业性质	十二年指数	2020年指数	2019年指数	2018年指数	2017年指数	2016年指数	2015年指数	2014年指数	2013年指数	2012年指数	2011年指数	2010年指数	2009年指数
22	中国五矿集团有限公司	中央企业	735.0	48.6	46.9	31.6	78.6	80.3	81.5	81.1	72.6	66.9	55.3	55.1	36.5
23	中国工商银行股份有限公司	国有金融企业	732.4	55.1	60.0	61.5	71.3	68.8	60.0	59.5	63.1	55.0	64.3	51.3	62.5
24	国家能源投资集团有限责任公司	中央企业	731.9	79.9	84.2	79.2	67.1	61.0	72.6	53.3	50.0	41.0	47.3	44.3	52.0
25	中国宝武钢铁集团有限公司	中央企业	731.8	78.5	32.5	28.3	34.5	72.0	68.1	74.7	63.9	69.0	70.0	68.8	71.5
26	中兴通讯股份有限公司	民营企业	731.4	52.9	52.9	72.1	78.1	75.2	72.8	77.0	61.8	55.5	57.8	48.3	27.0
27	兴业银行股份有限公司	民营企业	712.5	48.8	46.8	70.8	61.9	61.8	59.0	69.8	71.8	66.3	61.5	64.5	29.5
28	佳能（中国）有限公司	外资企业	700.2	67.3	76.5	61.3	84.0	80.5	73.2	71.5	46.5	64.2	23.4	30.8	21.0
29	招商银行股份有限公司	国有金融企业	691.4	66.9	69.0	57.1	71.2	62.7	50.9	62.7	62.3	52.3	45.5	48.3	42.5
30	中国太平洋保险（集团）股份有限公司	国有金融企业	681.3	54.6	69.8	57.3	66.1	60.8	48.7	66.0	60.9	64.5	59.3	52.3	21.0

表8 2009~2020年国有企业社会责任发展指数总分10强

单位：分

排名	企业名称	十二年指数	2020年指数	2019年指数	2018年指数	2017年指数	2016年指数	2015年指数	2014年指数	2013年指数	2012年指数	2011年指数	2010年指数	2009年指数
1	中国南方电网有限责任公司	993.7	85.2	86.5	90.9	91.6	95.0	88.4	89.5	88.3	81.3	75.5	67.5	54.0
2	中国移动通信集团有限公司	991.3	78.5	85.7	84.8	87.0	91.7	90.5	87.8	81.5	71.5	78.5	79.3	74.5
3	中国石油化工集团有限公司	988.5	87.1	88.2	93.3	91.9	91.0	86.0	84.3	86.6	78.0	74.3	67.5	60.3
4	中国华能集团有限公司	979.7	86.9	88.0	91.1	92.5	89.0	87.6	84.3	80.0	74.5	69.8	63.0	73.0
5	中国华电集团有限公司	972.6	88.4	88.6	93.4	95.3	94.0	89.8	85.7	81.6	73.5	69.5	58.3	54.5
6	国家电网有限公司	967.1	63.8	79.4	79.7	81.7	85.2	84.0	86.7	89.3	85.0	76.8	78.5	77.0
7	华润(集团)有限公司	888.7	92.9	92.7	95.9	96.8	89.2	87.0	79.5	80.7	74.0	35.9	12.6	51.5
8	东风汽车集团有限公司	869.8	85.2	86.6	87.1	89.4	85.5	83.8	78.8	61.6	58.0	44.3	53.5	56.0
9	中国铝业集团有限公司	861.4	82.4	85.6	88.1	89.6	80.3	80.7	78.9	78.8	72.0	58.4	37.6	29.0
10	中国电信集团有限公司	832.7	83.8	82.9	68.2	82.2	83.7	80.6	79.3	74.9	71.0	53.8	37.3	35.0

表 9　2009～2020 年民营企业社会责任发展指数总分 10 强

单位：分

排名	企业名称	十二年指数	2020年指数	2019年指数	2018年指数	2017年指数	2016年指数	2015年指数	2014年指数	2013年指数	2012年指数	2011年指数	2010年指数	2009年指数
1	中国民生银行股份有限公司	933.0	80.2	85.3	85.2	88.7	83.9	82.7	80.9	79.8	72.5	72.3	62.5	59.0
2	华为投资控股股份有限公司	882.9	76.4	86.6	71.4	90.8	88.6	86.9	83.5	74.6	74.0	58.8	51.3	40.0
3	中国平安保险（集团）股份有限公司	746.5	62.6	63.7	62.8	73.6	73.2	50.6	56.5	64.4	57.5	59.8	57.8	64.0
4	中兴通讯股份有限公司	731.4	52.9	52.9	72.1	78.1	75.2	72.8	77.0	61.8	55.5	57.8	48.3	27.0
5	兴业银行股份有限公司	712.5	48.8	46.8	70.8	61.9	61.8	59.0	69.8	71.8	66.3	61.5	64.5	29.5
6	万科企业股份有限公司	681.4	62.2	59.3	49.8	73.6	73.0	67.1	57.0	55.4	52.0	51.0	53.0	28.0
7	华夏银行股份有限公司	633.4	59.8	58.3	47.9	59.4	71.3	63.1	52.0	47.0	39.8	41.3	47.0	46.5
8	联想控股股份有限公司	585.1	58.2	25.2	54.9	61.1	27.7	62.2	64.5	69.2	64.8	1.8	25.0	70.5
9	内蒙古伊利实业集团股份有限公司	545.9	75.5	77.8	71.1	79.3	24.1	54.4	19.7	29.7	40.0	25.3	26.5	22.5
10	海航集团有限公司	509.3	16.5	15.4	72.9	78.7	73.8	59.8	62.7	24.4	47.3	34.8	11.5	11.5

表10 2009~2020年外资企业社会责任发展指数总分10强

单位：分

排名	企业名称	十二年指数	2020年指数	2019年指数	2018年指数	2017年指数	2016年指数	2015年指数	2014年指数	2013年指数	2012年指数	2011年指数	2010年指数	2009年指数
1	三星（中国）投资有限公司	804.3	91.6	88.7	93.0	92.0	91.3	87.5	80.2	70.5	49.0	18.7	11.3	30.5
2	佳能（中国）有限公司	700.2	67.3	76.5	61.3	84.0	80.5	73.2	71.5	46.5	64.2	23.4	30.8	21.0
4	松下电器中国东北亚公司	658.2	80.1	84.4	81.3	86.1	83.0	77.9	71.7	51.3	22.1	1.3	1.0	18.0
5	现代汽车集团（中国）	643.7	87.2	88.3	91.6	91.4	87.5	78.9	66.0	16.5	10.5	7.3	9.0	9.5
6	浦项（中国）投资有限公司	621.7	76.8	81.7	76.1	84.1	80.6	77.5	70.5	58.9	3.5	5.5	0.0	6.5
3	英特尔（中国）有限公司	614.1	5.4	4.6	9.0	86.6	84.1	84.7	80.0	62.4	68.5	53.8	37.5	37.5
8	台达（中国）	603.6	75.4	81.2	80.1	85.2	82.6	73.2	57.5	48.3	6.3	0.0	4.3	9.5
7	索尼（中国）有限公司	568.5	36.5	31.2	33.8	39.1	75.0	58.2	64.2	46.7	52.6	53.2	35.0	43.0
9	丰田汽车（中国）投资有限公司	550.2	50.0	44.2	62.4	68.2	64.3	73.8	63.0	34.3	22.0	27.0	8.5	32.5
10	巴斯夫（中国）有限公司	496.9	54.1	56.6	49.2	59.1	46.2	49.3	43.0	31.7	28.7	31.5	9.0	38.5

分 报 告

Partial Reports

B.2
中国国有企业100强社会责任发展指数（2020）

摘　要： 本报告在"中国企业社会责任发展指数"研究框架基础上，对中国国有企业100强的社会责任管理与社会责任信息披露情况进行综合评价，以把握中国国有企业社会责任发展的阶段性特征。研究发现，2020年国有企业100强社会责任发展指数为58.5分，较2019年上升3.9分，整体处于追赶者阶段。从责任板块来看，国有企业100强责任管理指数为38.3分，处于起步者阶段；责任实践指数为64.5分，达到四星级水平。2020年，国有企业100强各项责任议题指数继续增长，政府责任议题指数达到五星级水平。

关键词： 国有企业　企业社会责任发展指数　责任管理

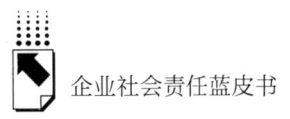

一 样本特征

国有企业是国民经济的主导力量,是社会主义经济的重要支柱。2020年,国有企业100强以中国企业联合会、中国企业家协会联合发布的"2020中国企业500强"榜单和国务院国资委监管的中央企业名单为基础,按照营业收入依次选取前100家企业,并做出如下调整:①剔除特种行业企业;②剔除依靠财政拨款和政策性银行融资的企业;③剔除兼并重组、破产倒闭的企业;④若股份公司占集团资产的90%以上,则以股份公司为评价对象。调整后的100家国有企业包括中央企业69家、国有金融企业14家、其他国有企业17家。评价样本覆盖28个行业,总部分布在15个省、自治区、直辖市和特别行政区。

(一)行业分布广泛,覆盖28个行业

2020年国有企业100强共覆盖28个行业,行业分布范围广泛。其中,混业企业数量最多,为20家;银行业次之,共9家;金属冶炼及压延加工业、机械设备制造业和交通运输设备制造业各6家;建筑业、电力生产业、石油和天然气开采业与加工业和交通运输服务业各5家;通信服务业和保险业各4家;煤炭开采与洗选业、一般服务业各3家;一般采矿业、批发贸易业、非金属矿物制品业和电力供应业各2家;其余11个行业各1家(见图1)。

(二)总部所在地以北京居多

从地域分布来看,2020年国有企业100强的总部所在地共覆盖15个省、自治区、直辖市和特别行政区。其中,位于北京的企业数量最多,为68家;位于上海的企业数量次之,共7家;6家企业总部位于广东;5家企业总部位于香港(见图2)。

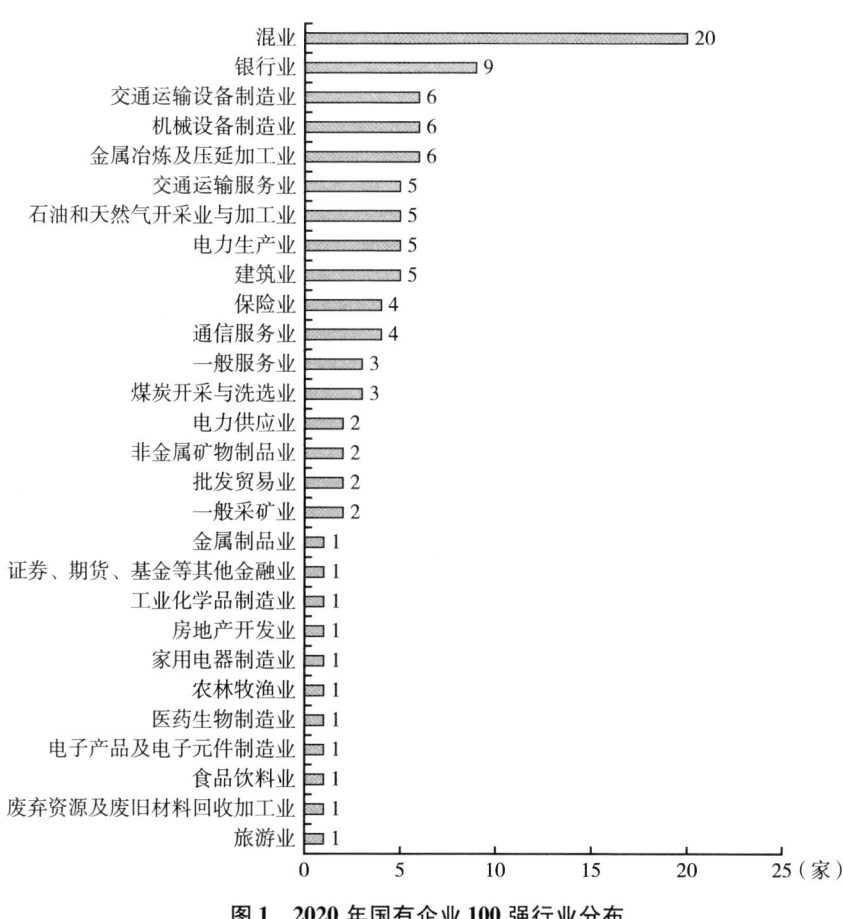

图 1　2020 年国有企业 100 强行业分布

二　国有企业100强社会责任发展指数排名（2020）

2020 年，华润集团、中国华电、中国石化、中国华能、中国建材集团、国投集团、中国一汽、东风公司、南方电网、中国黄金、中国电信、中铝集团、中国电建共 13 家企业社会责任发展指数达到五星级水平，处于卓越者阶段；国家能源集团、中国旅游集团等 37 家企业社会责任发展指数达到四星级水平，处于领先者阶段；通用技术集团、上汽集团等 31 家企业社会责任发展指数达到三星级水平，处于追赶者阶段（见表1）。

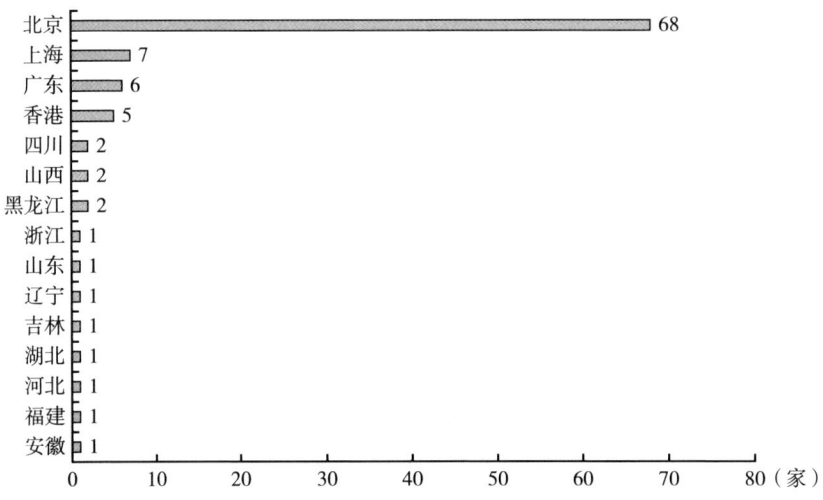

图 2 2020 年国有企业 100 强地域分布

表 1 2020 年国有企业 100 强社会责任发展指数、星级及排名

单位：分

2020 排名	企业名称	企业性质	行业	2020 年社会责任发展指数
★★★★★（13 家）				
1	华润(集团)有限公司	中央企业	混业(电力生产业；酒精及饮料酒制造业；房地产开发业)	92.9
2	中国华电集团有限公司	中央企业	电力生产业	88.4
3	中国石油化工集团有限公司	中央企业	石油和天然气开采业与加工业	87.1
4	中国华能集团有限公司	中央企业	电力生产业	86.9
4	中国建材集团有限公司	中央企业	非金属矿物制品业	86.9
6	国家开发投资集团有限公司	中央企业	混业(电力生产业；一般采矿业；交通运输服务业)	85.3
6	中国第一汽车集团有限公司	中央企业	交通运输设备制造业	85.3
8	东风汽车集团有限公司	中央企业	交通运输设备制造业	85.2
8	中国南方电网有限责任公司	中央企业	电力供应业	85.2
10	中国黄金集团有限公司	中央企业	一般采矿业	85.1
11	中国电信集团有限公司	中央企业	通信服务业	83.8

中国国有企业100强社会责任发展指数(2020)

续表

2020排名	企业名称	企业性质	行业	2020年社会责任发展指数
★★★★★(13家)				
12	中国铝业集团有限公司	中央企业	混业(金属冶炼及压延加工业;一般采矿业;批发贸易业)	82.4
13	中国电力建设集团有限公司	中央企业	混业(建筑业;机械设备制造业)	80.2
★★★★(37家)				
14	国家能源投资集团有限责任公司	中央企业	混业(煤炭开采与洗选业;电力生产业)	79.9
15	中国旅游集团有限公司[香港中旅(集团)有限公司]	中央企业	旅游业	79.3
15	中国交通建设集团有限公司	中央企业	建筑业	79.3
17	中国建筑集团有限公司	中央企业	建筑业	78.8
18	中国移动通信集团有限公司	中央企业	通信服务业	78.5
18	中国宝武钢铁集团有限公司	中央企业	金属冶炼及压延加工业	78.5
20	新兴际华集团有限公司	中央企业	金属冶炼及压延加工业	77.7
21	中国盐业集团有限公司	中央企业	混业(食品饮料业;工业化学品制造业)	76.5
22	北京控股集团有限公司	其他国有企业	混业(环保产业;公用事业和基础设施;酒精及饮料酒制造业)	76.1
23	中国节能环保集团有限公司	中央企业	废弃资源及废旧材料回收加工业	75.6
24	中国石油天然气集团有限公司	中央企业	石油和天然气开采业与加工业	74.4
25	五粮液集团有限公司	其他国有企业	食品饮料业	73.9
26	中国铁道建筑集团有限公司	中央企业	建筑业	70.9
26	中国联合网络通信集团有限公司	中央企业	通信服务业	70.9
28	中国南方航空集团有限公司	中央企业	交通运输服务业	70.8
29	中国中车集团有限公司	中央企业	交通运输设备制造业	70.5
29	中国人寿保险(集团)公司	国有金融企业	保险业	70.5
31	北京汽车集团有限公司	其他国有企业	交通运输设备制造业	70.0
32	中国一重集团有限公司	中央企业	机械设备制造业	69.8

续表

2020排名	企业名称	企业性质	行业	2020年社会责任发展指数
★★★★(37家)				
33	中国有色矿业集团有限公司	中央企业	混业(一般采矿业;金属冶炼及压延加工业;建筑业)	69.5
34	中国海洋石油集团有限公司	中央企业	石油和天然气开采业与加工业	69.2
35	中国钢研科技集团有限公司	中央企业	金属冶炼及压延加工业	69.1
36	中国铁路通信信号集团有限公司	中央企业	通信服务业	68.6
37	珠海华发集团有限公司	其他国有企业	一般服务业	67.6
38	招商局集团有限公司	中央企业	混业(交通运输服务业;房地产开发业;银行业)	66.9
39	中国机械工业集团有限公司	中央企业	混业(机械设备制造业;建筑业;批发贸易业)	66.4
40	中国国际海运集装箱(集团)股份有限公司	其他国有企业	机械设备制造业	65.4
41	中粮集团有限公司	中央企业	混业(食品饮料业;房地产开发业;批发贸易业)	65.2
42	国家电网有限公司	中央企业	电力供应业	63.8
43	中国长江三峡集团有限公司	中央企业	电力生产业	62.3
44	交通银行股份有限公司	国有金融企业	银行业	62.0
45	中国大唐集团有限公司	中央企业	电力生产业	61.8
46	中国东方航空集团有限公司	中央企业	交通运输服务业	61.4
47	中国农业银行股份有限公司	国有金融企业	银行业	61.2
48	中国铁路工程集团有限公司	中央企业	建筑业	61.1
49	中国建设银行股份有限公司	国有金融企业	银行业	60.9
50	中国中煤能源集团有限公司	中央企业	煤炭开采与洗选业	60.8
★★★(31家)				
51	中国通用技术(集团)控股有限责任公司	中央企业	混业(机械设备制造业;医药生物制造业;批发贸易业)	59.5
52	上海汽车集团股份有限公司	其他国有企业	交通运输设备制造业	59.2
53	中国航空集团有限公司	中央企业	交通运输服务业	58.9
54	招商银行股份有限公司	国有金融企业	银行业	58.4

中国国有企业100强社会责任发展指数（2020）

续表

2020排名	企业名称	企业性质	行业	2020年社会责任发展指数
★★★（31家）				
55	中国电子信息产业集团有限公司	中央企业	电子产品及电子元件制造业	58.0
56	中国太平保险集团有限责任公司	国有金融企业	保险业	57.6
56	中国国际技术智力合作集团有限公司	中央企业	一般服务业	57.6
58	鞍钢集团有限公司	中央企业	金属冶炼及压延加工业	57.5
59	中国医药集团有限公司	中央企业	医药生物制造业	57.4
60	机械科学研究总院集团有限公司	中央企业	机械设备制造业	57.0
61	哈尔滨电气集团有限公司	中央企业	机械设备制造业	56.8
62	中国远洋海运集团有限公司	中央企业	交通运输服务业	55.8
63	中国工商银行股份有限公司	国有金融企业	银行业	55.1
64	中国太平洋保险(集团)股份有限公司	国有金融企业	保险业	54.6
65	上海浦东发展银行股份有限公司	国有金融企业	银行业	53.8
65	中国储备粮管理集团有限公司	中央企业	农林牧渔业	53.8
67	中国银行股份有限公司	国有金融企业	银行业	53.2
68	中国能源建设集团有限公司	中央企业	建筑业	52.4
69	中国商用飞机有限责任公司	中央企业	交通运输设备制造业	52.0
70	中国东方电气集团有限公司	中央企业	机械设备制造业	50.4
71	国家开发银行	国有金融企业	银行业	49.8
72	中国人民保险集团股份有限公司	国有金融企业	保险业	49.2
73	中国化学工程集团有限公司	中央企业	混业（工业化学品制造业；建筑业）	48.8
74	中国五矿集团有限公司	中央企业	混业（一般采矿业；批发贸易业；金属冶炼及压延加工业）	48.6
75	北京银行股份有限公司	国有金融企业	银行业	48.3
76	国家电力投资集团有限公司	中央企业	电力生产业	46.9

续表

2020排名	企业名称	企业性质	行业	2020年社会责任发展指数
★★★(31家)				
77	中国中钢集团有限公司	中央企业	一般采矿业	46.6
78	矿冶科技集团有限公司	中央企业	混业(一般采矿业;金属冶炼及压延加工业;金属制品业)	46.4
79	中国煤炭科工集团有限公司	中央企业	机械设备制造业	46.3
80	安徽海螺集团有限责任公司	其他国有企业	非金属矿物制品业	45.0
81	珠海格力电器股份有限公司	其他国有企业	家用电器制造业	43.7
★★(15家)				
82	中国中化集团有限公司	中央企业	石油和天然气开采业与加工业	36.6
83	中国建筑科学研究院有限公司	中央企业	一般服务业	36.4
84	中国航空油料集团有限公司	中央企业	批发贸易业	36.2
85	物产中大集团股份有限公司	其他国有企业	批发贸易业	35.5
86	河钢集团有限公司	其他国有企业	金属冶炼及压延加工业	33.9
86	中国光大集团股份公司	国有金融企业	混业(银行业;证券、期货、基金及其他金融服务业;房地产开发业)	33.9
88	绿地控股集团有限公司	其他国有企业	房地产开发业	32.4
89	中国普天信息产业集团有限公司	中央企业	混业(通信设备制造业;通信服务业)	27.9
90	中国化工集团有限公司	中央企业	工业化学品制造业	27.0
91	中国保利集团有限公司	中央企业	混业(房地产开发;文化娱乐业;一般服务业)	26.9
92	中国国际工程咨询有限公司	中央企业	一般服务业	26.3
93	中国诚通控股集团有限公司	中央企业	证券、期货、基金等其他金融业	25.0
94	有研科技集团有限公司	中央企业	金属制品业	24.7
95	厦门建发集团有限公司	其他国有企业	混业(房地产开发;酒店业)	23.7
96	首钢集团有限公司	其他国有企业	金属冶炼及压延加工业	20.9
★(4家)				
97	山东能源集团有限公司	其他国有企业	煤炭开采与洗选业	19.7
98	中国邮政集团公司	其他国有企业	交通运输服务业	17.1
99	陕西煤业化工集团有限责任公司	其他国有企业	煤炭开采与洗选业	16.5
100	陕西延长石油(集团)有限责任公司	其他国有企业	石油和天然气开采业与加工业	16.2

三 国有企业100强社会责任发展阶段性特征（2020）

（一）2020年，国有企业100强社会责任发展指数为58.5分，整体达到三星级水平，处于追赶者阶段

2020年，国有企业100强社会责任发展指数为58.5分，连续第九年达到三星级水平，处于追赶者阶段。在评价标准升级、对社会责任管理和信息披露的要求进一步提高的背景下，2020年国有企业社会责任发展指数同比仍然增加3.9分，增长7.1%（见图3）。

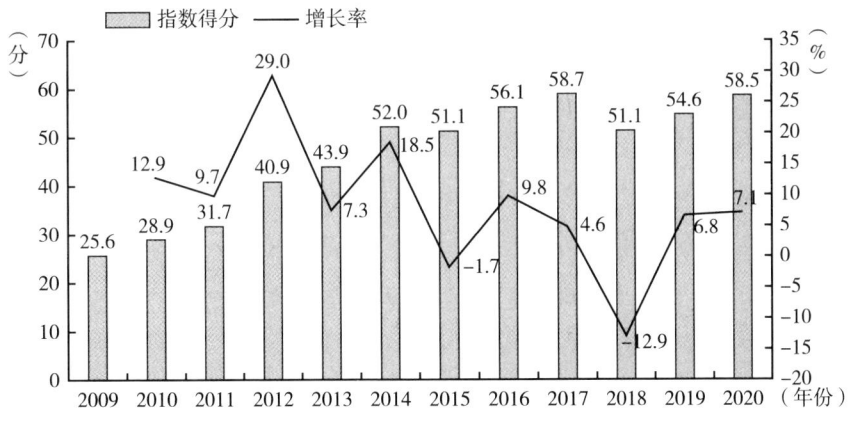

图3 2009~2020年国有企业100强社会责任发展指数

（二）超八成国有企业社会责任发展指数处于三星级及以上水平，13家国有企业社会责任发展指数达到卓越者阶段

2020年，国有企业100强社会责任发展指数整体达到三星级。其中，81家国有企业社会责任发展指数处于三星级及以上水平。具体来看，13家国有企业社会责任发展指数达到五星级水平；处于四星级、领先者阶段的国有企业数量为37家，较2019年增加14家；三星级国有企业数量为31家；

15家企业社会责任发展指数为二星级水平，处于起步者阶段；仍有4家国有企业社会责任发展指数低于20分，处在旁观者阶段。2009年以来，社会责任发展指数二星级及以下的国有企业数量总体呈现下降趋势，三星级及以上水平企业数量有所增加（见图4）。

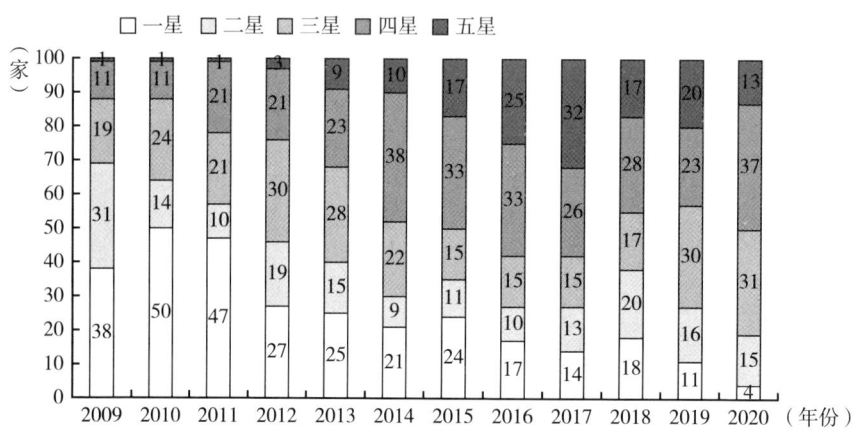

图4 2009～2020年国有企业100强社会责任发展指数星级分布

（三）中央企业社会责任发展指数领先于国有金融企业、其他国有企业

比较中央企业、国有金融企业与其他国有企业的社会责任发展指数发现，2020年，中央企业社会责任发展指数依然保持着领先优势，达到58.9分，同比增长5.9%；国有金融企业社会责任发展指数为54.9分，再次超过其他国有企业（42.1分）（见图5）。

（四）国有企业100强责任管理指数为38.3分，6家企业达到五星级水平，近三成企业责任管理处于旁观者阶段

2020年国有企业100强责任管理指数为38.3分，为二星级水平，处于起步者阶段。华润集团、中国华电、新兴际华集团、中国黄金、中国华能、东风公司6家责任管理指数达到五星级水平；三峡集团、中国石化等17家

图5 2009~2020年国有企业社会责任发展指数变化情况

企业责任管理指数达到四星级水平；而二星级和一星级的企业数量占比超五成，达到55.0%，较2019年减少14%（见图6）。

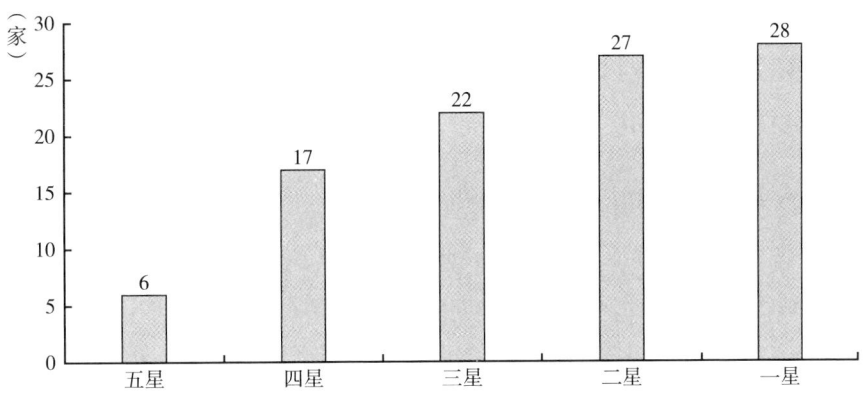

图6 2020年国有企业100强责任管理星级分布

如图7所示，在企业社会责任管理体系"三步十法"的组织、融合、沟通三个维度，责任组织指数得分最高，为43.5分，达到追赶者水平；责任沟通指数得分次之，为40.7分，处于追赶者水平；责任融合指数得分相对较低，为22.9分。

具体来看"十法"的表现,责任理念得分最高,为47.0分;责任规划位居第二,为46.6分;利益相关方参与位居第三,为45.1分;责任治理位居第四,得分43.5分;责任报告、责任绩效分别为39.3分、26.0分。

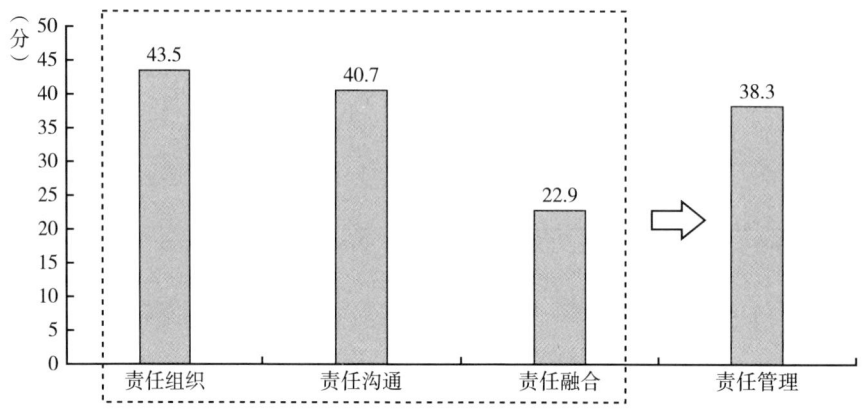

图7 2020年国有企业100强责任管理指数结构比较

(五)国有企业100强责任实践指数为64.5分,社会责任指数高于本质责任和环境责任指数

2009年以来,国有企业100强责任实践指数总体呈上升态势,且责任实践指数总体表现优于责任管理指数。2020年责任实践指数再次突破60分,达到四星级、领先者水平(见图8)。具体来看,华润集团(92.8分)、国投(92.4分)等23家企业责任实践指数达到五星级水平,处于卓越者阶段;北控集团(79.4分)、中国通号(77.8分)等43家企业责任实践指数达到四星级水平;责任实践指数达到三星级的企业有16家;处于二星级和一星级的企业分别有11家和7家(见图9)。

责任实践包括本质责任、社会责任、环境责任三个维度。其中,社会责任指数和本质责任指数分别为69.2分、62.4分,达到四星级水平。环境责任指数为57.5分,处于三星级水平(见图10)。

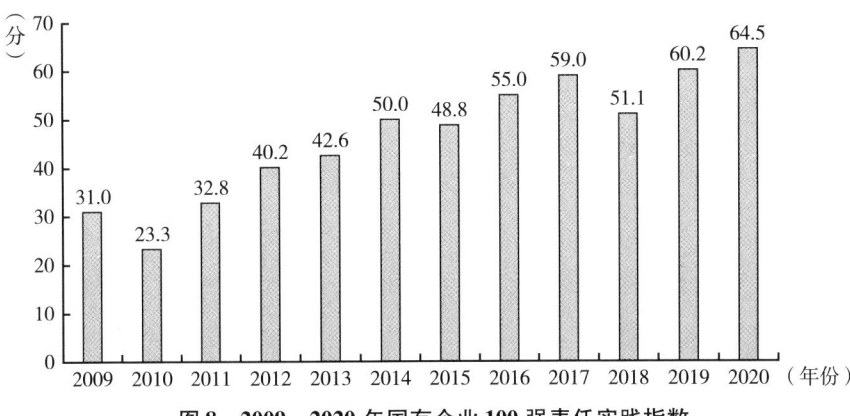

图8　2009~2020年国有企业100强责任实践指数

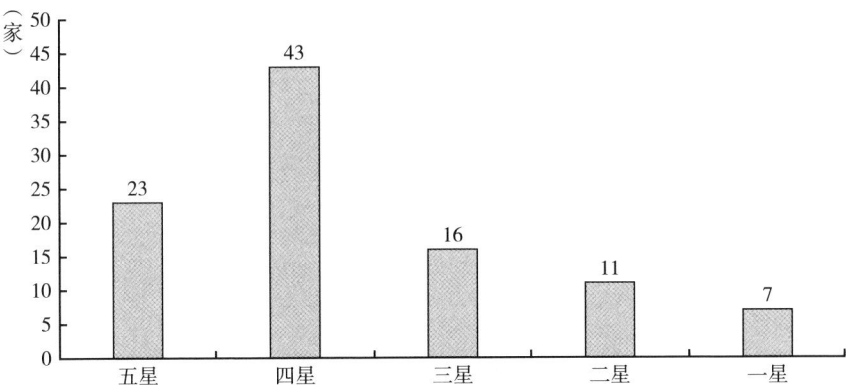

图9　2020年国有企业100强责任实践星级分布

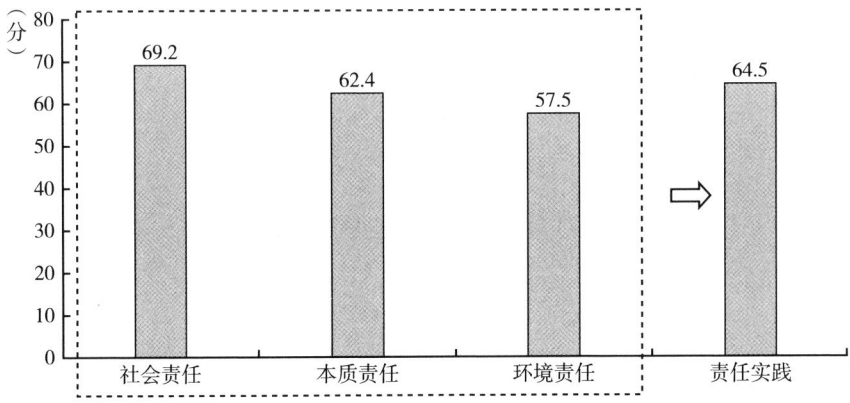

图10　2020年国有企业100强责任实践结构比较

（六）政府责任指数得分最高，达到卓越者水平，绿色生产指数得分相对较低

2020年，国有企业100强责任议题指数继续全面增长。其中，政府责任指数为83.8分，达到五星级水平；股东责任、抗击疫情、精准扶贫、伙伴责任、安全生产、绿色管理、绿色运营7个责任议题指数达到四星级水平，分别为73.2分、72.0分、69.4分、69.4分、65.9分、63.7分、60.7分；其余4个责任议题指数均达到三星级，全面迈入追赶者阶段（见图11）。国有企业较为注重披露政府责任、股东责任、抗击疫情、精准扶贫等社会责任议题的关键信息，对于绿色生产、员工责任信息的披露则相对较少。

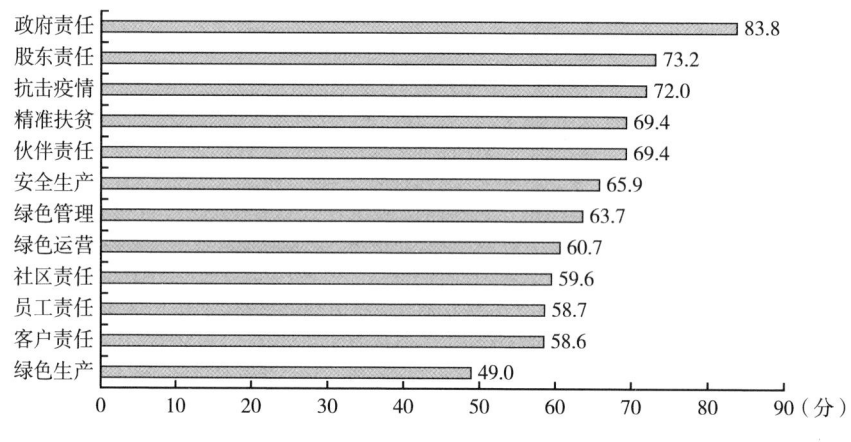

图11　2020年国有企业100强责任议题指数

（七）国有企业100强精准扶贫议题得分69.4分，国有金融企业、中央企业表现领先

2020年，国有企业100强精准扶贫议题得分为69.4分，达到四星级水平。具体分析精准扶贫议题披露情况发现，共93家国有企业披露了精准扶

贫相关信息。其中,"扶贫项目类型"和"精准扶贫规划"披露率较高,分别有77家企业和75家企业披露;73家企业披露了"年度扶贫资金及物资投入";60家企业披露了"建立扶贫组织体系";"帮助建档立卡贫困人口脱贫数"(28家)和"设立扶贫产业基金"(15家)披露率最低(见图12)。

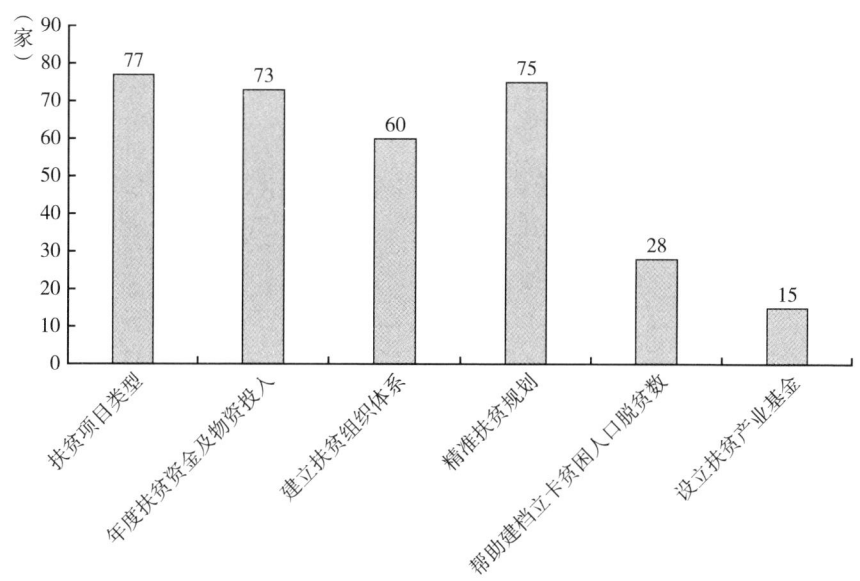

图12　2020年国有企业100强精准扶贫六项指标披露情况

(八)国有企业100强抗击疫情议题得分为72.0分,国有金融企业、中央企业表现领先

2020年,国有企业100强抗击疫情议题得分为72.0分,达到四星级水平。"支持社区抗击疫情"和"抗击疫情投入总额"披露率较高,分别有75家和71家;70家企业披露了"稳定就业"指标;50家企业披露了"保障员工健康"指标;42家企业披露了"供应链帮扶"举措(见图13)。

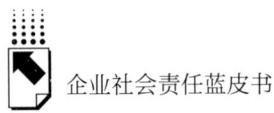

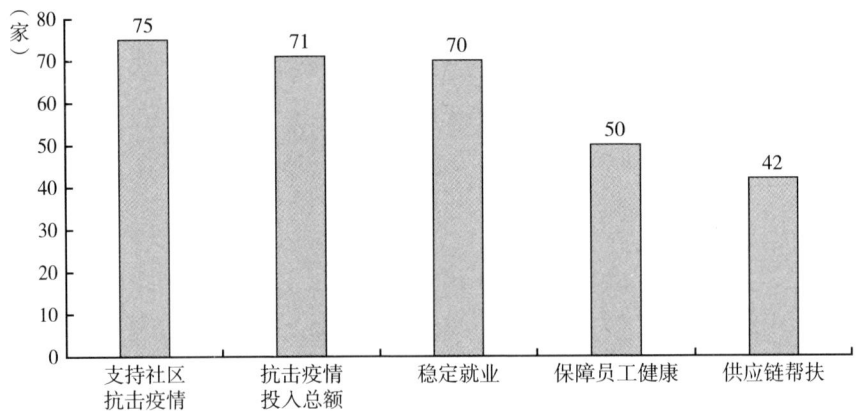

图13 2020年国有企业100强抗击疫情议题具体指标披露情况

B.3
中国民营企业100强社会责任发展指数（2020）

摘　要： 本报告在"中国企业社会责任发展指数"研究框架基础上，对中国民营企业100强的社会责任信息披露情况进行综合评价，梳理中国民营企业社会责任发展特征及变化趋势。研究发现，2020年民营企业100强社会责任发展指数为29.3分，较2019年增加3.3分，整体处于二星级水平、起步者阶段。从责任板块来看，责任管理指数得分15.0分，处于旁观者阶段；责任实践指数得分32.6分，继续保持二星级水平。2020年，民营企业100强责任议题指数变化较大，股东责任指数回落至三星级水平；新增的抗击疫情指数得分为46.5分，处于三星级水平。

关键词： 民营企业　企业社会责任发展指数　责任管理

一　样本特征

2020年7月21日，中共中央总书记习近平在企业家座谈会中指出："企业既有经济责任、法律责任，也有社会责任、道德责任。任何企业存在于社会之中，都是社会的企业。社会是企业家施展才华的舞台。"《中共中央　国务院关于营造更好发展环境支持民营企业改革发展的意见》明确提出，要大力弘扬优秀企业家精神，发挥示范带动作用，引导民营企业重信誉、守信用、讲信义，推动民营企业积极履行社会责任。民营经济是市场经济的重要组成部分,民营企业在做优主业的同时,也要积极承担并践行社会责任。

2020年,民营企业100强的选择以2020《财富》世界500强榜单,中国企业联合会、中国企业家协会联合发布的"2020中国企业500强榜单",全国工商联发布的"2020中国民营企业500强榜单"等权威榜单为基础,以民营资本控股为原则,根据营业收入规模及稳定性最终选定。评价样本覆盖26个行业,总部分布在19个省、自治区、直辖市和特别行政区。

(一)行业分布广泛,覆盖26个行业

2020年民营企业100强共覆盖26个行业,行业分布广泛。其中,混业企业数量最多,为18家;房地产开发业次之,共12家;金属冶炼及压延加工业和互联网服务业各有6家;交通运输设备制造业、家用电器制造业、交通运输服务业和零售业各5家;保险业和通信设备制造业各4家;银行业、食品饮料业、批发贸易业、农林牧渔业和电子产品及电子元件制造业各3家;服装鞋帽制造业、工业化学品制造业、机械设备制造业和建筑业各2家;纺织业、计算机服务业、计算机及相关设备制造业、燃气的生产和供应业、一般服务业、医药生物制造业和造纸及纸制品业各1家(见图1)。

(二)总部所在地多位于经济发达的华东地区

从地域分布来看,2020年民营企业100强的企业总部所在地共涉及19个省、自治区、直辖市和特别行政区。其中,位于广东的企业数量最多,共24家;位于浙江的企业数量次之,共17家;14家企业总部位于北京。进一步分析发现,2020年民营企业100强绝大部分位于经济发达的华东地区(41家),华中地区、西北地区、东北地区、西南地区和华南地区的企业数量较少(见图2)。

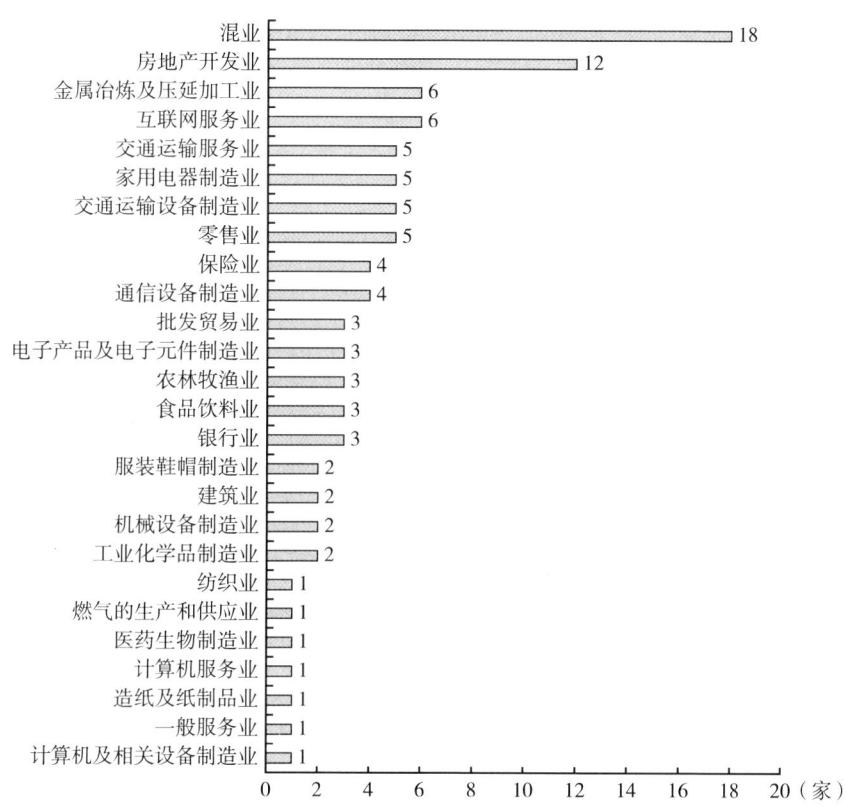

图 1　2020 年民营企业 100 强行业分布

二　民营企业100强社会责任发展指数排名（2020）

2020 年，民生银行的社会责任发展指数达到五星级水平，处于卓越者阶段；腾讯、华为、伊利、碧桂园、新城控股等 12 家企业社会责任发展指数达到四星级水平，处于领先者阶段；华夏银行、阿里巴巴等 21 家企业社会责任发展指数达到三星级水平，处于追赶者阶段；有 17 家企业社会责任发展指数为二星级水平，处于起步者阶段（见表1）。

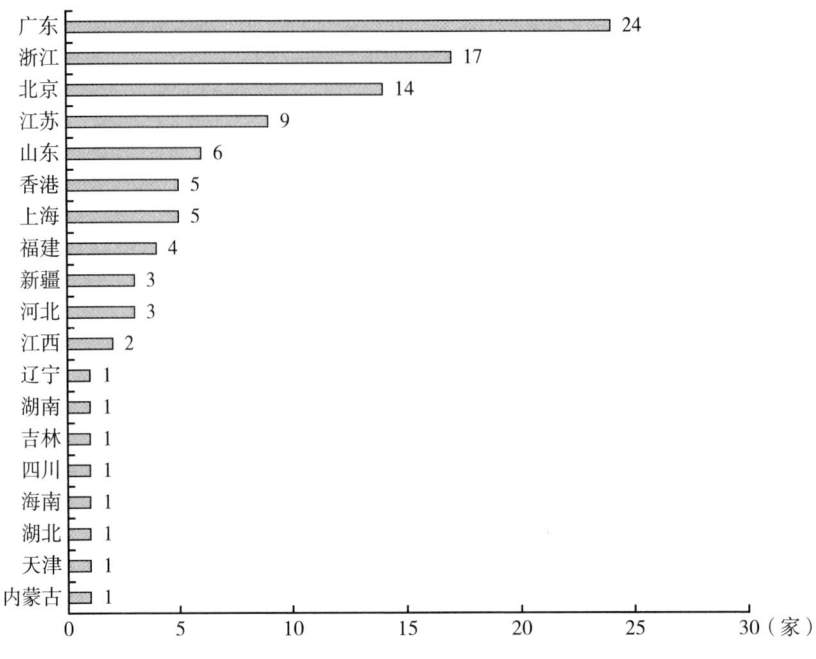

图 2　2020 年民营企业 100 强地域分布

表 1　2020 年民营企业 100 强社会责任发展指数、星级及排名

单位：分

排名	企业名称	总部所在地	行业	2020 年社会责任发展指数
★★★★★（1 家）				
1	中国民生银行股份有限公司	北京	银行业	80.2
★★★★（12 家）				
2	腾讯控股有限公司	广东	互联网服务业	76.7
3	华为投资控股有限公司	广东	通信设备制造业	76.4
4	内蒙古伊利实业集团股份有限公司	内蒙古	食品饮料业	75.5
5	碧桂园控股有限公司	广东	房地产开发业	73.3
6	新城控股集团股份有限公司	上海	房地产开发业	72.4
7	华夏幸福基业股份有限公司	北京	房地产开发业	70.3
8	永辉超市股份有限公司	福建	零售业	70.0
9	温氏食品集团股份有限公司	广东	农林牧渔业	66.7

续表

排名	企业名称	总部所在地	行业	2020年社会责任发展指数
★★★★（12家）				
10	浙江吉利控股集团有限公司	浙江	交通运输设备制造业	65.8
11	中国平安保险（集团）股份有限公司	广东	保险业	62.6
12	万科企业股份有限公司	广东	房地产开发业	62.2
13	比亚迪股份有限公司	广东	交通运输设备制造业	61.5
★★★（21家）				
14	华夏银行股份有限公司	北京	银行业	59.8
15	阿里巴巴集团控股有限公司	浙江	互联网服务业	58.3
16	联想控股股份有限公司	北京	电子产品及电子元件制造业	58.2
17	苏宁易购集团股份有限公司	江苏	零售业	58.1
18	新希望集团有限公司	北京	混业（食品饮料业；工业化学品制造业）	53.6
19	TCL集团股份有限公司	广东	家用电器制造业	53.4
19	顺丰控股股份有限公司	广东	交通运输服务业	53.4
21	中兴通讯股份有限公司	广东	通信设备制造业	52.9
22	海尔集团公司	山东	家用电器制造业	52.6
23	北京三快科技有限公司	北京	互联网服务业	49.5
24	兴业银行股份有限公司	福建	银行业	48.8
25	万洲国际有限公司	香港	食品饮料业	48.7
26	上海复星高科技（集团）有限公司	上海	混业（医药生物制造业；旅游业；文化娱乐业）	48.4
26	美的集团股份有限公司	广东	家用电器制造业	48.4
28	小米科技有限责任公司	北京	通信设备制造业	46.1
29	融创中国控股有限公司	天津	房地产开发业	44.5
30	中国恒大集团	广东	房地产开发业	44.2
31	中国宏桥集团有限公司	山东	金属冶炼及压延加工业	43.2
32	广州富力地产股份有限公司	广东	房地产开发业	42.9
33	长城汽车股份有限公司	河北	交通运输设备制造业	42.4
34	九州通医药集团股份有限公司	湖北	批发贸易业	41.8
★★（17家）				
35	江铃汽车集团有限公司	江西	交通运输设备制造业	38.7
36	江苏沙钢集团有限公司	江苏	金属冶炼及压延加工业	38.2

续表

排名	企业名称	总部所在地	行业	2020年社会责任发展指数
★★（17家）				
36	雅居乐集团控股有限公司	香港	房地产开发业	38.1
38	荣盛石化股份有限公司	浙江	工业化学品制造业	36.5
39	超威电源有限公司	浙江	电子产品及电子元件制造业	35.9
40	时代中国控股有限公司	香港	混业（房地产开发业；房地产服务业；文化娱乐业）	34.8
40	特变电工股份有限公司	新疆	机械设备制造业	34.8
42	国美零售控股有限公司	北京	零售业	34.5
43	广汇汽车服务集团股份有限公司	上海	交通运输服务业	33.6
44	雅戈尔集团股份有限公司	浙江	混业（服装鞋帽制造业；房地产开发业）	33.5
45	百度股份有限公司	北京	互联网服务业	30.9
46	富德保险控股股份有限公司	深圳	保险业	28.9
47	江苏中南建设集团股份有限公司	江苏	建筑业	26.4
48	新疆广汇实业投资（集团）有限责任公司	新疆	混业（煤炭开采与洗选业；一般采矿业；房地产开发业）	22.1
49	浪潮集团有限公司	山东	混业（互联网服务业；电子产品及电子元件制造业）	20.8
50	阳光城集团股份有限公司	福建	房地产开发业	20.4
50	亨通集团有限公司	江苏	通信设备制造业	20.4
★（49家）				
52	中天钢铁集团有限公司	江苏	金属冶炼及压延加工业	18.9
53	广州网易计算机系统有限公司	广东	互联网服务业	18.8
54	绿城中国控股有限公司	浙江	房地产开发业	17.1
55	龙湖集团控股有限公司	香港	房地产开发业	17.0
56	恒力集团有限公司	江苏	混业（工业化学品制造业；纺织业）	16.9
57	海航集团有限公司	海南	交通运输服务业	16.5
58	泰康保险集团股份有限公司	北京	保险业	15.5
59	浙江恒逸集团有限公司	浙江	工业化学品制造业	14.4

中国民营企业100强社会责任发展指数（2020）

续表

排名	企业名称	总部所在地	行业	2020年社会责任发展指数
★（49家）				
60	万向集团公司	浙江	交通运输设备制造业	14.3
61	海亮集团有限公司	浙江	混业（金属制品业；房地产开发业）	14.2
62	大连万达集团股份有限公司	北京	房地产开发业	13.8
63	通威集团有限公司	四川	农林牧渔业	12.6
64	神州数码集团股份有限公司	广东	计算机及相关设备制造业	12.4
65	红豆集团有限公司	江苏	服装鞋帽制造业	12.2
66	庞大汽贸集团股份有限公司	河北	一般服务业	12.1
67	玖龙纸业（控股）有限公司	广东	造纸及纸制品业	11.0
68	华夏人寿保险股份有限公司	北京	保险业	10.5
69	正邦集团有限公司	江西	农林牧渔业	10.3
70	深圳市爱施德股份有限公司	广东	计算机服务业	10.0
71	修正药业集团股份有限公司	吉林	医药生物制造业	9.8
71	深圳市怡亚通供应链股份有限公司	广东	交通运输服务业	9.8
73	杭州娃哈哈集团有限公司	浙江	食品饮料业	9.7
74	雪松控股集团有限公司	广东	混业（批发贸易业；工业化学品制造业；旅游业）	9.5
74	广厦控股集团有限公司	浙江	混业（建筑业；房地产开发业）	9.5
76	海信集团有限公司	山东	家用电器制造业	8.9
77	瑞茂通供应链管理股份有限公司	山东	交通运输服务业	8.3
78	奥克斯集团有限公司	浙江	家用电器制造业	8.1
78	青山控股集团有限公司	浙江	金属冶炼及压延加工业	8.1
80	三一集团有限公司	湖南	机械设备制造业	8.0
81	大商集团有限公司	辽宁	零售业	7.9
82	杭州锦江集团有限公司	浙江	金属冶炼及压延加工业	7.7
83	海澜集团有限公司	江苏	服装鞋帽制造业	6.6
84	中国太平洋建设集团有限公司	新疆	建筑业	5.6
85	天能电池集团股份有限公司	香港	电子产品及电子元件制造业	5.4

续表

排名	企业名称	总部所在地	行业	2020年社会责任发展指数
★（49家）				
86	南山集团有限公司	广东	混业（金属冶炼及压延加工业；纺织业；房地产开发业）	5.0
86	中天控股集团有限公司	浙江	混业（建筑业；房地产开发业）	5.0
88	新奥集团股份有限公司	河北	燃气的生产和供应业	4.1
89	北京京东世纪贸易有限公司	北京	互联网服务业	4.0
90	腾邦集团有限公司	广东	混业（旅游业；交通运输服务业）	3.9
90	东方集团股份有限公司	北京	金属冶炼及压延加工业	3.9
90	阳光龙净集团有限公司	福建	混业（证券、期货、基金等其他金融业；房地产开发业；一般服务业）	3.9
93	唯品会（中国）有限公司	广东	零售业	3.8
94	山东魏桥创业集团有限公司	山东	纺织业	3.7
95	浙江荣盛控股集团有限公司	浙江	混业（工业化学品制造业；房地产开发业）	3.2
96	远大物产集团有限公司	浙江	批发贸易业	2.9
97	正威国际集团有限公司	广东	混业（金属冶炼及压延加工业；电子产品及电子元件制造业）	2.6
98	三胞集团有限公司	江苏	混业（零售业；房地产开发业）	1.9
99	上海均和集团有限公司	上海	混业（交通运输服务业；证券、期货、基金等其他金融业）	1.6
100	中国华信能源有限公司	上海	批发贸易业	1.3

三 民营企业100强社会责任发展阶段性特征（2020）

（一）2020年，民营企业100强社会责任发展指数为29.3分，处于起步者阶段

2009～2020年，民营企业100强社会责任发展指数总体呈现上升趋势。2009年，民营企业100强社会责任发展指数仅为12.9分，处于旁观者阶

段；2014年，达到20.5分开始进入起步者阶段；2017年，进入发展高峰，达29.7分。经历了短暂的下滑后，2020年，民营企业100强社会责任发展指数为29.3分，比2019年提升3.3分，同比增长12.7%，连续第七年达到二星级水平，处于起步者阶段（见图3）。

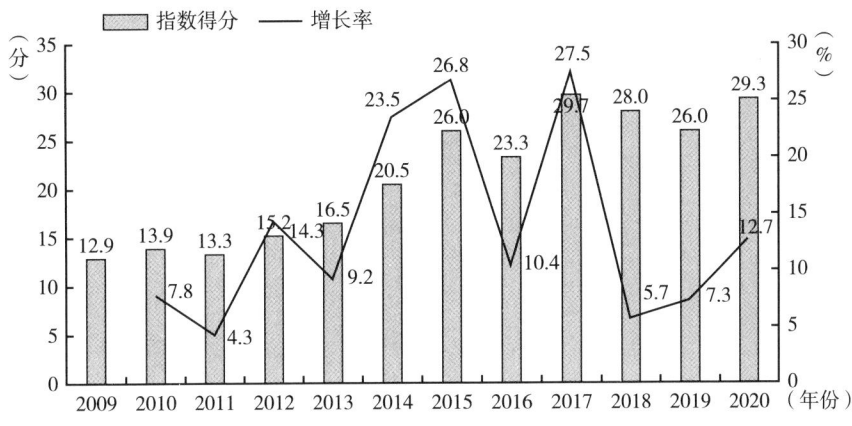

图3　2009~2020年民营企业100强企业社会责任发展指数

（二）约三成民营企业社会责任发展指数达到三星级及以上水平，五成企业仍在旁观

2020年，民营企业100强社会责任发展指数整体达到二星级水平。具体来看，民生银行达到五星级水平；腾讯、华为、伊利、碧桂园、新城控股等12家企业社会责任发展指数达到四星级水平；华夏银行、阿里巴巴等21家企业社会责任发展指数达到三星级水平。二星级水平民营企业为17家。社会责任发展指数为一星级、处于旁观者阶段的企业数量最多，为49家（见图4）。

（三）民营企业100强责任管理指数处于旁观者阶段，责任沟通表现优于责任组织、责任融合

2020年，民营企业100强责任管理指数为15.0分，同比增加4.4分，

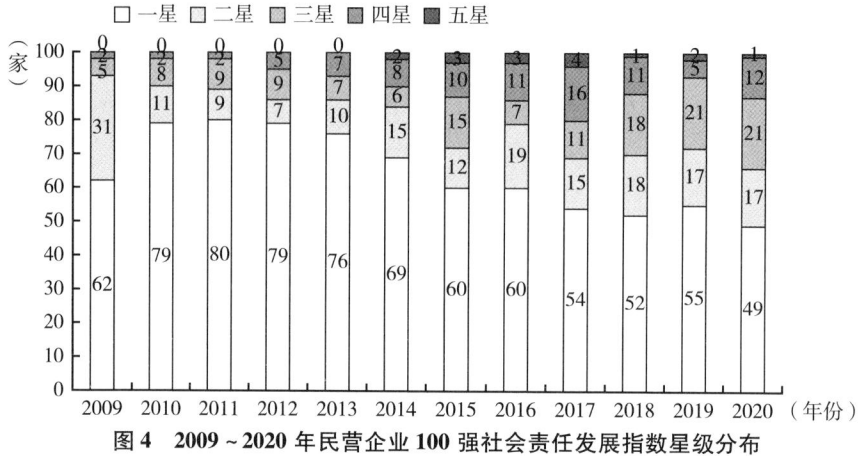

图4 2009～2020年民营企业100强社会责任发展指数星级分布

处于一星级、旁观者阶段。其中,伊利的责任管理指数达到卓越者阶段;华为、华夏幸福、碧桂园3家企业责任管理指数达到四星级水平,处于领先者阶段;新城控股、联想、三快科技等10家企业责任管理指数达到三星级水平;万科、海尔、新希望等10家企业责任管理指数达到二星级水平;责任管理指数在一星级的企业数量最多,为76家(见图5)。

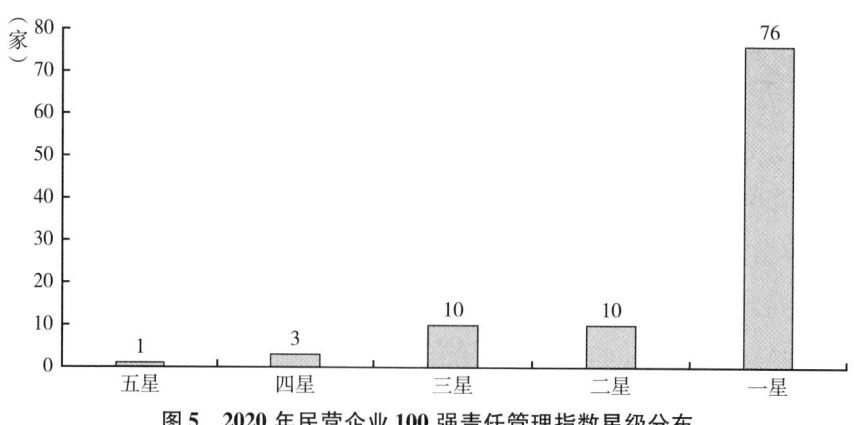

图5 2020年民营企业100强责任管理指数星级分布

对责任管理三个维度(责任组织、责任融合和责任沟通)进行分析发现,责任沟通指数得分最高,为18.7分;责任组织次之,为16.2分;责任融合得分最低,为5.5分(见图6)。

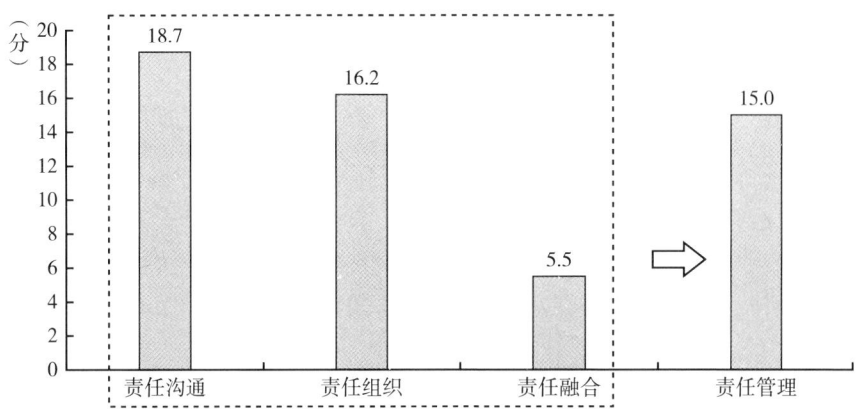

图6 2020年民营企业100强责任管理指数结构比较

（四）民营企业100强责任实践指数处于起步者阶段，本质责任好于社会责任和环境责任

2020年，民营企业100强责任实践指数得分32.6分，相比2019年增加2.8分，连续第七年达到二星级水平（见图7）。从星级分布来看，2020年民营企业100强中，民生银行、腾讯的责任实践指数达到五星级水平、卓越者阶段，分别为87.7分和82.8分；华为、伊利、碧桂园等12家企业责任实践指数达到四星级水平；分别有24家、16家企业达到三星级和二星级水平；处于一星级水平、旁观者阶段的企业数量最多，为46家（见图8）。

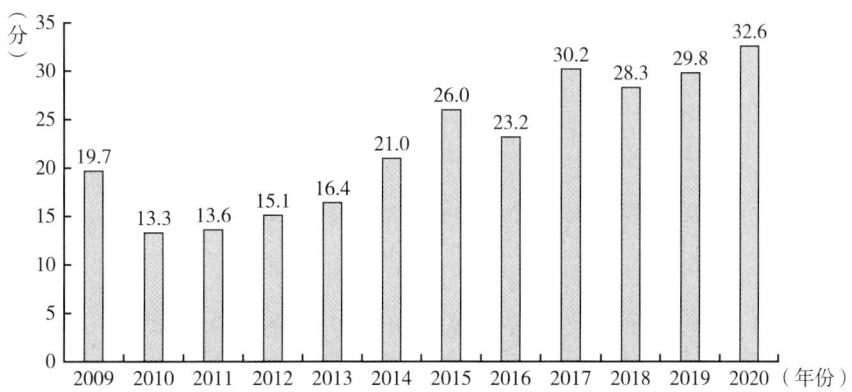

图7 2009~2020年民营企业100强责任实践指数结构变化

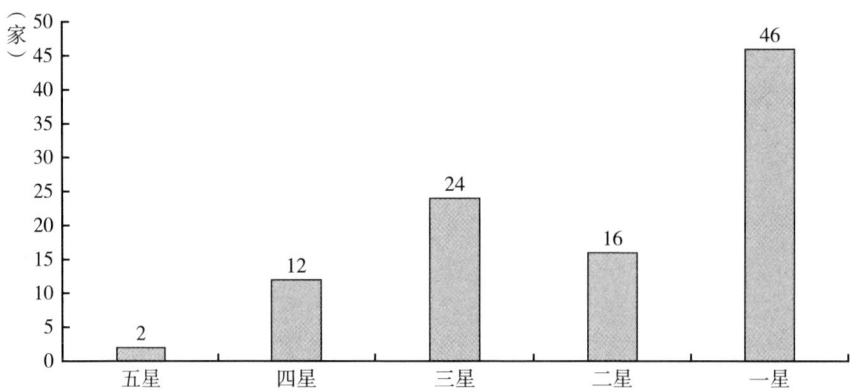

图 8　2020 年民营企业 100 强责任实践指数星级分布

本质责任、社会责任和环境责任指数均保持在二星级水平。其中，本质责任指数为 39.3 分，高于社会责任（35.8 分）和环境责任（23.9 分）（见图 9）。

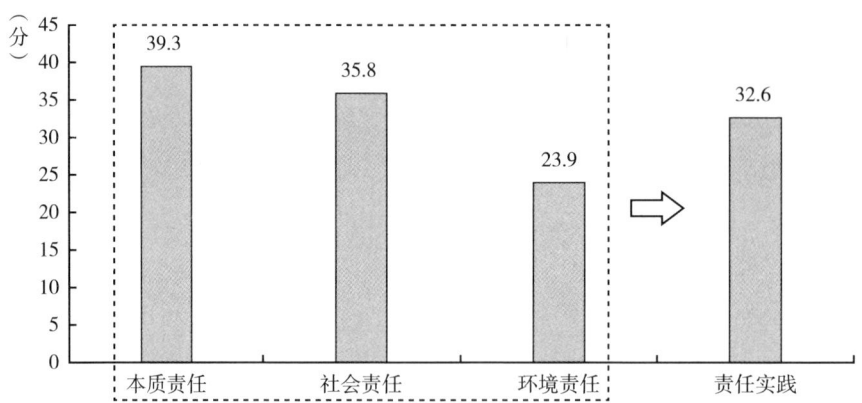

图 9　2020 年民营企业 100 强责任实践指数结构比较

（五）股东责任指数得分最高，绿色生产指数得分较低

2020 年，民营企业 100 强股东责任指数得分为 59.7 分，比 2019 年

下降 0.6 分，回落至三星级水平；政府责任指数为 49.7 分，连续两年处于三星级水平、追赶者阶段，抗击疫情指数为 46.5 分，达到三星级水平；伙伴责任、社区责任、客户责任、精准扶贫、绿色管理、绿色运营、安全生产和员工责任 8 个责任议题均处于二星级水平；绿色生产议题得分为 19.4 分，仍处于一星级水平、旁观者阶段（见图 10）。可见民营企业较为注重披露股东责任和政府责任的相关信息，对于绿色生产信息披露有所欠缺。

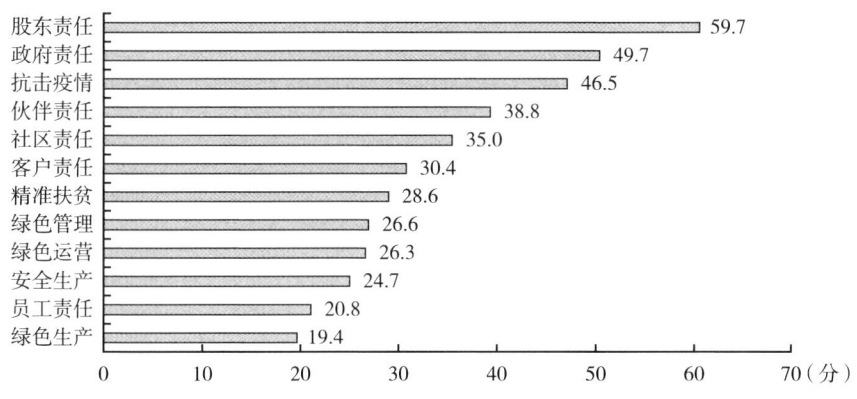

图 10　2020 年民营企业 100 强责任议题指数

（六）民营企业100强精准扶贫指数得分为28.6分，44家民营企业披露精准扶贫相关信息

民营企业在推进自身转型升级的同时，勇于承担社会责任，在精准脱贫方面努力作为，2020 年，民营企业 100 强精准扶贫指数得分为 28.6 分。具体分析精准扶贫议题披露情况发现，44 家民营企业披露了精准扶贫相关信息。其中，扶贫项目类型披露数和精准扶贫规划披露数相近，分别为 38 家和 36 家；年度扶贫资金及物资投入披露数为 27 家；建立扶贫组织体系、设立扶贫产业基金、帮助建档立卡贫困人口脱贫数三项指标披露数较低，分别

为13家、11家和9家(见图11)。相比于2019年,民营企业精准扶贫信息披露水平有所提升。

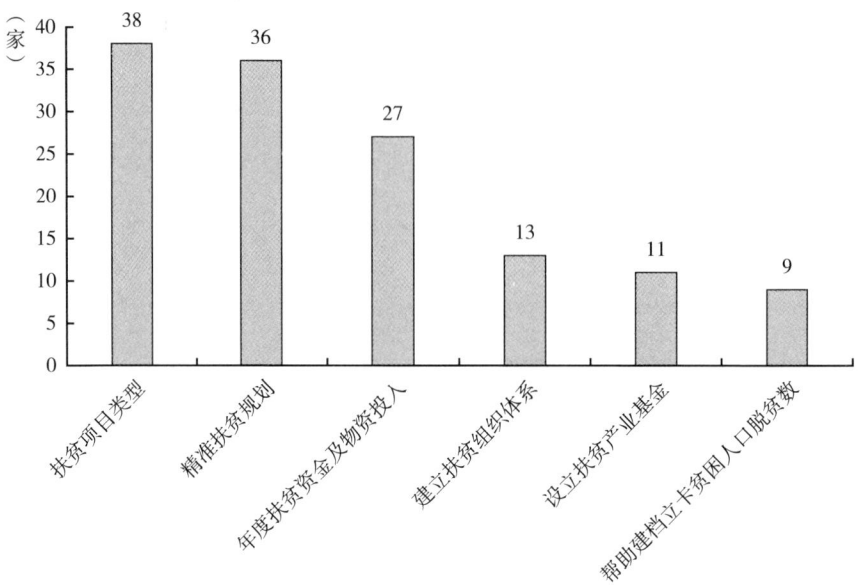

图11 2020年民营企业100强精准扶贫六项指标披露情况

(七)民营企业100强抗击疫情指数得分为46.5分,44家企业披露抗击疫情相关信息

新冠肺炎疫情暴发后,民营企业为不仅为抗击疫情捐款捐物,更有不少企业结合自身业务,从信息普及、服务保障、技术输出等方面对疫区展开支援,充分彰显了民营企业的担当与社会责任。2020年,民营企业100强抗击疫情指数得分为46.5分。

具体分析抗击疫情议题披露情况发现,共44家民营企业披露了抗击疫情相关信息。其中,"支持社区抗击疫情"和"抗击疫情投入总额"披露企业数量相近,分别为43家和40家;"稳定就业"和"保障员工健康"披露企业数量相近,分别为36家和34家。披露"供应链帮扶"举措的企业有30家(见图12)。

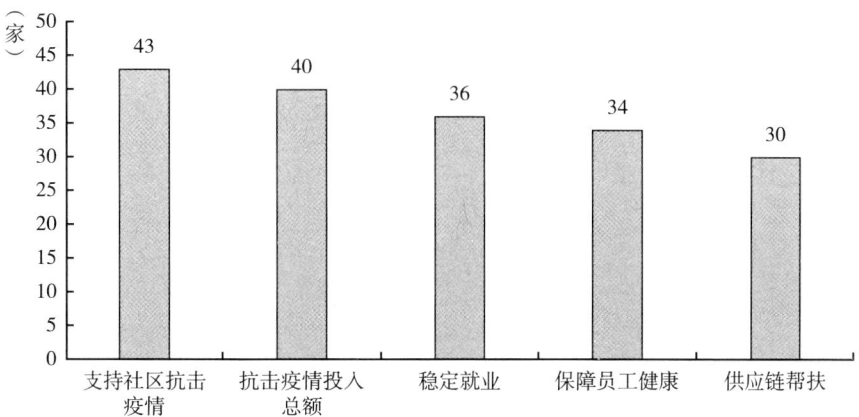

图 12 2020 年民营企业 100 强抗击疫情五项指标披露情况

B.4
中国外资企业100强社会责任发展指数（2020）

摘　要： 本报告在"中国企业社会责任发展指数"研究框架基础上，对中国外资企业100强社会责任管理与社会责任信息披露情况进行综合评价，以把握中国外资企业社会责任发展的阶段性特征。研究发现，2020年外资企业100强社会责任发展指数为20.1分，重回起步者阶段。从责任板块来看，责任实践指数（22.2分）优于责任管理指数（11.3分）。在责任议题中，社区责任和伙伴责任表现较好，但精准扶贫指数得分相对较低。

关键词： 外资企业　企业社会责任发展指数　责任实践

一　样本特征

外资企业既是中国对外开放的受益者，也是中国经济社会发展的贡献者。外资企业在中国实现业务发展与扩充的同时，也积极履行社会责任，助力中国社会的可持续发展。

2020年，外资企业100强的样本选择以2020《财富》世界500强榜单为基础，按照全球营业收入选取前100家企业，并做出如下调整：①剔除在中国没有经营业务的外资企业；②依据企业在中国经营业务的深度、影响力和品牌知名度进行增补。最终确定的外资企业100强以美资企业最多，覆盖20个行业。

（一）国别代表性强，美资企业居多

外资企业100强中，美资企业最多，近40家；日资企业次之，为20

家；德资企业排第三，为12家；法国企业数量为8家；韩国企业数量为5家；瑞士企业数量为4家；英国企业数量为3家；中国香港和中国台湾企业数量均为2家；比利时、荷兰、意大利、加拿大和爱尔兰企业数量均为1家（见图1）。

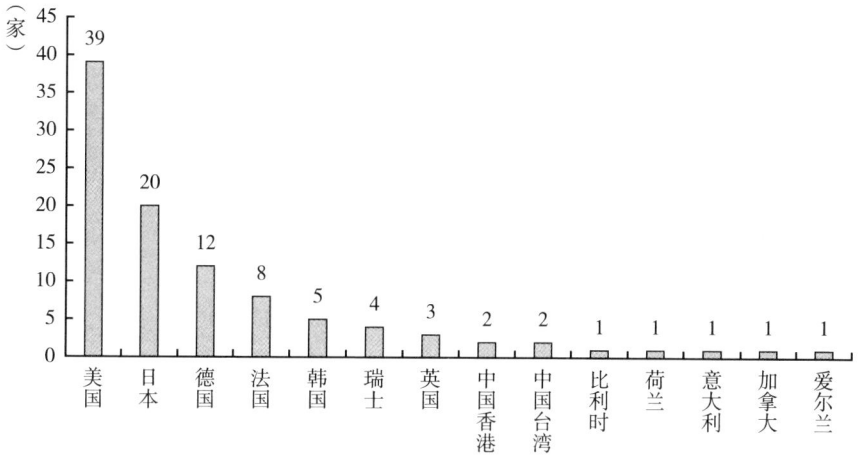

图1　2020外资企业100强国家（地区）分布

（二）行业分布广泛，覆盖20个行业

2020年外资企业100强共覆盖20个行业。其中混业企业数量最多，达18家；交通运输设备制造业次之，为13家；零售业和机械设备制造业为8家；电子产品及电子元件制造业、医药生物制造业均为7家；石油和天然气开采业与加工业为6家；食品饮料业为5家；一般制造业等10个行业的企业数量均在5家以下（见图2）。

二　外资企业100强社会责任发展指数排名（2020）

2020年，中国三星、现代汽车集团（中国）、松下电器社会责任发展指数达到五星级水平，处于卓越者阶段；中国LG、中国浦项、Apple、台达

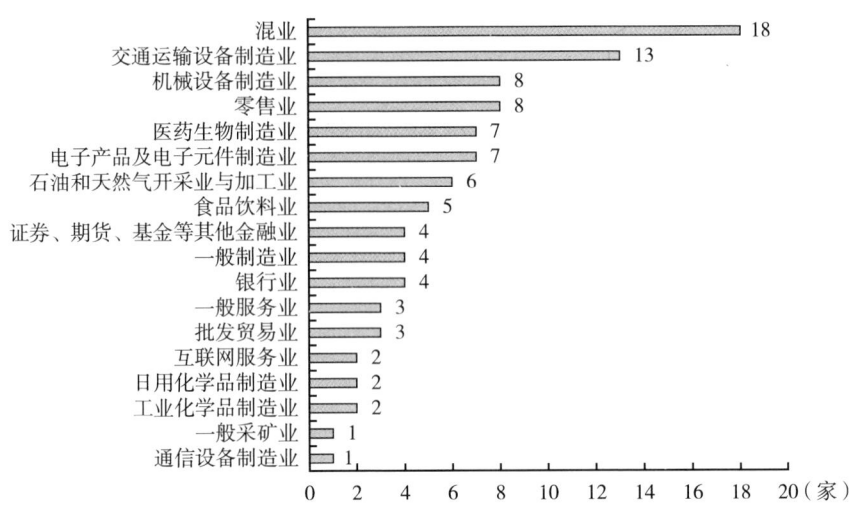

图 2　2020 年外资企业 100 强地域分布

(中国)、佳能(中国)、台积电 6 家企业达到四星级水平,处于领先者阶段;SK 中国、巴斯夫(中国)、丰田(中国)等 8 家企业达到三星级水平,处于追赶者阶段(见表 1)。

表 1　2020 年外资企业 100 强社会责任发展指数、星级及排名

单位:分

排名	公司名称	国家/地区	行业	2020 年社会责任发展指数
★★★★★(3 家)				
1	三星(中国)投资有限公司	韩国	混业(电子产品及电子元件制造业;通信设备制造业)	91.6
2	现代汽车集团(中国)	韩国	交通运输设备制造业	87.2
3	松下电器中国东北亚公司	日本	混业(电子产品及电子元件制造业;家用电器制造业)	80.1
★★★★(6 家)				
4	中国 LG	韩国	混业(电子产品及电子元件制造业;家用电器制造业、工业化学品制造业)	79.9
5	浦项(中国)投资有限公司	韩国	金属冶炼及压延加工业	76.8

中国外资企业100强社会责任发展指数（2020）

续表

排名	公司名称	国家/地区	行业	2020年社会责任发展指数
★★★★（6家）				
6	Apple	美国	电子产品及电子元件制造业	76.3
7	台达（中国）	中国香港	电子产品及电子元件制造业	75.4
8	佳能（中国）有限公司	日本	混业（电子产品及电子元件制造业；计算机及相关设备制造业；计算机服务业）	67.3
9	台积电	中国台湾	电子产品及电子元件制造业	64.8
★★★（8家）				
10	SK中国	韩国	混业（工业化学品制造业、电子产品及电子元件制造业、交通运输服务业）	58.2
11	巴斯夫（中国）有限公司	德国	工业化学品制造业	54.1
12	丰田汽车（中国）投资有限公司	日本	交通运输设备制造业	50.0
13	花旗银行（中国）有限公司	美国	银行业	49.6
14	本田汽车（中国）有限公司	日本	交通运输设备制造业	44.2
15	麦德龙（中国）	德国	零售业	42.9
16	长江和记实业有限公司	中国香港	混业（交通运输服务业；零售业；通信服务业）	42.4
17	鸿海精密工业股份有限公司	中国台湾	电子产品及电子元件制造业	40.8
★★（11家）				
18	索尼（中国）有限公司	日本	混业（电子产品及电子元件制造业；家用电器制造业）	36.5
19	东芝（中国）有限公司	日本	混业（电子产品及电子元件制造业；家用电器制造业；计算机及相关设备制造业）	36.1
20	中国惠普有限公司	美国	电子产品及电子元件制造业	35.9
21	通用汽车（中国）	美国	交通运输设备制造业	32.7
22	施耐德电器有限公司	德国	家用电器制造业	32.4
23	家乐福（中国）	法国	零售业	28.7
24	沃尔玛（中国）投资有限公司	美国	零售业	27.7
25	永旺（中国）投资有限公司	日本	零售业	27.4
26	Seven&I控股公司	日本	零售业	26.1

续表

排名	公司名称	国家/地区	行业	2020年社会责任发展指数
★★（11家）				
27	大众汽车集团（中国）	德国	交通运输设备制造业	23.0
28	国际商业机器（中国）有限公司	美国	混业（互联网服务业；电子产品及电子元件制造业）	22.4
★（72家）				
29	丰田通商（中国）有限公司	日本	交通运输设备制造业	20.0
30	日产（中国）投资有限公司	日本	交通运输设备制造业	19.5
31	日立（中国）有限公司	日本	混业（机械设备制造业；家用电器制造业；计算机及相关设备制造业）	18.4
32	雀巢中国	瑞士	食品饮料业	18.3
33	3M中国有限公司	美国	一般制造业	18.1
34	罗氏中国	瑞士	医药生物制造业	16.8
35	富士通（中国）有限公司	日本	电子产品及电子元件制造业	16.4
35	普利司通（中国）投资有限公司	日本	一般制造业	16.4
37	陶氏化学（中国）有限公司	美国	工业化学品制造业	16.0
38	宝马中国	德国	交通运输设备制造业	15.5
39	宝洁（中国）有限公司	美国	日用化学品制造业	14.8
40	百威英博中国	比利时	食品饮料业	14.6
41	联合利华（中国）有限公司	美国	混业（日用化学品制造业；食品饮料业）	14.4
42	霍尼韦尔（中国）有限公司	美国	混业（一般制造业；机械设备制造业）	13.8
43	三井住友银行（中国）有限公司	日本	银行业	13.6
44	辉瑞中国	美国	医药生物制造业	13.4
44	ABB（中国）有限公司	瑞士	机械设备制造业	13.4
44	波音中国	美国	交通运输设备制造业	13.4
47	拜耳（中国）	德国	混业（医药生物制造业；工业化学品制造业）	12.9
47	福特汽车（中国）有限公司	美国	交通运输设备制造业	12.9
49	路易达孚（中国）贸易有限责任公司	法国	批发贸易业	12.5

续表

排名	公司名称	国家/地区	行业	2020年社会责任发展指数
★(72家)				
50	三菱商事(中国)有限公司	日本	批发贸易业	12.0
51	安利(中国)日用品有限公司	美国	日用化学品制造业	11.9
52	强生(中国)投资有限公司	美国	混业(医药生物制造业;日用化学品制造业)	10.9
53	壳牌(中国)有限公司	荷兰	石油和天然气开采业与加工业	10.6
54	GE中国	美国	混业(机械设备制造业;家用电器制造业;电子产品及电子元件制造业)	9.4
55	法国兴业银行(中国)有限公司	法国	银行业	9.3
56	圣戈班(中国)投资有限公司	法国	一般制造业	9.0
57	戴尔(中国)有限公司	美国	混业(计算机及相关设备制造业;计算机服务业)	8.9
57	可口可乐(中国)饮料有限公司	美国	食品饮料业	8.9
59	博世(中国)投资有限公司	德国	混业(机械设备制造业;家用电器制造业)	8.7
60	诺华中国	瑞士	医药生物制造业	8.6
61	高盛(中国)	美国	证券、期货、基金等其他金融业	8.1
62	特斯拉(上海)有限公司	美国	交通运输设备制造业	8.0
63	葛兰素史克(中国)投资有限公司	英国	医药生物制造业	7.6
63	思科中国	美国	通信设备制造业	7.6
65	三菱电机(中国)有限公司	日本	机械设备制造业	7.5
65	费森尤斯医疗投资(中国)有限公司	德国	医药生物制造业	7.5
67	卡特彼勒(中国)投资有限公司	美国	机械设备制造业	7.0
68	西门子(中国)	德国	机械设备制造业	6.7

续表

排名	公司名称	国家/地区	行业	2020年社会责任发展指数
★（72家）				
69	微软中国	美国	互联网服务业	6.6
69	埃尼中国	意大利	石油和天然气开采业与加工业	6.6
71	联合技术中国有限公司	美国	一般制造业	6.0
72	住友商事（中国）有限公司	日本	批发贸易业	5.9
72	蒂森克虏伯（中国）投资有限公司	德国	机械设备制造业	5.9
74	英特尔（中国）有限公司	美国	电子产品及电子元件制造业	5.4
75	赛诺菲中国	法国	医药生物制造业	5.3
76	采埃孚（中国）投资有限公司	德国	机械设备制造业	5.2
77	道达尔中国	法国	石油和天然气开采业与加工业	4.4
78	欧尚（中国）投资有限公司	法国	零售业	4.1
79	康菲石油中国有限公司	美国	石油和天然气开采业与加工业	3.5
79	埃克森美孚（中国）投资有限公司	美国	石油和天然气开采业与加工业	3.5
81	雪佛龙中国能源公司	美国	石油和天然气开采业与加工业	3.4
82	摩根大通中国	美国	证券、期货、基金等其他金融业	3.0
82	戴姆勒中国	德国	交通运输设备制造业	3.0
84	亚马逊（中国）	美国	零售业	2.9
85	铃木（中国）投资有限公司	日本	交通运输设备制造业	2.8
86	默沙东（中国）有限公司	美国	医药生物制造业	2.5
87	克丽丝汀迪奥商业（上海）有限公司	法国	零售业	2.4
88	力拓中国	英国	一般采矿业	2.3
89	百事（中国）投资有限公司	美国	食品饮料业	2.2
90	摩根士丹利	美国	证券、期货、基金等其他金融业	1.8
91	邦吉公司	美国	食品饮料业	1.4

续表

排名	公司名称	国家/地区	行业	2020年社会责任发展指数
★（72家）				
91	电装（中国）投资有限公司	日本	机械设备制造业	1.4
93	麦格纳中国	加拿大	机械设备制造业	1.3
94	华特迪士尼（中国）有限公司	美国	混业（旅游业；文化娱乐业；零售业）	1.0
95	甲骨文（中国）	美国	互联网服务业	0.9
96	软银中国资本	日本	证券、期货、基金等其他金融业	0.8
96	埃森哲（中国）有限公司	爱尔兰	一般服务业	0.8
96	沃博联企业管理（上海）有限公司	美国	一般服务业	0.8
99	康德乐（中国）投资有限公司	美国	一般服务业	0.3
100	汇丰银行（中国）有限公司	英国	银行业	0.0

三 外资企业100强社会责任发展阶段性特征（2020）

（一）2020年，外资企业100强社会责任发展指数为20.1分，处于起步者阶段

2009~2014年，外资企业100强社会责任发展指数呈现快速增长趋势。2014年，外资企业100强社会责任发展指数达到峰值26.4分。2014~2016年，外资企业100强社会责任发展指数出现了小幅波动；2017~2019年，外资企业100强社会责任发展指数呈下降趋势，从起步者阶段回落至旁观者阶段；2020年，外资企业100强社会责任发展指数有所增加，得分为20.1分，同比增长12.3%，重新回到二星级水平、起步者阶段（见图3）。

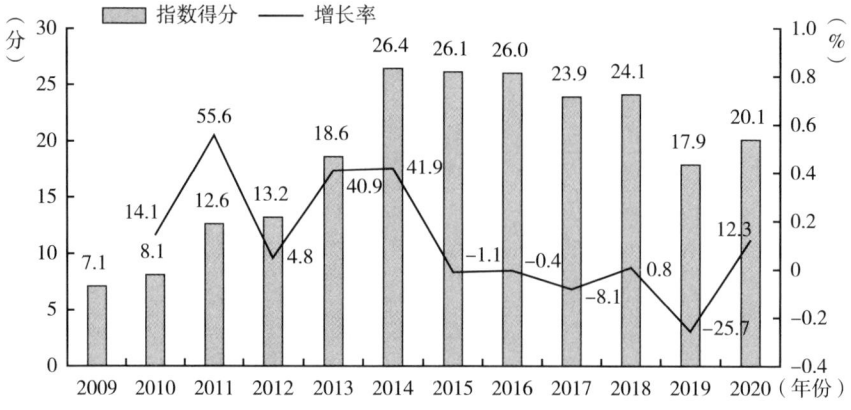

图3 2009~2020年外资企业100强社会责任发展指数

（二）近两成外资企业社会责任发展指数达到三星级及以上水平，超七成企业仍在旁观

2020年，91家外资企业社会责任发展指数低于60分，处于三星级及以下水平。中国三星、现代汽车集团（中国）、松下电器社会责任发展指数达到五星级水平，处于卓越者阶段；中国LG、中国浦项、Apple、台达（中国）、佳能（中国）、台积电6家企业达到四星级水平；有72家企业社会责任发展指数仍处于一星级水平、旁观者阶段（见图4）。

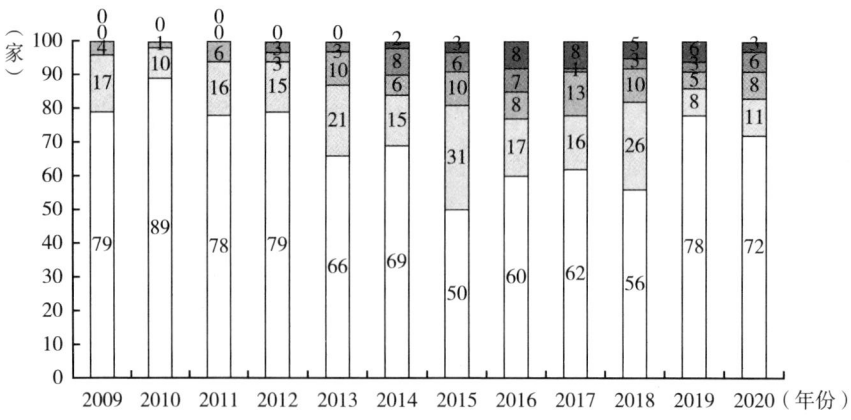

图4 2009~2020年外资企业100强社会责任发展指数星级分布

(三)东亚社会责任发展指数领先于欧美,其中以韩资企业社会责任发展指数得分最高

2020年,韩资企业社会责任发展指数为78.7分,得分较2019年下降了6.8分,回落至四星级水平、领先者阶段;台资企业社会责任发展指数为52.8分,处于三星级水平、追赶者阶段;日资企业社会责任发展指数为25.1分,处于二星级水平、起步者阶段;德资企业(18.1分)、瑞士企业(14.2分)、美资企业(12.5分)、荷兰企业(10.6分)、法资企业(9.4分)和英资企业(3.3分)社会责任发展指数仍为一星级水平、旁观者阶段。总体来看,东亚地区外资企业社会责任发展指数领先于欧美地区(见图5)。

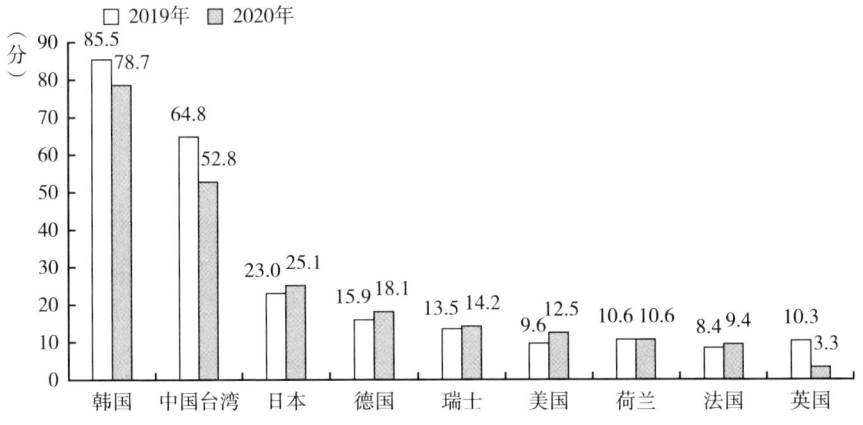

图5 2019~2020年外资企业100强社会责任发展指数

(四)外资企业100强责任管理指数仅为11.3分,处于旁观者阶段

2020年,外资企业100强责任管理指数为11.3分,处于一星级水平、旁观者阶段。其中,中国三星责任管理指数首次达到五星级水平,处于卓越

者阶段；5家企业达到四星级水平，处于领先者阶段；2家企业达到三星级水平，处于追赶者阶段；8家企业达到二星级水平，处于起步者阶段；近九成企业为一星级水平，处于旁观者阶段（见图6）。

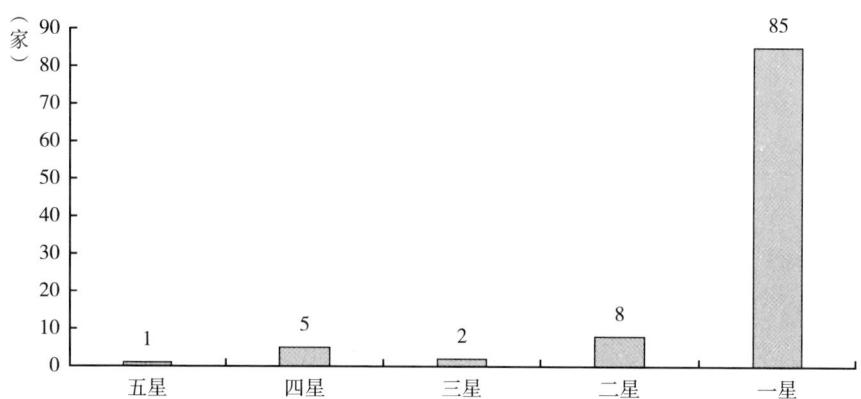

图6　2020年外资企业100强责任管理指数星级分布

从责任组织、责任融合、责任沟通三个维度来看，外资企业100强责任沟通指数得分最高，为15.3分。责任组织次之，为10.4分。责任融合最低，为2.6分（见图7）。

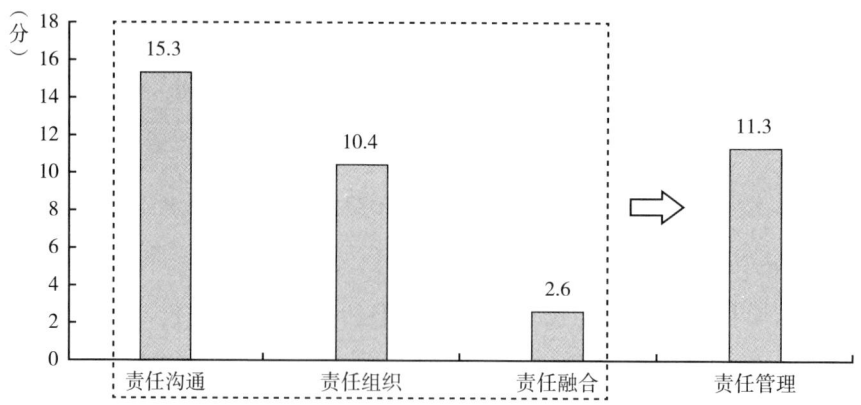

图7　2020年外资企业100强责任管理指数结构比较

（五）外资企业100强责任实践指数为22.2分，处于起步者阶段

2020年，外资企业100强责任实践指数为22.2分，为二星级水平，处于起步者阶段（见图8）。其中，7家企业责任实践指数达到五星级水平，处于卓越者阶段；3家企业责任实践指数达到四星级水平，处于领先者阶段；8家企业达到三星级水平，处于追赶者阶段；7家企业达到二星级水平，处于起步者阶段；68家企业为一星级水平，处于旁观者阶段（见图9）。

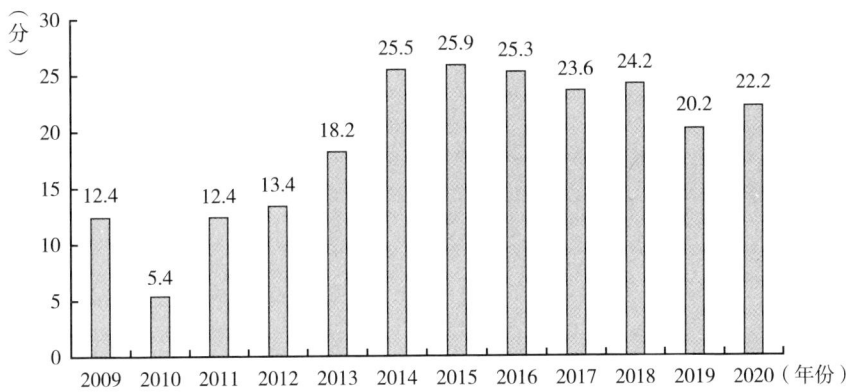

图8　2009~2020年外资企业100强责任实践指数变化

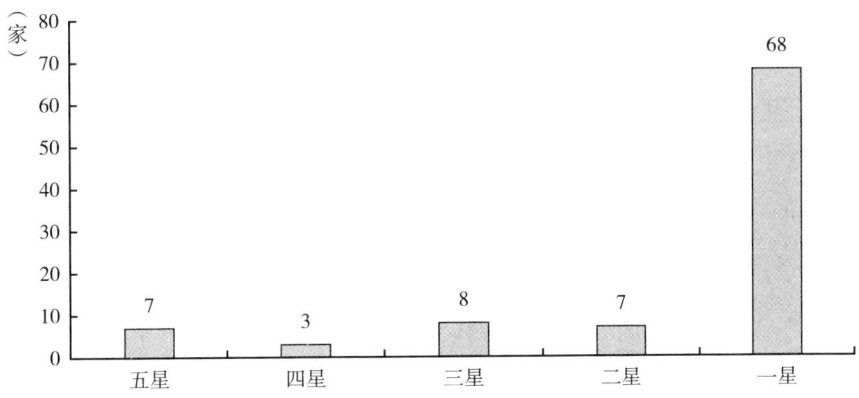

图9　2020年外资企业100强责任实践指数星级分布

责任实践包含本质责任、社会责任、环境责任三个维度。其中，外资企业100强环境责任指数得分最高，为23.9分，保持在二星级水平；社会责任指数次之，为22.2分；本质责任指数为19.7分，处于一星级水平（见图10）。

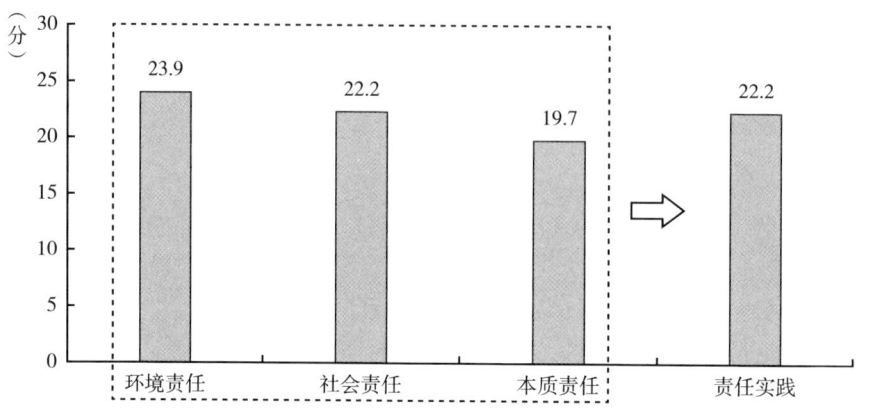

图10　2020年外资企业100强责任实践指数结构比较

（六）外资企业100强社区责任指数表现较好，精准扶贫指数得分较低

2020年，外资企业100强社区责任指数得分最高，为31.0分，与伙伴责任（30.1分）、绿色管理（28.5分）、抗击疫情（26.9分）、绿色运营（25.8分）、政府责任（23.6分）、客户责任（21.1分）指数同为二星级水平。绿色生产、员工责任、股东责任、安全生产、精准扶贫5项责任议题的指数低于20分，处于一星级水平。其中，精准扶贫指数得分最低，为8.0分（见图11）。

（七）外资企业100强精准扶贫指数得分为8.0分，仅10家企业披露精准扶贫相关信息

2020年，外资企业100强精准扶贫指数得分为8.0分。具体分析精准

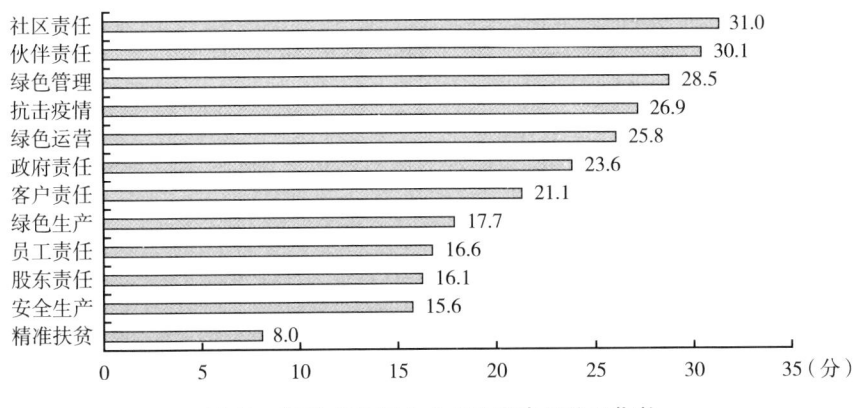

图 11　2020 年外资企业 100 强责任议题指数

扶贫议题披露情况发现,仅 10 家外资企业披露了精准扶贫相关信息。其中,9 家企业披露了"扶贫项目类型"指标;7 家企业披露了"精准扶贫规划";分别有 3 家企业披露了"年度扶贫资金及物资投入"和"设立扶贫产业基金";披露"建立扶贫组织体系"和"帮助建档立卡贫困人口脱贫数"的企业各有 1 家(见图 12)。

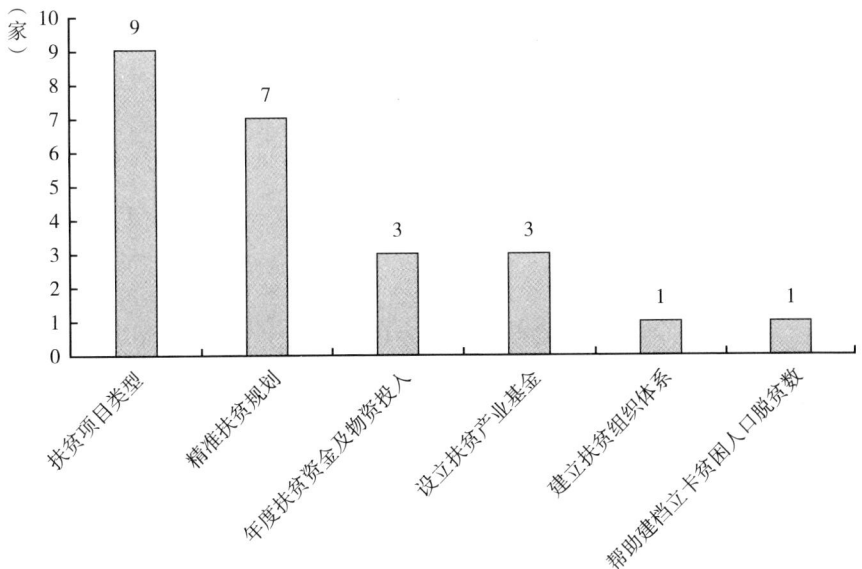

图 12　2020 年外资企业 100 强精准扶贫六项指标披露情况

（八）外资企业100强抗击疫情指数得分为26.9分，21家企业披露抗击疫情相关信息

自新冠肺炎疫情暴发以来，外资企业纷纷捐款捐物，积极支持中国疫情防控工作，彰显了外资企业责任担当。

2020年，外资企业100强抗击疫情指数得分为26.9分。具体分析抗击疫情议题披露情况发现，共21家外资企业披露了抗击疫情相关信息。其中，"抗击疫情投入总额"和"保障员工健康"披露企业数量均为16家；分别有15家外资企业披露"支持社区抗击疫情"的举措和"稳定就业"；13家企业披露"供应链帮扶"举措（见图13）。

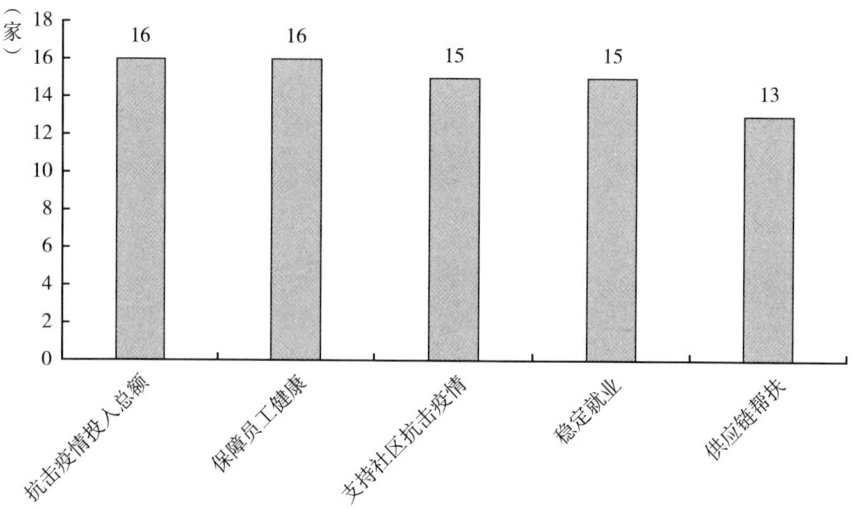

图13　2020年外资企业100强抗击疫情五项指标披露情况

专题报告

Thematic Reports

B.5 中央企业社会责任发展报告(2020)

摘　要： 本报告以国务院国有资产监督管理委员会监管的97家中央企业为研究对象,综合评价其社会责任管理与社会责任实践信息披露水平,客观呈现中央企业社会责任发展的阶段性特征。研究发现,2020年中央企业社会责任发展指数为58.9分,整体达到三星级水平、追赶者阶段。从责任板块来看,中央企业责任实践指数达到63.6分,处于四星级水平、领先者阶段;但责任管理指数得分较低,为40.1分,达到三星级水平。从具体议题来看,2020年中央企业各项责任议题得分均在40分以上,整体达到三星级水平、追赶者阶段;其中,政府责任指数得分最高,达到五星级水平、卓越者阶段。

关键词： 中央企业　企业社会责任发展指数　责任管理

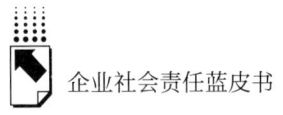

一 中央企业履行社会责任背景分析

中央企业是中国特色社会主义的重要物质基础和政治基础,更是国家经济的重要支柱和骨干力量。多年来,中央企业始终承担着落实国家重大战略部署、深化改革创新、优化产业结构、引领经济发展、推动国家技术创新等职责,肩负着服务社会民生、建设生态文明、维护群众生命财产安全、支持打好三大攻坚战等重任,为中国政治、经济、文化、社会与生态文明建设做出了巨大贡献,得到了社会各界的广泛关注和高度认可。

作为国家队、排头兵,中央企业在社会责任领域始终走在前列。2008年以来,国务院国资委发布《关于中央企业履行社会责任的指导意见》,积极推动中央企业履行社会责任,并鼓励央企编制发布社会责任报告,强化与利益相关方的沟通。2009年,国资委要求中央企业三年内要全部发布社会责任报告,2012年中央企业报告发布数量达到高峰。2016年7月1日,国资委再次发布了《关于国有企业更好履行社会责任的指导意见》,对发布社会责任报告提出了更加明确的要求。2019年4月,国资委召开中央企业社会责任工作座谈会,会上详细了解部分中央企业暂停发布社会责任报告的原因,并强调了发布报告、加强利益相关方沟通的重要性。2019年11月,国资委举办"中央企业社会责任报告集中发布仪式",当年中央企业报告发布数量创下历史新高,实现"全覆盖"。

除鼓励中央企业发布报告外,国资委还注重全面研究、动态跟踪、督促改进中央企业社会责任管理与实践水平,连续多年开展"中央企业社会责任蓝皮书""中央企业海外社会责任蓝皮书"课题研究,并组织开展系列培训、召开系列会议、举办系列活动,促进中央企业社会责任工作再上新台阶。

同时,中央企业也以社会责任报告编制为抓手,积极探索建立具有央企特色的社会责任管理体系和工作机制。《中央企业社会责任蓝皮书(2020)》显示,94%的中央企业已确定社会责任工作的主管部门,95%的中央企业曾组织或参与形式多元的社会责任培训，100%的中央企业曾发布过社会责任报告。中央企业社会责任管理的组织、融合和沟通工作水平已走在前列。

为全面了解中央企业社会责任管理与社会责任实践信息披露水平，2020年，课题组设置"中央企业社会责任发展报告"责任专题，旨在客观评价、系统呈现中央企业社会责任发展的阶段性特征。①

二 中央企业社会责任发展阶段性特征（2020）

（一）中央企业社会责任发展指数为58.9分，整体达到三星级水平，处于追赶者阶段

2020年，课题组首次对中央企业社会责任发展现状进行整体评价。研究发现，中央企业社会责任发展指数为58.9分，整体达到三星级水平，处于追赶者阶段（见图1）。中央企业社会责任发展指数领先于国有企业100强（58.5分）、民营企业100强（29.3分）和外资企业100强（20.1分）。

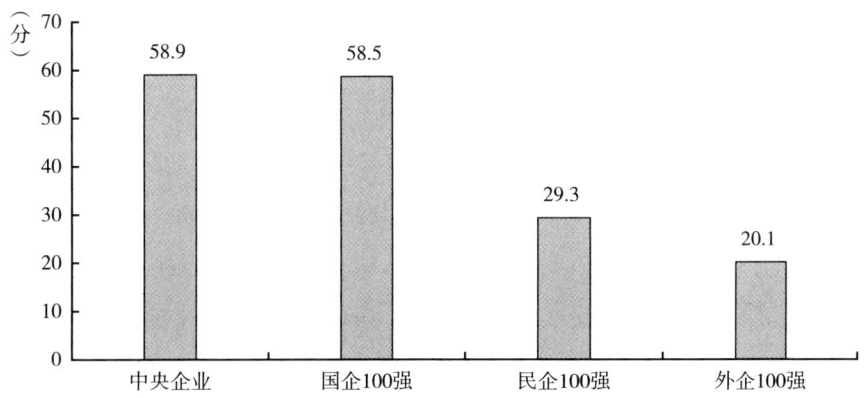

图1 2020年不同性质企业社会责任发展指数对比

---

① 97家中央企业中，国家石油天然气管网集团有限公司（成立于2019年12月）、中国融通资产管理有限公司（2020年3月纳入国资委监管）、中国检验认证（集团）有限公司（2020年6月纳入国资委监管），3家企业不符合研究时间要求，因此不纳入分析范围。

（二）近五成中央企业社会责任发展指数达到四星级及以上水平

2020年，中央企业社会责任发展指数整体达到三星级水平。其中，华润集团、中国华电、中国石化、中国华能、中国建材集团、国投集团、中国一汽、东风公司、南方电网、中国黄金、中国电信、兵器工业集团、中国铝业、中国电建14家企业社会责任发展指数在80分以上（见图2），达到五星级水平、卓越者阶段。社会责任发展指数达到四星级水平的中央企业数量最多，为31家。30家中央企业社会责任发展指数介于40~60分区间，达到三星级水平。西电集团、中国诚通等19家中央企业社会责任发展指数处于20~40分，达到二星级水平、起步者阶段。

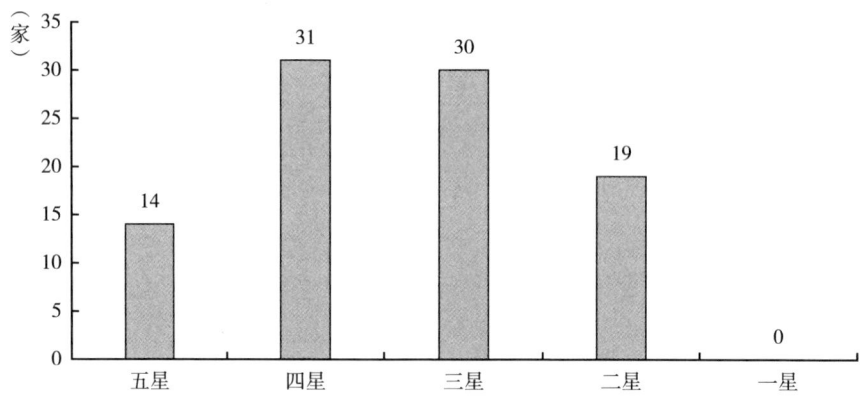

图2　2020年中央企业社会责任发展指数星级分布

（三）中央企业责任实践指数达到四星级水平，社会责任表现优于本质责任和环境责任

2020年，中央企业责任实践指数为63.6分，达到四星级水平、领先者阶段。其中，华润集团、国投集团、中国一汽、中国电信、中国石化、兵器工业集团等24家企业责任实践指数得分在80分以上，达到五星级水平。中国通号、中国石油、新兴际华集团、中国钢研、中国一重等28家

企业责任实践指数达到四星级水平。中国信科、有研科技、中咨公司等8家企业责任实践指数不足20分，仍在旁观，社会责任信息披露水平亟待提升。

从具体指标来看，社会责任指数为69.9分，达到四星级水平，显著领先于本质责任（57.5分）和环境责任（57.2分）（见图3）。

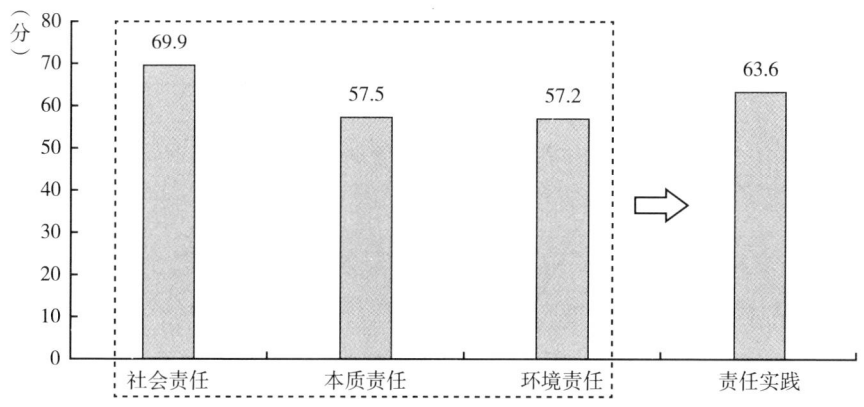

图3　2020年中央企业责任实践指数结构特征

（四）中央企业责任管理指数处于三星级水平、追赶者阶段，责任组织、责任沟通表现优于责任融合

2020年，中央企业责任管理指数为40.1分，达到三星级水平，处于追赶者阶段。其中，华润集团、中国华电、中国黄金、中国华能等22家企业责任管理指数高于60分，达到四星级水平。中国铁物、矿冶集团、航天科工等23家企业责任管理指数不足20分，在企业社会责任管理的组织建设、内部融合、沟通传播等方面的表现有待改善。

对责任组织、责任融合、责任沟通三个维度进行分析发现，中央企业责任组织指数得分最高，为48.3分，责任沟通指数次之，为41.1分，均达到三星级水平。责任融合指数得分最低，为22.2分，处于二星级水平、起步者阶段（见图4）。

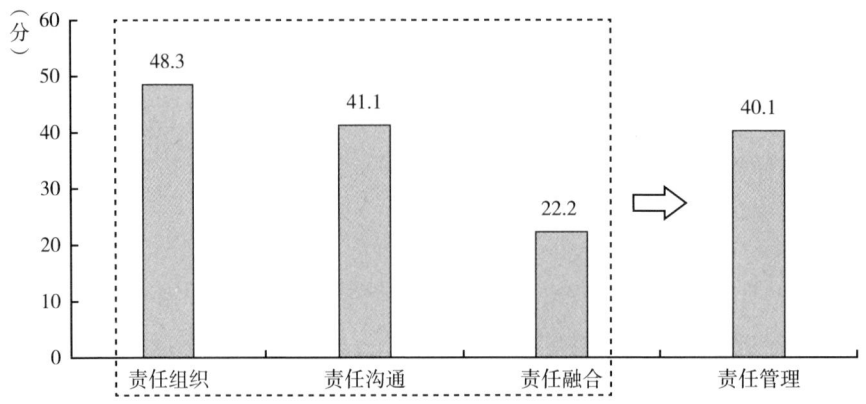

图 4　2020 年中央企业责任管理指数结构特征

（五）中央企业责任议题指数整体达到三星级及以上水平，政府责任与抗击疫情指数表现最佳

2020 年，中央企业各项责任议题得分均超过 40 分，整体处于三星级、追赶者阶段（见图 5）。其中，政府责任指数得分最高，为 85.4 分，达到五星级水平；抗击疫情指数次之，为 74.6 分；精准扶贫指数为 71.2 分；伙伴责任、股东责任、社区责任、安全生产、绿色管理 5 个责任议题得分均高于 60 分，达到四星级水平；绿色运营、员工责任、客户责任、绿色生产 4 个责任议题得分介于 40~60 分区间，达到三星级水平，处于追赶者阶段。

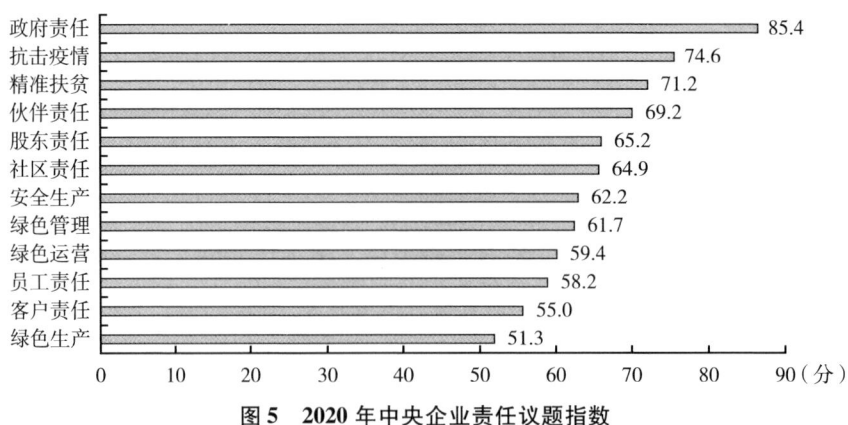

图 5　2020 年中央企业责任议题指数

（六）中央企业精准扶贫指数得分71.2分，达到四星级水平、领先者阶段

中央企业是脱贫攻坚的主力军。2020年，中央企业精准扶贫指数得分为71.2分，略高于国有企业100强（69.4分），显著高于民营企业100强（28.6分）和外资企业100强（8.0分）（见图6）。

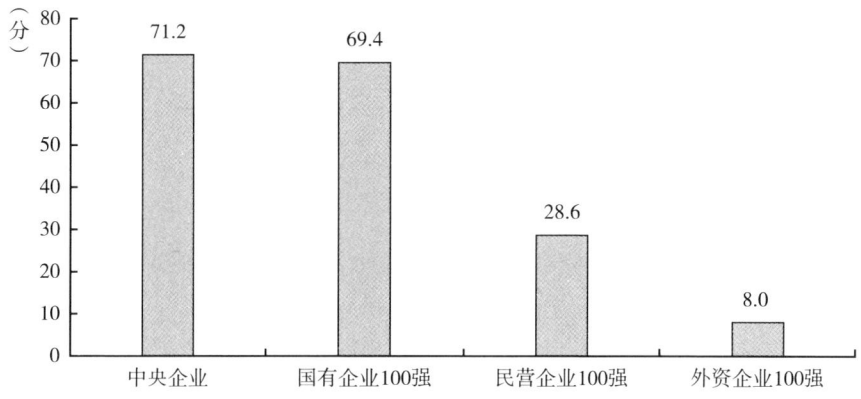

图6　2020年不同性质企业精准扶贫指数得分

分析中央企业在精准扶贫议题各项指标披露情况，发现扶贫项目类型的披露率最高，为87.2%；精准扶贫规划披露率次之，为86.2%；年度扶贫资金及物资投入、建立扶贫组织体系的披露率均超过五成，分别为72.3%、55.3%；帮助建档立卡贫困人口脱贫数披露率较低，为38.3%（见图7）。

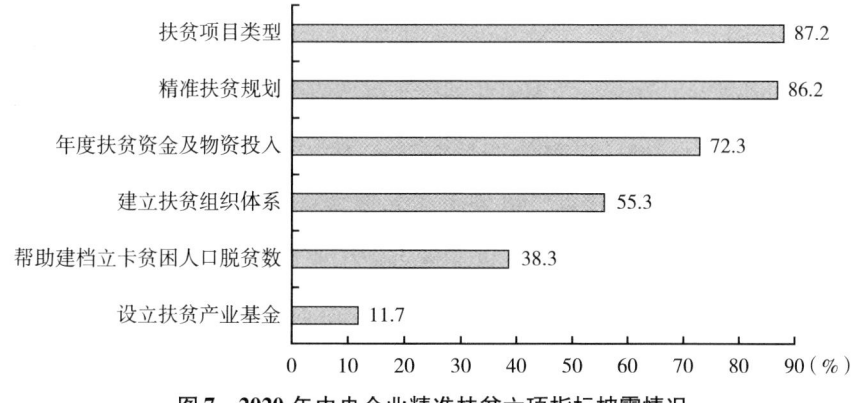

图7　2020年中央企业精准扶贫六项指标披露情况

（七）中央企业抗击疫情指数得分为74.6分，达到四星级水平

2020年，面对突如其来的新冠肺炎疫情，中央企业作为大国重器，奋勇担责，在党中央的坚强领导下，各方央企全力以赴，在全国范围展开了一场轰轰烈烈的疫情防控阻击战。分析中央企业抗击疫情相关信息披露情况，发现中央企业抗击疫情指数得分为74.6分，达到四星级水平、领先者阶段，领先于国有企业100强（72.0分）、民营企业100强（46.5分）和外资企业100强（26.9分）（见图8）。

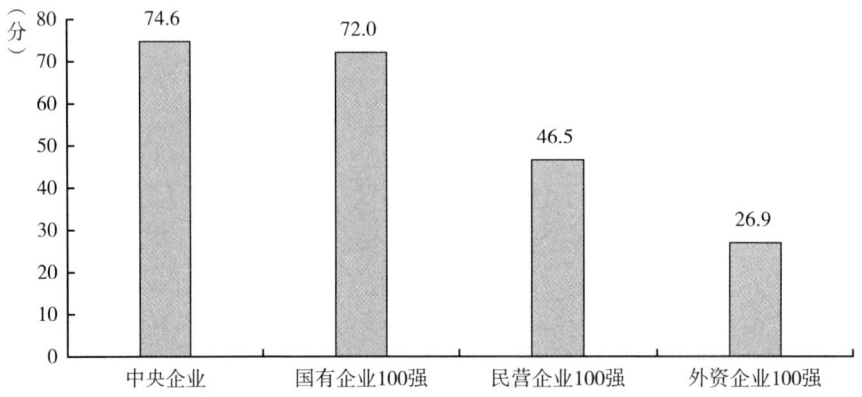

图8 2020年不同性质企业抗击疫情指数得分

具体来看，在抗击疫情的5项具体指标中，"稳定就业"披露率最高，为99.8%；"支持社区抗击疫情"披露率次之，为85.1%；"抗击疫情投入总额"披露率为80.9%；"保障员工健康"披露率为75.5%；"供应链帮扶"披露率为54.3%（见图9）。

据公开渠道获得的信息，90家中央企业共投入抗疫资金（含物资折价）约43.56亿元。同时，各家央企也积极发挥主业优势，通过生产防疫用品、援建防疫医院、保障公共服务、研发抗疫疫苗、支援抗疫一线等方式，彰显"招之即来、来之能战、战之能胜"国家队的责任担当。

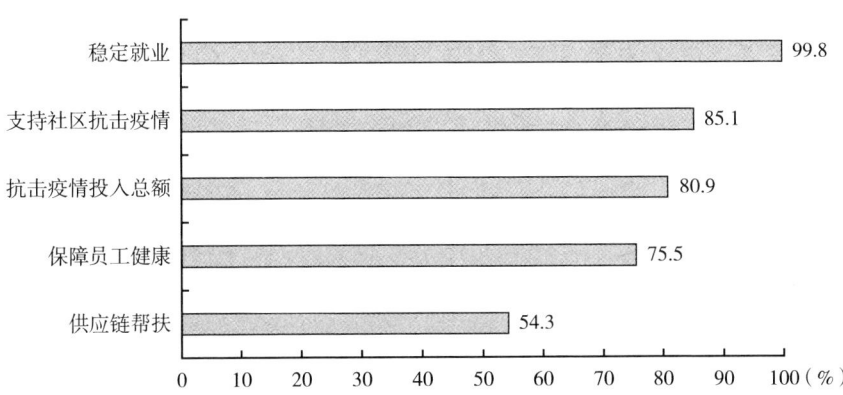

图9 2020年中央企业抗击疫情五项指标披露情况

B.6
中国企业抗击疫情捐赠报告（2020）

摘　要： 2020年初，新冠肺炎疫情席卷全国，国内各方奋勇担责、主动作为，投入抗击疫情行动中。本报告以4061家抗疫捐赠总额超过100万元的企业为研究对象，从捐赠行为、捐赠结构、捐赠渠道三个维度分析中国企业抗击疫情的具体行动。研究发现，4061家企业共捐赠351.4亿元。其中，民营企业捐赠最多，达210.9亿元，占比60%，中央企业捐赠43.65亿元，外资企业捐赠25.1亿元。从捐赠结构来看，现金捐赠、物资捐赠、设立专项抗疫基金是企业采用较多的捐赠方式。从捐赠渠道来看，企业设立基金、慈善会体系、红十字会体系等成为企业捐赠资金的主要流向。

关键词： 中国企业　抗击疫情　捐赠行为

　　2020年伊始，一场突如其来的新冠肺炎疫情席卷神州大地，党中央、国务院迅速做出反应，全面部署新冠肺炎疫情防控工作，各省份也纷纷启动一级响应机制，举国上下、众志成城、同心抗疫。在这场没有硝烟的战"疫"中，广大企业积极履行社会责任，捐款捐物驰援抗疫第一线，发挥优势奔赴疫情重灾区，用实际行动为疫情防控做贡献，彰显了企业的大爱与担当。

　　为全面掌握中国企业抗击疫情捐赠行为，课题组聚焦年度热点事件，以4061家抗疫捐赠总额超过100万元的企业为研究对象，从捐赠里程碑、企业性质、所在行业、所属地区等角度，从捐赠结构、捐赠渠道、捐赠形式等维度，分析中国企业抗击新冠肺炎疫情的捐赠行为特征。捐赠数据的采集时间为2020年1月22日至4月4日，此后中国企业的捐赠热潮基本结束。

一 中国企业抗击疫情捐赠行为特征分析（2020）

（一）4061家企业捐赠351.4亿元

研究发现，疫情发生后，企业迅速响应，积极捐赠：1月29日，企业抗疫捐赠总额首次超过100亿元；2月7日，企业抗疫捐赠总额超过200亿元；2月22日，企业抗疫捐赠总额突破300亿元；截至4月4日，4061家企业共捐赠351.4亿元（见图1）。

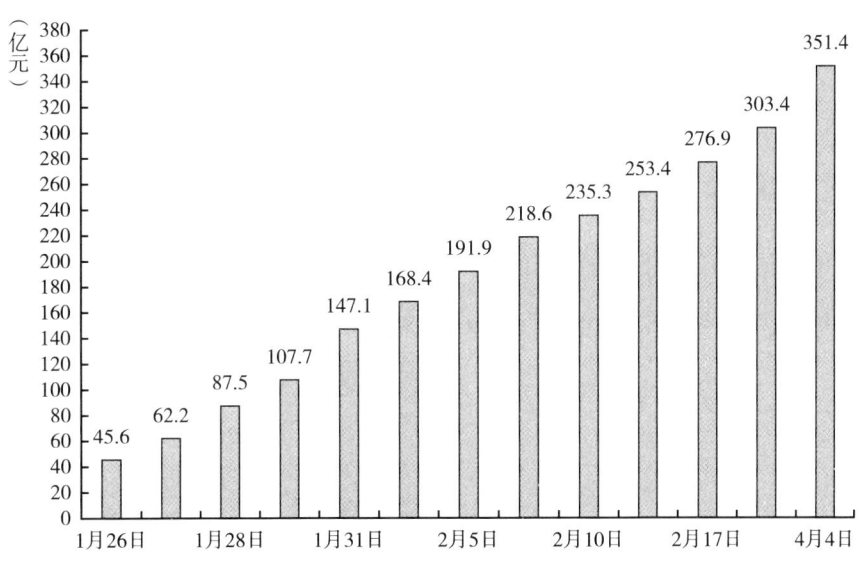

图1 2020年中国企业抗疫捐赠累计金额

（二）腾讯、恒大集团、阿里巴巴等企业捐赠规模位居前十

51家企业捐赠规模过亿元。其中，腾讯、恒大集团、阿里巴巴、蒙牛、

字节跳动、运鸿集团、百度、波司登、方大集团、美的集团捐赠规模位居前十（见表1）。

表1 企业抗疫捐赠规模前十

单位：万元

排名	企业名称	金额
1	腾讯	220000
2	恒大集团	120000
3	阿里巴巴	110000
4	蒙牛	74000
5	字节跳动	40500
6	运鸿集团	31240
7	百度	30000
7	波司登	30000
7	方大集团	30000
7	美的集团	30000

（三）中央企业共捐赠43.65亿元，中粮集团、招商局集团、国家电网位居前三

中央企业是抗击疫情的压舱石。90家中央企业捐赠43.65亿元，中粮集团、招商局集团、国家电网位居中央企业抗疫捐赠前三，此外，三峡集团、中国石油、中国移动、东风公司、保利集团、华润集团、中国石化位居前十（见表2）。

表2 中央企业抗疫捐赠前十

单位：万元

排名	企业名称	金额
1	中粮集团	77558
2	招商局集团	27050
3	国家电网	18508
4	三峡集团	17598
5	中国石油	14318
6	中国移动	11000

续表

排名	企业名称	金额
7	东风公司	10411
8	保利集团	10309
9	华润集团	10238
10	中国石化	9824

（四）民营企业抗疫捐赠最多，达210.9亿元，占捐赠总额的60%

民营企业参与抗疫捐赠的数量最多，整体捐赠规模最大，2594家民营企业共捐赠210.9亿元，占捐赠总额的60%（见图2）。

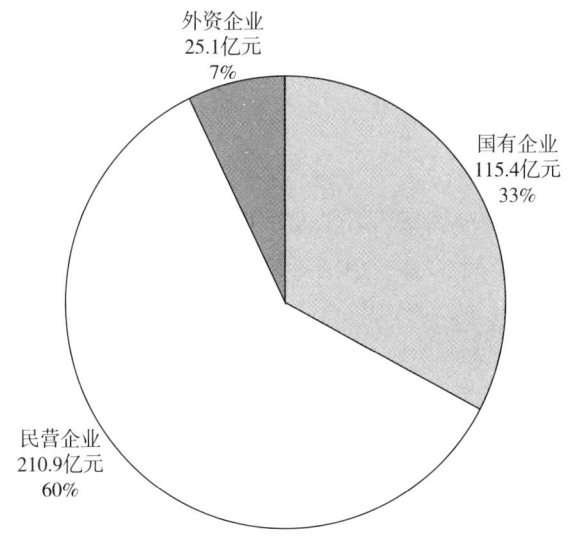

图2 不同性质企业捐赠金额占比

（五）腾讯、恒大集团、阿里巴巴位居民营企业抗疫捐赠前三

腾讯、恒大集团、阿里巴巴、字节跳动、运鸿集团、百度、波司登、方大集团、美的集团、伊利等位居民营企业抗疫捐赠前十（见表3）。

企业社会责任蓝皮书

表3 民营企业抗疫捐赠前十

单位：万元

排名	企业名称	金额
1	腾讯	220000
2	恒大集团	120000
3	阿里巴巴	110000
4	字节跳动	40500
5	运鸿集团	31240
6	百度	30000
6	波司登	30000
6	方大集团	30000
6	美的集团	30000
10	伊利	28000

（六）外资企业共捐赠25.1亿元，美国、中国香港、中国澳门企业捐赠额位列前三

433家外资企业共捐赠25.1亿元，美国企业捐赠总额超6亿元，占全部外资企业捐赠总额的24%。中国香港、中国澳门、德国、韩国企业抗疫捐赠位列前五（见图3）。

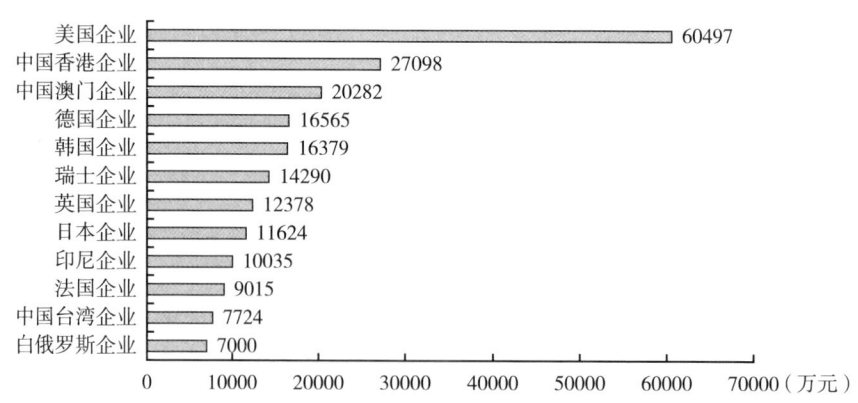

图3 不同地区外资企业抗疫捐赠金额情况（前12名）

（七）金光集团、现代汽车集团（中国）、雀巢位居外资企业抗疫捐赠前三

金光集团、现代汽车集团（中国）、雀巢居外资企业抗疫捐赠前三。此外，WG、利洁时集团、Citadel、Apple、正大集团、微软、恒基兆业也位居前列（见表4）。

表4 外资企业抗疫捐赠前十

单位：万元

排名	企业名称	金额
1	金光集团	10035
2	现代汽车集团（中国）	8602
3	雀巢	8000
4	WG	7000
5	利洁时集团	5560
6	Citadel	5200
7	Apple	5000
7	正大集团	5000
9	微软	4578
10	恒基兆业	4500

（八）腾讯、恒大集团、蒙牛、波司登、美的集团等居所在行业首位

腾讯、恒大集团、蒙牛、波司登、美的集团、中国建设银行、吉利控股、牧原集团、国家电网、劲牌公司、福耀集团、中国石油、联影医疗、荣程集团、雀巢、中国铁建、泰康保险、大商集团、Citadel、Apple等企业分别居所在行业首位。不同行业中，互联网行业最慷慨，捐赠63.8亿元（见表5）。

表5 行业捐赠状元榜

单位：万元

排名	企业名称	金额	行业
1	腾讯	220000	互联网行业
2	恒大集团	120000	房地产业
3	蒙牛	74000	乳制品业
4	波司登	30000	时尚行业
5	美的集团	30000	家电行业
6	中国建设银行	23000	银行业
7	吉利控股	20000	汽车行业
8	牧原集团	20000	农牧业
9	国家电网	18508	能源行业
10	劲牌公司	16406	白酒行业
11	福耀集团	15000	制造业
12	中国石油	14318	石化行业
13	联影医疗	11200	生物医药行业
14	荣程集团	10150	钢铁行业
15	雀巢	8000	食品行业
16	中国铁建	7394	建筑业
17	泰康保险	7200	保险业
18	大商集团	6000	零售业
19	Citadel	5200	基金业
20	Apple	5000	手机行业

（九）北京、广东、浙江企业捐赠总额位居全国前三

北京、广东、浙江企业捐赠总额位居全国前三，上海、湖北、山东、内蒙古、江苏、辽宁、河北等省份企业捐赠亦居前列（见图4）。

（十）腾讯、阿里巴巴、蒙牛等企业抗疫捐赠分别居所在地区的首位

腾讯、阿里巴巴、蒙牛、字节跳动、运鸿集团等企业抗疫捐赠分别居所在地区的首位（见表6）。

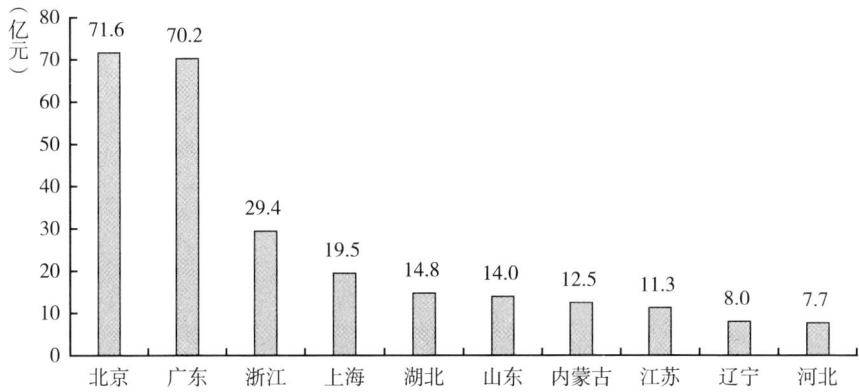

图 4　各地区企业抗疫捐赠金额前十

表 6　31 个省区市捐赠状元榜

单位：万元

排名	企业名称	金额	区域
1	腾讯	220000	广东
2	阿里巴巴	110000	浙江
3	蒙牛	74000	内蒙古
4	字节跳动	40500	北京
5	运鸿集团	31240	湖北
6	方大集团	30000	辽宁
7	百雀羚	20000	上海
7	飞鹤乳业	20000	黑龙江
7	牧原集团	20000	河南
10	福耀集团	15000	福建
11	茅台集团	14850	贵州
12	恒力集团	12000	江苏
13	帝辰康咖	11739	新疆
14	融创中国	11000	天津
15	五粮液	8000	四川
16	澳优	6760	湖南
17	亚泰集团	6000	吉林
18	宝丰能源	5304	宁夏
19	瑞康医药	4600	山东

续表

排名	企业名称	金额	区域
20	普阳钢铁集团	3700	河北
21	龙湖集团	3500	重庆
22	振东集团	3190	山西
23	中国东方教育	3100	安徽
24	柳钢集团	3000	广西
25	云南农信社	2550	云南
26	必康集团	2400	陕西
27	江西银行	2311	江西
28	新世纪集团	2000	甘肃
28	青海金座集团	2000	青海
30	海南海药	1000	海南
30	葫芦娃药业	1000	海南
30	普利制药	1000	海南
30	椰树集团	1000	海南
31	华林证券	1000	西藏

二 中国企业抗击疫情捐赠结构特征分析（2020）

804家捐赠总额在1000万元以上的企业，总计捐赠278亿元，其中现金捐赠138亿元、物资捐赠66亿元、设立专项基金74亿元（见图5）。捐赠排名前十的国企、民企、外企中，国企现金和物资捐赠并重，招商局集团、东风公司、华润集团、中国石化均捐款超5000万元；民企更偏向于设立专项基金，自行主导资金使用，腾讯、恒大、阿里巴巴、字节跳动、美的集团等企业均设立超1亿元的专项抗疫基金，其中腾讯以22亿元专项基金位列首位；外企则是偏向于现金捐赠，其中金光集团以现金捐赠1亿元居首（见表7）。

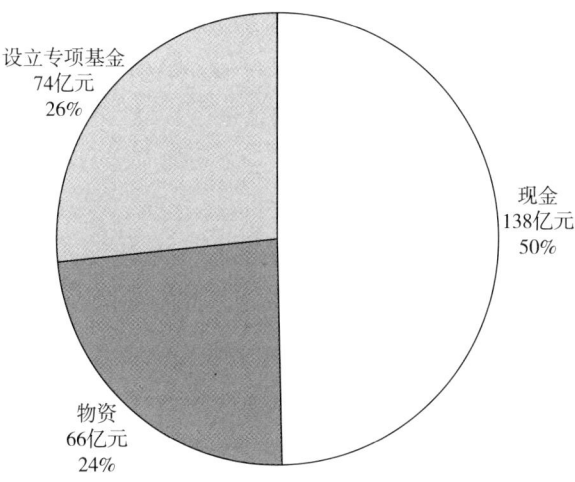

图 5　捐资额 1000 万元以上的企业捐赠结构（截至 2020 年 4 月 4 日）

表 7　不同性质捐赠前十的企业捐赠结构

单位：万元

排名	企业名称	总计	现金捐赠	物资捐赠	专项基金
中央企业前十					
1	中粮集团	77558	4400	73158	—
2	招商局集团	27050	27050	—	—
3	国家电网	18508	12480	6028	—
4	三峡集团	17598	17598	—	—
5	中国石油	14318	12318	2000	—
6	中国移动	11000	5000	6000	—
7	东风公司	10411	5705	4705	—
8	保利集团	10309	2309	8000	—
9	华润集团	10238	8253	1985	—
10	中国石化	9824	9774	50	—
民营企业前十					
1	腾讯	220000	—	—	220000
2	恒大集团	120000	30000	10000	80000
3	阿里巴巴	110000	10000	—	100000
4	字节跳动	40500	—	—	40500

续表

排名	企业名称	总计	现金捐赠	物资捐赠	专项基金
民营企业前十					
5	运鸿集团	31240	1000	30240	
6	百度	30000	—		30000
6	波司登	30000	—	30000	—
6	方大集团	30000	30000	—	—
6	美的集团	30000	10000	—	20000
10	伊利	28000	28000	—	—
外资企业前十					
1	金光集团	10035	10000	35	—
2	现代汽车集团（中国）	8602	1000	7602	—
3	雀巢	8000	未注明	未注明	—
4	WG	7000	—	—	7000
5	利洁时集团	5560	3000	2560	—
6	Citadel	5200	4500	700	—
7	Apple	5000	5000	—	—
7	正大集团	5000	3000	2000	—
9	微软	4578	100	—	—
10	恒基兆业	4500	—	4500	—

三 中国企业抗击疫情捐赠渠道特征分析（2020）

疫情形势严峻，企业慷慨解囊。截至2020年4月4日，4061家企业已累计捐赠351.4亿元。超300亿元的巨额资金去向何处？值得全社会的关注。课题组通过全网搜索，分析了804家大额捐赠企业（千万元级以上）的278亿元善款去向（这些善款占企业捐赠总额的78.5%）。

（一）近六成流向公益组织，企业自行执行占比最高

经统计，132.7亿元企业大额捐赠流向公益组织，占比47.7%。企业大

额捐赠资金依次指向：企业设立基金自主执行（108.9亿元，39.2%）、慈善会体系（72.6亿元，26.1%）、红十字会体系（42.4亿元，15.3%）、其他公益组织（17.7亿元，6.4%）、疫区政府（25.5亿元，9.2%）、疫区医疗体系（10.9亿元，3.9%）。

（二）设立专项抗击疫情基金，自主执行项目成为大型民企捐赠的优选项

在大额企业捐赠去向中，企业成立基金自主执行排名第一，约占39.1%。804家捐赠上千万元的企业中，有206家自行设立基金或者自主执行，总额高达108.9亿元，这些企业结合主营业务，自主开展防控疫情工作，这一创新举措值得持续关注。

对捐赠额排名前十的民企进行分析发现，腾讯、阿里巴巴、恒大集团、百度等4家企业设立了专项抗疫基金，累计44亿元（见表8）。

表8 民营企业Top10的捐赠组合

单位：万元

排名	企业名称	捐赠资金	捐赠物资	设立基金	小计
1	腾讯	—	—	220000	220000
2	恒大集团	40000	—	80000	120000
3	阿里巴巴	10000	—	100000	110000
4	字节跳动	40500	—	—	40500
5	运鸿集团	1000	30240	—	31240
6	百度	—	—	30000	30000
6	波司登	—	30000	—	30000
6	方大集团	30000	—	—	30000
6	美的集团	10000	20000	—	30000
10	伊利	28000	—	—	28000

（三）企业大额捐赠更多选择慈善会系统，而非红十字会系统

企业大额捐赠更多选择慈善会系统，而非红十字会系统。慈善会系统共获赠72.6亿元大额善款，远超红十字会系统（42.4亿元）。

研究发现，湖北省慈善总会在湖北四大慈善组织中获赠款项最多，获得的企业大额善款33.3亿元，占湖北省慈善组织筹款总额的52.8%。武汉市慈善总会其次，获得大额善款14.8亿元，占比23.5%。武汉市红十字会获得大额善款8.7亿元，占比13.8%。湖北省红十字会获得大额善款6.2亿元，占比9.8%（见表9）。

表9 企业捐赠资金主要流向

单位：亿元，%

组织名称	企业大额捐赠额	所占比例
湖北省慈善总会	33.3	52.8
湖北省红十字会	6.2	9.8
武汉市红十字会	8.7	13.8
武汉市慈善总会	14.8	23.5
总计	63.0	100

（四）企业应持续关注善款审计工作，确保善款用好用到位

2020年2月14日，审计署召开视频会议，对做好应对新冠肺炎疫情防控资金和捐赠款物专项审计监督工作进行再部署，要求聚焦中央和各级财政安排的疫情防控资金总体情况、拨付和管理使用情况，聚焦社会捐赠款物的总体情况、分配和使用情况等，及时发现问题，及时督促整改。

慈善捐款凝聚社会各界的爱心、善心，公众关注度极高。企业作为公益捐赠的中坚力量，有权利要求受赠机构对每一笔受赠款项收入、使用、分配，做到透明公开、高效合规。有了审计署的介入，企业也将有权威渠道了解捐款的去向，确保企业的爱心不被滥用和辜负（见表10和图6）。

表10　1亿元以上捐赠渠道统计（截至2020年4月4日）

单位：万元

排名	企业名称	金额	地区	捐赠渠道
1	腾讯	220000	广东	设立专项基金、自我执行
2	恒大集团	80000	广东	钟南山医疗研发团队
		10000		中国医学科学院
		20000		武汉市新冠肺炎疫情防控指挥部
		10000		中国红十字基金会
3	阿里巴巴	110000	浙江	设立专项基金、自我执行
4	蒙牛	2000	内蒙古	中华慈善总会
		6000		内蒙古红十字会
		66000		中华慈善总会
5	字节跳动	40500	北京	中国红十字基金会
6	运鸿集团	1000	湖北	湖北省红十字会
		20240		湖北省社区医疗及医院
		10000		湖北省武穴市医疗单位
7	波司登	30000	浙江	自我执行
7	方大集团	30000	辽宁	湖北省慈善总会
7	百度	30000	北京	设立专项基金、自我执行
7	美的集团	30000	广东	自我执行
11	伊利	18000	内蒙古	自我执行
		10000		中国红十字基金会
12	中国建设银行	23000	北京	湖北省慈善总会
13	百雀羚	20000	上海	自我执行
13	碧桂园	10000	广东	设立专项基金、自我执行
		10000		设立专项基金、自我执行
15	招商银行	20000	广东	武汉市慈善总会
12	牧原集团	20000	河南	设立专项基金、自我执行
13	美团	20000	北京	设立专项基金、自我执行
13	飞鹤乳业	10000	黑龙江	中国红十字基金会
		10000		中国红十字基金会
13	立白集团	20000	广东	设立专项基金、自我执行
13	吉利控股	20000	浙江	设立专项基金、自我执行
13	九思软件	20000	北京	设立专项基金、自我执行
13	中国烟草	20000	北京	湖北省政府
13	京东	20000	北京	自我执行

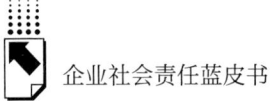

续表

排名	企业名称	金额	地区	捐赠渠道
24	劲牌公司	16406	湖北	湖北省慈善总会
25	三峡集团	16000	北京	武汉市慈善总会
26	和祥贸易	5000	广东	设立专项基金、自我执行
26	和祥贸易	10000	广东	武汉市慈善总会
26	福耀集团	14000	福建	河仁慈善基金会
26	福耀集团	1000	福建	自我执行
28	茅台集团	5000	贵州	湖北省慈善总会
28	茅台集团	3000	贵州	贵州省慈善总会
28	茅台集团	6850	贵州	自我执行
29	中国石油	7318	北京	自我执行
29	中国石油	5000	北京	湖北省慈善总会
30	世纪金源	12000	北京	中国华侨公益基金会
30	恒力集团	10000	江苏	武汉市慈善总会
30	恒力集团	2000	江苏	大连市慈善总会
32	帝辰康咖	11792	新疆	广东省钟南山医学基金会
33	联影医疗	11200	上海	自我执行
34	国家电网	5000	北京	国务院国资委专用账户,捐向湖北省慈善总会
34	国家电网	6028	北京	武汉医疗基础建设
35	中国移动	5000	北京	国务院国资委专用账户,捐向湖北省慈善总会
35	中国移动	6000	北京	武汉火神山基础建设
35	网易	1000	浙江	广州市慈善总会
35	网易	10000	浙江	设立专项基金、自我执行
35	融创中国	10000	天津	武汉市慈善总会
35	融创中国	1000	天津	武汉市红十字会
38	荣程集团	5000	天津	天津市红十字会(定向武汉)
38	荣程集团	5000	天津	天津市红十字会和武汉市新冠肺炎防控指挥部
38	荣程集团	500	天津	设立专项基金(天津中医药大学)
39	海王集团	10397	广东	自我执行
40	保利集团	10309	北京	湖北疫区
41	格兰仕	119	广东	陕西红十字会
41	格兰仕	10000	广东	自我执行
42	金光集团	10035	印度尼西亚	中国华侨公益基金会
43	新浪	10000	北京	设立专项基金、自我执行

续表

排名	企业名称	金额	地区	捐赠渠道
43	万科	10000	广东	武汉市红十字会
43	拼多多	10000	上海	设立专项基金（浙江大学）
43	美的集团	10000	广东	湖北省红十字会
43	快手	10000	北京	武汉市新冠肺炎疫情防控指挥部
43	好未来	2000	北京	武汉市慈善总会
		8000		设立专项基金、自我执行
43	永同昌集团	10000	北京	福建省光彩事业促进会
43	东方国际三枪集团	10000	上海	上海市慈善基金会

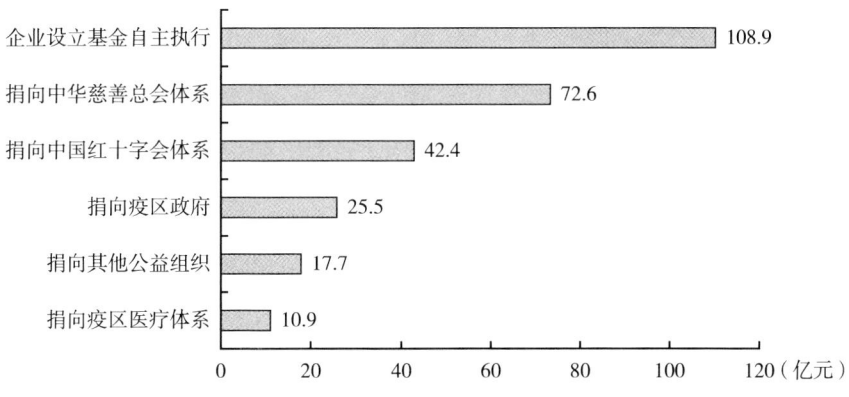

图6 278亿元大额捐赠去向

行业报告

Industry Report

B.7
重点行业社会责任发展指数（2020）

摘　要：　本报告选取了20个社会关注度高，对经济、社会、环境影响力大的行业进行重点分析，通过探究各行业中重点企业的社会责任发展指数，以反映行业社会责任管理水平与社会责任信息披露水平。研究发现，20个行业中，银行业、电力行业社会责任发展指数最高，均为52.0分，与军工行业、建材行业、电子行业同处于三星级水平、追赶者阶段；房地产行业、保险业、钢铁行业、采矿业、建筑行业、食品行业、节能环保行业、机械设备制造业、家用电器制造业、汽车行业、石油化工行业、医药生物制造业、快递行业、互联网行业14个行业社会责任发展指数均处于二星级水平。日化行业社会责任发展指数最低，为17.2分，处于一星级水平、旁观者阶段。

关键词：　重点行业　社会责任发展指数　责任管理　责任实践

为保证各行业样本企业具有代表性,行业划分在"中国企业社会责任发展指数"行业划分的基础上适当合并后,根据企业规模,增补部分企业,最终形成"重点行业社会责任发展指数(2020)"。选取的 20 个重点行业及其企业构成如表 1 所示。

表 1 重点行业企业构成及社会责任发展指数(2020)

单位:分

序号	行业名称	样本数量	社会责任发展指数	星级
1	银行业	30	52.0	★★★
1	电力行业	26	52.0	★★★
3	军工行业	10	51.0	★★★
4	建材行业	17	43.4	★★★
5	电子行业	24	42.7	★★★
6	房地产行业	24	38.2	★★
6	保险业	25	38.2	★★
8	钢铁行业	20	37.2	★★
9	采矿业	30	37.1	★★
10	建筑行业	26	36.0	★★
11	食品行业	30	35.3	★★
12	节能环保行业	16	31.5	★★
13	机械设备制造业	29	29.9	★★
14	家用电器制造业	25	29.2	★★
15	汽车行业	87	27.3	★★
16	石油化工行业	26	25.9	★★
17	医药生物制造业	23	24.4	★★
18	快递行业	12	22.9	★★
19	互联网行业	120	20.5	★★
20	日化行业	27	17.2	★

20 个重点行业社会责任发展指数差异较大(见图 1)。其中,银行、电力、军工、建材、电子 5 个行业的社会责任发展指数分别为 52.0 分、52.0 分、51.0 分、43.4 分、42.7 分,达到三星级水平。5 个行业表现较为优秀的企业有中国三星(91.6 分)、中国华电(88.4 分)、中国建材集团(86.9 分)、中国黄金(85.1 分)、兵器装备集团(83.0 分)等。房地

产、保险、钢铁、采矿、建筑、食品、节能环保、机械设备制造、家用电器制造、汽车、石油化工、医药生物制造、快递、互联网14个行业社会责任发展指数达到二星级水平；日化行业得分相对较低，为17.2分，较2019年提升1.9分，仍处于一星级水平，社会责任管理和信息披露亟待加强。

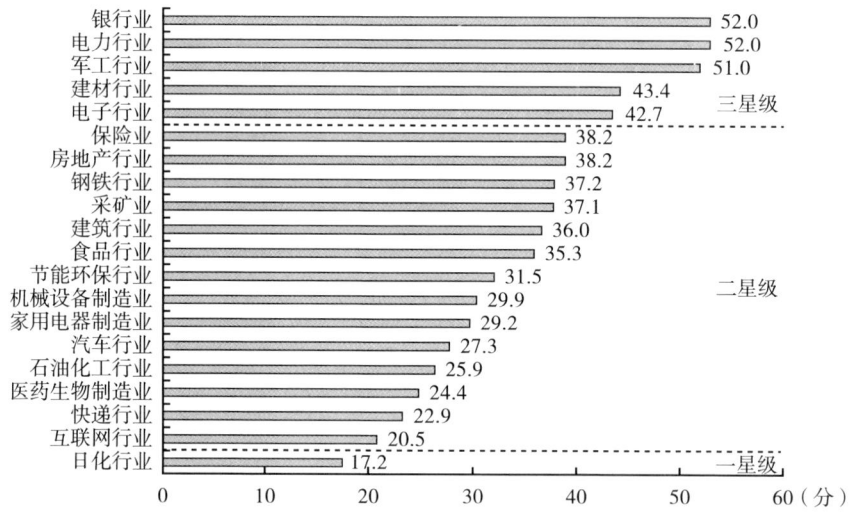

图1 重点行业社会责任发展阶段与排名（2020）

一 银行业社会责任发展指数（2020）

（一）评价结果

本部分评价的银行业包含商业银行和政策性银行。商业银行具体包括国有独资商业银行、股份制银行、城市商业银行、城市信用社、农村信用社等金融机构。政策性银行是指由政府发起、出资成立，为贯彻和配合政府特定经济政策和意图而进行融资和信用活动的银行。银行业30家样本的社会责任发展指数排名及得分如表2所示。

重点行业社会责任发展指数（2020）

表2　银行业社会责任发展指数（2020）

单位：分

排名	企业名称	企业性质	CSR专栏	CSR报告	责任管理指数	2020社会责任发展指数
★★★★★（1家）						
1	中国民生银行股份有限公司	民营企业	有	有	50.0	80.2
★★★★（6家）						
2	珠海华润银行股份有限公司	国有金融企业	有	有	64.0	78.5
3	天津银行股份有限公司	民营企业	有	有	50.0	75.8
4	中国邮政储蓄银行股份有限公司	国有金融企业	有	有	24.0	71.4
5	交通银行股份有限公司	国有金融企业	有	有	23.0	62.0
6	中国农业银行股份有限公司	国有金融企业	有	有	23.0	61.2
7	招商银行股份有限公司	国有金融企业	有	有	46.0	60.9
★★★（18家）						
8	华夏银行股份有限公司	民营企业	有	有	19.0	59.8
9	中国光大银行股份有限公司	国有金融企业	无	有	41.0	59.4
10	徽商银行股份有限公司	民营企业	无	有	49.0	59.1
11	浙商银行股份有限公司	民营企业	有	有	38.0	58.0
12	渤海银行股份有限公司	民营企业	无	有	20.0	58.9
13	中国银行股份有限公司	国有金融企业	有	有	14.0	58.4
13	江苏银行股份有限公司	民营企业	有	有	27.0	58.4
15	中信银行股份有限公司	民营企业	有	有	24.0	55.6
16	中国建设银行股份有限公司	国有金融企业	有	有	37.0	55.1
17	南京银行股份有限公司	民营企业	无	有	9.5	54.9
18	中国工商银行股份有限公司	国有金融企业	有	有	10.0	53.8
19	上海浦东发展银行股份有限公司	国有金融企业	有	有	14.0	53.2
20	平安银行股份有限公司	民营企业	有	有	51.0	52.5
21	国家开发银行	国有金融企业	有	无	21.0	49.8
22	兴业银行股份有限公司	民营企业	有	有	30.0	49.6
23	花旗银行(中国)有限公司	外资企业	有	有	39.0	48.8
24	北京银行股份有限公司	国有金融企业	有	有	14.0	48.3
25	上海银行股份有限公司	民营企业	有	有	14.0	45.8
★★（2家）						
26	广发银行股份有限公司	民营企业	有	无	24.0	36.6
27	中国进出口银行	国有金融企业	有	有	13.0	31.9

113

续表

排名	企业名称	企业性质	CSR专栏	CSR报告	责任管理指数	2020社会责任发展指数
★(3家)						
28	三井住友银行(中国)有限公司	外资企业	无	无	0.0	13.6
29	法国兴业银行(中国)有限公司	外资企业	无	无	0.0	9.3
30	汇丰银行(中国)有限公司	外资企业	无	无	0.0	0.0

(二)阶段性特征

1. 银行业社会责任发展指数为52.0分,总体处于三星级水平、追赶者阶段;民生银行达到五星级水平

银行业社会责任发展指数平均得分为52.0分,整体为三星级,已从起步者阶段跃至追赶者阶段,在20个重点行业中与电力行业并列第一。具体来看,五星级企业1家,为民生银行(80.2分);四星级企业6家;三星级企业18家;二星级企业2家;一星级企业3家(见图2)。

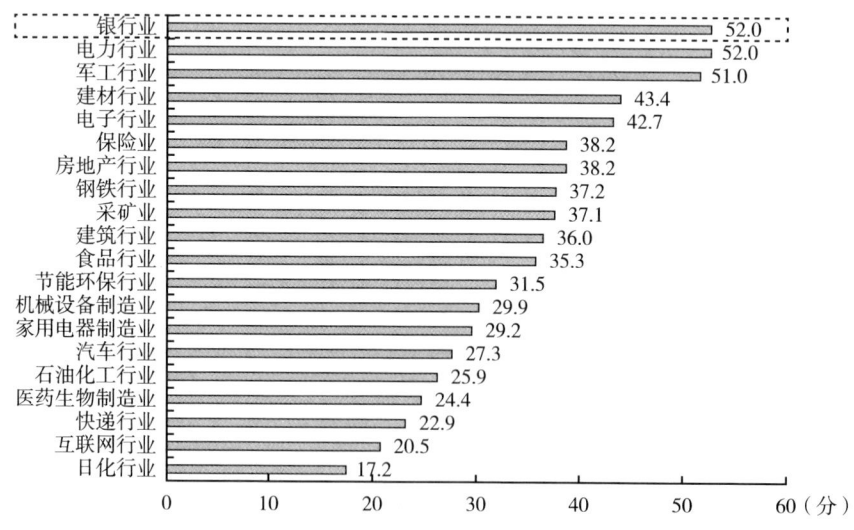

图2 银行业社会责任发展阶段与排名

2. 银行业责任管理指数为26.3分，总体处于二星级水平、起步者阶段

2020年，银行业责任管理指数为26.3分。30家评价样本中，珠海华润银行（64.0分）、平安银行（51.0分）、民生银行、天津银行（50.0分，并列）、徽商银行（49.0分）的责任管理指数得分位列前五。

从责任管理的组织、融合、沟通三个维度具体来看，银行业责任沟通得分最高，为29.7分；责任组织次之，为28.4分；责任融合得分最低，为7.6分。其中，珠海华润银行在责任组织、责任沟通两个维度中表现最佳，得分分别为87.5分、57.5分，高于行业平均水平。在责任融合方面，招商银行排名第一，分数为30.0分（见表3）。总体来看，银行业逐步开始推动社会责任管理工作，社会责任沟通有所提升，但仍需进一步完善社会责任组织、强化责任融合力度。

表3　银行业责任管理具体表现

单位：分

责任板块	责任议题	行业平均分	行业最高分	最佳实践
责任管理 （26.3）	责任组织	28.4	87.5	珠海华润银行
	责任融合	7.6	30.0	招商银行
	责任沟通	29.7	57.5	珠海华润银行

3. 银行业责任实践指数为61.3分，处于四星级水平、领先者阶段；本质责任指数高于社会责任和环境责任

2020年银行业责任实践指数平均分为61.3分，处于四星级水平、领先者阶段。其中，本质责任指数表现最佳，为71.9分；社会责任略低于本质责任，为62.3分；环境责任指数得分最低，为50.7分，体现出银行企业对股东、客户的高度关注，与之相关的责任信息披露较好。

从议题分析来看，银行业在股东责任（83.1分）、安全运营（79.3分）和抗击疫情（75.4分）方面信息披露水平相对较高。但在社区责任（46.6分）方面表现较差，银行业应加强在支持社区发展、组织参与社会公益等方面的实践和关键信息披露（见表4）。

表4 银行业责任实践议题得分情况

单位：分

责任板块	责任议题	行业平均分	行业最高分	最佳实践
本质责任(71.9)	股东责任	83.1	100.0	民生银行、珠海华润银行、天津银行、邮政储蓄银行、农业银行、招商银行、华夏银行、光大银行、浙商银行、渤海银行、江苏银行、中信银行、建设银行、工商银行、浦发银行、国家开发银行、北京银行、三井住友银行(中国)、法国兴业银行(中国)
	客户责任	66.7	100.0	交通银行、徽商银行、浦发银行
社会责任(62.3)	政府责任	61.7	100.0	交通银行、招商银行、中国银行、浦发银行、国家开发银行、北京银行
	伙伴责任	53.0	100.0	民生银行、珠海华润银行、邮政储蓄银行、中国银行
	员工责任	48.9	100.0	民生银行、浦发银行
	安全运营	79.3	100.0	民生银行、天津银行、邮政储蓄银行、招商银行、华夏银行、徽商银行、浙商银行、渤海银行、中国银行、江苏银行、建设银行、南京银行、工商银行、平安银行、国家开发银行、北京银行
	社区责任	46.6	88.9	民生银行
	抗击疫情	75.4	95.7	民生银行
	精准扶贫	64.1	100.0	交通银行、招商银行、中国银行、国家开发银行
环境责任(50.7)	绿色管理	49.0	100.0	民生银行、江苏银行
	绿色生产	48.2	100.0	珠海华润银行、天津银行、徽商银行
	绿色运营	65.6	100.0	民生银行、珠海华润银行、天津银行、交通银行、农业银行、招商银行、光大银行、渤海银行、江苏银行、南京银行、工商银行、浦发银行、花旗银行、上海银行、三井住友银行(中国)

4.银行业精准扶贫实践指数为64.1分，处于四星级水平、领先者阶段；有八家企业达到五星级水平

具体分析精准扶贫议题披露情况发现，2020年，银行业30家样本企业中，扶贫项目类型披露率最高，达到96.0%；精准扶贫规划、年度扶贫资金及物资投入和帮助建档立卡贫困人口脱贫数三个指标披露率相近，分别为33.0%、30.0%和30.0%；建立扶贫组织体系披露率为21.0%；设立产业

扶贫基金指标披露率最低，为6.0%（见图3）。

中国银行扎实推进打赢脱贫攻坚战，投入和引进无偿帮扶资金超过1.7亿元，选派挂职扶贫干部1400余名，帮助贫困地区培训基层干部、技术人员和贫困群众4.4万余人。2019年帮助陕西咸阳永寿、淳化、旬邑、长武等4个国家级贫困县成功脱贫摘帽，在全国1034个贫困村开展定点帮扶，已帮助447个村提前脱贫出列，直接受益群众超过38万人。交通银行2019年制定下发《交通银行2019年扶贫工作计划》，定期召开扶贫领导小组会议，实现"一把手"赴定点扶贫县督导调研全覆盖，针对不同区域环境、不同贫困户状况，实施精准管理、精准脱贫。招商银行基于多年的实践确立了"教育扶贫是基础，产业扶贫是关键，文化脱贫是最终目标"的"三位一体"扶贫理念，将其打造成可复制、可持续的造血扶贫模式，并积极依托各地分行在全国落地推广。中国农业银行推行"银行让利、企业带动、贫困户受益"利益联结机制，加大贷款支持力度，倾斜更多资源，强化基础保障，推动金融扶贫工作向纵深发展，截至2019年底，全行精准扶贫贷款余额达3941.9亿元。

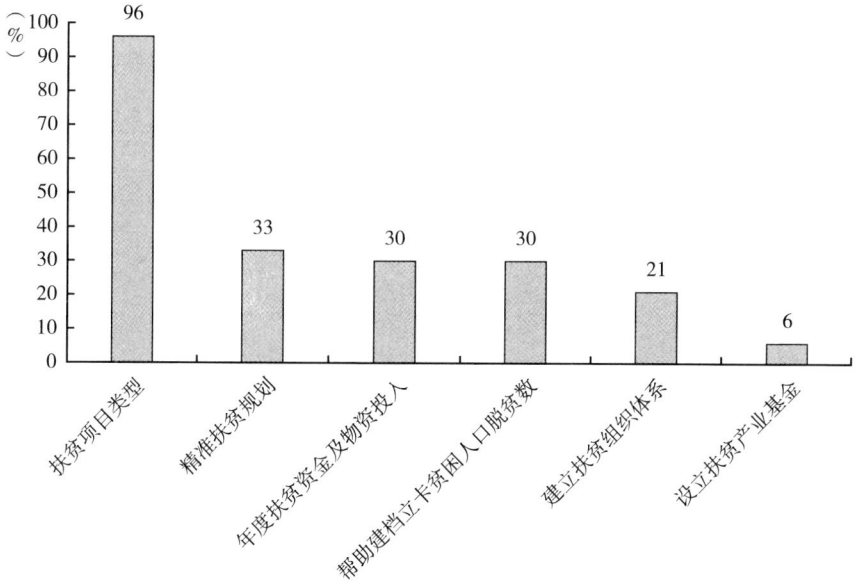

图3 2020年银行业30家样本企业精准扶贫六项指标披露情况

5. 银行业抗击疫情指数为75.4分，处于四星级水平、领先者阶段；其中招商银行、建设银行、工商银行、民生银行等20家企业达到五星级水平

研究显示，银行业30家样本企业抗击疫情指数为75.4分。从捐赠投入来看，30家企业共捐赠近10亿元，其中，招商银行捐赠20000万元，建设银行捐赠10077万元，工商银行捐赠9100万元，位列银行业抗疫捐赠前三位。

除抗疫捐赠外，30家样本企业还积极发挥金融企业优势，通过开辟金融服务绿色通道、加大专项信贷资源配置等措施全力以赴为疫情防控一线的相关单位、工作者及受困企业等提供高效、温暖的金融服务。

邮储银行全面加强疫情严重地区新建或定点救治医疗机构的金融支持，全力支持疫情防控所需药品、医疗器械及相关物资科研、生产等企业的信贷需求，对于涉及疫情的授信审批项目开通绿色审批通道、加大支持力度。建设银行开通疫情防控金融服务绿色通道，为政府机构、防疫相关企事业单位提供紧急取现、资金划转等应急金融服务，疫情防控相关业务到网点随申随办，根据需要也可为疫情防控医疗机构提供上门金融服务。民生银行宣布在抗击疫情期间，通过该行柜面、个人网银、个人手机银行转账交易以及企业网银的专项捐款通道发起的向武汉地区的捐款，一概免收手续费。

二 电力行业社会责任发展指数（2020）

（一）评价结果

本部分评价的电力行业指火力发电、水力发电、核力发电和其他能源发电，以及利用电网出售给用户电能的输送、分配与供电等活动。2020年电力行业评价样本共有26家，样本企业的社会责任发展指数排名及得分如表5所示。

表5 电力行业社会责任发展指数（2020）

单位：分

排名	企业名称	企业性质	CSR专栏	CSR报告	责任管理指数	2020年社会责任发展指数
★★★★★（4家）						
1	中国华电集团有限公司	中央企业	有	有	92.0	88.4
2	中国华能集团有限公司	中央企业	有	有	82.0	86.9
3	中国南方电网有限责任公司	中央企业	有	有	71.0	85.2
4	中国电力建设集团有限公司	中央企业	有	有	68.0	80.2
★★★★（6家）						
5	国家能源投资集团有限责任公司	中央企业	有	有	72.0	79.9
6	华润电力控股有限公司	其他国有企业	有	有	74.0	73.1
7	国家电网有限公司	中央企业	有	有	38.0	63.8
8	中国长江三峡集团有限公司	中央企业	有	有	75.0	62.3
9	中国大唐集团有限公司	中央企业	有	有	38.0	61.8
10	中国中煤能源集团有限公司	中央企业	有	无	38.0	60.8
★★★（6家）						
11	中国核工业集团有限公司	中央企业	有	有	61.0	57.4
12	新疆金风科技股份有限公司	民营企业	有	有	43.0	57.1
13	晶澳太阳能科技股份有限公司	民营企业	有	有	41.0	56.2
14	中国能源建设集团有限公司	中央企业	无	有	34.0	52.4
15	中国广核集团有限公司	中央企业	有	有	24.0	47.1
16	国家电力投资集团有限公司	中央企业	有	有	3.0	46.9
★★（8家）						
17	北京京能电力股份有限公司	其他国有企业	有	有	64.0	39.3
18	国投电力控股股份有限公司	其他国有企业	有	有	8.0	37.9
19	广西桂东电力股份有限公司	其他国有企业	无	有	10.0	37.5
20	西山煤电(集团)有限责任公司	其他国有企业	无	有	19.0	35.1
21	浙江省能源集团有限公司	其他国有企业	有	无	10.0	27.5
21	广东省能源集团有限公司	其他国有企业	有	无	10.0	27.5
23	中国西电集团有限公司	中央企业	有	无	3.0	26.8
24	申能(集团)有限公司	其他国有企业	有	无	17.0	23.4
★（2家）						
25	山东能源集团有限公司	其他国有企业	有	无	3.0	19.7
26	江苏国信股份有限公司	其他国有企业	有	无	8.0	19.4

（二）阶段性特征

1. 电力行业社会责任发展指数为52.0分，总体处于三星级水平、追赶者阶段；中国华电、中国华能、南方电网、中国电建4家企业达到五星级水平

电力行业社会责任发展指数平均得分为52.0分，整体为三星级水平，处于追赶者阶段，在20个重点行业中与银行业并列第一（见图4）。具体来看，五星级企业4家，为中国华电（88.4分）、中国华能（86.9分）、南方电网（85.2分）、中国电建（80.2分）；四星级企业6家；三星级企业6家；二星级企业8家；一星级企业2家。

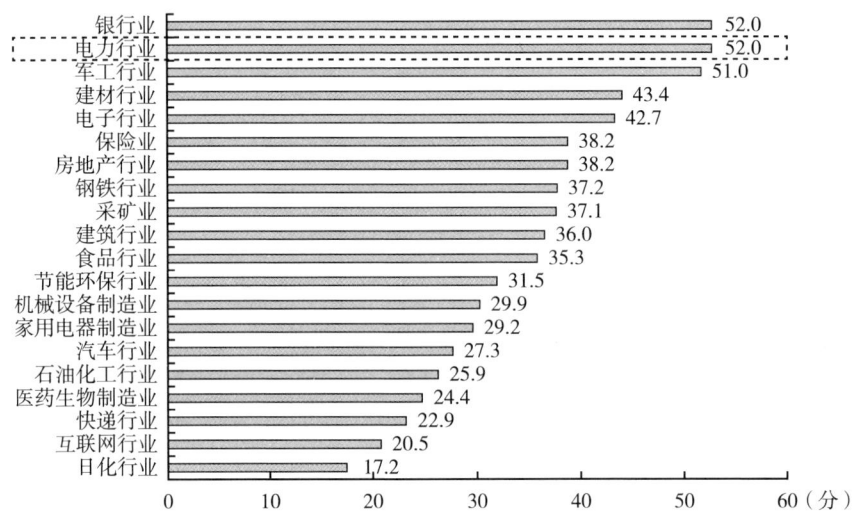

图4　电力行业社会责任发展阶段与排名

2. 电力行业责任管理指数为38.7分，总体处于二星级水平、起步者阶段

2020年，电力行业责任管理指数为38.7分。其中，中国华电（92.0分）、中国华能（82.0分）位于五星级水平。责任管理四星级企业有7家，三星级企业2家、二星级企业5家、一星级企业10家。

从责任管理的具体议题来看，电力行业责任组织得分最高，为46.7分；责任沟通次之，为37.2分；责任融合得分最低，为25.6分。其中，中国华电、中国华能、三峡集团、中核集团在责任组织维度均获得满分100.0分，达到五星级水平、卓越者阶段（见表6）。

表6 电力行业责任管理具体表现

单位：分

责任板块	责任议题	行业平均分	行业最高分	最佳实践
责任管理 (38.7)	责任组织	46.7	100.0	中国华电、中国华能、三峡集团、中核集团
	责任融合	25.6	100.0	中国华电
	责任沟通	37.2	80.0	中国华电

3. 电力行业责任实践指数为55.4分，处于三星级水平、追赶者阶段；社会责任指数领先于环境责任和本质责任

2020年电力行业责任实践指数平均分为55.4分，处于三星级水平、追赶者阶段。其中，社会责任指数表现最佳，为62.2分；环境责任指数为51.5分；本质责任指数为51.0分（见表7）。

从议题角度来看，电力行业在精准扶贫（67.8分）、股东责任（64.4分）、政府责任（61.2分）方面信息披露水平相对较高。但在绿色生产（37.4分）方面表现较差。电力行业应加强绿色生产关键信息披露，并以此倒逼社会责任实践的改进。

表7 电力行业责任实践议题得分情况

单位：分

责任板块	责任议题	行业平均分	行业最高分	最佳实践
本质责任 (51.0)	股东责任	64.4	100.0	广东省能源集团、国投电力、桂东电力、西山煤电
	客户责任	42.1	86.7	国家能源集团、南方电网、中国电建
社会责任 (62.2)	政府责任	61.2	100.0	国家能源集团、中国电建
	伙伴责任	51.3	100.0	国家能源集团、中国电建
	员工责任	54.5	100.0	中国华电
	安全生产	48.2	100.0	华润电力
	社区责任	57.1	100.0	中国华电、三峡集团、中国西电
	抗击疫情	54.5	99.1	南方电网
	精准扶贫	67.8	100.0	中国华能、南方电网、中核集团、中煤集团

续表

责任板块	责任议题	行业平均分	行业最高分	最佳实践
环境责任 （51.5）	绿色管理	54.2	100.0	中国华电、中国华能
	绿色生产	37.4	100.0	中国华能
	绿色运营	47.2	100.0	中国华电、中国华能、南方电网

4. 电力行业精准扶贫实践指数为67.8分，处于四星级水平、领先者阶段；其中中国华能、南方电网等10家企业达到五星级水平

2015年以来，中国华能在定点帮扶的陕西榆林市横山区、新疆阿合奇县和对口支援的青海省尖扎县先后实施两期扶贫援助工作规划，累计投入扶贫援助资金14699万元，支持当地文化教育、医疗卫生事业发展，同时在易地搬迁、产业开发方面持续发力、协同攻坚。在中国华能的大力帮扶下，定点帮扶和对口支援的3个贫困县已全部实现脱贫摘帽，中国华能在中央单位定点扶贫工作考核中连续3年获得"好"的评价。

南方电网作为国企扶贫中坚力量，发挥自身优势、落实脱贫攻坚和乡村振兴举措、保障重要农产品供给、提高农民生活水平……创出了一条特色鲜明的脱贫攻坚新路径。每年5月中旬到6月下旬，都是夏收夏种最为繁忙的季节，对于粮食丰产、农民增收意义非常。南方电网广东广州供电局在夏收夏种期间建立起一对一供电服务，在广州增城区、从化区、番禺区等地，通过设备巡检、保电护航、提速降本三大办法，保障农业种植基地等"菜篮子"的产品供应，确保夏收夏种顺利。

中国电建党委发挥自身优势，以产业扶贫为重要抓手，为剑川县捐赠扶贫资金3000万元，用于实施"万头奶牛及10万亩饲草饲料种植"产业扶贫项目。剑川县政府将该笔资金作为资本金注入该县产业扶贫投资公司，引入社会合作企业投资3.2亿元，最终完成两期总投资5.5亿元的产业扶贫项目，项目建成后将惠及全县尚未脱贫的3475户13023人。中国电建及30家成员企业共派出优秀挂职扶贫干部、驻村第一书记、驻村工作队员等共79人，为带动定点扶贫地区脱贫摘帽做出贡献。

5. 电力行业抗击疫情指数为54.5分，处于三星级水平、追赶者阶段；其中，中国华能、中国华电、国家能源集团等9家企业达到五星级水平

面对突发的新冠肺炎疫情，国家能源集团迅速成立"寻源""保供""发货""客服"等疫情防控突击队，面对用户多方告急，突击队队员以"全力做好生产一线物资保供，绝不能落下一户一人"的初心和使命，立即在"国家能源e购"向上千家供应商同时发布采购需求，利用商城大数据筛选出日照三奇、霍尼韦尔、3M等优质供应商，建立了疫情期间常态化防疫物资保供机制，分批次将口罩、防护服、护目镜、防护手套、消毒液等必备防疫物资捐赠给灾区医院并保障复工职工安全，短期内解决了战时保供的燃眉之急。

中国华电党组坚决贯彻落实党中央、国务院决策部署，将疫情防控及全力保供电、保供热作为当前工作的重中之重，提高政治站位，坚定信心决心，采取有力措施，周密部署疫情防控和保发电、保供热工作，积极履行央企责任，向疫情防控一线捐款5000万元，向公司系统全体共产党员发出倡议书，全力以赴助力打赢疫情防控阻击战。发电供热、能源生产、项目建设、设备制造检修、物资贸易运输、海外运营防控……十余万华电人众志成城，在各自工作岗位上全力以赴，四万名共产党员冲锋在前，奋战在防疫保电的第一线，为打赢疫情防控阻击战做出了巨大贡献。

三 军工行业社会责任发展指数（2020）

（一）评价结果

本部分评价的军工行业，即国防军工行业，是指涉及武器装备的科研、生产、配套等武器装备相关行业。军工行业是国家制造业的核心，代表国家先进的技术能力和装备制造能力，军事工业的发展极大地带动了国家科技与工业的进步。军工行业市场调查分析报告显示，军事工业的产品按其用途分为军品和民品两部分；根据产品的特性、功能分为基本产品、配套产品和辅

助产品。2020年军工行业评价样本共有10家，样本企业的社会责任发展指数排名及得分如表8所示。

表8 军工行业社会责任发展指数（2020）

单位：分

排名	企业名称	企业性质	CSR专栏	CSR报告	责任管理指数	2020年社会责任发展指数
★★★★★（1家）						
1	中国兵器工业集团有限公司	中央企业	有	有	55.0	83.0
★★★★（2家）						
2	中国航空发动机集团有限公司	中央企业	有	有	57.0	74.2
3	中国兵器装备集团有限公司	中央企业	有	有	20.0	69.0
★★★（4家）						
4	中国核工业集团有限公司	中央企业	有	有	61.0	57.4
5	中国船舶集团有限公司	中央企业	有	有	42.0	53.5
6	中国电子科技集团有限公司	中央企业	有	无	19.0	49.6
7	中国航空工业集团有限公司	中央企业	有	有	56.0	46.4
★★（2家）						
8	中国航天科技集团有限公司	中央企业	有	无	6.0	37.2
9	中国航天科工集团有限公司	中央企业	有	无	11.0	35.2
★（1家）						
10	中国融通资产管理集团有限公司	中央企业	无	无	0.0	4.5

（二）阶段性特征

1. 军工行业社会责任发展指数为51.0分，总体处于三星级水平、追赶者阶段；兵器工业集团达到五星级水平

军工行业社会责任发展指数平均得分为51.0分，整体为三星级，处于追赶者阶段，在20个重点行业中排名第三（见图5）。具体来看，五星级企业1家，为兵器工业集团（83.0分）；四星级企业2家；三星级企业4家；二星级企业2家；一星级企业1家。

2. 军工行业责任管理指数为32.7分，总体处于二星级水平、起步者阶段

2020年，军工行业责任管理指数为32.7分，处于二星级水平、起步者

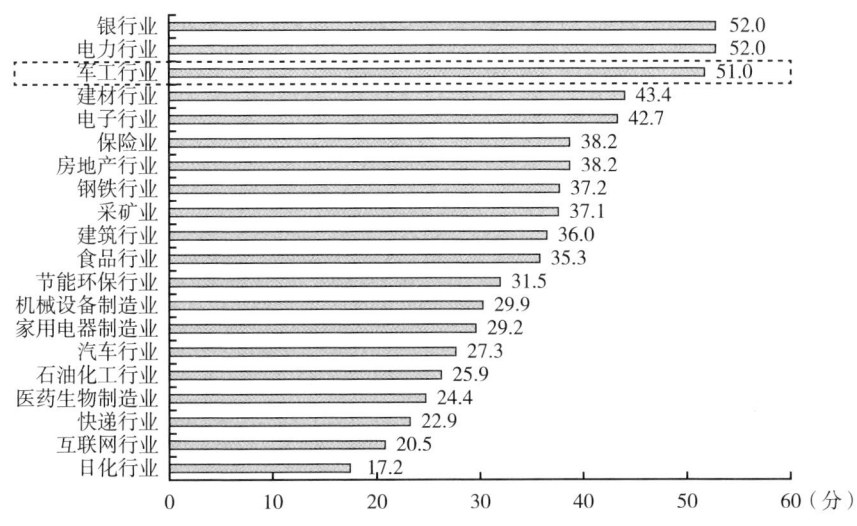

图5 军工行业社会责任发展阶段与排名

阶段。其中,中核集团(61.0分)位于四星级水平、领先者阶段。

从责任管理的具体议题来看,军工行业责任组织得分最高,为45.0分;责任沟通次之,为29.8分;责任融合得分最低,为7.0分。其中,中核集团在责任组织维度获得满分100.0分,达到五星级水平、卓越者阶段(见表9)。该分析反映了军工企业注重顶层设计和战略规划,而在企业社会责任的责任融合与责任沟通方面较为欠缺。

表9 军工行业责任管理具体表现

单位:分

责任板块	责任议题	行业平均分	行业最高分	最佳实践
责任管理 (32.7)	责任组织	45.0	100.0	中核集团
	责任融合	7.0	17.5	航空工业
	责任沟通	29.8	50	兵器工业集团

3. 军工行业责任实践指数平均分为55.6分,处于三星级水平、追赶者阶段;社会责任指数表现优于本质责任和环境责任

2020年,军工行业责任实践指数平均分为55.6分,处于三星级水平、追赶者阶段。其中，社会责任指数表现最佳，为69.1分；本质责任和环境责任指数得分相近，分别为47.7分和47.3分。

从议题角度来看，军工行业在抗击疫情（88.3分）、政府责任（82.0分）、伙伴责任（79.0分）和精准扶贫（60.8分）方面信息披露水平相对较高。但在绿色生产（37.7分）方面表现较差。军工行业应加强绿色生产关键信息披露，并以此倒逼社会责任实践的改进（见表10）。

表10 军工行业责任实践议题得分情况

单位：分

责任板块	责任议题	行业平均分	行业最高分	最佳实践
本质责任 （47.7）	股东责任	58.3	100.0	兵器工业集团、中国航发、兵器装备集团
	客户责任	41.9	84.6	兵器工业集团、兵器装备集团
社会责任 （69.1）	政府责任	82.0	100.0	兵器工业集团、兵器装备集团、中国航发、中国船舶集团
	伙伴责任	79.0	100.0	兵器工业集团、中国航发、中国船舶集团、中国电科、中国航发
	员工责任	53.2	83.0	兵器工业集团
	安全生产	46.8	100.0	兵器工业集团、兵器装备集团
	社区责任	51.9	90.9	兵器工业集团、中国航发
	抗击疫情	88.3	91.3	中国航发、中国电科、兵器装备集团、中国船舶集团、中核集团、航天科技、航天科工、中核集团
	精准扶贫	60.8	100.0	中核集团
环境责任 （47.3）	绿色管理	49.7	100.0	兵器工业集团
	绿色生产	37.7	76.2	兵器工业集团
	绿色运营	64.4	100.0	中国航发、中核集团、兵器工业集团

4. 军工行业精准扶贫指数为60.8分，处于四星级水平、领先者阶段

具体分析精准扶贫议题披露情况发现，2020年，军工行业10家样本企业中，扶贫项目类型和精准扶贫规划披露率最高，均达到90.0%；年度扶贫资金及物资投入次之，为70.0%；建立扶贫组织体系披露率为60.0%；帮助建档立卡贫困人口脱贫数披露率为40.0%；设立扶贫产业基金指标披露率最低，为30.0%（见图6）。

兵器工业集团结合贫困地区自然禀赋，突出精准原则，坚持"造血"式扶贫，充分积聚社会各方优势资源，扎实推进，取得突出实效。红河县进入脱贫摘帽审核程序（全国179个进入退出检查的贫困县之一），加上甘南县2018年已经实现脱贫摘帽（全国601个宣布摘帽的贫困县之一），集团公司提前完成全部脱贫攻坚目标，定点扶贫工作受到国务院扶贫办和国资委的好评，在定点扶贫成效考核中获得"好"的最高等次评价。2019年，集团公司共投入定点扶贫资金1720万元，实施产业扶贫、教育扶贫、电商扶贫、扶贫培训等兵工特色扶贫项目，投入7900万元积极参与央企扶贫基金第三期资金募集。《创建致富带头人培育模式，带领贫困户脱贫致富》案例入选国务院扶贫办企业精准扶贫综合50佳案例。

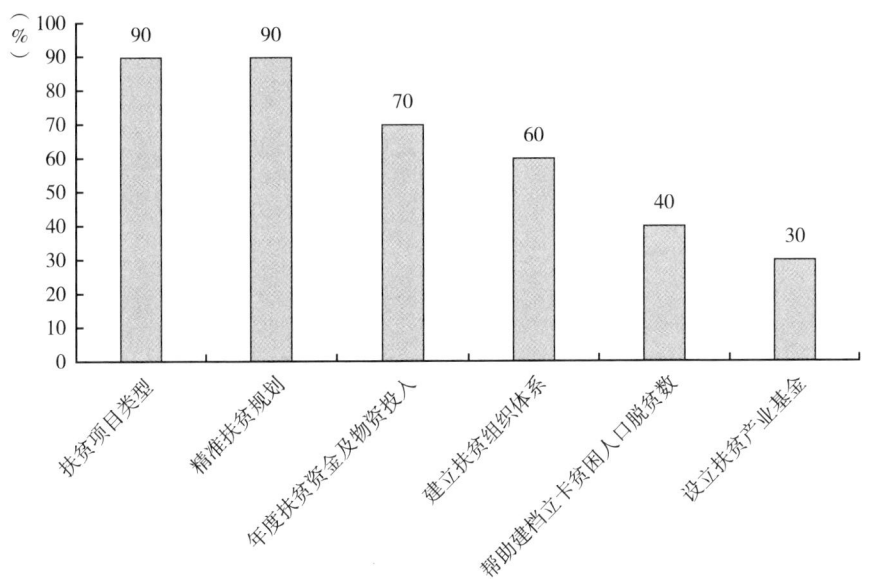

图6　2020年军工行业10家样本企业精准扶贫六项指标披露情况

5. 军工行业抗击疫情指数为88.3分，处于五星级水平、卓越者阶段

研究显示，军工行业10家样本企业捐赠33036.508万元，其中中核集团捐赠6400万元，航空工业捐赠5452.508万元，中国电科和中国船舶集团均捐赠5000万元，兵器装备集团捐赠3500万元，兵器工业集团捐赠3000

万元。

除抗疫捐赠外，10家样本企业还根据企业特点积极开展防疫工作，通过建立疫情防控与复工复产大数据系统、派驻医疗队伍驰援一线等实际行动，诠释了作为军工企业的责任和担当。同时，为员工构筑全方位抗疫屏障，切实保障员工生命安全。

作为中央企业，兵器装备集团在集团党组的坚强领导和科学部署下，快速响应，第一时间成立疫情防控领导小组，结合实际制定工作方案和应急预案，逐级落实责任，迅速形成全面动员部署、全面应对疫情的有力、有序、有效防控工作局面，加强联防联控。

疫情发生后，兵器装备集团及下属企业通过国务院国资委捐款2000万元。此后，下属企业长安汽车、驻鄂企业捐赠1500万元（含捐赠物资价值100万元）。疫情是危机，是大战，更是大考。兵器装备集团指导下属企业发挥自身优势生产防疫物资，统筹安排从原材料采购到产品交付的全链条，全力以赴保证医用防护口罩、防护服、医用隔离眼罩等医用防护物资高质量生产、及时供应。兵器装备集团快速响应民生需求，通过提供爱心义剪、免费在线问诊平台等服务，助力全民抗疫。

四 建材行业社会责任发展指数（2020）

（一）评价结果

本部分评价的建材行业指对水泥（含水泥制品和石棉水泥制造）、砖瓦、石灰、轻质建筑材料、玻璃及玻璃制品、陶瓷制品、耐火材料制品、石墨及碳素制品业、矿物纤维及制品、磨具（包括但不限于砂轮/油石/砂布/砂纸/金刚砂）、晶体材料的生产等。2020年建材行业评价样本共有17家，样本企业的社会责任发展指数排名及得分如表11所示。

表 11 建材行业社会责任发展指数（2020）

单位：分

排名	企业名称	企业性质	CSR专栏	CSR报告	责任管理指数	2020年社会责任发展指数
★★★★★（2家）						
1	中国建材集团有限公司	中央企业	有	有	78.0	86.9
2	华润水泥控股有限公司	其他国有企业	有	有	78.0	83.4
★★★（9家）						
3	中国联塑集团控股有限公司	民营企业	有	有	69.0	57.1
4	安徽海螺集团有限责任公司	国有企业	有	有	15.0	55.3
5	信义玻璃控股有限公司	民营企业	无	有	19.0	54.8
6	华新水泥股份有限公司	其他国有企业	有	有	19.0	50.6
7	北京金隅集团股份有限公司	国有企业	有	有	35.0	49.5
8	山东山水水泥集团有限公司	民营企业	无	有	36.0	49.2
9	北京东方雨虹防水技术股份有限公司	民营企业	有	有	47.0	48.9
10	福耀玻璃工业集团股份有限公司	民营企业	有	有	15.0	45.5
11	中建西部建设股份有限公司	其他国有企业	无	有	22.0	40.4
★★（2家）						
12	广东兴发铝业有限公司	民营企业	无	有	16.0	38.7
13	天瑞水泥集团有限公司	民营企业	无	有	9.0	29.6
★（4家）						
14	吉林亚泰(集团)股份有限公司	其他国有企业	无	有	8.0	14.9
15	红狮控股集团有限公司	民营企业	无	无	5.0	12.8
16	建华建材(中国)有限公司	民营企业	无	无	5.0	10.1
17	江苏金峰水泥集团有限公司	民营企业	无	无	3.0	9.8

（二）阶段性特征

1. 建材行业社会责任发展指数为43.4分，总体处于三星级水平、追赶者阶段；中国建材集团、华润水泥2家企业达到五星级水平

建材行业社会责任发展指数平均得分为43.4分，整体为三星级，处于追赶者阶段，在20个重点行业中排第4位（见图7）。具体来看，五星级企业2家，为中国建材集团（86.9分）、华润水泥（83.4分）；无四星级企业；三星级企业9家；二星级企业2家；一星级企业4家。

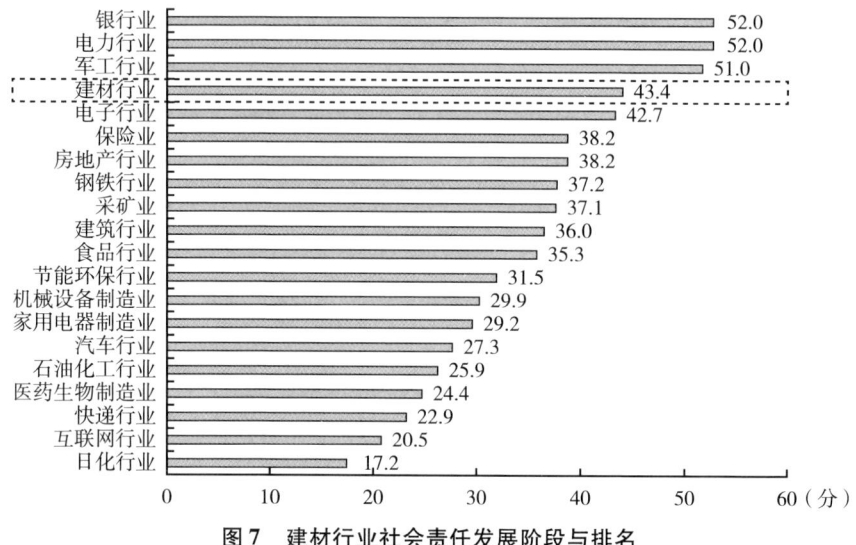

图 7　建材行业社会责任发展阶段与排名

2. 建材行业责任管理指数为28.3分，总体处于二星级水平、起步者阶段

2020年，建材行业责任管理指数为28.3分。其中，中国建材集团（78.0分）、华润水泥（78.0分）位于四星级水平。

从责任管理的具体议题来看，建材行业责任组织得分最高，为33.1分；责任沟通次之，为27.8分；责任融合得分最低，为12.1分。其中，中国建材集团、华润水泥、中国联塑在责任组织维度均获得满分100.0分，达到五星级水平、卓越者阶段（见表12）。

表12　建材行业责任管理具体表现

单位：分

责任板块	责任议题	行业平均分	行业最高分	最佳实践
责任管理（28.3）	责任组织	33.1	100.0	中国建材集团、华润水泥、中国联塑
	责任融合	12.1	80.0	中国建材集团、华润水泥
	责任沟通	27.8	62.5	中国建材集团、华润水泥

3. 建材行业责任实践指数为44.9分，处于三星级水平、追赶者阶段；本质责任指数得分高于社会责任和环境责任

2020年建材行业责任实践指数平均分为44.9分，处于三星级水平、追赶者阶段。其中,本质责任指数表现最佳,为50.9分;社会责任略低于本质责任,为43.1分;环境责任指数得分最低,为42.6分。

从议题角度来看,建材行业在政府责任(55.3分)、股东责任(52.9分)、安全生产(52.0分)方面信息披露水平相对较高。但在绿色生产(36.8分)方面表现较差。建材行业应加强绿色生产关键信息披露,并以此倒逼社会责任实践的改进(见表13)。

表13 建材行业责任实践议题得分情况

单位:分

责任板块	责任议题	行业平均分	行业最高分	最佳实践
本质责任(50.9)	股东责任	52.9	100.0	中国建材集团、信义玻璃、华新水泥、北京金隅、山东山水
	客户责任	49.8	100.0	中国建材集团、华润水泥
社会责任(43.1)	政府责任	55.3	100.0	中国建材集团、华润水泥
	伙伴责任	38.2	100.0	中国建材集团、华润水泥
	员工责任	35.3	91.7	中国建材集团、华润水泥
	安全生产	52.0	100.0	中国建材集团、安徽海螺
	社区责任	45.8	100.0	中国建材集团、华润水泥
	抗击疫情	43.5	91.3	中国建材集团、安徽海螺、华新水泥
	精准扶贫	36.3	83.3	中国建材集团、华润水泥、安徽海螺
环境责任(42.6)	绿色管理	47.5	100.0	中国建材集团、华润水泥、安徽海螺
	绿色生产	36.8	100.0	中国建材集团
	绿色运营	43.4	100.0	中国建材集团、华润水泥

4. 建材行业精准扶贫实践指数为36.3分,处于二星级水平、起步者阶段;其中中国建材集团、华润水泥、安徽海螺达到五星级水平

具体分析精准扶贫议题披露情况发现,2020年,建材行业17家样本企业中,年度扶贫资金及物资投入披露率最高,达到52.9%;精准扶贫规划和扶贫项目类型相同,均为41.2%;建立扶贫组织体系为35.3%;帮助建档立卡贫困人口脱贫数为29.4%;设立扶贫产业基金指标披露率最低,为11.8%(见图8)。

中国建材集团全力开展脱贫攻坚,紧紧围绕民生帮扶、产业帮扶、就业帮扶、医疗帮扶、教育帮扶、电商帮扶等"六大策略",久久为功,所帮扶贫困县实现整县脱贫出列。华润水泥积极响应国家和华润集团脱贫攻坚、精准扶贫号召,通过为贫困地区及贫困家庭捐赠现金和实物、积极雇用企业所在地周边居民、支持贫困地区教育发展、参与社区建设等方式,帮助贫困地区和人群解决实际困难。

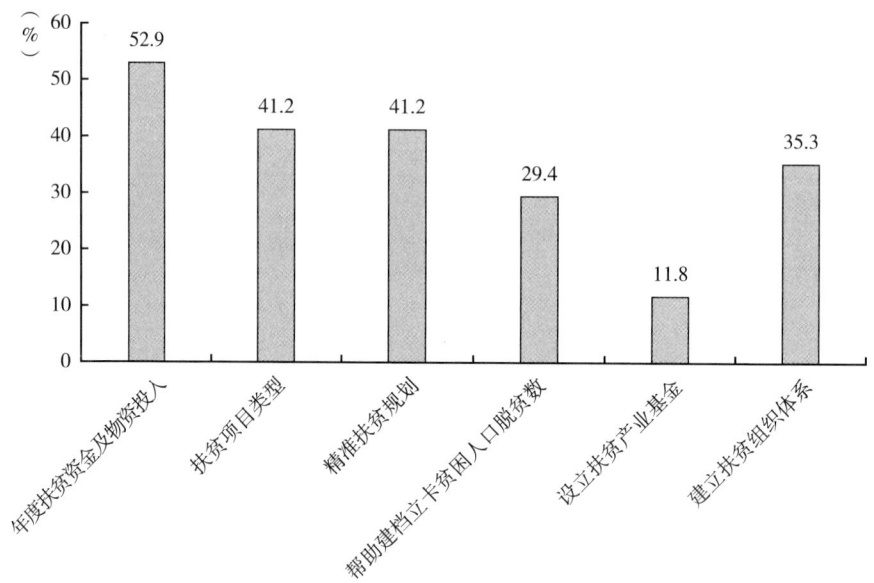

图8 2020年建材行业17家样本企业精准扶贫六项指标披露情况

5. 建材行业抗疫实践指数为43.5分,处于三星级水平、追赶者阶段;其中中国建材集团、安徽海螺、华新水泥达到五星级水平

2020年,新冠肺炎疫情来袭,17家样本企业配合当地政府开展防疫工作,成立疫情防控工作领导小组,统筹协调整体疫情防控工作,督促大区、基地落实防控措施,取消线下会议,推行线上会议,积极复工复产,对厂区进行消毒消杀工作等。

华润水泥积极响应全国疫情防控工作部署,第一时间成立疫情防控工作领导小组,压实责任、精准施策,在常态化抓好疫情防控的基础上有序推进复工复产,做到疫情防控、复工复产"两手抓、两不误"。中国建材集团不舍昼夜，以优质建材和服务驰援抗疫一线，全力以赴支援火神山的建设，同时还发挥国际贸易优势和智慧农业优势，提供防控物资海外采购和蔬菜供应服务。

五 电子行业社会责任发展指数（2020）

（一）评价结果

本部分评价的电子行业指生产电子设备、电子元件、电子器件及其专用原材料的行业，包括生产电子计算机、电视机、收音机和通信、雷达、广播、导航、电子控制、电子仪表等设备，生产电阻器、电容器、电感器、印刷电路板，接插元件和电子管、晶体管、集成电路等器件，以及高频磁性材料、高频绝缘材料、半导体材料等专用原材料。2020年电子行业评价样本共有24家，样本企业的社会责任发展指数排名及得分如表14所示。

表14 电子行业社会责任发展指数（2020）

单位：分

排名	企业名称	企业性质	CSR专栏	CSR报告	责任管理指数	2020社会责任发展指数
★★★★★（1家）						
1	三星(中国)投资有限公司	外资企业	有	有	84.0	91.6
★★★★（6家）						
2	中国LG	外资企业	有	有	62.0	79.9
3	台达(中国)	外资企业	有	有	42.0	75.4
4	SK海力士半导体(中国)有限公司	外资企业	有	有	70.0	70.8
5	佳能(中国)有限公司	外资企业	有	有	60.0	67.3
6	台积电	外资企业	有	有	30.0	64.8
7	中芯国际集成电路制造有限公司	外资企业	有	有	54.0	64.1
★★★（5家）						
8	联想控股股份有限公司	民营企业	有	有	56.0	58.2
9	中国电子信息产业集团有限公司	中央企业	有	有	5.0	58.0
10	京东方科技集团股份有限公司	其他国有企业	有	有	56.0	53.7
11	中兴通讯股份有限公司	民营企业	有	有	22.0	52.9
12	鸿海精密工业股份有限公司	外资企业	有	有	35.0	40.8

续表

排名	企业名称	企业性质	CSR专栏	CSR报告	责任管理指数	2020社会责任发展指数
★★(7家)						
13	超威电源有限公司	民营企业	有	无	17.0	35.9
13	中国惠普有限公司	外资企业	有	有	23.0	35.9
15	杭州海康威视数字技术股份有限公司	民营企业	有	有	28.0	35.7
16	亚信科技(中国)有限公司	民营企业	无	有	12.0	32.4
17	中国信息通信科技集团有限公司	中央企业	无	无	0.0	24.8
18	国际商业机器(中国)有限公司	外资企业	有	无	3.0	22.4
19	浪潮集团有限公司	民营企业	无	有	0.0	20.8
★(5家)						
20	富士通(中国)有限公司	外资企业	有	无	14.0	16.4
21	GE中国	外资企业	有	无	3.0	9.4
22	天能电池集团股份有限公司	民营企业	无	无	2.0	5.4
22	英特尔(中国)有限公司	外资企业	有	无	3.0	5.4
24	正威国际集团有限公司	民营企业	有	无	0.0	2.6

(二)阶段性特征

1. 电子行业社会责任发展指数为42.7分,总体处于三星级水平、追赶者阶段;仅中国三星1家企业达到五星级水平

电子行业社会责任发展指数平均得分为42.7分,整体为三星级水平,处于追赶者阶段,在20个重点行业中排第5位(见图9)。具体来看,五星级企业1家,为中国三星(91.6分);四星级企业6家;三星级企业5家;二星级企业7家;一星级企业5家。

2. 电子行业责任管理指数为28.1分,总体处于二星级水平、起步者阶段

2020年,电子行业责任管理指数为28.1分。其中,中国三星(84.0分)位于五星级水平。

从责任管理的具体议题来看,电子行业责任沟通得分最高,为32.4分;责任组织次之,为30.8分;责任融合得分最低,为7.1分(见表15)。

重点行业社会责任发展指数(2020)

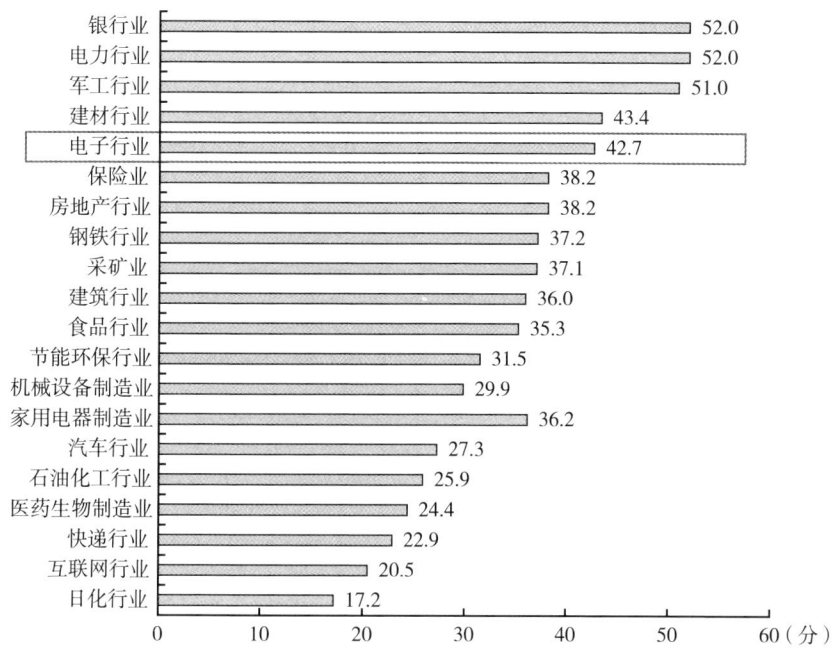

图9 电子行业社会责任发展阶段与排名

表15 电子行业责任管理具体表现

单位:分

责任板块	责任议题	行业平均分	行业最高分	最佳实践
责任管理 (28.1)	责任组织	30.8	100.0	中国三星、SK海力士(中国)、中国LG
	责任融合	7.1	40.0	中国三星
	责任沟通	32.4	75.0	佳能(中国)、中国三星

3. 电子行业责任实践指数为45.8分,处于三星级水平、追赶者阶段;其中本质责任指数高于社会责任和环境责任

2020年电子行业责任实践指数平均分为45.8分,处于三星级水平、追赶者阶段。其中,本质责任指数表现最佳,为48.2分;社会责任指数略低于本质责任指数,为46.9分;环境责任指数得分最低,为42.3分。

从议题角度来看,电子行业在伙伴责任(62.3分)、股东责任(56.9分)、政府责任(55.3分)方面信息披露水平相对较高。但在精准扶贫

135

（22.4分）方面表现较差。电子行业应加强精准扶贫关键信息披露，并以此倒逼社会责任实践的改进（见表16）。

表16 电子行业责任实践议题得分情况

单位：分

责任板块	责任议题	行业平均分	行业最高分	最佳实践
本质责任 （48.2）	股东责任	56.9	100.0	台达(中国)、SK海力士(中国)、台积电
	客户责任	45.6	96.7	台达(中国)
社会责任 （46.9）	政府责任	55.3	100.0	中国三星、台达(中国)、联想
	伙伴责任	62.3	100.0	中国三星、台达(中国)、中国LG
	员工责任	43.8	100.0	中国三星、台达(中国)、SK海力士(中国)
	安全生产	48.3	100.0	中国三星、台达(中国)、SK海力士(中国)
	社区责任	48.9	100.0	中国三星、台达(中国)、SK海力士(中国)
	抗击疫情	39.9	91.3	中国三星、中国LG、中国电子
	精准扶贫	22.4	91.7	联想、台达(中国)
环境责任 （42.3）	绿色管理	44.0	100.0	中国三星
	绿色生产	40.4	100.0	中国三星、佳能(中国)
	绿色运营	40.8	100.0	中国三星、佳能(中国)、SK海力士(中国)

4. 电子行业精准扶贫指数为22.4分，处于二星级水平、起步者阶段；其中联想、台达（中国）达到五星级水平

具体分析精准扶贫议题披露情况发现，2020年，电子行业24家样本企业中，精准扶贫规划披露率最高，达到33.3%；扶贫项目类型和年度扶贫资金及物资投入相近，分别为29.2%和25.0%；设立扶贫产业基金和建立扶贫组织体系一样，均为16.7%；帮助建档立卡贫困人口脱贫数指标披露率最低，为4.2%（见图10）。

台达（中国）积极贯彻落实郴州市扶贫办制定的《2017年建档立卡贫困家庭劳动力就业扶贫车间培训工作方案（试行）》，台达郴州厂定期参加由园区举行的就业扶贫招聘会，并与扶贫办联合开展"扶贫车间"的录用培训工作，台达郴州厂2019年录用建档立卡贫困户67人，截至2019年底在职贫困人员共计212人，2019年3月郴州厂荣获湖南省颁发"扶贫爱心单位"称号。

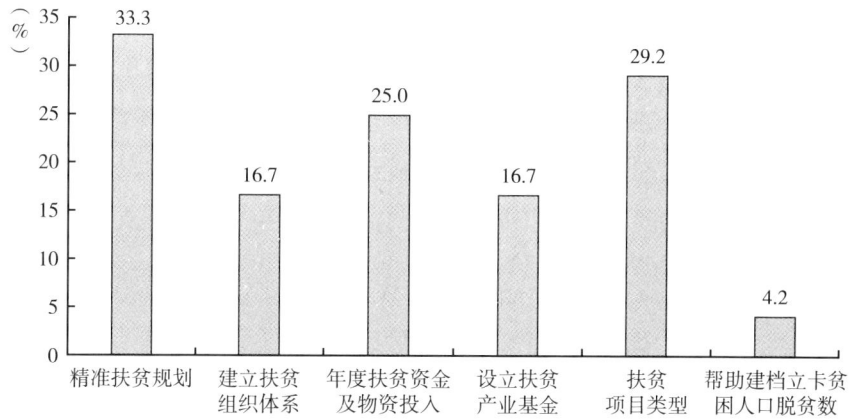

图 10　2020 年电子行业 24 家样本企业精准扶贫六项指标披露情况

5. 电子行业抗击疫情指数为39.9分，处于三星级水平、追赶者阶段；其中中国三星、中国LG、中国电子等4家企业达到五星级水平

研究显示，电子行业 24 家样本企业捐赠 25000 万元，其中中国电子捐赠 7000 余万元，中国三星捐赠 3000 万元。

除抗疫捐赠外，24 家样本企业还积极协助所在地政府开展防疫工作，通过制度和资金帮扶减轻供应链企业经营负担，并加大员工及家属确诊病例接触史的排查和检测力度，做好办公室消毒消杀工作等。

中国三星于 2020 年 1 月 31 日通过中国红十字会总会捐赠 3000 万元含应急物资，用于抗击新冠肺炎疫情，成为捐赠额最多的韩资企业。公司紧急从海外寻找货源，采购相关物资，三星中国境内相关法人的员工加班加点完成通关、仓储及运输协调工作，首批物资 2 月 14 日起陆续运抵疫情前线。3 月，使用中国三星捐款采购的 9 台移动式 X 光机、8 部监护型负压救护车、检测试剂盒等陆续抵达火神山医院、宜昌第一人民医院等定点医院。

中国电子始终运用信息化手段贡献自身力量，抢抓平台系统研发，2020 年 1 月 25 日，公司旗下长城软件受工信部委托开发国家重点医疗物资保障调度平台采集填报系统，建立了国家重点医疗物资的信息采集渠道，集医疗器具、治疗药品等重点生产企业信息于一身，实现重点医疗物资保障监控，掌握每日重点物资产能及供应能力情况，为政府进行物资调度分配、重点防控物资生产企业调度和防控物资的采购储备提供支撑。目前该平台系统收录重点企业1930家，实现18套调查方案的动态监测，用户群体覆盖31个省区市工信厅消费品、电子、装备、原材料、信发等专业的用户以及工信部相关人员，为疫情期间工信部门协调物资调度起到了重要的数据支撑作用。

六　保险业社会责任发展指数（2020）

（一）评价结果

本部分评价的保险业指将通过契约形式集中起来的资金，用以补偿被保险人的经济利益业务的行业，涉及人身保险、财产保险、再保险、商业养老金、保险中介服务、保险资产管理、保险监管服务等多个细分领域。2020年保险业评价样本共有25家，样本企业的社会责任发展指数排名及得分如表17所示。

表17　保险业社会责任发展指数（2020）

单位：分

排名	企业名称	企业性质	CSR专栏	CSR报告	责任管理指数	2020年社会责任发展指数
★★★★（3家）						
1	中国人寿保险(集团)公司	国有金融企业	有	有	51.0	70.5
2	新华人寿保险股份有限公司	国有金融企业	有	有	42.0	68.7
3	中国平安保险(集团)股份有限公司	民营企业	有	有	47.0	62.6
★★★（8家）						
4	中国太平保险集团有限责任公司	国有金融企业	有	有	39.0	57.6
5	中国太平洋保险(集团)股份有限公司	国有金融企业	有	有	39.0	54.6
6	大家保险集团有限责任公司	国有金融企业	有	有	62.0	49.9
7	中国人民保险集团股份有限公司	国有金融企业	有	有	16.0	49.2

续表

排名	企业名称	企业性质	CSR专栏	CSR报告	责任管理指数	2020年社会责任发展指数
★★★(8家)						
8	阳光保险集团股份有限公司	民营企业	有	有	22.0	46.9
9	中德安联人寿保险有限公司	外资企业	有	无	3.0	43.4
10	建信人寿保险股份有限公司	国有金融企业	有	有	10.0	41.5
11	中国再保险(集团)股份有限公司	国有金融企业	有	有	38.0	40.4
★★(11家)						
12	工银安盛人寿保险有限公司	外资企业	有	有	18.0	37.6
13	前海人寿保险股份有限公司	民营企业	无	无	0.0	34.3
14	中华联合保险集团股份有限公司	国有金融企业	有	无	10.0	32.5
15	中宏人寿保险有限公司	外资企业	有	无	8.0	32.4
16	中银保险有限公司	国有金融企业	无	无	0.0	31.0
17	华泰保险集团股份有限公司	外资企业	有	无	3.0	30.9
18	美亚财产保险有限公司	外资企业	有	无	8.0	29.4
18	三井住友海上火灾保险(中国)有限公司	外资企业	有	无	3.0	29.4
20	富德保险控股股份有限公司	民营企业	有	无	3.0	28.9
21	瑞士再保险股份有限公司北京分公司	外资企业	有	无	3.0	24.9
22	天安财产保险股份有限公司	外资企业	有	无	10.0	20.5
★(3家)						
23	泰康保险集团股份有限公司	民营企业	有	无	3.0	15.5
24	中国出口信用保险公司	国有金融企业	有	无	3.0	12.4
25	华夏人寿保险股份有限公司	民营企业	有	无	3.0	10.5

(二)阶段性特征

1. 保险业社会责任发展指数为38.2分,总体处于二星级水平、起步者阶段;中国人寿、新华人寿、中国平安3家企业达到四星级水平

保险业社会责任发展指数平均得分为38.2分,整体为二星级,处于起

步者阶段，在20个重点行业中与房地产行业并列第6位（见图11）。具体来看，四星级企业3家，为中国人寿（70.5分）、新华人寿（68.7分）、中国平安（62.6分）；三星级企业8家；二星级企业11家；一星级企业3家。

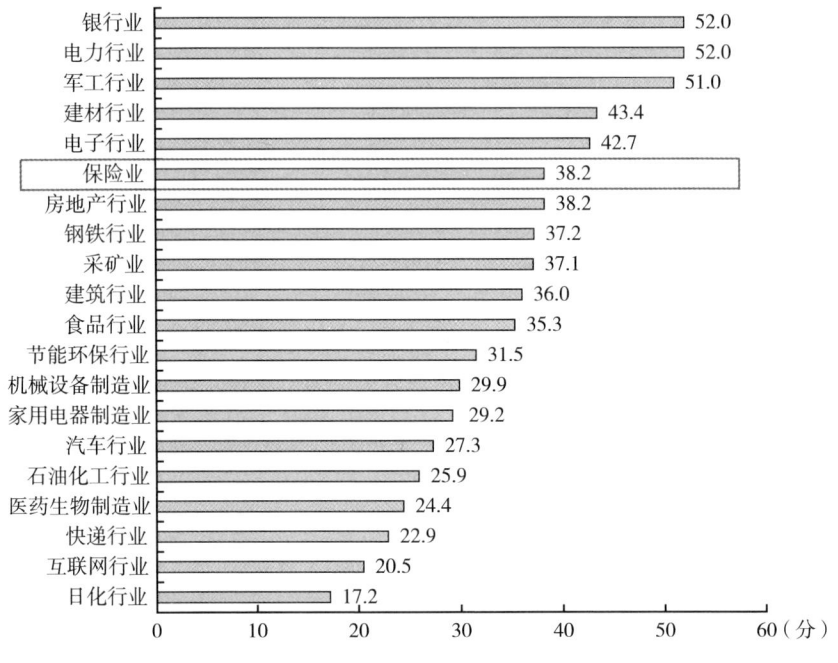

图11 保险业社会责任发展阶段与排名

2. 保险业责任管理指数为17.8分，总体处于一星级水平、旁观者阶段

2020年，保险业责任管理指数为17.8分。其中，大家保险（62.0分）位于四星级水平，中国人寿（51.0分）、中国平安（47.0分）和新华人寿（42.0分）三家企业位于三星级水平。

从责任管理的具体议题来看，保险业责任沟通得分最高，为24.6分；责任组织次之，为18.5分；责任融合得分最低，为1.3分。其中，大家保险、中国平安、中国太平、中国太保在责任组织维度均获得满分100.0分，达到五星级水平、卓越者阶段（见表18）。

表18 保险业责任管理具体表现

单位：分

责任板块	责任议题	行业平均分	行业最高分	最佳实践
责任管理（17.8）	责任组织	18.5	100.0	大家保险、中国平安、中国太平、中国太保
	责任融合	1.3	22.5	中国人寿、中国人保、大家保险、新华人寿
	责任沟通	24.6	67.5	中国人寿、大家保险、新华人寿

3. 保险业责任实践指数为44.5分，处于三星级水平、追赶者阶段；其中本质责任指数高于社会责任和环境责任

2020年保险业责任实践指数平均分为44.5分，处于三星级水平、追赶者阶段。其中，本质责任指数表现最佳，为58.2分；社会责任略低于本质责任，为45.3分；环境责任指数得分最低，为31.4分。

从议题角度来看，保险业在股东责任（78.0分）、抗击疫情（69.7分）、政府责任（54.4分）、客户责任（50.8分）方面信息披露水平相对较高。但在安全运营（8.0分）方面表现较差。保险业应加强安全培训绩效等关键信息披露（见表19）。

表19 保险业责任实践议题得分情况

单位：分

责任板块	责任议题	行业平均分	行业最高分	最佳实践
本质责任（58.2）	股东责任	78.0	100.0	新华人寿、阳光保险、中德安联人寿、建信人寿、工银安盛人寿、前海人寿、中华联合保险、中宏人寿、中银保险、华泰保险、美亚财险、三井住友海上火灾保险、富德保险、瑞士再保险北京分公司、天安财险
	客户责任	50.8	79.7	新华人寿、中国人保、中德安联人寿、建信人寿、前海人寿、中宏人寿、大家保险、中国人寿
社会责任（45.3）	政府责任	54.4	76.5	前海人寿、阳光保险、新华人寿、中国人寿、中宏人寿、中国再保险集团、富德保险、工银安盛人寿、中华联合保险、中银保险、美亚财险
	伙伴责任	48.4	100.0	新华人寿、中国人保、阳光保险、工银安盛人寿、建信人寿、中国太平、中国太保、三井住友海上火灾保险、中国平安

续表

责任板块	责任议题	行业平均分	行业最高分	最佳实践
社会责任 (45.3)	员工责任	27.7	100.0	新华人寿、中国人寿、中国太平、中国太保
	安全运营	8.0	100.0	中国人寿、中国太平、中国太保
	社区责任	34.6	88.9	中国人寿、中国太平、中国太保、新华人寿、富德保险、中国平安、中国人保
	抗击疫情	69.7	100.0	华泰保险、中国人寿、中国太平、中国太保、新华人寿、富德保险、中国平安、中国人保、阳光保险、中德安联人寿、大家保险、中国再保险集团、中宏人寿、三井住友海上火灾保险
	精准扶贫	38.7	100.0	中国人寿、中国太平、中国太保、中国再保险集团、中国信保、新华人寿、中国人保
环境责任 (31.4)	绿色管理	32.9	88.5	中国人保、中国平安、中国人寿、中国太平、中国太保、阳光保险、瑞士再保险北京分公司
	绿色生产	27.1	100.0	中国人寿、中国太平、中国太保、中国平安、新华人寿
	绿色运营	37.3	100.0	中国平安、新华人寿、中国人保、中国人寿、中国太平、中国太保、中国再保险集团、中德安联人寿、工银安盛人寿、前海人寿、美亚财险、华泰保险

4. 保险业精准扶贫指数为38.7分，处于二星级水平、起步者阶段；其中中国人寿达到五星级水平

具体分析精准扶贫议题披露情况发现，2020年，保险业25家样本企业中，扶贫项目类型披露率最高，达到68.0%；精准扶贫规划指标披露率为52.0%；年度扶贫资金及物资投入指标披露率为32.0%；建立扶贫组织体系和设立扶贫产业基金指标披露率相近，分别为20.0%和16.0%；帮助建档立卡贫困人口脱贫数指标披露率最低，为12.0%（见图12）。

中国人保积极探索"保险+产业""保险+健康""保险+民生""保险+融资"等扶贫模式，利用保险机制补齐短板，将脱贫攻坚和乡村振兴有效衔接，巩固拓展脱贫攻坚成果。产业扶贫方面，中国人保聚焦深度贫困地区，与国务院扶贫办联合设计推出"深贫保"产业扶贫方案，推出产业扶贫保险保障、产业综合收入保险保障，精准对接深度贫困地区产业发展需求。中国人保充分发挥风险保障功能，服务农业农村稳产保收。2019年，农业保险为8870万户次农户提供风险保障2.3万亿元。在健康扶贫方面，中国人保积极参与多层次医疗保障体系建设，通过实现基本医保、大病医保、医疗救助、疾病应急救助、商业健康保险及慈善救助等制度互补联动，精准对接贫困人口抵御因病致贫风险的健康保障需求。2019年，集团大病保险业务覆盖人群5.37亿人，在25个省份承办扶贫类医疗救助保险项目499个，覆盖人口3653.17万人，着力解决贫困群众因病致贫、因病返贫问题。

中国太保全力打造"脱贫不返贫"长效机制，在河北邯郸魏县试点推出国内首款商业防贫保险——"防贫保"，聚焦"因病、因灾、因学"三大致贫、返贫成因，立足"未贫先防"和"扶防结合"的要求，逐步建立起"政保联办、群体参保、基金管理、阳光操作"的创新扶贫模式。截至2019年底，"防贫保"已为全国16省份160个县逾8000万临贫、易贫人群提供总保额2.77万亿元防贫保障。

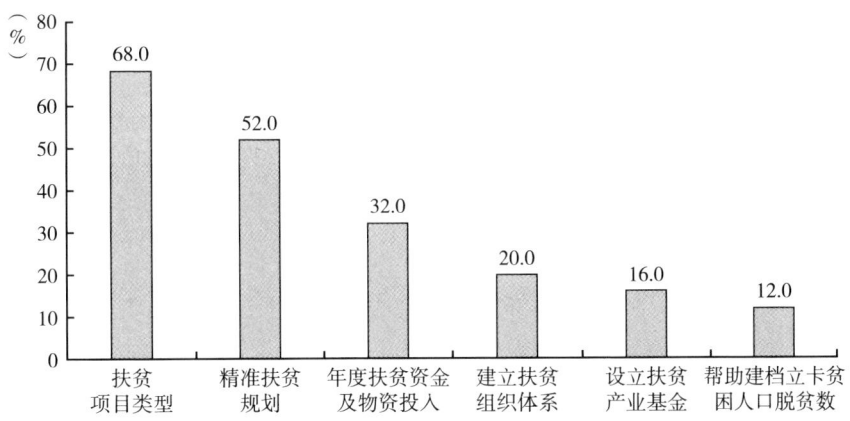

图12 2020年保险业25家样本企业精准扶贫六项指标披露情况

5. 保险业抗击疫情指数为69.7分，处于四星级水平、领先者阶段；其中华泰保险、中国人寿、中国太平、中国太保等14家企业达到五星级水平

研究显示，保险业25家样本企业捐赠近3亿元，其中中国人寿捐赠7381万元，泰康保险捐赠7200万元，中国平安捐赠6000万元，中国太平

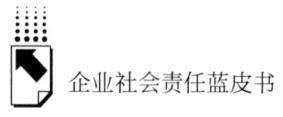

捐赠2000万元。

除抗疫捐赠外，25家样本企业还积极协助所在地政府开展防疫工作，通过物资捐赠、保险捐赠、理赔服务升级、产品责任扩展等方式助力打赢疫情防控阻击战，并发挥金融保险专业优势，全力提供信贷支持等多种金融服务，不断为实体经济赋能，积极助力疫情防控企业扩大产能，支持受疫情影响企业复产复工，同心抗疫、共克时艰。

华泰人寿与微医合作，帮助客户通过"新冠肺炎实时救助平台"及时了解最新疫情动态，免费享受全国专家24小时问诊、疫情防御知识下载等贴心服务，传递客户关爱。中国人寿为一线抗疫人员、抗疫志愿者、参与新冠肺炎药物临床试验的科研人员等赠送保险保障。中国人保为全体员工和所有销售人员提供"新型冠状病毒肺炎"风险保障方案，给予确诊感染新冠肺炎的员工或销售人员保险金10万元，补偿治疗及康复期间的收入损失。

七 房地产行业社会责任发展指数（2020）

（一）评价结果

本部分评价的房地产行业是指从事基础设施建设、房屋建设，并转让房地产开发项目或者销售、出租商品房的行业。2020年房地产行业评价样本共有24家，样本企业的社会责任发展指数排名及得分如表20所示。

表20 房地产行业社会责任发展指数（2020）

单位：分

排名	企业名称	企业性质	CSR专栏	CSR报告	责任管理指数	2020年社会责任发展指数
★★★★★（1家）						
1	华润置地有限公司	其他国有企业	有	有	77.0	80.4
★★★★（6家）						
2	碧桂园控股有限公司	民营企业	有	有	65.0	73.3
3	新城控股集团股份有限公司	民营企业	有	有	58.0	72.4

续表

排名	企业名称	企业性质	CSR专栏	CSR报告	责任管理指数	2020年社会责任发展指数
★★★★(6家)						
4	华夏幸福基业股份有限公司	民营企业	有	有	70.0	70.3
5	万科企业股份有限公司	民营企业	有	有	39.0	62.2
6	中国海外发展有限公司	其他国有企业	有	有	60.0	60.5
7	招商局蛇口工业区控股股份有限公司	其他国有企业	有	有	19.0	60.1
★★★(4家)						
8	旭辉控股(集团)有限公司	民营企业	有	有	34.0	51.1
9	保利房地产(集团)股份有限公司	其他国有企业	有	有	35.0	47.8
10	融创中国控股有限公司	民营企业	无	有	11.0	44.5
11	中国恒大集团	民营企业	有	有	14.0	44.2
★★(6家)						
12	雅戈尔集团股份有限公司	民营企业	无	有	10.0	33.5
13	金地(集团)股份有限公司	国有企业	有	有	14.0	32.6
14	绿地控股集团有限公司	其他国有企业	有	无	3.0	32.4
15	江苏中南建设集团股份有限公司	民营企业	有	有	5.0	26.4
16	苏宁环球集团有限公司	民营企业	有	有	8.0	25.1
17	新疆广汇实业投资(集团)有限责任公司	民营企业	有	无	12.0	22.1
★(7家)						
18	绿城中国控股有限公司	民营企业	有	无	7.0	17.1
19	龙湖集团控股有限公司	民营企业	有	无	3.0	17.0
20	新华联集团有限公司	民营企业	有	无	25.0	14.8
21	大连万达集团股份有限公司	民营企业	有	无	0.0	13.8
22	广厦控股集团有限公司	民营企业	有	无	0.0	9.5
23	中天控股集团有限公司	民营企业	有	无	1.0	5.0
24	三胞集团有限公司	民营企业	有	无	3.0	1.9

(二)阶段性特征

1. 房地产行业社会责任发展指数为38.2分,总体处于二星级水平、起步者阶段;仅华润置地1家企业达到五星级水平

房地产行业社会责任发展指数平均得分为38.2分,整体为二星级,处

于起步者阶段,在20个重点行业中,与保险业并列第6位(见图13)。具体来看,五星级企业仅1家,为华润置地(80.4分);四星级企业6家;三星级企业4家;二星级企业6家;一星级企业7家。

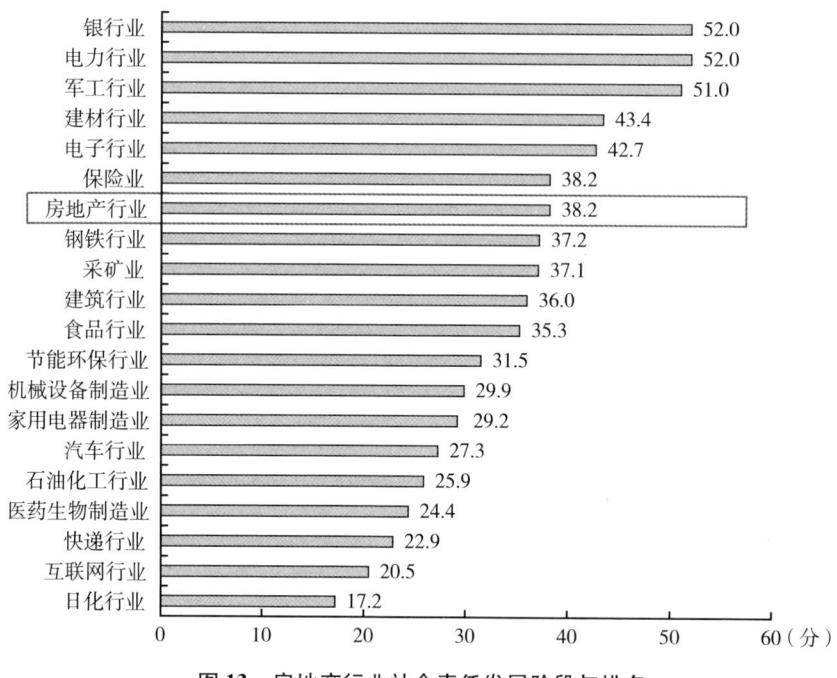

图13 房地产行业社会责任发展阶段与排名

2. 房地产行业责任管理指数为23.9分,总体处于二星级水平、起步者阶段

2020年,房地产行业责任管理指数为23.9分。其中,华润置地(77.0分)、华夏幸福(70.0分)、碧桂园(65.0分)和中国海外发展(60.0分)位于四星级水平。

从责任管理的具体议题来看,房地产行业责任沟通得分最高,为27.6分;责任组织次之,为26.0分;责任融合得分最低,为9.6分。其中,华润置地、碧桂园、新城控股在责任组织维度均获得87.5分,达到五星级水平、卓越者阶段;华润置地在责任融合维度获得80.0分,达到五星级水平、卓越者阶段;华夏幸福在责任沟通维度获得87.5分,达到五星级水平、卓越者阶段(见表21)。

表 21 房地产行业责任管理具体表现

单位：分

责任版块	责任议题	行业平均分	行业最高分	最佳实践
责任管理 （23.9）	责任组织	26.0	87.5	华润置地、碧桂园、新城控股
	责任融合	9.6	80.0	华润置地
	责任沟通	27.6	87.5	华夏幸福

3. 房地产行业责任实践指数为41.8分，处于三星级水平、追赶者阶段；本质责任指数优于社会责任和环境责任

2020年房地产行业责任实践指数平均分为41.8分，处于三星级水平、追赶者阶段。其中，本质责任指数表现最佳，为51.5分；社会责任指数次之，为44.5分；环境责任指数得分最低，为32.1分。

从议题角度来看，房地产行业在股东责任（78.8分）、政府责任（67.1分）、抗击疫情（66.3分）方面信息披露水平相对较高。但在绿色生产（28.1分）方面表现较差。房地产行业应加强绿色生产关键信息披露，并以此倒逼环境责任实践的改进（见表22）。

表 22 房地产行业责任实践议题得分情况

单位：分

责任版块	责任议题	行业平均分	行业最高分	最佳实践
本质责任 （51.5）	股东责任	78.8	100.0	万科、中国恒大、中国海外发展、新城控股、保利发展、旭辉、华润置地、招商局蛇口、绿地控股、金地、融创、龙湖、雅戈尔、江苏中南建设、绿城中国、苏宁环球
	客户责任	37.1	76.9	万科、中国恒大、碧桂园
社会责任 （44.5）	政府责任	67.1	100.0	万科、中国海外发展、新城控股、保利发展、华润置地、华夏幸福、江苏中南建设、苏宁环球
	伙伴责任	40.6	100.0	华润置地、碧桂园、雅戈尔
	员工责任	29.7	100.0	华润置地、新城控股
	安全生产	31.3	100.0	华润置地、新城控股、招商局蛇口
	社区责任	29.3	76.5	新城控股、华夏幸福

续表

责任版块	责任议题	行业平均分	行业最高分	最佳实践
社会责任 (44.5)	抗击疫情	66.3	100.0	华润置地、新城控股、华夏幸福、碧桂园、金地、万科、招商局蛇口、江苏中南建设、苏宁环球、万达集团、旭辉、保利发展、雅戈尔、广厦控股
	精准扶贫	41.7	83.3	新城控股、华夏幸福、招商局蛇口、万达集团
环境责任 (32.1)	绿色管理	36.6	83.3	华润置地、新城控股、碧桂园
	绿色生产	28.1	82.1	华润置地、碧桂园
	绿色运营	30.2	100.0	招商局蛇口

4. 房地产行业精准扶贫指数为41.7分，处于三星级水平、追赶者阶段；其中新城控股、华夏幸福、招商局蛇口、万达集团均达到五星级水平

具体分析精准扶贫议题披露情况发现，2020年，房地产行业24家样本企业中，扶贫项目类型和精准扶贫规划披露率最高，分别达到58.3%和54.2%；年度扶贫资金及物资投入披露率为45.8%；建立扶贫组织体系和帮助建档立卡贫困人口脱贫数的披露率均为20.8%；设立扶贫产业基金的披露率最低，为16.7%（见图14）。

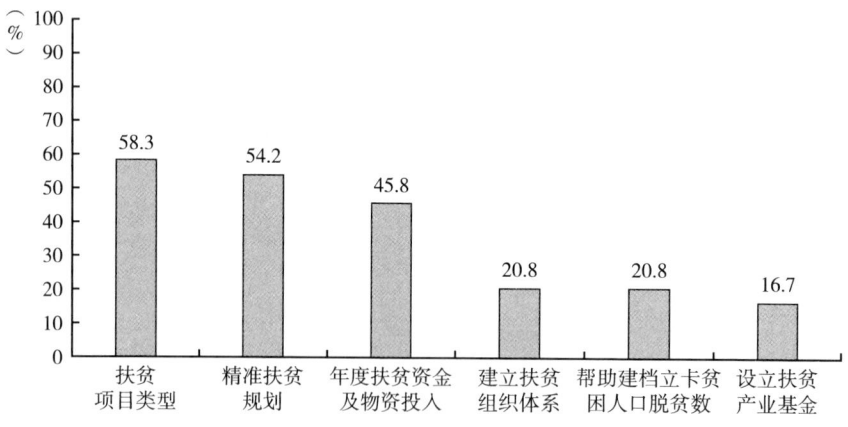

图14 2020年房地产行业24家样本企业精准扶贫六项指标披露情况

万达集团以丹寨脱贫攻坚为己任，在全国首创企业"包县"脱贫的创新扶贫模式，通过丹寨万达小镇、万达职业技术学院、万达产业扶贫基金

"三位一体",实现短期快速脱贫、长期可持续脱贫、永久脱贫。碧桂园将扶贫作为主业之一,由集团党委统一指挥,成立精准扶贫乡村振兴领导小组,在整县帮扶广东省英德市基础上,从全国选取贫困县,结合自身优势身体力行,推进"4+X"扶贫模式,助力乡村振兴。

5.房地产行业抗击疫情指数为66.3分,处于四星级水平、领先者阶段;其中华润置地、新城控股、华夏幸福等14家企业达到五星级水平

研究显示,房地产行业24家样本企业捐赠超18亿元,其中中国恒大捐赠12亿元,碧桂园、融创、万科捐赠均超1亿元。

除抗疫捐赠外,24家样本企业还积极协助所在地政府开展防疫工作,为控制疫情扩散、缓解医护工作和医疗资源压力,社区物管开展预防、消毒、查访、封闭管控、出入登记、后勤服务等工作;推出租金减免等系列疫情应对举措,携手商户共抗疫情。

截至2020年3月底,华润置地累计为全国40个城市、61个在营购物中心的租户减免租金约10亿元;在全国138个项目启动"悦+守护"系列主题活动,提供包括生活物资配送、在线医疗问诊、企业办公消毒服务、物业缴费等便民措施,惠及近30万业主。华夏幸福实行联防共治,联动企业责任到人,实施网络化管理,做到覆盖全、情况清、底数明、数据准,推行产业园区日报告、零报告制度;严格落实项目所在地政府防疫要求,分批次安全复工,为企业提供多样化的产业服务支持;创新产业招商模式,启动项目"云签约",有效促进多地大项目开工,助力区域经济社会秩序恢复。

八 钢铁行业社会责任发展指数(2020)

(一)评价结果

本部分评价的钢铁行业是指从事以矿物采选和金属冶炼加工等工业生产活动为主的工业行业,包括金属铁、铬、锰等的矿物采选业、炼铁业、炼钢业、钢加工业、铁合金冶炼业、钢丝及其制品业等细分行业。2020年钢铁行业评价样本共有20家,样本企业的社会责任发展指数排名及得分如表23所示。

表23　钢铁行业社会责任发展指数（2020）

单位：分

排名	企业名称	企业性质	CSR专栏	CSR报告	责任管理指数	2020年社会责任发展指数
★★★★（5家）						
1	中国宝武钢铁集团有限公司	中央企业	有	有	51.0	78.5
2	新兴际华集团有限公司	中央企业	有	有	86.0	77.7
3	浦项（中国）投资有限公司	外资企业	有	有	36.0	76.8
4	太原钢铁（集团）有限公司	其他国有企业	有	有	53.0	70.6
5	中国钢研科技集团有限公司	中央企业	有	有	44.0	69.1
★★★（2家）						
6	鞍钢集团有限公司	中央企业	有	有	30.0	57.5
7	北京建龙重工集团有限公司	民营企业	有	有	12.0	41.7
★★（6家）						
8	江苏沙钢集团有限公司	民营企业	有	有	8.0	38.2
9	河钢集团有限公司	其他国有企业	有	有	11.0	33.9
10	本钢集团有限公司	其他国有企业	有	无	3.0	25.6
11	杭州钢铁集团有限公司	国有企业	无	无	0.0	25.0
12	天津荣程联合钢铁集团有限公司	民营企业	无	无	0.0	22.3
13	首钢集团有限公司	其他国有企业	有	无	3.0	20.9
★（7家）						
14	唐山瑞丰钢铁（集团）有限公司	民营企业	有	无	3.0	19.9
15	酒泉钢铁（集团）有限责任公司	其他国有企业	有	无	5.0	19.8
16	河北津西钢铁集团股份有限公司	民营企业	有	无	8.0	19.4
17	中天钢铁集团有限公司	民营企业	无	无	0.0	18.9
18	马钢（集团）控股有限公司	其他国有企业	有	无	3.0	16.1
19	青山控股集团有限公司	民营企业	有	无	3.0	8.1
20	河北新华联合冶金控股集团有限公司	民营企业	有	无	3.0	4.9

（二）阶段性特征

1. 钢铁行业社会责任发展指数为37.2分，总体处于二星级水平、起步者阶段；中国宝武、新兴际华集团、中国浦项、太原钢铁、中国钢研5家企业达到四星级水平

钢铁行业社会责任发展指数平均得分为37.2分，整体为二星级，处于

起步者阶段，在20个重点行业中排第8位（见图15）。具体来看，四星级企业5家，为中国宝武（78.5分）、新兴际华集团（77.7分）、中国浦项（76.8分）、太原钢铁（70.6分）、中国钢研（69.1分）；三星级企业2家；二星级企业6家；一星级企业7家。

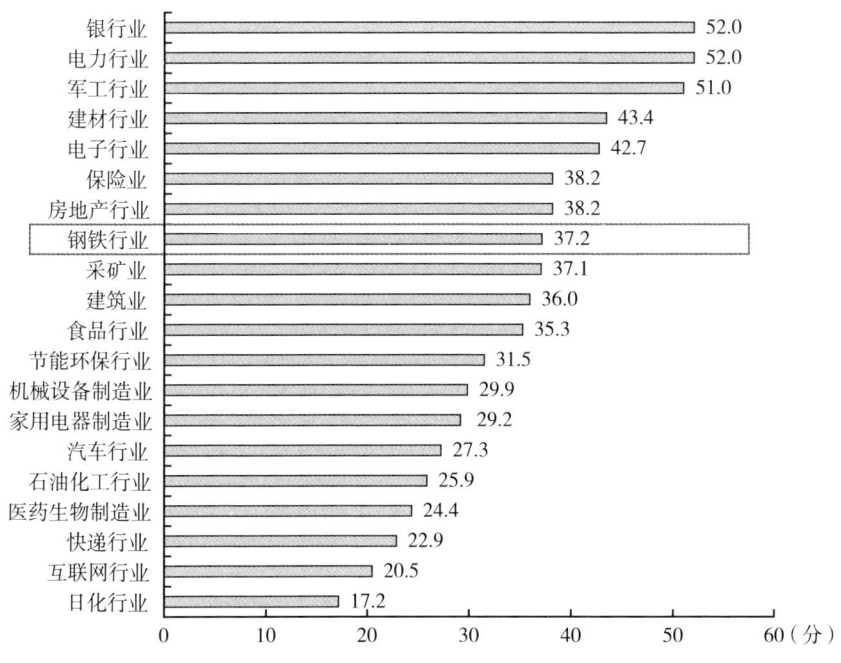

图15 钢铁行业社会责任发展阶段与排名

2. 钢铁行业责任管理指数为18.1分，总体处于一星级水平、旁观者阶段

2020年，钢铁行业责任管理指数为18.1分。其中，新兴际华集团（86.0分）位于五星级水平，太原钢铁（53.0分）和中国宝武（51.0分）两家企业位于三星级水平。

从责任管理的具体议题来看，钢铁行业责任沟通得分最高，为21.6分；责任组织次之，为18.5分；责任融合得分最低，为5.1分。其中，新兴际华集团、中国宝武在责任沟通维度得分较高，分别为70.0分和62.5分，达到四星级水平、领先者阶段（见表24）。

表 24 钢铁行业责任管理具体表现

单位：分

责任板块	责任议题	行业平均分	行业最高分	最佳实践
责任管理 （18.1）	责任组织	18.5	100.0	新兴际华集团
	责任融合	5.1	45.0	新兴际华集团
	责任沟通	21.6	70.0	新兴际华集团

3. 钢铁行业责任实践指数为42.0分，处于三星级水平、追赶者阶段；其中社会责任指数得分高于本质责任和环境责任

2020年，钢铁行业责任实践指数平均分为42.0分，处于三星级水平、追赶者阶段。其中，社会责任指数表现最佳，为48.2分；本质责任低于社会责任，为39.5分；环境责任指数得分最低，为37.5分（见表25）。

从议题角度来看，钢铁行业在抗击疫情（68.0分）、政府责任（63.0分）、股东责任（55.1分）方面信息披露水平相对较高。但在绿色生产（29.8分）方面表现较差。钢铁行业应加强绿色生产关键信息披露，并以此倒逼社会责任实践的改进。

表 25 钢铁行业责任实践议题得分情况

单位：分

责任板块	责任议题	行业平均分	行业最高分	最佳实践
本质责任 （39.5）	股东责任	55.1	100.0	中国宝武、太原钢铁、本钢集团、酒泉钢铁、马钢集团
	客户责任	31.1	92.3	中国宝武
社会责任 （48.2）	政府责任	63.0	100.0	中国宝武、太原钢铁、中国浦项、中国钢研、江苏沙钢
	伙伴责任	38.0	100.0	中国宝武、太原钢铁、中国浦项
	员工责任	31.7	100.0	太原钢铁
	安全生产	50.8	100.0	中国宝武、太原钢铁、中国浦项、中国钢研、新兴际华集团
	社区责任	37.3	100.0	新兴际华集团
	抗击疫情	68.0	100.0	杭州钢铁
	精准扶贫	40.8	83.3	中国钢研、新兴际华集团、本钢集团

续表

责任板块	责任议题	行业平均分	行业最高分	最佳实践
环境责任 (37.5)	绿色管理	45.0	100.0	新兴际华集团
	绿色生产	29.8	91.7	中国浦项、中国宝武
	绿色运营	34.4	100.0	中国浦项、中国钢研、新兴际华集团

4. 钢铁行业精准扶贫实践指数为40.8分，处于三星级水平、追赶者阶段；其中新兴际华集团、中国钢研、本钢集团达到五星级水平

数据显示，2020年，新兴际华集团（83.3分）、中国钢研（83.3分）、本钢集团（83.3分）在精准扶贫方面信息披露水平相对较高，均达到五星级水平，处于卓越者阶段；中国浦项（75.0分）达到四星级水平，处于领先者阶段；江苏沙钢（66.7分）、中国宝武（66.7分）达到三星级水平，处于追赶者阶段。

中国钢研作为定点帮扶山阳县的科技型央企，高度重视扶贫工作。直接投入资金1500多万元，认购"中央企业贫困地区产业扶贫基金"800万元，购买山阳县农产品700多万元，修建钢研小学12所、通组公路4条、引水工程3处、便民桥1座，派驻挂职副县长2人，村第一书记3人，通过教育扶贫、产业扶贫、科技扶贫、电商扶贫和消费扶贫为山阳县脱贫攻坚贡献央企力量。2019年底，山阳县整县实现脱贫摘帽，累计脱贫2.95万户10.42万人，贫困发生率降至1.02%。中国钢研与阿里、京东、社员网等20多家电商平台开展深度合作，建设山阳扶贫馆、中国扶贫网山阳馆、建行善融商城中国钢研扶贫馆、农行中国钢研扶贫馆等网上商城，拓展山阳农村产品网上销售渠道；在县城建成邮政电子商务物流园、电子商务公共服务中心和初级农产品分级分类供应中心。在镇村建设电商服务站120个，建成了县、镇、村、景区"四级架构"。

本钢集团成立了扶贫开发工作领导小组，定点帮扶桓仁县，同时本钢集团领导、子公司领导和集团部门负责人与100户贫困户结成帮扶对子，促进了贫困户的精准脱贫，有效减少了返贫现象。截至2019年底，本钢集团累计直接投入专项扶贫资金达到351万元，大部分资金用在了富民产业上。比

如用于贫困村猕猴桃种植合作社、温泉大米合作社、气调库建设、蔬菜大棚建设、村文化广场建设、移民搬迁、桥梁修建、涵洞及小流域治理、石笼护岸工程、村民饮水安全工程、种植业、养殖业、家庭旅游项目扶持资金及贫困户走访慰问等,有效提高了贫困户的人均收入水平。本钢集团把扶贫重点放在产业扶贫上,变"救济式扶贫"为"开发式脱贫",突出产业带动,为贫困户引入脱贫致富的源头"活水",蹚出了一条让贫困户稳定脱贫的新路子。

5. 钢铁行业抗击疫情实践指数为 68.0 分,处于四星级水平、领先者阶段;其中杭州钢铁、江苏沙钢、马钢集团、酒泉钢铁、唐山瑞丰达到五星级水平

数据显示,2020 年,五家钢铁企业的抗击疫情实践指数达到五星级水平,处于卓越者阶段。其中,杭州钢铁得分 100 分,江苏沙钢、马钢集团、酒泉钢铁、唐山瑞丰得分均为 91.3 分。

20 家样本企业坚决贯彻落实党中央、国务院决策部署和国务院国资委要求,落实落细各项措施,毫不放松地抓好疫情防控,同时竭尽全力抓好生产经营中心工作,确保复工复产过程中职工的健康安全,带领全体干部职工坚定信心、压实责任,为我国奋力夺取疫情防控阻击战和生产经营保卫战的双胜利贡献力量。

新兴际华集团整合集团所属企业力量,全力抗击疫情,逐级落实责任,迅速形成了全面动员、全面部署、全面应对疫情的有力有序防控工作局面。特别是面对疫情初期医用防护服严重短缺的紧急形势,新兴际华集团及相关企业以战时状态全力转产扩产防护服,在广大干部职工的共同努力下,防护服日产量从 0 增加到峰值时的 15.28 万套,为湖北等疫情严重地区抗疫一线提供了坚强防护保障。铸管股份为武汉火神山、雷神山医院建设捐赠了急需的铸管及配件。新兴重工第一时间研发了"疫情防控综合保障方舱"、"医疗 CT 方舱"和"疫情防控检查方舱"发往抗疫一线。医药控股向湖北、北京公安战线捐赠价值 2000 多万元的药物并全力推进疫情相关药物研发工作。集团各级企业和广大员工捐款捐物支援疫情防控,截至 2020 年 4 月 27 日,集团公司总计捐赠现金和物资价值 2969.03 万元。截至 6 月 30 日,累计生

产各类防护服 1004 万套,有力支援了抗疫一线,积极履行企业社会责任,在大战中践行了初心使命。

九 采矿业社会责任发展指数(2020)

(一)评价结果

本部分评价的采矿业指对固体(如煤和矿物)、液体(如原油)或气体(如天然气)等自然产生的矿物的采掘。包括地下或地上采掘、矿井的运行,以及一般在矿址或矿址附近从事的旨在加工原材料的所有辅助性工作。2020 年采矿业评价样本共有 30 家,样本企业的社会责任发展指数排名及得分如表 26 所示。

表 26 采矿业社会责任发展指数(2020)

单位:分

排名	企业名称	企业性质	CSR专栏	CSR报告	责任管理指数	2020年社会责任发展指数
★★★★★(3家)						
1	中国黄金集团有限公司	中央企业	有	有	83.0	85.1
2	中国铝业集团有限公司	中央企业	有	有	59.0	82.4
3	紫金矿业集团股份有限公司	其他国有企业	有	有	73.0	81.6
★★★★(1家)						
4	中国有色矿业集团有限公司	中央企业	有	有	75.0	69.5
★★★(6家)						
5	天齐锂业股份有限公司	民营企业	有	有	45.0	56.5
6	中国五矿集团有限公司	中央企业	有	有	23.0	48.6
7	中国中钢集团有限公司	中央企业	有	无	33.0	46.6
8	矿冶科技集团有限公司	中央企业	有	有	18.0	46.4
9	中国中煤能源集团有限公司	中央企业	有	有	67.0	41.7
10	贵州盘江煤电集团有限责任公司	其他国有企业	无	有	8.0	41.6
★★(13家)						
11	山东黄金集团有限公司	其他国有企业	有	无	18.0	39.6

续表

排名	企业名称	企业性质	CSR专栏	CSR报告	责任管理指数	2020年社会责任发展指数
★★（13家）						
12	江西铜业集团有限公司	其他国有企业	有	无	13.0	37.6
13	洛阳栾川钼业集团股份有限公司	民营企业	无	无	15.0	37.5
14	山西潞安矿业（集团）有限责任公司	其他国有企业	有	有	11.0	37.2
15	淮北矿业控股股份有限公司	其他国有企业	无	有	43.0	33.9
16	阳泉煤业（集团）有限责任公司	其他国有企业	无	无	11.0	32.7
17	山东能源集团有限公司	其他国有企业	有	有	8.0	31.4
18	冀中能源集团有限责任公司	其他国有企业	有	有	3.0	28.9
19	西部矿业集团有限公司	其他国有企业	有	有	8.0	28.6
20	陕西煤业化工集团公司	其他国有企业	有	有	3.0	26.4
21	山西焦煤集团有限责任公司	其他国有企业	无	无	0.0	26.0
22	云南锡业集团（控股）有限责任公司	其他国有企业	无	无	8.0	23.9
23	中国冶金地质总局	中央企业	有	无	3.0	21.4
★（7家）						
24	大同煤矿集团有限责任公司	其他国有企业	无	无	0.0	17.8
26	开滦（集团）有限责任公司	其他国有企业	无	无	3.0	16.9
26	中国北方稀土（集团）高科技股份有限公司	其他国有企业	有	无	5.0	15.9
27	兖州煤业股份有限公司	其他国有企业	无	无	3.0	14.9
28	山西煤炭进出口集团有限公司	其他国有企业	无	无	0.0	12.5
29	皖北煤电集团公司	其他国有企业	无	有	8.0	12.1
30	力拓中国	外资企业	无	无	0.0	2.3

（二）阶段性特征

1. 采矿业社会责任发展指数为37.1分，总体处于二星级水平、起步者阶段；中国黄金、中铝集团、紫金矿业3家企业达到五星级水平

采矿业社会责任发展指数平均得分为37.1分，整体为二星级，处于起

步者阶段,在 20 个重点行业中排第 9 位(见图 16)。具体来看,五星级企业 3 家,为中国黄金(85.1 分)、中铝集团(82.4 分)、紫金矿业(81.6 分);四星级企业 1 家;三星级企业 6 家;二星级企业 13 家;一星级企业 7 家。

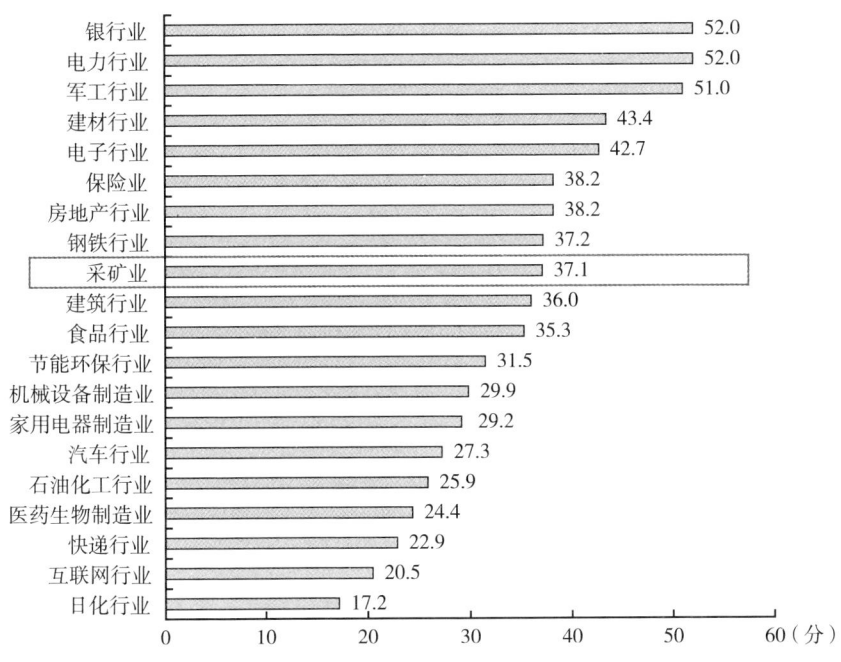

图 16 采矿业社会责任发展阶段与排名

2. 采矿业责任管理指数为 21.5 分,总体处于二星级水平、起步者阶段

2020 年,采矿业责任管理指数为 21.5 分。其中,中国黄金(83.0 分)达到五星级水平,中国有色集团(75.0 分)和紫金矿业(73.0 分)两家企业位于四星级水平。

从责任管理的具体议题来看,采矿业责任组织得分最高,为 26.0 分;责任沟通次之,为 22.1 分;责任融合得分最低,为 5.7 分。其中,中国黄金、中国有色集团、紫金矿业、中煤集团在责任组织维度均获得满分 100.0 分,达到五星级水平、卓越者阶段(见表 27)。

表27 采矿业责任管理具体表现

单位：分

责任板块	责任议题	行业平均分	行业最高分	最佳实践
责任管理（21.5）	责任组织	26.0	100.0	中国黄金、中国有色集团、紫金矿业、中煤集团
	责任融合	5.7	45.0	中国黄金、中国有色集团、紫金矿业、中铝集团、中煤集团
	责任沟通	22.1	72.5	中铝集团、中国黄金、中国有色集团、紫金矿业、中钢集团

3. 采矿业责任实践指数为41.0分，处于三星级水平、追赶者阶段；社会责任指数表现优于本质责任和环境责任

2020年采矿业责任实践指数平均分为41.0分，处于三星级水平、追赶者阶段。其中，社会责任指数表现最佳，为45.8分；本质责任略低于社会责任，为41.0分；环境责任指数得分最低，为35.2分。

从议题角度来看，采矿业在抗击疫情（71.3分）、政府责任（62.8分）、股东责任（61.4分）方面信息披露水平相对较高。但在绿色生产（20.5分）方面表现较差。采矿业应加强绿色生产关键信息披露，并以此倒逼社会责任实践的改进（见表28）。

表28 采矿业责任实践议题得分情况

单位：分

责任板块	责任议题	行业平均分	行业最高分	最佳实践
本质责任（41.0）	股东责任	61.4	100.0	中国有色集团、中国黄金、中铝集团、矿冶集团、中钢集团
	客户责任	31.9	100.0	中国有色集团、紫金矿业
社会责任（45.8）	政府责任	62.8	100.0	中国有色集团、中铝集团、中国五矿
	伙伴责任	35.3	100.0	中国黄金、中国有色集团、紫金矿业、中铝集团
	员工责任	23.8	100.0	中国黄金、中国有色集团、中铝集团
	安全生产	33.7	87.5	中国黄金、中国有色集团、紫金矿业、中铝矿、中国五矿
	社区责任	30.2	100.0	中国黄金、中国有色集团
	抗击疫情	71.3	91.3	中国黄金、中国有色集团、紫金矿业、矿冶集团、山东黄金

续表

责任板块	责任议题	行业平均分	行业最高分	最佳实践
社会责任（45.8）	精准扶贫	49.7	91.7	中国黄金、中国有色集团、中铝集团、矿冶集团、阳泉煤业
环境责任（35.2）	绿色管理	47.2	100.0	中国黄金、中国有色集团、紫金矿业、中铝集团、天齐锂业
	绿色生产	20.5	88.9	中国黄金、中国有色集团、紫金矿业
	绿色运营	30.0	100.0	中国黄金、中国有色集团、紫金矿业、中铝集团、天齐锂业

4.采矿业精准扶贫指数为49.7分,处于三星级水平、追赶者阶段;中国黄金达到五星级水平水平

具体分析精准扶贫议题披露情况发现,2020年,采矿业30家样本企业中,扶贫项目类型披露率最高,达到86.7%;精准扶贫规划和设立扶贫产业基金相近,分别为73.3%和70.0%;建立扶贫组织体系和年度扶贫资金及物资投入相近,分别为43.3%和40.0%;帮助建档立卡贫困人口脱贫数指标披露率最低,为16.7%(见图17)。

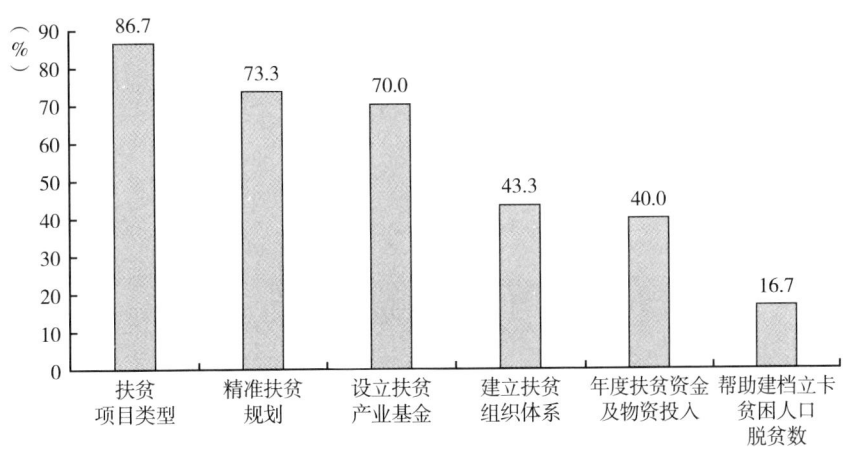

图17 2020年采矿业30家样本企业精准扶贫六项指标披露情况

中国黄金建立了"总部抓总、企业参与、挂职干部落实"的大扶贫工作格局,成立了以主要领导担任组长、副组长,班子成员为成员的扶贫开发

领导小组，14家下属企业对口帮扶，并选派4位优秀青年干部赴两地挂职，有力推动了帮扶工作的有效开展。中国有色集团支持建设梁河县重点产业扶贫项目——光伏电站项目，带动各相关村集体经济收入稳步提升，并结合梁河县地热资源丰富的实际情况，发挥主业优势，推进梁河县地热温泉勘查项目，持续发力产业扶贫。

5. 采矿业抗击疫情指数为71.3分，处于四星级水平、领先者阶段；其中中国黄金、中国有色集团、紫金矿业等18家企业达到五星级水平

研究显示，采矿业30家样本企业捐赠近3亿元，其中山西焦煤捐赠3056.56万元，中铝集团、中国五矿、山东能源3家企业均捐赠3000万元。

除抗疫捐赠外，30家样本企业还积极协助所在地政府开展防疫工作，通过制度和资金帮扶减轻供应链企业经营负担，并加大员工及家属确诊病例接触史的排查和检测力度，做好办公室消毒消杀工作等。此外，多家企业还主动稳定就业，扩大招聘规模，同心抗疫、共克时艰。

中国五矿所属中国一冶积极援建火神山、雷神山两所专科医院后，还作为主力建设单位，担负武汉市洪山体育馆"方舱医院"留置病房的隔离建设、缓冲区及隔离区通道建设任务，并为鄂州版"小汤山医院"抢建600床位，临危受命，不辱使命。中铝集团实施复工复产全过程员工健康跟踪机制，建立全员"健康卡"和异常人员跟踪机制，并按照"一企一策、精准防控"的原则，从15个方面对不同风险等级地区的企业提出了差异化的管控措施，实现疫情防控和复工复产两不误。

十 建筑行业社会责任发展指数（2020）

（一）评价结果

本部分评价的建筑行业包括房屋和土木工程建筑行业、建筑安装业、建筑装饰业和其他建筑行业三大领域，涉及建筑物的建造施工、装饰和建筑物内设备安装三大环节。2020年建筑行业评价样本共有26家，样本企业的社会责任发展指数排名及得分如表29所示。

表29 建筑行业社会责任发展指数（2020）

单位：分

排名	企业名称	企业性质	CSR专栏	CSR报告	责任管理指数	2020年社会责任发展指数
★★★★★（1家）						
1	中国电力建设集团有限公司	中央企业	有	有	68.0	80.2
★★★★（4家）						
2	中国交通建设集团有限公司	中央企业	有	有	44.0	79.3
3	中国建筑集团有限公司	中央企业	有	有	61.5	78.8
4	中国铁道建筑集团有限公司	中央企业	有	有	27.0	70.9
5	中国铁路工程集团有限公司	中央企业	有	有	58.0	61.1
★★★（6家）						
6	山东高速路桥集团股份有限公司	其他国有企业	无	有	12.0	53.7
7	中国能源建设集团有限公司	中央企业	有	有	34.0	52.4
8	上海建工集团股份有限公司	其他国有企业	有	有	18.0	49.9
9	中国化学工程集团有限公司	中央企业	有	有	44.0	48.8
10	北京城建投资发展股份有限公司	其他国有企业	有	有	13.0	47.1
11	浙江省交通投资集团有限公司	其他国有企业	有	无	8.0	42.9
★★（7家）						
12	湖南建工集团有限公司	其他国有企业	无	无	5.0	36.8
13	云南省建设投资控股集团有限公司	其他国有企业	无	无	4.0	31.1
14	陕西建工控股集团有限公司	其他国有企业	无	无	0.0	30.3
15	青建集团股份公司	民营企业	有	无	3.0	27.6
16	厦门建发集团有限公司	其他国有企业	有	无	5.0	23.7
17	北京住总集团有限责任公司	其他国有企业	无	无	3.0	22.9
18	云南省投资控股集团有限公司	其他国有企业	无	无	5.0	22.0
★（8家）						
19	广西建工集团有限责任公司	其他国有企业	无	无	0.0	16.8
20	南通三建控股有限公司	民营企业	有	无	0.0	15.3
21	浙江省建设投资集团有限公司	其他国有企业	有	无	38.0	11.4
22	南通二建控股有限公司	民营企业	有	无	3.0	10.4
23	广厦控股集团有限公司	民营企业	有	无	0.0	9.5
24	中国太平洋建设集团有限公司	民营企业	无	无	0.0	5.6
25	中天控股集团有限公司	民营企业	有	无	1.0	5.0
26	南通四建控股有限公司	民营企业	有	无	3.0	4.4

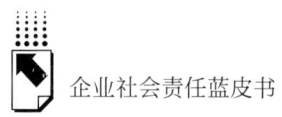

（二）阶段性特征

1. 建筑行业社会责任发展指数为36.0分，总体处于二星级水平、起步者阶段；其中，中国电建达到五星级水平

建筑行业社会责任发展指数平均得分为36.0分，整体为二星级，处于起步者阶段，在20个重点行业中排第10位（见图20）。具体来看，五星级企业1家，为中国电建（80.2分）；四星级企业4家；三星级企业6家；二星级企业7家；一星级企业8家。

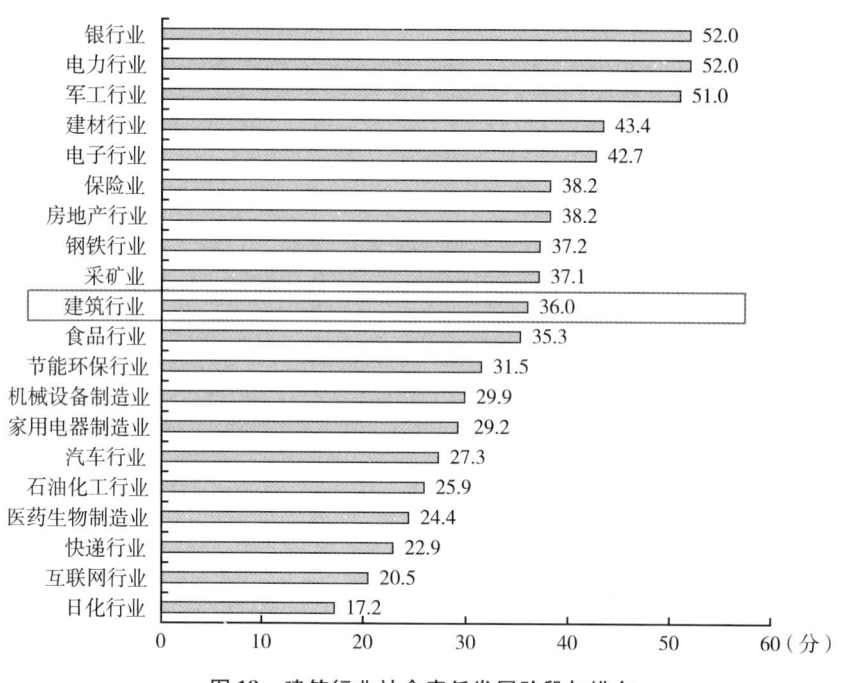

图18 建筑行业社会责任发展阶段与排名

2. 建筑行业责任管理指数为17.6分，总体处于一星级水平、旁观者阶段

2020年，建筑行业责任管理指数为17.6分。其中，中国电建（68.0分）和中国建筑（61.5分）两家企业位于四星级水平。

从责任管理的具体议题来看，建筑行业责任组织得分最高，为21.7分；责任沟通次之，为17.6分；责任融合得分最低，为4.7分。其中，中国电建、浙江建投在责任组织维度获80分以上，达到五星级水平、卓越者阶段（见表30）。

表30 建筑行业责任管理具体表现

单位：分

责任板块	责任议题	行业平均分	行业最高分	最佳实践
责任管理（17.6）	责任组织	21.7	87.5	中国电建、浙江建投、中国建筑、中国化学
	责任融合	4.7	36.25	中国建筑、中国中铁、中国电建
	责任沟通	17.6	70.0	中国交建、中国电建、中国中铁、中国铁建

3. 建筑行业责任实践指数为40.7分，处于三星级水平、追赶者阶段；其中社会责任指数高于本质责任指数和环境责任指数

2020年建筑行业责任实践指数平均分为40.7分，处于三星级水平、追赶者阶段。其中，社会责任指数表现最佳，为47.6分；本质责任次之，为36.6分；环境责任指数得分最低，为33.3分（见表31）。

从议题角度来看，建筑行业在抗击疫情（63.2分）、政府责任（60.0分）、股东责任（51.0分）方面信息披露水平相对较高。但在绿色生产（25.4分）方面表现较差。建筑行业应加强绿色生产关键信息披露，并以此引导社会责任实践的改进。

表31 建筑行业责任实践议题得分情况

单位：分

责任板块	责任议题	行业平均分	行业最高分	最佳实践
本质责任（36.6）	股东责任	51.0	100.0	中国电建、中国能建、中交集团、上海建工、中国铁建
	客户责任	34.3	86.7	中国电建、中交集团、中国铁建
社会责任（47.6）	政府责任	60.0	100.0	中国电建、中交集团、中国铁建、中国能建、上海建工、山东路桥
	伙伴责任	44.6	100.0	中国电建、中交集团、中国铁建、中国化学、中国建筑、中国中铁
	员工责任	34.0	83.3	中交集团、中国建筑、中国电建
	安全生产	39.3	100.0	中交集团、中国电建、中国铁建

续表

责任板块	责任议题	行业平均分	行业最高分	最佳实践
社会责任（47.6）	社区责任	41.9	94.1	中国建筑、中国电建、中国中铁
	抗击疫情	63.2	100.0	浙江交投、湖南建工、城建发展、中交集团、中国电建
	精准扶贫	47.6	100.0	中交集团、中国建筑、中国电建、湖南建工、云南建投
环境责任（33.3）	绿色管理	40.3	93.3	中国建筑、山东路桥、中国中铁、中国铁建、中交集团
	绿色生产	25.4	95.8	中交集团、中国建筑、中国中铁、中国铁建
	绿色运营	30.1	100.0	中国建筑、中国铁建、陕西建工

4. 建筑行业精准扶贫实践指数为47.6分，处于三星级水平、追赶者阶段；中交集团、中国建筑、中国电建等8家企业达到五星级水平

具体分析精准扶贫议题披露情况发现，2020年，建筑行业26家样本企业中，年度扶贫资金及物资投入披露率最高，达到69.2%；扶贫项目类型和精准扶贫规划相近，分别为57.7%和53.8%；建立扶贫组织体系和帮助建档立卡贫困人口脱贫数相近，分别为38.5%和34.6%；设立扶贫产业基金占比最低，为23.1%（见图19）。

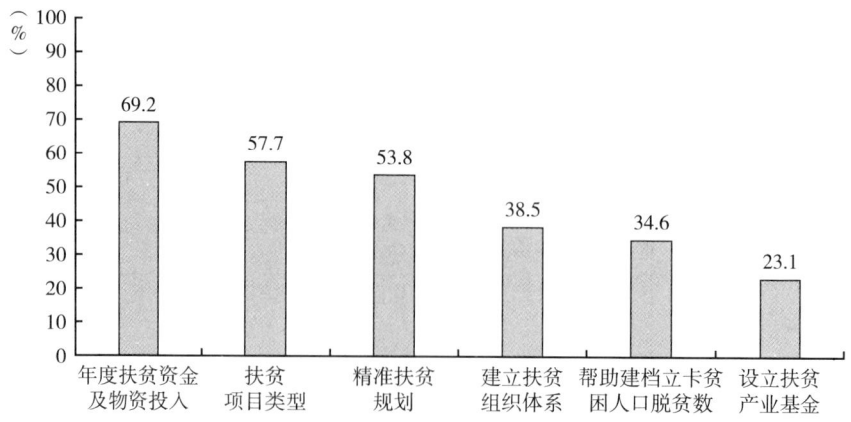

图19　2020年建筑行业26家样本企业精准扶贫六项指标披露情况

中国建筑不断修订完善《打赢扶贫攻坚战三年行动实施方案》，坚持"一把手负总责"，建立包括11个责任部门主要负责人的扶贫工作推进小组，出资11亿元认购中央企业贫困地区产业投资基金，有力推动脱贫攻坚取得明显成效。中国交建积极探索"政府＋企业、市场＋计划、长期＋短期"的全新精准扶贫模式，坚持"六大原则"、强化"六项聚力"、优化"六大体系"，统筹36家子公司开展定点帮扶，打造清晰、立体、科学的帮扶模式，形成高效务实、合力攻坚的中国交建扶贫大格局。

5. 建筑行业抗击疫情指数为63.2分，处于四星级水平、领先者阶段；11家企业达到五星级水平

研究显示，建筑行业26家样本企业捐赠超6亿元，其中中国铁建捐赠6000万元，中国交建捐赠5282万元。

除抗疫捐赠外，26家样本企业还积极协助所在地政府开展防疫工作，切实履行疫情防控和复工复产主体责任，加快助力湖北地区医院改造建设，加大员工及社区防疫排查和检测力度，做好办公区域消杀工作等。此外，多家企业积极稳定就业，扩大招聘规模，同心抗疫、共克时艰。

中国电建紧急支援武汉专门医院，一周内完成武汉最大方舱医院——长江新城方舱医院和武汉烟卷厂方舱医院的建设，紧急调运4500套床上用品支援武汉包括火神山医院、雷神山医院、"方舱医院"等6家医疗点建设。中国铁建先后组织9批2000多人次，参与了火神山医院、武汉国际会展中心等"方舱医院"建设任务，完成2300多个床位铺设和隔板安装、临电安装等施工任务，全系统已捐赠口罩、防护服、护目镜等医疗物资，以及彩钢板房、集装箱等实用物资共计125万个（套），在抗击疫情阻击战当中发挥了不可替代的作用。

十一　食品行业社会责任发展指数（2020）

（一）评价结果

本部分评价的食品行业是指从事食品和饮料加工生产的行业，主要包括

三大类：农副食品加工、食品制造、酒精和饮料制造。2020年食品行业评价样本共有30家，样本企业的社会责任发展指数排名及得分如表32所示。

表32 食品行业社会责任发展指数（2020）

单位：分

排名	企业名称	企业性质	CSR专栏	CSR报告	责任管理指数	2020年社会责任发展指数
★★★★（9家）						
1	中国盐业集团有限公司	中央企业	有	有	56.0	76.5
2	内蒙古蒙牛乳业集团股份有限公司	其他国有企业	有	有	80.0	75.5
2	内蒙古伊利实业集团股份有限公司	民营企业	有	有	80.0	75.5
4	华润雪花啤酒(中国)有限公司	其他国有企业	无	有	76.0	74.5
5	北京三元食品股份有限公司	其他国有企业	无	有	66.0	74.2
6	四川省宜宾五粮液集团有限公司	其他国有企业	有	有	63.0	73.9
7	温氏食品集团股份有限公司	民营企业	有	有	71.0	73.2
8	青岛啤酒股份有限公司	其他国有企业	有	有	36.0	70.7
9	康师傅控股有限公司	外资企业	无	无	35.0	60.0
★★★（4家）						
10	新希望集团有限公司	民营企业	有	无	34.0	53.6
11	万洲国际有限公司	民营企业	有	无	28.0	48.7
12	光明食品(集团)有限公司	其他国有企业	无	无	25.0	48.0
13	旺旺(中国)投资有限公司	外资企业	无	无	12.0	45.2
★★（3家）						
14	中国贵州茅台酒厂(集团)有限责任公司	其他国有企业	有	有	10.0	28.8
15	亿滋中国	外资企业	无	无	0.0	21.3
16	皇氏集团股份有限公司	民营企业	无	无	7.0	20.4
★（14家）						
17	雀巢(中国)有限公司	外资企业	有	无	3.0	18.3
18	益海嘉里投资有限公司	外资企业	有	无	3.0	17.8
19	达能(中国)食品饮料有限公司	外资企业	无	无	0.0	15.3
20	百威英博(中国)	外资企业	无	无	3.0	14.6
21	通威集团有限公司	民营企业	无	无	3.0	12.6
22	山东鲁花集团有限公司	民营企业	有	无	8.0	11.9

续表

排名	企业名称	企业性质	CSR专栏	CSR报告	责任管理指数	2020年社会责任发展指数
★（14家）						
23	农夫山泉股份有限公司	民营企业	无	无	0.0	11.5
24	杭州娃哈哈集团有限公司	民营企业	有	无	3.0	9.7
25	可口可乐（中国）饮料有限公司	外资企业	有	无	3.0	8.9
26	中国辉山乳业控股有限公司	民营企业	无	无	3.0	8.4
27	加多宝集团有限公司	外资企业	有	无	0.0	4.8
28	瑞康乳业有限公司	民营企业	无	无	0.0	4.0
29	百事（中国）投资有限公司	外资企业	有	无	3.0	2.2
30	邦吉公司	外资企业	无	无	3.0	1.4

（二）阶段性特征

1. 食品行业社会责任发展指数为35.3分，总体处于二星级水平、起步者阶段；中盐集团、蒙牛、伊利、雪花啤酒、三元食品等9家企业达到四星级水平

食品行业社会责任发展指数平均得分为35.3分，整体为二星级，处于起步者阶段，在20个重点行业中排第11位（见图20）。具体来看，四星级企业9家，为中盐集团（76.5分）、蒙牛（75.5分）、伊利（75.5分）、雪花啤酒（74.5分）、三元食品（74.2分）、五粮液（73.9分）、温氏股份（73.2分）、青岛啤酒（70.7分）、康师傅（60.0分）；三星级企业4家；二星级企业3家；一星级企业14家。

2. 食品行业责任管理指数为23.9分，总体处于二星级水平、起步者阶段

2020年，食品行业责任管理指数平均得分为23.9分。其中，蒙牛（80分）、伊利（80分）、雪花啤酒（76分）、温氏股份（71分）、三元食品（66分）五家企业位于四星级水平。

从责任管理的具体议题来看，食品行业责任沟通得分最高，为25.1分；责任组织次之，为24.0分；责任融合得分最低，为7.3分。其中，三元食品、蒙牛、伊利、雪花啤酒在责任沟通维度均达到四星级水平、领先者阶段（见表33）。

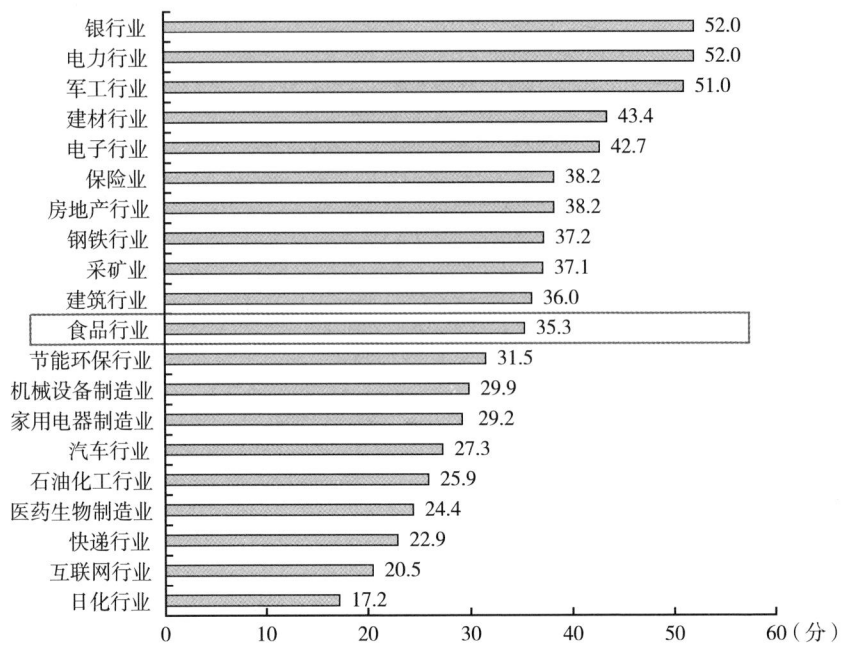

图20 食品行业社会责任发展阶段与排名

表33 食品行业责任管理具体表现

单位：分

责任板块	责任议题	行业平均分	行业最高分	最佳实践
责任管理 （23.9）	责任组织	24.0	100.0	伊利、中盐集团、温氏股份
	责任融合	7.3	50.0	蒙牛、三元食品、伊利、雪花啤酒
	责任沟通	25.1	67.5	三元食品、蒙牛、伊利、雪花啤酒

3. 食品行业责任实践指数为39.0分，处于二星级水平、起步者阶段；本质责任指数领先于社会责任和环境责任

2020年食品行业责任实践指数平均分为39.0分，处于二星级水平、起步者阶段。其中，本质责任指数表现最佳，为46.1分；社会责任略低于本质责任，为41.2分；环境责任指数得分最低，为29.8分。

从议题角度来看，食品行业在抗击疫情（64.8分）、股东责任（62.4分）、伙伴责任（45.3分）方面信息披露水平相对较高。但在员工责任

（25.0分）方面表现较差。食品行业应加强员工责任关键信息的披露，并以此倒逼社会责任实践的改进（见表34）。

表34 食品行业责任实践议题得分情况

单位：分

责任板块	责任议题	行业平均分	行业最高分	最佳实践
本质责任 （46.1）	股东责任	62.4	100.0	五粮液、万州国际、三元食品、雪花啤酒
	客户责任	37.4	92.3	伊利、中盐集团、雪花啤酒
社会责任 （41.2）	政府责任	43.1	100.0	中盐集团、三元食品、伊利
	伙伴责任	45.3	100.0	伊利、五粮液、新希望集团、康师傅
	员工责任	25.0	83.3	中盐集团、三元食品、青岛啤酒
	安全生产	28.5	100.0	中盐集团、五粮液、三元食品、青岛啤酒
	社区责任	37.9	100.0	蒙牛、伊利、中盐集团、皇氏集团、邦吉
	抗击疫情	64.8	91.3	蒙牛、伊利、五粮液、新希望集团、达能（中国）、温氏股份
	精准扶贫	32.5	83.3	五粮液、新希望集团、温氏股份伊利、中盐集团
环境责任 （29.8）	绿色管理	27.9	78.6	蒙牛、温氏股份、中盐集团
	绿色生产	30.9	91.7	蒙牛、雪花啤酒、青岛啤酒
	绿色运营	33.3	100.0	三元食品、雪花啤酒、温氏股份、中盐集团、新希望集团

4. 食品行业精准扶贫指数为32.5分，处于二星级水平、起步者阶段；其中五粮液、新希望集团达到五星级水平

具体分析精准扶贫议题披露情况发现，2020年，食品行业30家样本企业中，扶贫项目类型披露率最高，达到57.0%；年度扶贫资金及物资投入和精准扶贫规划分别为47.0%和40.0%；帮助建档立卡贫困人口脱贫数指标披露率为17.0%；设立扶贫产业基金和建立扶贫组织体系指标披露率最低，均为3.0%（见图21）。

脱贫攻坚战打响以来，中盐集团加强组织领导，统筹推进脱贫攻坚，成立了以集团党委书记为组长、党委副书记为副组长的中国盐业集团扶贫工作领导小组，领导小组下设扶贫工作办公室，持续跟踪指导，全面推进落实定点扶贫工作。在民生扶贫、产业扶贫、教育扶贫、爱心扶贫、消费扶贫等领

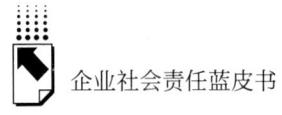

域实现重点突破,全力以赴助力打赢脱贫攻坚战。

伊利围绕产业扶贫兴农、技术扶贫兴农、文化扶贫兴农在贫困地区开展精准帮扶与结对共建,整合专业技术智力资源、乡村土地资源、农民劳动力资源,定期组织专家教授为村民进行种养殖等方面的先进实用技术培训,逐步释放乡村发展活力,实现"手拉手"共建、"面对面"提升,扶贫兴农惠民生。

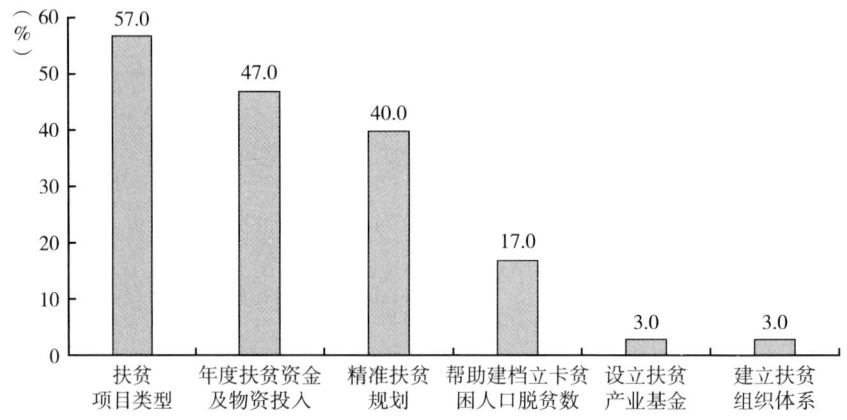

图21 2020年食品行业30家样本企业精准扶贫六项指标披露情况

5. 食品行业抗击疫情实践指数为64.8分,处于四星级水平、领先者阶段;蒙牛、旺旺(中国)、中盐集团等13家企业达到五星级水平

研究显示,食品行业30家样本企业捐赠约27.3亿元,其中蒙牛捐赠7.4亿元,伊利捐赠2.8亿元,五粮液捐赠9200万元。

除抗疫捐赠外,30家样本企业有序复工复业,积极响应国家市场监管总局发起的"保价格、保质量、保供应"系列行动。在疫情防控期间,根据市场的需求,加快产能恢复,保证产品质量和供给,提升服务水平,畅通物流运输,确保安全防护,保持价格稳定。

疫情暴发以来,蒙牛积极以实际行动守护国人营养与健康,持续为抗击疫情捐款、捐物,累计捐赠7.4亿元款物,成为全国开展捐赠行动最迅速的乳品企业。蒙牛携手中华慈善总会成立"抗击疫情蒙牛专项基金",为一线抗疫人员提供补助、奖励、救济支持；在武汉捐建并且运营应急物资转运中心，累计为武汉转运发放4000多万件应急物资，打通武汉应急物资"最后一公里"；积极做好复工复产，为上游牧场合作伙伴提供有力帮扶，预支30亿元奶款、发放100亿元授信支持，发挥龙头企业作用，带动全产业链联动复工。

十二 节能环保行业社会责任发展指数（2020）

（一）评价结果

本部分评价的节能环保产业是指为节约能源资源、发展循环经济、保护生态环境提供物质基础和技术保障的产业，涉及节能环保技术装备、产品和服务等。2020年节能环保行业评价样本共有16家，样本企业的社会责任发展指数排名及得分如表35所示。

表35 节能环保行业社会责任发展指数（2020）

单位：分

排名	企业名称	企业性质	CSR专栏	CSR报告	责任管理指数	2020年社会责任发展指数
★★★★（1家）						
1	中国节能环保集团有限公司	中央企业	有	有	58.0	75.6
★★★（1家）						
2	中国光大国际有限公司	其他国有企业	有	有	48.0	46.9
★★（10家）						
3	大唐环境产业集团股份有限公司	其他国有企业	无	有	9.0	37.1
4	北京高能时代环境技术股份有限公司	民营企业	无	有	14.0	35.1
5	中国天楹股份有限公司	民营企业	有	有	34.0	34.3
6	北控水务集团有限公司	其他国有企业	有	有	47.0	32.9
7	瀚蓝环境股份有限公司	其他国有企业	有	有	22.0	32.2
8	北京首创股份有限公司	其他国有企业	无	有	21.0	32.0
9	中国水务投资有限公司	其他国有企业	无	有	5.0	31.7

续表

排名	企业名称	企业性质	CSR专栏	CSR报告	责任管理指数	2020年社会责任发展指数
★★（10家）						
10	北京碧水源科技股份有限公司	民营企业	无	无	15.0	30.3
11	上海实业环境控股有限公司	其他国有企业	无	有	34.0	26.6
12	北京三聚环保新材料股份有限公司	其他国有企业	无	有	5.0	25.8
★（4家）						
13	启迪环境科技发展股份有限公司	其他国有企业	无	无	5.0	19.8
14	北京东方园林环境股份有限公司	民营企业	无	无	5.0	17.8
15	盈峰环境科技集团股份有限公司	其他国有企业	无	无	8.0	15.1
16	成都环境投资集团有限公司	其他国有企业	有	无	5.0	10.5

（二）阶段性特征

1. 节能环保行业社会责任发展指数为31.5分，总体处于二星级水平、起步者阶段；中国节能75.6分，达到四星级水平

节能环保行业社会责任发展指数平均得分为31.5分，整体为二星级，处于起步者阶段，在20个重点行业中排第12位（见图22）。具体来看，四星级企业1家，为中国节能（75.6分）；三星级企业1家；二星级企业10家；一星级企业4家。

2. 节能环保行业责任管理指数为20.3分，总体处于二星级水平、起步者阶段

2020年，节能环保行业责任管理指数为20.3分。其中，中国节能（58.0分）位于三星级水平。

从责任管理的具体议题来看，节能环保责任组织得分最高，为28.9分；责任沟通次之，为19.8分；责任融合得分最低，为5分。其中，中国光大、北控水务在责任组织维度得分最高，得分为87.5分，达到五星级水平、卓越者阶段（见表36）。

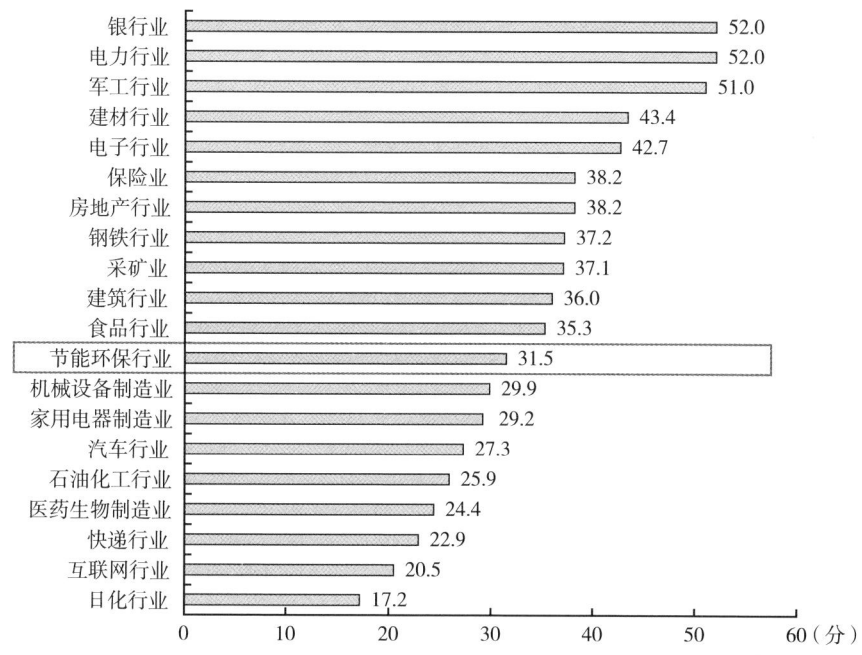

图22 节能环保行业社会责任发展阶段与排名

表36 节能环保行业责任管理具体表现

单位：分

责任板块	责任议题	行业平均分	行业最高分	最佳实践
责任管理 （20.3）	责任组织	28.9	87.5	中国光大、北控水务
	责任融合	5.0	45.0	中国节能
	责任沟通	19.8	55.0	中国节能

3. 节能环保行业责任实践指数为31.1分，处于三星级水平、追赶者阶段；本质责任指数表现优于社会责任指数和环境责任指数

2020年节能环保行业责任实践指数平均分为31.1分，处于二星级水平、起步者阶段。其中，本质责任指数表现最佳，为48.1分；社会责任略低于本质责任，为29.8分；环境责任指数得分最低，为19.8分。

从议题角度来看，节能环保行业在股东责任（68.8分）、政府责任（51.3分）、客户责任（37.5分）方面信息披露水平相对较高。但在绿色运营（17.7分）方面表现较差。节能环保应加强绿色运营关键信息披露，并以此倒逼社会责任实践的改进（见表37）。

表37　节能环保责任实践议题得分情况

单位：分

责任板块	责任议题	行业平均分	行业最高分	最佳实践
本质责任（48.1）	股东责任	68.8	100.0	中国节能、大唐环境、北京高能、瀚蓝环境、北京首创、北京三聚、启迪环境、北京东方
	客户责任	37.5	84.6	中国节能
社会责任（29.8）	政府责任	51.3	100.0	中国节能
	伙伴责任	33.1	100.0	中国节能
	员工责任	27.1	75.0	中国节能
	安全生产	25.0	83.3	中国节能、大唐环境
	社区责任	25.0	66.7	中国节能、北控水务
	抗击疫情	17.9	82.6	中国节能
	精准扶贫	25.0	75.0	中国节能
环境责任（19.8）	绿色管理	21.5	43.3	中国节能
	绿色生产	18.2	58.3	中国节能
	绿色运营	17.7	83.3	中国节能

4. 节能环保行业精准扶贫指数为25.0分，处于二星级水平、起步者阶段；其中中国节能达到四星级水平

具体分析精准扶贫议题披露情况发现，2020年，节能环保行业16家样本企业中，年度扶贫资金及物资投入和扶贫项目类型披露率最高，达到37.5%；精准扶贫规划为31.3%；帮助建档立卡贫困人口脱贫数和设立扶贫产业基金相近，分别为18.8%和12.5%；建立扶贫组织体系指标披露率最低，为17.0%（见图23）。

中国节能积极成立由集团主要领导任组长的定点扶贫开发工作领导小组，明确了扶贫工作具体责任人和工作职责；制定年度定点扶贫工作计划，实行季报、年报等工作制度，并加强与两个扶贫县和重点帮扶村经常性联络，做到第一时间通报情况、第一时间解决问题。中国节能实施"旅游扶贫"行动，将当地的贫困户变成了旅游从业者，成为推动贫困地区乡村经济发展的重要助力，群众生产生活条件大为改善，所帮扶地区——石场村，从一个贫穷落后的贫困村逐步发展成为现在的美丽乡村、国家3A级景区。

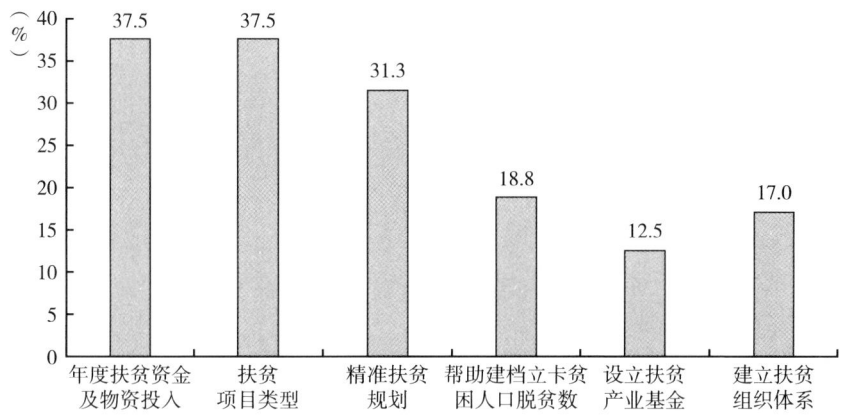

图23 2020年节能环保行业16家样本企业精准扶贫六项指标披露情况

5. 节能环保行业抗击疫情指数为17.9分，处于一星级水平、旁观者阶段；其中中国节能达到五星级水平

2020年新年伊始，突如其来的新冠肺炎疫情肆虐全球，16家样本企业勇担疫情防控责任，配合当地政府做好疫情防控工作，稳步复工复产，保障正常社会运转的需要，积极踊跃为疫区捐款捐物，同心抗疫、共克时艰。

北京新发地休市消杀、核酸检测范围扩大，多个街道提高风险等级……北京已进入非常时期，北京社区防控开启"战时状态"。鉴于北京疫情防控升级，北控水务北京地区项目公司果断行动，在海淀区、昌平区、门头沟区、大兴区、通州区等项目所在区域全面加强疫情防控工作，打响水质安全保卫战，确保生产运行与疫情防控"两手抓、两手硬"，全力堵住每一个病毒传播的可能。

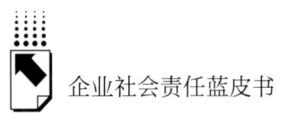

十三　机械设备制造业社会责任发展指数（2020）

（一）评价结果

本部分评价的机械制造业指从事各种动力机械、起重运输机械、农业机械、冶金矿山机械、化工机械、纺织机械、机床、工具、仪器、仪表及其他机械设备等生产的行业。2020年机械设备制造业评价样本共有29家，样本企业的社会责任发展指数排名及得分如表38所示。

表38　机械设备制造业社会责任发展指数（2020）

单位：分

排名	企业名称	企业性质	CSR专栏	CSR报告	责任管理指数	2020年社会责任发展指数
★★★★（4家）						
1	斗山(中国)投资有限公司	外资企业	有	有	73.0	70.1
2	中国一重集团有限公司	中央企业	有	有	49.0	69.8
3	中国机械工业集团有限公司	中央企业	有	有	62.0	66.4
4	中国国际海运集装箱（集团）股份有限公司	其他国有企业	有	有	40.0	65.4
★★★（8家）						
5	中国通用技术(集团)控股有限责任公司	中央企业	有	有	24.0	59.5
6	上海电气集团股份有限公司	其他国有企业	有	有	52.0	57.7
7	机械科学研究总院集团有限公司	中央企业	有	有	50.0	57.0
8	哈尔滨电气集团有限公司	中央企业	有	有	54.0	56.8
9	中国东方电气集团有限公司	中央企业	有	有	23.0	50.4
10	新疆金风科技股份有限公司	民营企业	有	有	20.0	48.0
11	中国煤炭科工集团有限公司	中央企业	有	有	39.0	46.3
12	亨通集团有限公司	民营企业	有	有	39.0	40.1
★★（2家）						
13	特变电工股份有限公司	民营企业	有	有	10.0	34.8
14	盾安控股集团有限公司	民营企业	有	有	18.0	20.6

续表

排名	企业名称	企业性质	CSR专栏	CSR报告	责任管理指数	2020年社会责任发展指数
★（15家）						
15	日立(中国)有限公司	外资企业	有	无	12.0	18.4
16	正泰集团股份有限公司	民营企业	有	无	13.0	13.9
17	霍尼韦尔(中国)有限公司	外资企业	有	无	6.0	13.8
18	ABB(中国)有限公司	外资企业	有	无	3.0	13.4
19	GE中国	外资企业	有	无	3.0	9.4
20	博世(中国)投资有限公司	外资企业	有	无	3.0	8.7
21	三一集团有限公司	民营企业	有	有	5.0	8.0
22	三菱电机(中国)有限公司	外资企业	有	无	3.0	7.5
23	卡特彼勒(中国)投资有限公司	外资企业	有	无	3.0	7.0
24	西门子(中国)	外资企业	有	无	3.0	6.7
25	蒂森克虏伯(中国)投资有限公司	外资企业	有	无	3.0	5.9
26	山东大海集团有限公司	民营企业	有	无	5.0	5.8
27	采埃孚(中国)投资有限公司	外资企业	有	无	0.0	5.2
28	电装(中国)投资有限公司	外资企业	有	无	3.0	1.4
29	麦格纳中国	外资企业	无	无	0.0	1.3

（二）阶段性特征

1. 机械设备制造业社会责任发展指数为29.9分，总体处于二星级水平、起步者阶段；斗山（中国）、中国一重、国机集团和中集集团4家企业达到四星级水平

机械设备制造业社会责任发展指数平均得分为29.9分，整体为二星级，处于起步者阶段，在20个重点行业中排第13位（见图24）。具体来看，机械设备制造业没有五星级企业；四星级企业4家，分别为斗山（中国）（70.1分）、中国一重（69.8分）、国机集团（66.4分）和中集集团（65.4分）；三星级企业8家；二星级企业2家；一星级企业15家。

2. 机械设备制造业责任管理指数为21.3分，总体处于二星级水平、起步者阶段

2020年，机械设备制造业责任管理指数为21.3分。斗山（中国）

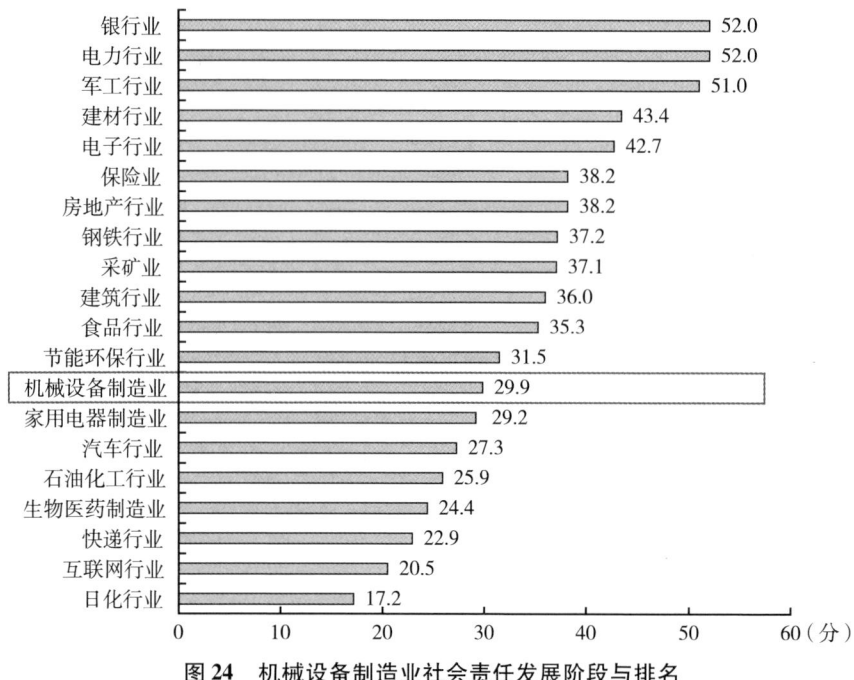

图24 机械设备制造业社会责任发展阶段与排名

(73.0分)和国机集团(62.0分)两家企业位于四星级水平。

从责任管理的具体议题来看,机械设备制造业责任组织得分最高,为24.8分;责任沟通次之,为24.2分;责任融合得分最低,为4.2分。责任组织维度仅有一家企业获得87.5分,处于五星级水平、卓越者阶段(见表39)。

表39 机械设备制造业责任管理具体表现

单位:分

责任板块	责任议题	行业平均分	行业最高分	最佳实践
责任管理 (21.3)	责任组织	24.8	87.5	斗山(中国)
	责任融合	4.2	40.0	斗山(中国)
	责任沟通	24.2	57.5	东方电气

3.机械设备制造业责任实践指数为31.7分,处于二星级水平、起步者阶段;社会责任指数得分高于本质责任和环境责任

2020年机械设备制造业责任实践指数平均分为31.7分,处于二星级

水平、起步者阶段。其中，社会责任指数表现最佳，为36.0分；本质责任略低于社会责任，为30.0分；环境责任指数得分最低，为29.1分（见表40）。

从议题角度来看，机械设备制造业在政府责任（44.8分）、抗击疫情（42.5分）、绿色管理（36.0分）方面信息披露水平相对较高。但在绿色运营（19.4分）、绿色生产（24.7分）、客户责任（27.4分）方面表现较差。机械设备制造业应加强绿色运营、绿色生产实质性信息披露，并以此倒逼社会责任实践的改进。

表40 机械设备制造业责任实践议题得分情况

单位：分

责任板块	责任议题	行业平均分	行业最高分	最佳实践
本质责任（30.0）	股东责任	34.8	100.0	特变电工、中集集团、国机集团
	客户责任	27.4	92.3	斗山(中国)、通用技术集团
社会责任（36.0）	政府责任	44.8	100.0	新疆金风科技、哈电集团、东方电气、煤炭科工集团
	伙伴责任	34.3	100.0	中集集团、机械科学研究总院、东方电气
	员工责任	29.0	91.7	斗山(中国)
	安全生产	30.5	100.0	金风科技、斗山(中国)、中国一重
	社区责任	34.5	88.9	斗山(中国)、金风科技、中国一重
	抗击疫情	42.5	91.3	东方电气、哈电集团、特变电工、三一集团
	精准扶贫	32.3	91.7	机械科学研究总院、东方电气、哈电集团、特变电工
环境责任（29.1）	绿色管理	36.0	92.3	国机集团、机械科学研究总院、通用技术集团、哈电集团
	绿色生产	24.7	83.3	中集集团、哈电集团、斗山(中国)、上海电气
	绿色运营	19.4	100.0	中集集团、金风科技、斗山(中国)、中国一重

4.机械设备制造业精准扶贫指数为32.3分，处于二星级水平、起步者阶段；其中机械科学研究总院达到五星级水平

在29家样本企业当中，多数企业披露其年度资金及物资投入、精准扶贫规划及建立扶贫组织体系情况，设立扶贫产业基金的较少。国有企业多

披露扶贫项目类型,如农林产业、电商扶贫、消费扶贫等,且详细披露帮助建档立卡贫困人口脱贫数;民营企业、外资企业更多支持披露公益慈善投入。

产业帮扶是中国一重帮扶的"重头戏"。为助推贫困地区机械加工业发展,2019年上半年,中国一重集团领导实地调研安徽泗县,向泗县捐赠一批大中型机械加工设备,助力泗县脱贫攻坚和产业发展。首批捐赠的16套机械设备已经落地泗县当涂产业园区,由泗县当涂产业园区投资公司负责接收、运营、维护。目前泗县盛世开元、豆智等相关被帮扶企业已经安装调试部分机械,仅此一项就可为当地企业增加收入30余万元。截至2020年3月,中国一重累计投入泗县帮扶资金1100余万元,有力助推该县相关产业发展驶入"快车道"。

自2012年起,通用技术集团定点帮扶内蒙古武川县、商都县。通用技术集团认真学习贯彻习近平总书记关于扶贫开发重要指示论述精神,成立扶贫开发工作组,重点围绕教育扶贫、社会保障扶贫、产业扶贫,着力推进扶贫项目的实施和落地,积极协调解决扶贫工作中遇到的实际困难。该公司先后向两个定点扶贫县选派7名挂职干部,2019年以来总部和二、三级公司共有21个工作组130余人次分别到武川县、商都县对接项目帮扶工作。

从2001年开始,斗山(中国)持续捐赠希望小学37所。扶贫先扶志,斗山(中国)参与中国的教育事业,助力中国打赢精准扶贫攻坚战。2018年,斗山(中国)开启了全公司所有部门一对一、多对一精准支援希望小学的"一部一校"活动,2019年,各部门携手经销商共同拜访了全国28所斗山希望小学,给孩子们送去了他们最需要的温暖。截至2019年底,150余名斗山员工和经销商参与了"一部一校"活动,捐赠价值70万元物资。

5. 机械设备制造业抗击疫情指数为42.5分,处于三星级水平、追赶者阶段;其中哈电集团、东方电气、特变电工、三一集团等9家企业达到五星级水平

研究显示,面对新冠肺炎疫情的暴发,各样本企业都积极调动各方资源,支持抗击疫情工作的开展。

中国一重在疫情之初便迅速成立疫情防控组织机构，建立疫情防控工作群，制定了疫情防控工作预案，多次就疫情防控工作进行再部署、再推进，在抓好常态化疫情防控工作的同时，有力有序抓好生产经营和管理提升，顺利实现了国家重大工程项目关键节点首战告捷、全球首台3025吨超级浆态床浙江石化锻焊加氢反应器制造完工发运等诸多挑战性任务。

斗山邀请韩国总部紧急采购价值120万元人民币的口罩、红外线体温检测仪、防护服等防疫必需品分批发往烟台。这批来自韩国的救援物资对斗山工厂及部分配套企业和经销商的顺利复工复产起到了决定性的作用，也为烟台开发区的防疫工作做出了贡献。斗山的经销商武汉千里马迅速成立抗疫保障队，支援火神山、雷神山医院建设，陕西金骏斗山将公司经营的多台斗山挖掘机运往前线进行支援，并配备专业司机和服务团队驰援西安市公共卫生中心项目建设。

作为湖北省的医药配送企业，通用技术集团湖北通用（武汉）及所属十堰、襄阳、宜昌、黄石、孝感子公司积极响应党中央的号召，高度配合地方政府防疫工作安排，充分发挥央企社会责任，全力以赴做好新冠肺炎疫情防控工作，确保了疫情期间人民群众防疫用药需求，保障药品配送服务，确保药品质量安全。

除抗疫捐赠外，29家样本企业还积极协助所在地政府开展防疫工作，通过制度和资金帮扶减轻供应链企业经营负担，并加大员工及家属确诊病例接触史的排查和检测力度，做好办公室消毒消杀工作等。此外，多家企业还主动稳定就业，扩大招聘规模，同心抗疫、共克时艰。

十四 家用电器制造业社会责任发展指数（2020）

（一）评价结果

本部分评价的家用电器制造业又称民用电器制造业、日用电器制造业，包括制冷电器制造、空调器制造、清洁电器制造、厨房电器制造、整容保健电器制造、声像电器制造等。2020年家用电器制造业评价样本共有25家，样本企业的社会责任发展指数排名及得分如表41所示。

表41 家用电器制造业社会责任发展指数（2020）

单位：分

排名	企业名称	企业性质	CSR专栏	CSR报告	责任管理指数	2020年社会责任发展指数
★★★★★（2家）						
1	三星（中国）投资有限公司	外资企业	有	有	84.0	91.6
2	松下电器中国东北亚公司	外资企业	有	有	76.0	80.1
★★★★（2家）						
3	中国LG	外资企业	有	有	62.0	79.9
4	佳能（中国）有限公司	外资企业	有	有	60.0	67.3
★★★（5家）						
5	TCL集团股份有限公司	民营企业	有	有	27.0	53.4
6	海尔集团公司	民营企业	有	有	39.0	52.6
7	美的集团股份有限公司	民营企业	无	有	9.0	48.4
8	珠海格力电器股份有限公司	其他国有企业	无	有	7.0	43.7
9	小米科技有限责任公司	民营企业	有	有	34.0	41.8
★★（8家）						
10	创维集团有限公司	民营企业	无	有	16.0	37.5
11	索尼（中国）有限公司	外资企业	有	有	36.0	36.5
12	东芝（中国）有限公司	外资企业	有	无	20.0	36.1
13	杭州老板电器股份有限公司	民营企业	有	有	10.0	32.5
14	四川长虹电子控股集团有限公司	其他国有企业	无	有	5.0	27.0
15	康佳集团股份有限公司	其他国有企业	无	无	0.0	22.3
16	深圳市兆驰股份有限公司	民营企业	有	无	3.0	21.4
17	飞利浦（中国）投资有限公司	外资企业	有	无	3.0	20.9
★（8家）						
18	日立（中国）有限公司	外资企业	有	无	12.0	18.4
19	广东新宝电器股份有限公司	民营企业	有	无	3.0	18.1
20	浙江苏泊尔股份有限公司	民营企业	有	无	3.0	13.9
21	九阳股份有限公司	民营企业	无	无	0.0	13.3
22	海信集团有限公司	民营企业	无	无	2.0	8.9
23	博世（中国）投资有限公司	外资企业	有	无	3.0	8.7
24	奥克斯集团有限公司	民营企业	有	无	5.0	8.1
25	西门子（中国）有限公司	外资企业	有	无	3.0	6.7

(二)阶段性特征

1. 家用电器制造业社会责任发展指数为29.2分,总体处于二星级水平、起步者阶段;中国三星、松下电器2家企业达到五星级水平

家用电器制造业社会责任发展指数平均得分为29.2分,整体为二星级,处于起步者阶段,在20个重点行业中排第14位(见图25)。具体来看,五星级企业2家,为中国三星(91.6分)、松下电器(80.1分);四星级企业2家;三星级企业5家;二星级企业8家;一星级企业8家。

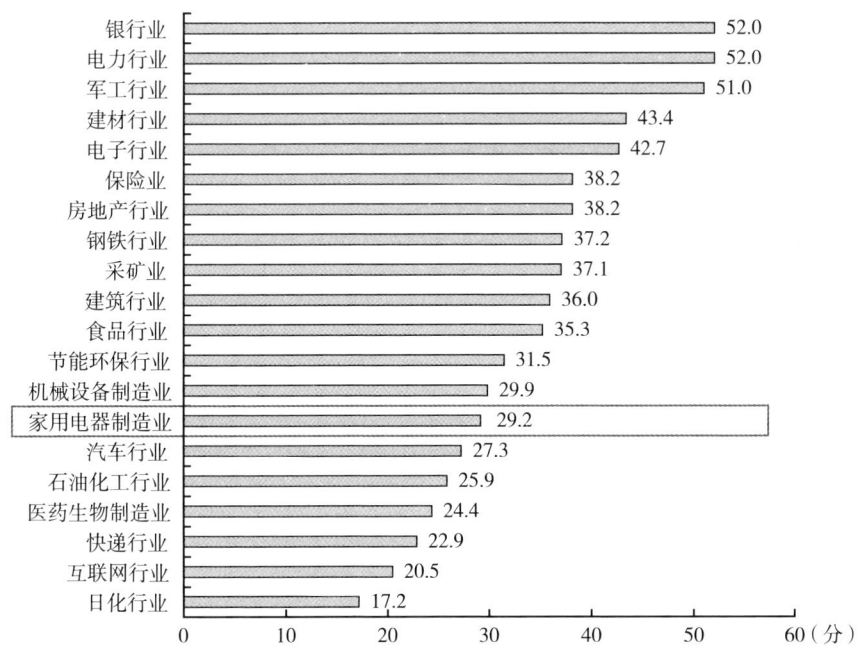

图25 家用电器制造业社会责任发展阶段与排名

2. 家用电器制造业责任管理指数为22.0分,总体处于二星级水平、起步者阶段

2020年,家用电器制造业责任管理指数为22.0分。其中,中国三星(84.0分)处于五星级水平,松下电器(76.0分)、中国LG(62.0分)和佳能中国(60.0)三家企业处于四星级水平。

从责任管理的具体议题来看，家用电器制造业责任沟通得分最高，为25.2分；责任组织次之，为24.6分；责任融合得分最低，为5.5分。其中，中国三星、松下电器在责任组织维度均获得满分100.0分，达到五星级水平、卓越者阶段（见表42）。

表42　家用电器制造业责任管理具体表现

单位：分

责任板块	责任议题	行业平均分	行业最高分	最佳实践
责任管理（22.0）	责任组织	24.6	100.0	中国三星、松下电器、中国LG、海尔集团、西门子
	责任融合	5.5	40.0	中国三星、佳能中国、松下电器、TCL
	责任沟通	25.2	75.0	佳能中国、松下电器、中国三星、中国LG

3. 家用电器制造业责任实践指数为39.7分，处于二星级水平、起步者阶段；其中社会责任指数领先于本质责任和环境责任

2020年，家用电器制造业责任实践指数平均分为39.7分，处于二星级水平、起步者阶段。其中，社会责任指数表现最佳，为44.3分；本质责任略低于社会责任，为39.7分；环境责任指数得分最低，为35.7分。

从议题角度来看，家用电器制造业在抗击疫情（60.4分）、政府责任（59.3分）、股东责任（53.7分）方面信息披露水平相对较高。但在精准扶贫（24.8分）方面表现较差。家用电器制造业应加强企业参与脱贫攻坚相关信息披露，并以此倒逼社会责任实践的改进（见表43）。

表43　家用电器制造业责任实践议题得分情况

单位：分

责任板块	责任议题	行业平均分	行业最高分	最佳实践
本质责任（39.7）	股东责任	53.7	100.0	小米科技、TCL、美的集团、格力电器、康佳集团
	客户责任	35.5	86.7	中国三星、中国LG、松下电器、佳能中国、小米科技

续表

责任板块	责任议题	行业平均分	行业最高分	最佳实践
社会责任 (44.3)	政府责任	59.3	100.0	中国三星、松下电器、格力电器、中国LG、佳能中国
	伙伴责任	47.3	100.0	中国三星、松下电器、中国LG、佳能中国、TCL
	员工责任	27.8	100.0	中国三星、松下电器、中国LG、TCL、佳能中国
	安全生产	35.3	100.0	中国三星、中国LG、松下电器、TCL、佳能中国、创维集团、美的集团、老板电器
	社区责任	41.8	100.0	中国三星、中国LG、松下电器、TCL、老板电器、小米科技、佳能中国
	抗击疫情	60.4	91.3	中国三星、中国LG、海尔集团、松下电器、格力电器、兆驰股份、美的集团
	精准扶贫	24.8	75.0	中国三星、美的集团
环境责任 (35.7)	绿色管理	42.6	100.0	中国三星、中国LG、松下电器、海尔集团
	绿色生产	28.0	100.0	中国三星、佳能中国、中国LG、松下电器
	绿色运营	33.2	100.0	中国三星、佳能中国

4. 家用电器制造业精准扶贫指数为24.8分，处于二星级水平、起步者阶段；中国三星、美的集团表现领先

具体分析精准扶贫议题披露情况发现，2020年，家用电器制造业25家样本企业中，精准扶贫规划披露率最高，达到44%；扶贫项目类型次之，为36%；建立扶贫组织体系和年度扶贫资金及物资投入相近，分别为24%和20%；帮助建档立卡贫困人口脱贫数和设立扶贫产业基金指标披露率较低，分别为12%和8%（见图26）。

中国三星发布了《2018～2020年扶贫新战略》——聚焦"精准扶贫"，通过产业扶贫、教育扶贫、健康扶贫的方式，重点支持三区三州、集中连片深度贫困地区的脱贫攻坚事业。中国三星计划在3年内投入1.5亿元，重点打造10个旅游示范村和农产品基地，在甘肃省临夏自治州的四个特困县改扩建18所农村小学，以及在四川凉山、云南怒江、甘肃临夏三州地区实施3000例先天性视障少年儿童免费复明手术，推动产业扶贫、助残、扶智一体化的可持续发展扶贫战略。

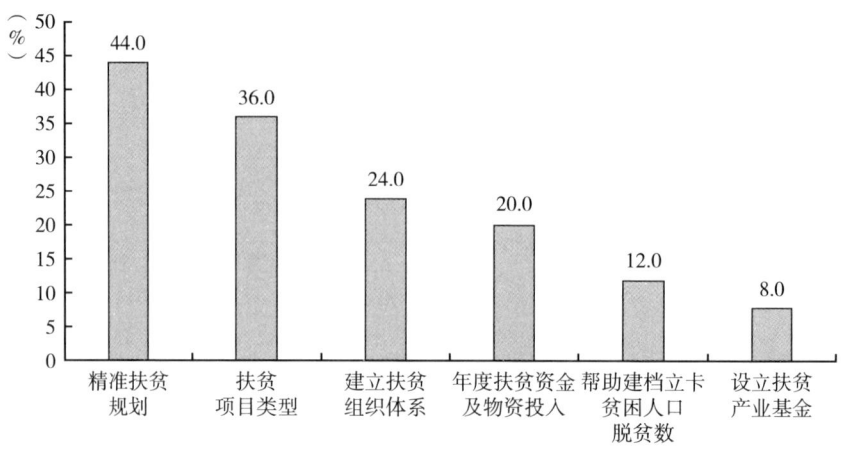

图 26　2020 年家用电器制造业 25 家样本企业精准扶贫六项指标披露情况

5. 家用电器制造业抗击疫情指数为60.4分，处于四星级水平、领先者阶段；其中中国三星、中国 LG、海尔集团、松下电器等7家企业达到五星级水平

研究显示，家用电器制造业 25 家样本企业捐赠超 5 亿元，其中美的集团捐赠超 3 亿元，小米科技、格力电器、中国三星 3 家企业各捐赠超 3000 万元。

除抗疫捐赠外，25 家样本企业还积极协助所在地政府开展防疫工作，发挥主业优势，驰援抗疫一线，为医院提供医疗设备支持，并有序推动复工复产，全方位守护员工健康安全，保障产品稳定供应，为打赢疫情防控阻击战贡献力量。

美的集团全力支持全国抗疫工作，分别向武汉火神山、雷神山医院捐赠所需全部家电，合计价值约 580 万元，并向湖北地区捐赠价值约 1 亿元的医疗物资；由美的集团创始人何享健先生发起的和的慈善基金会捐赠 2 亿元，推出针对顺德区小微企业的纾困项目——"和衷共济"小微企 2 亿元应急支援计划。小米科技积极参与湖北省、北京市、黑龙江省以及全球疫情防控工作，小米公益基金会向湖北卓尔公益基金会捐赠 111.58 万元，用于采购隔离服 18000 件、N95 口罩 50000 个；向广西和合济困助学基金会捐赠 56 万元，用于境外东南亚地区抗疫医疗物资采购；向武汉市慈善总会捐赠 800 万元，用于资助受疫情影响的贫困大学生。

十五 汽车行业社会责任发展指数（2020）

（一）评价结果

本部分评价的汽车行业特指生产各类汽车如乘用车、商用车及其零部件等汽车产品的企业。2020年汽车行业评价样本共有87家，对比2019年样本扩大。样本企业社会责任发展指数排名及得分如表44所示。

表44 汽车行业社会责任发展指数（2020）

单位：分

排名	企业名称	企业性质	CSR专栏	CSR报告	责任管理指数	2020年社会责任发展指数
★★★★★（3家）						
1	现代汽车集团(中国)	外资企业	有	有	71.0	87.2
2	中国第一汽车集团有限公司	中央企业	有	有	63.0	85.3
3	东风汽车集团有限公司	中央企业	有	有	80.0	85.2
★★★★（11家）						
4	东风悦达起亚汽车有限公司	合资企业	有	有	62.0	79.0
5	广汽本田汽车有限公司	合资企业	有	有	69.0	76.6
6	天津一汽丰田汽车有限公司	合资企业	有	有	59.0	74.4
7	东风本田汽车有限公司	合资企业	有	有	59.0	72.0
8	中国中车集团有限公司	中央企业	有	有	50.0	70.5
9	北京汽车集团有限公司	其他国有企业	有	有	46.0	70.0
10	浙江吉利控股集团有限公司	民营企业	有	有	55.0	65.8
11	广汽丰田汽车有限公司	合资企业	有	有	50.0	65.2
12	广州汽车集团股份有限公司	其他国有企业	有	有	54.0	64.0
13	安徽江淮汽车集团股份有限公司	其他国有企业	有	有	59.0	63.6
14	比亚迪股份有限公司	民营企业	有	有	21.0	61.5
★★★（12家）						
15	上海汽车集团股份有限公司	其他国有企业	有	有	23.0	59.2
16	保时捷(中国)汽车销售有限公司	外资企业	有	有	37.0	52.4
16	国机汽车股份有限公司	其他国有企业	有	有	18.0	52.4
18	丰田汽车(中国)投资有限公司	外资企业	有	有	16.0	50.0

续表

排名	企业名称	企业性质	CSR专栏	CSR报告	责任管理指数	2020年社会责任发展指数
★★★（12家）						
19	华晨宝马汽车有限公司	合资企业	有	有	40.0	46.8
20	广汽乘用车有限公司	其他国有企业	无	无	19.0	45.1
21	本田汽车（中国）有限公司	外资企业	有	有	17.0	44.2
22	一汽大众汽车有限公司	合资企业	有	有	22.0	43.7
23	重庆长安汽车股份有限公司	其他国有企业	有	有	42.0	42.7
24	长城汽车股份有限公司	民营企业	有	有	8.0	42.4
25	东风柳州汽车有限公司	其他国有企业	有	有	48.0	41.6
26	奇瑞汽车股份有限公司	其他国有企业	有	有	10.0	40.3
★★（13家）						
27	江铃汽车集团有限公司	民营企业	无	无	11.0	38.7
28	东风汽车有限公司	合资企业	无	无	48.0	33.6
29	通用汽车（中国）	外资企业	有	无	12.0	32.7
30	广汽三菱汽车有限公司	合资企业	无	无	13.0	32.6
30	北汽福田汽车股份有限公司	民营企业	有	有	13.0	32.6
32	东风日产乘用车公司	合资企业	有	无	40.0	31.0
33	梅赛德斯-奔驰（中国）汽车销售有限公司	外资企业	有	无	6.0	25.5
34	厦门金龙汽车集团股份有限公司	其他国有企业	有	无	3.0	25.1
35	大众汽车集团（中国）	外资企业	有	无	11.0	23.0
36	海马汽车股份有限公司	民营企业	有	无	3.0	22.6
37	广州橙行智动汽车科技有限公司	民营企业	无	无	0.0	22.5
38	阿斯顿·马丁·拉宫达有限公司	外资企业	有	无	15.0	20.8
39	丰田通商（中国）有限公司	外资企业	有	无	8.0	20.0
★（48家）						
40	日产（中国）投资有限公司	外资企业	有	无	3.0	19.5
41	山东时风（集团）有限责任公司	其他国有企业	无	有	5.0	19.0
41	上海爱驰亿维汽车销售有限公司	民营企业	无	无	0.0	19.0
43	深圳市东风南方实业集团有限公司	其他国有企业	有	无	43.0	18.9
44	上汽通用汽车有限公司	合资企业	无	无	0.0	16.5
45	宝马中国	外资企业	有	无	3.0	15.5
46	沃尔沃（中国）投资有限公司	外资企业	无	无	0.0	15.0
47	上汽大众汽车有限公司	合资企业	有	无	3.0	14.9

续表

排名	企业名称	企业性质	CSR专栏	CSR报告	责任管理指数	2020年社会责任发展指数
★(48家)						
48	万向集团公司	民营企业	无	无	0.0	14.3
48	河北中兴汽车制造有限公司	其他国有企业	无	无	0.0	14.3
48	奇瑞捷豹路虎汽车有限公司	合资企业	无	无	0.0	14.3
51	波音中国	外资企业	有	无	3.0	13.4
52	一汽解放汽车有限公司	其他国有企业	有	有	24.0	13.1
53	福特汽车(中国)有限公司	外资企业	有	无	3.0	12.9
54	天津一汽夏利汽车股份有限公司	其他国有企业	无	有	0.0	12.0
55	陕西汽车控股集团有限公司	其他国有企业	有	无	8.0	11.1
56	马自达(中国)企业管理有限公司	外资企业	无	无	0.0	11.0
57	华晨汽车集团控股有限公司	其他国有企业	有	无	3.0	10.9
58	前途汽车(苏州)有限公司	民营企业	无	无	0.0	10.5
58	斯巴鲁汽车(中国)有限公司	外资企业	无	无	0.0	10.5
60	青特集团有限公司	民营企业	有	无	3.0	9.9
61	四川野马汽车股份有限公司	民营企业	无	无	0.0	9.0
62	烟台海德专用汽车有限公司	民营企业	无	无	0.0	8.5
63	特斯拉(上海)有限公司	外资企业	无	无	0.0	8.0
64	众泰汽车股份有限公司	民营企业	无	无	0.0	7.5
65	中国重型汽车集团有限公司	其他国有企业	有	无	3.0	7.4
66	山西太行成功汽车销售有限公司	民营企业	无	无	0.0	7.0
67	中国长安汽车集团股份有限公司	其他国有企业	有	无	3.0	6.9
68	陕西通家汽车股份有限公司	其他国有企业	无	无	0.0	6.5
69	北京现代汽车有限公司	合资企业	有	无	3.0	6.4
70	深圳腾势新能源汽车有限公司	合资企业	无	无	0.0	6.0
71	江淮大众汽车有限公司	其他国有企业	无	无	0.0	5.5
72	北京奔驰汽车有限公司	合资企业	无	无	3.0	5.1
73	浙江合众新能源汽车有限公司	民营企业	无	无	0.0	4.8
74	三菱汽车销售(中国)有限公司	外资企业	有	无	23.0	4.6
75	东风小康汽车有限公司	民营企业	无	无	0.0	4.3
76	长安PSA汽车有限公司	合资企业	有	无	3.0	4.1
77	贵安新区新特电动汽车工业有限公司	民营企业	无	无	0.0	4.0
77	观致汽车有限公司	合资企业	无	无	0.0	4.0
79	神龙汽车有限公司	合资企业	有	无	3.0	3.9

续表

排名	企业名称	企业性质	CSR专栏	CSR报告	责任管理指数	2020年社会责任发展指数
★（48家）						
80	湖南猎豹汽车股份有限公司	其他国有企业	有	无	0.0	3.5
81	戴姆勒中国	外资企业	无	无	0.0	3.0
82	郑州宇通集团有限公司	其他国有企业	有	无	3.0	2.9
83	铃木（中国）投资有限公司	外资企业	无	无	0.0	2.8
84	长安马自达汽车有限公司	合资企业	无	无	0.0	2.5
85	重庆理想智造汽车有限公司	民营企业	无	无	0.0	2.0
85	玛莎拉蒂（中国）汽车贸易有限公司	外资企业	无	无	10.0	2.0
87	北京车和家信息技术有限公司	民营企业	无	无	0.0	1.5

（二）阶段性特征

1. 汽车行业社会责任发展指数为27.3分，处于二星级水平、起步者阶段；现代汽车集团（中国）、中国一汽、东风公司3家企业达到五星级水平

汽车行业社会责任发展指数平均得分为27.3分，整体为二星级，处于起步者阶段，在20个重点行业中排第15位（见图27）。在星级分布方面，五星级企业3家，为现代汽车集团（中国）（87.2分）、中国一汽（85.3分）、东风公司（85.2分）；四星级企业11家；三星级企业12家；二星级企业13家；一星级企业48家。在87家企业样本中，超过半数企业停留在旁观者阶段。

2020年，汽车行业采集样本量较2019年有大幅增加，企业社会责任发展指数差异较大，行业平均得分较2019年下降22%。总体来看，多数汽车企业社会责任管理水平和责任信息披露水平较低。

2. 汽车行业责任管理指数为16.4分，总体处于一星级水平、旁观者阶段

2020年，汽车行业责任管理指数为16.4分。其中，东风公司（80.0分）位于五星水平，现代汽车集团（中国）（71.0分）、广汽本田（69.0分）、中国一汽（63.0分）、东风悦达起亚（62.0分）四家企业位于四星级

重点行业社会责任发展指数（2020）

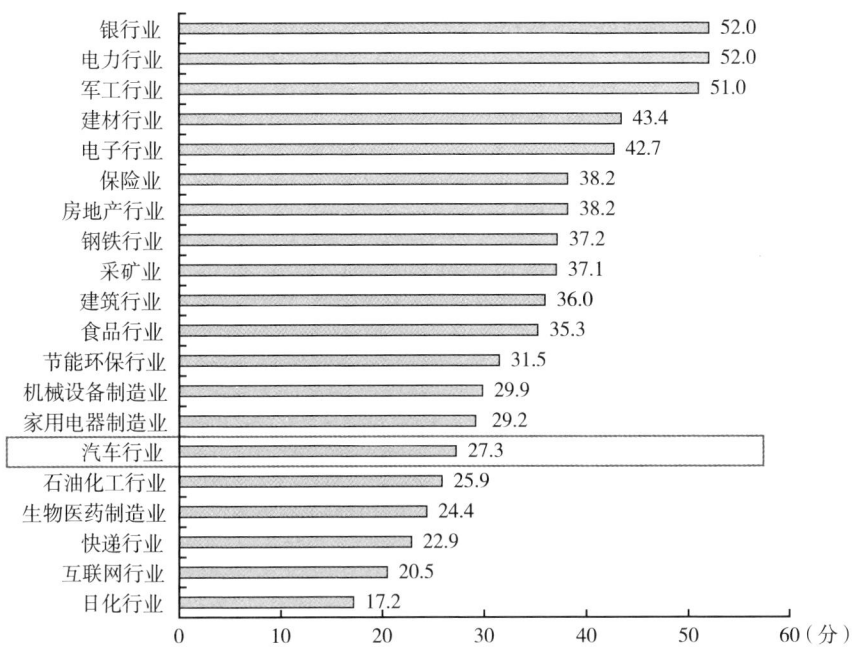

图 27　汽车行业社会责任发展阶段与排名

水平。

从责任管理的具体议题来看，汽车行业责任组织得分最高，为21.5分；责任沟通次之，为15.7分；责任融合得分最低，仅为3.9分。其中，东风公司在责任组织维度获得满分100.0分，责任融合维度也居汽车行业第一名；中国一汽在责任沟通维度得分72.5分，在该维度排名第一（见表45）。

表 45　汽车行业责任管理具体表现

单位：分

责任板块	责任议题	行业平均分	行业最高分	最佳实践
责任管理（16.4）	责任组织	21.5	100.0	东风公司、现代汽车集团（中国）、中国一汽、东风悦达起亚、广汽本田
	责任融合	3.9	37.5	东风公司、现代汽车集团（中国）、东风本田、吉利控股
	责任沟通	15.7	72.5	中国一汽、现代汽车集团（中国）、一汽丰田

191

3. 汽车行业责任实践指数为29.9分,处于二星级水平、起步者阶段;本质责任指数高于社会责任指数和环境责任指数

2020年,汽车行业责任实践指数平均分为29.9分,处于二星级水平、起步者阶段。其中,本质责任指数表现最佳,为32.4分;社会责任略低于本质责任,为30.6分;环境责任指数得分最低,为27.8分(见表46)。

从议题角度来看,汽车行业在抗击疫情(53.0分)、政府责任(32.3分)、股东责任(32.0分)方面信息披露水平相对较高。但在员工责任(19.1分)方面表现较差。汽车行业应加强员工责任履责情况的信息披露程度,以此提升全行业对该维度履责实践的重视程度。

表46 汽车行业责任实践议题得分情况

单位:分

责任板块	责任议题	行业平均分	行业最高分	最佳实践
本质责任 (32.4)	股东责任	32.0	100.0	东风公司、中国一汽、广汽集团、上汽集团、比亚迪
	客户责任	29.6	100.0	中国一汽、现代汽车集团(中国)、东风悦达起亚、广汽本田、吉利控股
社会责任 (30.6)	政府责任	32.3	100.0	中国一汽、现代汽车集团(中国)、东风悦达起亚、广汽本田、一汽丰田
	伙伴责任	29.3	100.0	现代汽车集团(中国)、广汽本田、东风悦达起亚、东风本田
	员工责任	19.1	100.0	中国一汽、广汽本田、现代汽车集团(中国)、东风公司
	安全生产	22.2	100.0	现代汽车集团(中国)、中国一汽、东风悦达起亚、广汽本田、一汽丰田
	社区责任	24.8	100.0	现代汽车集团(中国)、广汽本田
	抗击疫情	53.0	100.0	东风公司、现代汽车集团(中国)、中国一汽、东风悦达起亚、广汽本田
	精准扶贫	23.1	100.0	中国一汽、东风公司、中国中车
环境责任 (27.8)	绿色管理	33.1	100.0	现代汽车集团(中国)、东风公司、东风悦达起亚、广汽本田
	绿色生产	21.5	91.7	现代汽车集团(中国)、中国一汽、东风公司
	绿色运营	28.0	100.0	现代汽车集团(中国)、中国一汽、东风公司、东风本田

4. 汽车行业精准扶贫指数为23.1分，处于二星级水平、起步者阶段；其中中国一汽、东风公司、国机汽车等7家企业达到五星级水平

具体分析精准扶贫议题披露情况发现，2020年，汽车行业87家样本企业中，精准扶贫规划披露率最高，达到77.8%；年度扶贫资金及物资投入和扶贫项目类型披露情况一致，皆为72.2%；帮助建档立卡贫困人口脱贫数披露情况是44.4%；设立扶贫产业基金披露情况最低，仅为22.2%（见图28）。

中国一汽结合自身产业特点和行业优势，通过"五位一体扶贫+"精准扶贫模式，积极开展基建扶贫、教育扶贫、健康扶贫、产业扶贫、消费扶贫等一系列扶贫帮扶行动，推动定点扶贫地区脱贫攻坚。2019年4月，吉林省镇赉县、和龙市脱贫摘帽；2019年12月西藏自治区左贡县、芒康县脱贫摘帽，凤山县通过广西壮族自治区脱贫验收。

东风公司扎实开展对口西藏、新疆、广西、湖北等4省区8县市的扶贫工作，通过党建引领、"教育+就业"帮扶、软硬件建设、产业扶贫、消费扶贫等方式，实施"赋能工程"，打造具有东风特色的"扶贫套餐"，累计投入扶贫资金3800万元，实施扶贫项目63个，为打赢脱贫攻坚战贡献"东风力量"。

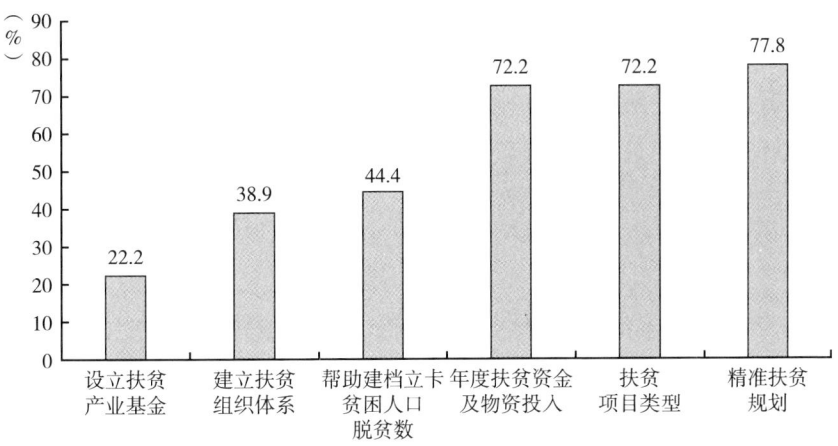

图28 2020年汽车行业87家样本企业精准扶贫六项指标披露情况

5. 汽车行业抗击疫情指数为53.0分，处于三星级水平、追赶者阶段；其中东风公司、中国一汽、现代汽车集团（中国）等31家企业达到五星级水平

研究显示，汽车行业87家样本企业捐赠超过7.4亿元，其中吉利控股捐赠2亿元，东风公司捐赠超过1.04亿元，现代汽车集团（中国）捐赠8602万余元，中国一汽捐赠8100万元。

除捐资捐物之外，汽车行业还积极为灾区提供车辆运输服务、采购医疗物资，缓解疫情期间物资压力，保障居民基本生活物资，全面助力抗疫行动。

面对由于疫情出现的物资短缺情况，东风公司积极发挥自身主业优势，全力保障疫情防控所需，一辆辆"东风制造"驶上抗疫一线。东风公司旗下的东风出行调动1000辆保运车坚守前线，保障武汉封城期间的应急交通；针对药品等医用物资运输车辆，东风轻型车服务站实行"不分品牌、不分故障时间的全流程护航"，且救援费用全免，以此确保运送抗疫物资车辆按期必达。

现代汽车集团（中国）发挥跨国企业优势，在韩国紧急采购6种医疗用品共计12万件20吨物资，包括1次性乳胶（灭菌）手套、医疗手术服、医用帽、医用鞋、医用面罩、床罩，携手国际红十字会联盟从瑞士、意大利空运N95口罩、防护服等物资用于缓解前线医疗物资紧张的情况。

中国一汽号召子公司和品牌经销商坚决服从当地政府防控要求和统一调度，积极参与疫情防控工作；强化生产和办公场所管理和人员防护，在当地政府允许并能保障员工健康安全基础上，合理安排好恢复生产工作，实现防控与生产经营"两手抓、两不误"。

十六 石油化工行业社会责任发展指数（2020）

（一）评价结果

本部分评价的石油化工行业包括油气勘探、油气田开发、钻井工程、采油工程、油气集输、原油储运、石油炼制、化工生产、油品/化工销售等，生产社会需要的汽油、煤油、柴油、润滑油、化工原料、合成树脂、合成橡胶、合成纤维、化肥等多种石油、化工产品。2020年石油化工行业评价样本共有26家，样本企业的社会责任发展指数排名及得分如表47所示。

表47 石油化工行业社会责任发展指数（2020）

单位：分

排名	企业名称	企业性质	CSR专栏	CSR报告	责任管理指数	2020年社会责任发展指数
★★★★★（2家）						
1	中国石油化工集团有限公司	中央企业	有	有	74.0	87.1
2	LG化学(中国)投资有限公司	外资企业	有	有	73.0	82.2
★★★★（2家）						
3	中国石油天然气集团有限公司	中央企业	有	有	62.0	74.4
4	中国海洋石油集团有限公司	中央企业	有	有	46.0	69.2
★★（7家）						
5	中国中化集团有限公司	中央企业	有	有	34.0	36.6
6	云天化集团有限责任公司	其他国有企业	有	有	12.0	35.2
7	新疆中泰(集团)有限责任公司	其他国有企业	有	有	11.0	31.7
8	万华化学集团股份有限公司	中外合资企业	有	有	19.0	27.3
9	中国化工集团有限公司	中央企业	有	无	3.0	27.0
10	中国平煤神马能源化工集团有限公司	其他国有企业	有	有	5.0	25.5
11	荣盛石化股份有限公司	民营企业	有	有	14.0	22.8
★（15家）						
12	BP中国	外资企业	有	有	13.0	19.1
13	中国万达集团	民营企业	有	无	13.0	17.6
14	山东京博控股股份有限公司	民营企业	无	无	0	17.5
15	天津渤海化工集团有限责任公司	其他国有企业	无	无	0	17.3
16	陕西延长石油(集团)有限责任公司	其他国有企业	有	无	5.0	16.2
17	浙江恒逸集团有限公司	民营企业	有	无	3.0	14.4
18	河南能源化工集团有限公司	其他国有企业	有	无	3.0	12.9
19	壳牌(中国)有限公司	外资企业	有	无	3.0	10.6

续表

排名	企业名称	企业性质	CSR专栏	CSR报告	责任管理指数	2020年社会责任发展指数
★（15家）						
20	埃尼中国	外资企业	有	无	3.0	6.6
21	湖北宜化集团有限责任公司	其他国有企业	无	无	0	6.5
22	道达尔中国	外资企业	无	无	0	4.4
23	康菲石油中国有限公司	外资企业	有	无	3.0	3.5
23	埃克森美孚(中国)投资有限公司	外资企业	无	无	0	3.5
25	雪佛龙中国能源公司	外资企业	有	无	3.0	3.4
26	山东东明石化集团有限公司	民营企业	无	无	0	2.5

（二）阶段性特征

1. 石油化工行业社会责任发展指数为25.9分，总体处于二星级水平、起步者阶段；中国石化、LG化学（中国）2家企业达到卓越者水平

石油化工行业社会责任发展指数平均得分为25.9分，整体为二星级，处于起步者阶段，在20个重点行业中排第16位（见图29）。具体来看，五星级企业2家，为中国石化（87.1分）、LG化学（中国）（82.2分）；四星级企业2家；没有三星级企业；二星级企业7家；处于一星级水平、旁观者阶段的企业数量最多，为15家。

2. 石油化工行业责任管理指数为15.5分，总体处于一星级水平、旁观者阶段阶段；责任沟通得分最高，为19.1分；责任融合得分最低，为3.2分

2020年，石油化工行业责任管理指数为15.5分。其中，中国石化（74.0分）、LG化学（中国）（73.0分）两家企业位于四星级水平。

从责任管理的具体议题来看，石油化工行业责任沟通得分最高，为19.1分；责任组织次之，为16.4分；责任融合得分最低，为3.2分。三者均处于一星级水平、旁观者阶段。LG化学（中国）、中国石化和中国石油在责任组织维度均获得87.5分，三家公司均到达五星级水平、卓越者阶段。但是行业内水平差距较大，很多公司尚处在一星级起步阶段。石油化工行业

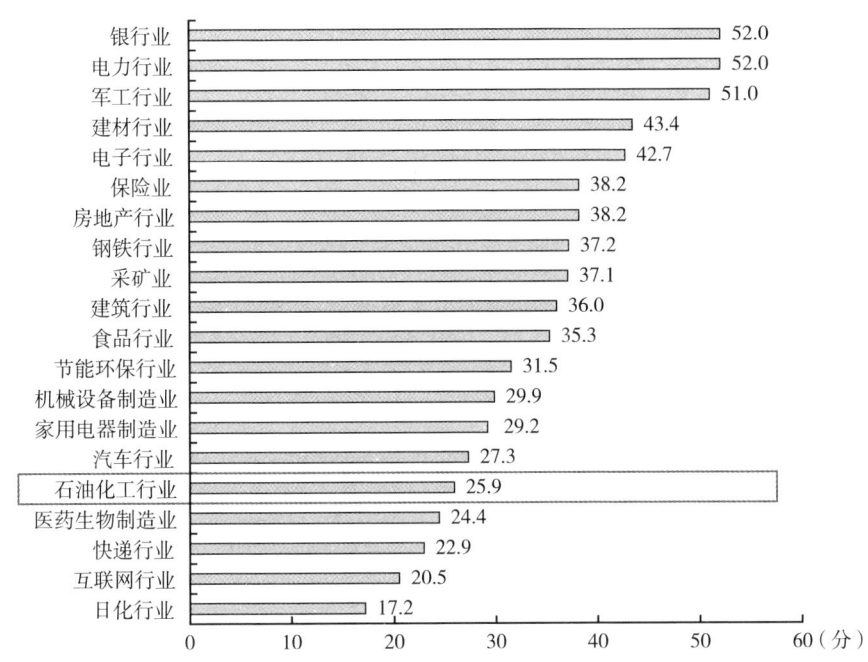

图 29　石油化工行业社会责任发展阶段与排名

的责任组织工作有待提升，责任融合工作需要进一步加强，责任沟通水平仍有很大提升空间（见表48）。

表48　石油化工行业责任管理具体表现

单位：分

责任板块	责任议题	行业平均分	行业最高分	最佳实践
责任管理 （15.5）	责任组织	16.4	87.5	LG化学（中国）、中国石化、中国石油
	责任融合	3.2	30.0	中国石化、中国石油、LG化学（中国）
	责任沟通	19.1	75.0	LG化学（中国）、中国石化、中国石油

3. 石油化工行业责任实践指数为29.3分，较2019年上升6.3分；本质责任指数领先于社会责任和环境责任

2020年石油化工行业责任实践指数平均分为29.3分，仍处于二星级

水平、起步者阶段。其中，本质责任指数表现最佳，为35.3分；社会责任略低于社会责任，为31.6分；环境责任指数得分最低，为21.0分（见表49）。

从议题角度来看，石油化工行业在股东责任（54.6分）、政府责任（43.1分）方面披露水平较高，达到三星级水平；在抗击疫情（33.6分）、伙伴责任（32.1分）、社区责任（31.2分）方面信息披露水平相对较高，达到二星级水平。可见，多数石油化工企业在披露信息时，对政府沟通、维持伙伴关系、社区和谐发展等方面较为重视。但在绿色运营（12.2分）方面表现较差。作为环境敏感型企业，石油化工行业应该更加注重在绿色生产和管理、循环经济、节能减排等方面的责任实践和信息披露。

表49 石油化工行业责任实践议题得分情况

单位：分

责任板块	责任议题	行业平均分	行业最高分	最佳实践
本质责任（35.3）	股东责任	54.6	100.0	中国石化、LG化学（中国）、云天化、新疆中泰、万华化学、荣盛石化
	客户责任	25.2	100.0	中国石化、LG化学（中国）
社会责任（31.6）	政府责任	43.1	100.0	中国石化、中国石油、中国海油
	伙伴责任	32.1	100.0	中国石化、LG化学（中国）、中国石油
	员工责任	23.4	91.7	LG化学（中国）、中国石化、中国石油
	安全生产	29.5	100.0	中国石油、中国海油、中国石化
	社区责任	31.2	100.0	中国石化、中国石油、LG化学（中国）
	抗击疫情	33.6	91.3	LG化学（中国）、中国石化、中国石油
	精准扶贫	27.1	100.0	中国石油、中国石化
环境责任（21.0）	绿色管理	25.0	93.3	中国石化、LG化学（中国）、中国海油
	绿色生产	18.5	72.7	中国石化、中国石油、中国海油
	绿色运营	12.2	75.0	LG化学（中国）、中国石油

4. 石油化工行业精准扶贫实践指数为27.1分，处于二星级水平、起步者阶段；其中中国石油和中国石化达到五星级水平

在26家样本企业当中，多数企业披露其精准扶贫规划且有建立扶贫组织体系，扶贫项目类型多为产业扶贫和消费扶贫，设立扶贫产业基金的相对

较少。

中国石化以"渠道扶贫,持久脱贫"为手段,以2.7万家易捷便利店为依托,借助加油站连锁化、标准化、规模化的渠道优势,充分利用线上线下平台,整合营销优势,创新打造全产业链消费扶贫模式,2019年,中国石化直接购买贫困地区农产品5699万元,帮助销售贫困地区农产品2.83亿元。中国石油投入扶贫基金1.52亿元,定点扶助资金较2018年增幅超过73%,在新疆、西藏、青海、重庆、河南、江西、贵州等7个省份的13个县(区)重点推进产业合作、特色旅游、光伏发电、教育培训等精准扶贫项目近70个,数万人从中受益。

5. 石油化工行业抗击疫情指数为33.6分,处于二星级水平、起步者阶段;其中中国石化、LG化学(中国)、中国石油和中国海油4家企业达到五星级水平

研究显示,石油化工行业26家样本企业捐赠上亿元,其中中国石化捐赠5000万元,LG化学(中国)捐赠600万元、山东京博控股捐赠600万元、中国万达集团捐赠356.25万元。

除抗疫捐赠外,26家样本企业还积极协助所在地政府开展防疫工作,在疫情期间支持供应链的稳定发展。中国石化加大装置负荷生产医卫物资原材料,全面介入熔喷料、熔喷布和口罩生产,走出一条"跨界"支援之路;为雷神山、火神山医院免费加油,保障医疗物资供应。中国石油2.1万余座加油站、近2万座便利店加入抗议战斗,成为能源和物资保障的坚强后盾。中国海油将员工生命安全和身体健康放在第一位,强化办公场所及作业现场疫情管控;在海外根据实际情况迅速制定疫情应对方案,建立防控领导小组并开展疫情期间的心理健康服务工作。LG化学(中国)扩展多元化渠道为供应链中下游提供充足原料,优先保障生产抗疫物资客户的产品供应,并向客户支援防护物资,保证客户安全生产。天津渤海化工旗下的泰达环卫公司还建立了新型冠状病毒疑似病例隔离病房,为抗疫医院做好后勤工作。

十七 医药生物制造业社会责任发展指数（2020）

（一）评价结果

本部分评价的医药生物制造业指多学科理论及先进技术的相互结合，采用科学化、现代化的模式，研究、开发、生产药品的产业。除了生物制药外，化学药和中药在制药产业中也占有一定的比例。2020年医药生物制造业评价样本共有23家，样本企业的社会责任发展指数排名及得分如表50所示。

表50 医药生物制造业社会责任发展指数（2020）

单位：分

排名	企业名称	企业性质	CSR专栏	CSR报告	责任管理指数	2020年社会责任发展指数
★★★★（2家）						
1	成都康弘药业集团股份有限公司	民营企业	有	有	57.0	70.7
2	华润医药集团有限公司	其他国有企业	有	有	69.0	70.6
★★★（4家）						
3	石药控股集团有限公司	民营企业	无	有	41.0	58.5
4	中国医药集团有限公司	中央企业	有	无	56.0	57.4
5	浙江华海药业股份有限公司	民营企业	有	有	57.0	51.2
6	上海复星高科技(集团)有限公司	民营企业	无	有	19.0	48.4
★★（1家）						
7	云南白药集团股份有限公司	民营企业	无	有	26.0	38.5
★（16家）						
8	太极集团有限公司	国有企业	有	无	3.0	17.9
9	罗氏中国	外资企业	有	无	8.0	16.8
10	江苏恒瑞医药股份有限公司	民营企业	无	无	4.0	14.6
11	辉瑞中国	外资企业	有	无	13.0	13.4
12	哈药集团有限公司	民营企业	无	无	0.0	13.0
13	拜耳(中国)	外资企业	有	无	6.0	12.9
14	强生(中国)投资有限公司	外资企业	有	无	8.0	10.9

续表

排名	企业名称	企业性质	CSR专栏	CSR报告	责任管理指数	2020年社会责任发展指数
★（16家）						
15	扬子江药业集团	民营企业	有	无	3.0	10.6
16	修正药业集团股份有限公司	民营企业	无	无	0.0	9.8
17	诺华中国	外资企业	有	无	3.0	8.6
18	葛兰素史克(中国)投资有限公司	外资企业	有	无	3.0	7.6
19	费森尤斯医疗投资(中国)有限公司	外资企业	有	无	3.0	7.5
20	阿斯利康(中国)投资有限公司	外资企业	无	无	8.0	7.4
21	广州医药集团有限公司	其他国有企业	无	无	3.0	6.9
22	赛诺菲中国	外资企业	有	无	3.0	5.3
23	默沙东(中国)有限公司	外资企业	有	无	3.0	2.5

（二）阶段性特征

1. 医药生物制造业社会责任发展指数为24.4分，总体处于二星级水平、起步者阶段；康弘药业、华润医药2家企业达到四星级水平、领先者阶段

医药生物制造业社会责任发展指数平均得分为24.4分，整体为二星级，处于起步者阶段，在20个重点行业中排第17位（见图30）。具体来看，四星级企业2家，为康弘药业（70.7分）、华润医药（70.6分）；三星级企业4家；二星级企业1家；一星级企业16家。

2. 医药生物制造业责任管理指数为17.2分，总体处于一星级水平、旁观者阶段

2020年，医药生物制造业责任管理指数为17.2分。其中，华润医药（69.0分）位于四星级水平，康弘药业（57.0分）、华海药业（57.0分）、国药集团（56.0分）、石药集团（41.0分）四家企业位于三星级水平。

从责任管理的具体议题来看，医药生物制造业责任组织得分最高，为22.9分；责任沟通次之，为17.0分；责任融合得分最低，为3.2分。其中，华润医药、康弘药业、国药集团、华海药业在责任组织维度均获得87.5分，达到五星级水平、卓越者阶段（见表51）。

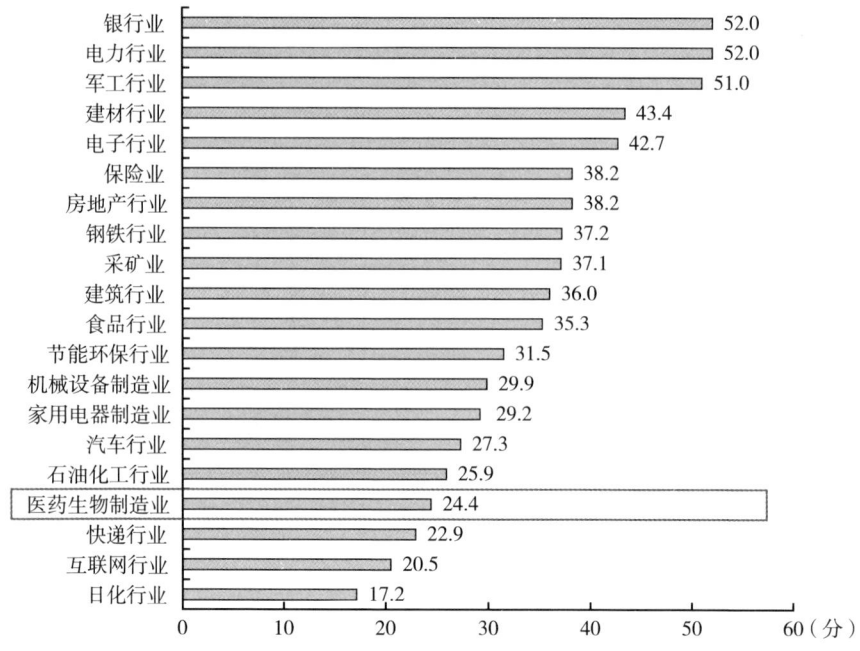

图30 医药生物制造业社会责任发展阶段与排名

表51 医药生物制造业责任管理具体表现

单位：分

责任板块	责任议题	行业平均分	行业最高分	最佳实践
责任管理 （17.2）	责任组织	22.9	87.5	华润医药、康弘药业、国药集团、华海药业
	责任融合	3.2	32.5	华润医药
	责任沟通	17.0	55.0	康弘药业

3. 医药生物制造业责任实践指数为26.1分，处于二星级水平、起步者阶段；社会责任指数高于本质责任指数和环境责任指数

2020年，医药生物制造业责任实践指数平均分为26.1分，处于二星级水平、起步者阶段。其中，社会责任指数表现最佳，为29.0分；本质责任略低于社会责任，为26.4分；环境责任指数得分最低，为22.9分（见表52）。

从议题角度来看，医药生物制造业在股东责任（44.0分）、抗击疫情

(42.3分)、伙伴责任（33.4分）、政府责任（32.8分）方面信息披露水平相对较高。但在安全生产（16.1分）方面表现较差。医药生物制造业应加强安全生产关键信息披露，并以此倒逼社会责任实践的改进。

表52　医药生物制造业责任实践议题得分情况

单位：分

责任板块	责任议题	行业平均分	行业最高分	最佳实践
本质责任（26.4）	股东责任	44.0	100.0	华润医药、康弘药业、国药集团、华海药业、云南白药、复星医药、恒瑞医药、太极集团
	客户责任	21.7	75.0	康弘药业
社会责任（29.0）	政府责任	32.8	100.0	华润医药、康弘药业
	伙伴责任	33.4	100.0	华海药业、石药集团
	员工责任	19.6	91.7	华润医药、康弘药业
	安全生产	16.1	87.5	复星医药
	社区责任	28.6	77.8	石药集团
	抗击疫情	42.3	82.6	康弘药业、扬子江药业
	精准扶贫	21.2	76.7	复星医药
环境责任（22.9）	绿色管理	26.9	92.9	国药集团
	绿色生产	19.0	77.8	复星医药
	绿色运营	21.2	100.0	华润医药、康弘药业、国药集团

4. 医药生物制造业精准扶贫指数为21.2分，处于二星级水平、起步者阶段；复星医药达到四星级、领先者水平

具体分析精准扶贫议题披露情况发现，2020年，医药生物制造业23家样本企业中，扶贫项目类型披露率最高，为37.5%；精准扶贫规划和年度扶贫资金及物资投入相近，分别为29.2%和20.8%；设立扶贫产业基金和建立扶贫组织体系相近，分别为12.5%和8.3%，帮助建档立卡贫困人口脱贫数指标披露率最低，为4.2%（见图31）。

复星医药充分发挥自身在医药和医疗健康产业方面的优势，通过教育扶贫、健康扶贫、社会扶贫、兜底保障等突进开展精准扶贫工作。为助力中国大健康人才培养，复星医药于2013年启动助力大健康专业医药卫生人才培养的奖教学金项目——未来星计划，每年向医药学院给予资助，奖励优秀医

药专业学子，2019年共计发放奖教学金72万元；复星医药及各成员企业积极投入健康扶贫，参与上海复星公益基金会、中国人口福利基金会主办的"乡村医生健康扶贫"项目，在贫困地区开展对口支医，在医院管理、医疗技术、人才培养等方面给予支持和帮助，同时派遣医疗人员开展大型义诊活动；复星医药旗下医院二叶制药向江西新余基金会捐赠100万元，用于扶老、助残、救孤、济困、赈灾等公益事业，定期招录待业残疾人，2019年兜底保障总额达40万元。

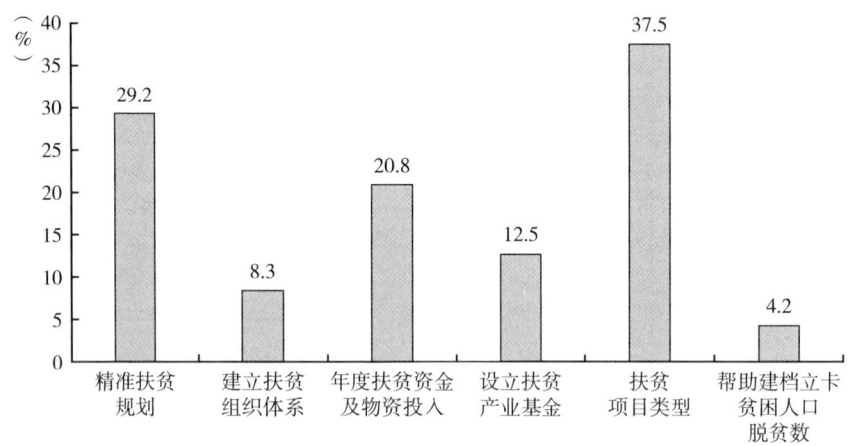

图31　2020年医药生物制造业23家样本企业精准扶贫六项指标披露情况

5. 医药生物制造业抗击疫情指数为42.3分；康弘药业、扬子江药业2家企业达到五星级水平

研究显示，医药生物制造业23家样本企业捐赠73.93亿元，其中华润医药捐赠72.1亿元，扬子江药业、修正药业2家企业均捐赠3500万元，石药集团、强生（中国）2家企业捐赠额均超过2000万元。

除抗疫捐赠外，23家样本企业还积极协助所在地政府开展防疫工作，借助产业链优势，积极生产和储备抗疫药品、抗议物资，保障医疗物资供应、确保价格稳定，做好一线战疫的坚强后盾，为疫情防控筑起坚固的保障防线。此外，多家企业积极进行新冠疫苗研发工作，为疫情防控常态化时代提供更有力的疫情解决方案。

康弘药业向四川省红十字会捐赠了 500 万善款,用于湖北武汉地区以及其他地区的疫情防控工作。与此同时,康弘药业马不停蹄持续筹备相关物资及药品,发挥国际化优势联络海外供应商,紧急筹措紧缺的医用防护用品。目前已为四川省新冠肺炎疫情应急指挥部从以色列采购了一批符合欧盟标准的紧缺防护物资,包括 11000 套医用防护服、1000 套医用护目镜、3000 套医用防护面罩等物资。第二批代采的 10000 套医用防护服已于 2020 年 2 月 9 日从瑞士抵达成都,并交付四川省红十字会。在岗员工安心工作、放心生活,离不开疫情防控信息的正确传播,以及对员工生活的贴心保障。康弘医药成立"新型冠状病毒疫情防控专项小组",制定了系统科学的防控措施,包括全员情况筛查并设立动态台账、排班优化、入场管控、疫情物资点检、园区消毒、取消会议及多种用餐选择等,做到安全不留死角,全力确保员工的个人安全和产品质量。康弘医药用严谨而不失创意的科普信息缓解员工的忧患情绪,传播科学的防疫知识,用安全的解决方案、人性化的后勤保障细致地解决好员工的就餐、交通、宿舍等诸多问题。

十八 快递行业社会责任发展指数（2020）

（一）评价结果

本部分评价的快递行业是指承运方通过铁路、公路、航空等交通方式,运用专用工具、设备和应用软件系统,对快件揽收、分拣、封发、转运、投送、信息录入、查询、市场开发、疑难件等进行处理,以较快的速度将特定的物品运达指定地点或目标客户手中的物流活动,是物流的重要组成部分。2020 年快递行业评价样本共有 12 家,样本企业社会责任发展指数排名及得分情况如表 53 所示。

表53 快递行业社会责任发展指数（2020）

单位：分

排名	企业名称	企业性质	CSR专栏	CSR报告	责任管理指数	2020年社会责任发展指数
★★★（3家）						
1	顺丰控股股份有限公司	民营企业	有	有	37.0	53.4
2	中通快递股份有限公司	民营企业	无	有	41.0	48.0
3	韵达控股股份有限公司	民营企业	无	有	23.0	41.1
★★（3家）						
4	圆通速递股份有限公司	民营企业	无	有	15.0	31.0
5	申通快递股份有限公司	民营企业	无	有	13.0	24.1
6	德邦物流股份有限公司	民营企业	无	有	11.0	20.7
★（6家）						
7	百世物流科技（中国）有限公司	民营企业	无	有	9.0	18.6
8	北京京东物流有限公司	民营企业	有	无	9.0	14.1
9	菜鸟网络科技有限公司	民营企业	无	无	0.0	11.3
10	江苏苏宁物流有限公司	民营企业	无	无	0.0	6.3
11	北京宅急送快运股份有限公司	民营企业	有	无	3.0	5.1
12	优速物流有限公司	民营企业	无	无	0.0	1.3

（二）阶段性特征

1. 快递行业社会责任发展指数为22.9分，处于二星级水平、起步者阶段；顺丰控股、中通快递、韵达股份3家企业达三星级水平、追赶者阶段

快递行业社会责任发展指数为22.9分，处于二星级水平、起步者阶段，在20个重点行业中排第18位（见图32）。具体来看，三星级企业3家，为顺丰控股（53.4分）、中通快递（48.0分）、韵达股份（41.1分）；二星级企业3家，为圆通速递（31.0分）、申通快递（24.1分）、德邦股份（20.7分）；一星级企业6家。

2. 快递行业责任管理指数为13.4分，处于一星级水平、旁观者阶段；仅中通快递1家企业处于三星级水平、追赶者阶段

2020年快递行业责任管理指数为13.4分，处于一星级水平、旁观者阶

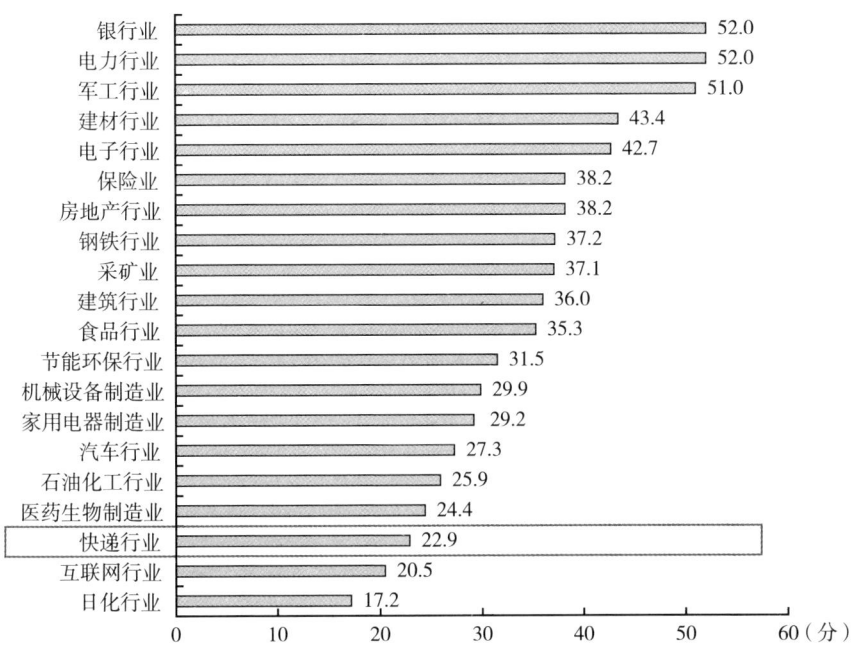

图32 快递行业社会责任发展阶段与排名

段。其中,中通快递(41.0分)达三星级水平、追赶者阶段,顺丰控股(37.0分)和韵达股份(23.0分)2家企业处于二星级水平、起步者阶段。

从责任管理的具体议题来看,快递行业责任沟通得分最高,为17.5分;责任组织次之,为13.8分;责任融合得分最低,为4.6分。其中,中通快递责任组织维度得分为具体议题项最高(57.5分),顺丰控股责任沟通维度得分为具体议题项第二高(45.0分),两者均达三星级水平、追赶者阶段(见表54)。

表54 快递行业责任管理议题得分情况(2020)

单位:分

责任板块	责任议题	行业平均分	行业最高分	最佳实践
责任管理(13.4)	责任组织	13.8	57.5	中通快递
	责任融合	4.6	25.0	申通快递
	责任沟通	17.5	45.0	顺丰控股

3. 快递行业责任实践指数为25.3分,处于二星级水平、起步者阶段;本质责任指数领先于社会责任指数和环境责任指数

2020年快递行业责任实践指数为25.3分,处于二星级水平、起步者阶段。其中,本质责任表现最佳(32.7分),社会责任表现次之(26.7分),两者均处于二星级水平、起步者阶段;环境责任表现最差(18.9分),处于一星级水平、旁观者阶段(见表55)。

从责任实践的具体议题来看,快递行业在绿色运营(61.1分)方面表现最佳,达四星级水平、领先者阶段;股东责任(37.5分)、政府责任(36.7分)、抗击疫情(34.1分)、精准扶贫(31.9分)、客户责任(31.5分)、安全生产(29.2分)、社区责任(24.1分)相对较高,处于二星级水平、起步者阶段;员工责任(17.4分)、伙伴责任(15.8分)、绿色管理(15.5分)、绿色生产(12.8分)方面表现较差,处于一星级水平、旁观者阶段,快递行业应加强此方面信息的披露,并以此倒逼社会责任实践改进。

表55 快递行业责任实践议题得分情况(2020)

单位:分

责任板块	责任议题	行业平均分	行业最高分	最佳实践
本质责任 (32.7)	股东责任	37.5	100.0	顺丰控股、中通快递、德邦股份
	客户责任	31.5	90.6	顺丰控股、中通快递
社会责任 (26.7)	政府责任	36.7	80.0	圆通速递
	伙伴责任	15.8	100.0	顺丰控股、中通快递
	员工责任	17.4	66.7	顺丰控股
	安全生产	29.2	66.7	顺丰控股、韵达股份
	社区责任	24.1	66.7	顺丰控股、申通快递
	抗击疫情	34.1	65.2	顺丰控股、京东物流
	精准扶贫	31.9	83.3	韵达股份、申通快递
环境责任 (18.9)	绿色管理	15.5	57.1	韵达股份
	绿色生产	12.8	30.8	德邦股份、申通快递
	绿色运营	61.1	100.0	德邦股份

4. 快递行业精准扶贫指数为31.9分,处于二星级水平、起步者阶段;韵达股份、申通快递达五星级水平、卓越者阶段

具体分析精准扶贫议题披露情况发现,2020年,快递行业12家样本企业中,精准扶贫规划指标披露率最高,达83.3%;扶贫项目类型指标披露率次之,为50.0%;年度扶贫资金及物资投入指标披露率为25.0%;帮助建档立卡贫困人口脱贫数指标披露率为16.7%;设立扶贫产业基金指标披露率为8.3%;设立扶贫组织体系指标披露率最低,12家样本企业均未披露(见图33)。

韵达股份积极响应国家邮政局"快递三向""两进一出"号召,加强末端寄递能力建设,推动快递服务扩容转型,依托自有电商平台"优递爱",畅通农产品销售渠道,联动物流与电商资源,服务百姓民生,助力乡村振兴。申通快递以"安老、扶幼、助学、济困"为着力点,积极推广"寄递+电商+农产品+农户"的产业扶贫模式,利用自身平台优势,有效解决贫困地区农产品"推广难"问题,2019年申通快递扶贫总投入达2814万元。

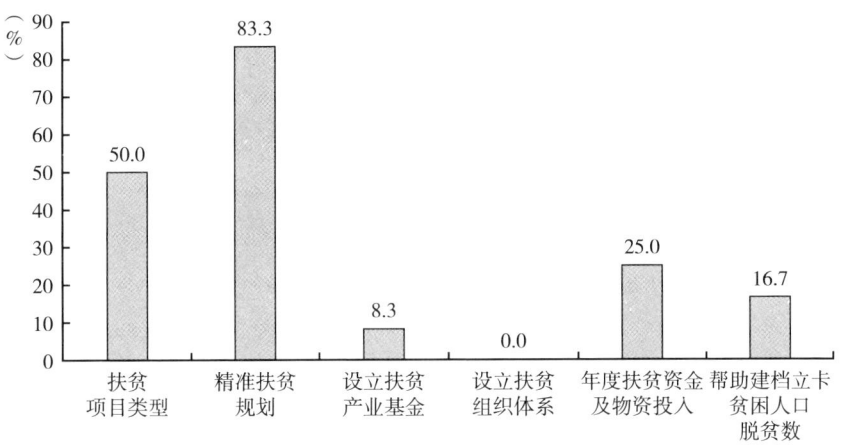

图33 2020年快递行业12家样本企业精准扶贫六项指标披露情况

5. 快递行业抗击疫情指数为34.1分,处于二星级水平、起步者阶段;顺丰控股、京东物流达四星级水平、领先者阶段

研究显示,快递行业12家样本企业抗疫捐赠近3000万元(不含物资折款),其中顺丰控股捐资2000万元。除抗疫捐赠外,12家样本企业还积极

开通绿色通道，全力保障重点地区应急救援物资运输需求；大力推广定点收寄、定点投递、预约投递、智能投递，协同街区做好快递取件点日常管理工作，保障百姓日常生活用品稳定供应；认真做好全网疫情防控工作，保障员工安全健康，推动安全有序复工复产。此外，多家快递企业还主动扩大招聘规模，助力就业形势总体稳定。

面对突如其来的疫情，顺丰控股在极短时间内凝聚各业务板块力量，第一时间完成了大量救援物资的运输，2020年1月24日至4月4日，顺丰控股执行驰援武汉相关航线281班，运输物资6721.37吨，抵达武汉天河机场航班总架次全国第一；运输至湖北的快件1.15亿件、物资1.3万吨。京东物流于2020年1月25日开通全国各地驰援武汉救援物资的特别通道，截至1月31日，累计从全国30余个城市，通过公、铁、空等组合运力，向武汉、黄冈等地各大医院累计运送包含口罩、医用手套、护目镜、消毒液等医疗防疫物资超过236万件。

十九 互联网行业社会责任发展指数（2020）

（一）评价结果

本部分评价的互联网行业指通过互联网为客户提供信息和服务的企业。2020年互联网行业评价样本共有120家，具体来看，涉及电子商务、社交平台、视频直播、网络游戏、交通出行、网络教育、医疗健康、房地产服务、旅游等10个垂直行业。考虑到互联网行业各细分垂直行业的社会影响有较大差异，因此本部分进一步构建了各垂直行业的社会责任发展指数评价指标体系，以进行更加科学、精细的评分。

社会责任发展指数排名前20的样本企业得分及各垂直行业社会责任发展指数得分见表56至表66。

1. 互联网行业社会责任发展指数排名前20位（2020）

表56 互联网行业社会责任发展指数排名前 20 位（2020）

单位：分

排名	企业名称*	垂直行业	CSR专栏	CSR报告	责任管理指数	2020年社会责任发展指数
★★★★（1家）						
1	腾讯（微信、QQ）	社交平台	有	有	52.0	64.7
★★★（9家）						
2	阿里巴巴（淘宝、天猫、盒马鲜生、饿了么）	电子商务	有	有	25.0	56.7
3	腾讯视频	视频直播	无	有	52.0	53.8
4	腾讯游戏	网络游戏	有	有	52.0	53.7
5	美团	电子商务	有	无	54.0	53.1
6	快手	视频行业	有	有	19.0	50.9
7	搜狗（人工智能）	人工智能	有	有	52.0	49.9
8	三七互娱	网络游戏	有	有	39.0	49.1
9	苏宁易购	电子商务	有	有	34.0	45.6
10	贝壳找房	房地产服务	无	有	29.0	44.3
★★（10家）						
11	抖音	视频直播	无	无	0.0	37.8
12	国美	电子商务	无	无	10.0	37.0
12	微医	医疗健康	无	无	0.0	37.0
14	网易（严选、考拉）	电子商务	无	无	0.0	36.9
14	拼多多	电子商务	无	无	3.0	36.9
14	平安好医生	医疗健康	无	无	5.0	36.9
17	阿里健康	医疗健康	无	无	8.0	36.7
18	百度（人工智能）	人工智能	无	无	12.0	36.5
19	乐有家	房地产服务	无	无	0.0	36.0
19	百度贴吧	社交平台	无	有	7.0	36.0

2. 互联网垂直行业社会责任发展指数排名（2020）

表57　电子商务行业社会责任发展指数（2020）

排名	企业名称	CSR专栏	CSR报告	责任管理指数	2020年社会责任发展指数
★★★（3家）					
1	阿里巴巴（淘宝、天猫、盒马鲜生、饿了么）	有	有	25.0	56.7
2	美团	有	无	54.0	53.1
3	苏宁易购	有	有	34.0	45.6
★★（3家）					
4	国美	无	无	10.0	37.0
5	网易（严选、考拉）	无	无	0.0	36.9
5	拼多多	无	无	3.0	36.9
★（9家）					
7	唯品会	无	无	0.0	14.3
8	京东	无	无	3.0	13.4
9	小红书	有	无	3.0	8.6
10	聚美优品	无	无	0.0	7.8
11	蘑菇街	无	无	0.0	6.3
12	本来生活	无	无	0.0	6.0
13	当当	无	无	3.0	3.1
14	每日优鲜	无	无	0.0	2.8
15	瑞幸咖啡	无	无	0.0	2.0

表58　社交平台行业社会责任发展指数（2020）

排名	企业名称	CSR专栏	CSR报告	责任管理指数	2020年社会责任发展指数
★★★★（1家）					
1	腾讯（微信、QQ）	有	有	52.0	64.7
★★（3家）					
2	百度贴吧	无	有	7.0	36.0
3	陌陌	无	无	0.0	27.0
4	微博	无	无	0.0	26.0
★（6家）					
5	探探	无	无	0.0	17.5
6	辣妈帮	无	无	0.0	14.5

续表

排名	企业名称	CSR专栏	CSR报告	责任管理指数	2020年社会责任发展指数
★(6家)					
7	有缘	无	无	0.0	12.8
8	珍爱	无	无	0.0	12.5
9	百合佳缘	无	无	0.0	10.8
10	Soul	无	无	0.0	5.0

表59 视频直播行业社会责任发展指数（2020）

排名	企业名称	CSR专栏	CSR报告	责任管理指数	2020年社会责任发展指数
★★★(2家)					
1	腾讯视频	无	有	52.0	53.8
2	快手	有	有	19.0	50.9
★★(7家)					
3	抖音	无	无	0.0	37.8
4	优酷土豆	无	无	8.0	34.5
5	映客	有	无	3.0	27.4
6	虎牙直播	无	无	0.0	23.5
6	哔哩哔哩	无	无	0.0	23.5
8	斗鱼直播	无	无	0.0	22.5
8	爱奇艺	无	无	0.0	22.5
★(6家)					
10	花椒直播	无	无	0.0	14.0
10	搜狐视频	无	无	0.0	14.0
12	咪咕视频	无	无	0.0	11.5
13	一直播	无	无	0.0	8.5
14	西瓜视频	无	无	0.0	7.5
15	秒拍	无	无	0.0	2.0

表60 网络游戏行业社会责任发展指数（2020）

排名	企业名称	CSR专栏	CSR报告	责任管理指数	2020年社会责任发展指数
★★★(2家)					
1	腾讯游戏	有	有	52.0	53.7
2	三七互娱	有	有	39.0	49.1

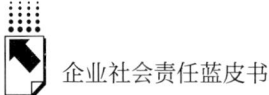

续表

排名	企业名称	CSR专栏	CSR报告	责任管理指数	2020年社会责任发展指数
★★（7家）					
3	恺英网络	无	有	26.0	35.0
4	完美世界	有	有	39.0	28.3
5	游族网络	无	无	0.0	24.0
6	巨人	无	无	0.0	23.5
7	网易游戏	无	无	0.0	22.5
8	波克城市	无	无	3.0	21.1
9	网龙	无	无	0.0	21.0
★（11家）					
10	360游戏	无	无	0.0	18.0
10	四三九九	无	无	0.0	18.0
12	掌趣科技	无	无	0.0	16.0
13	盛大游戏\盛趣游戏	无	无	0.0	14.8
14	英雄互娱	无	无	0.0	14.3
15	乐逗	有	无	3.0	14.1
16	世纪天成	无	无	0.0	13.0
17	搜狐畅游	无	无	0.0	9.3
18	乐道	无	无	0.0	6.5
19	金山游戏	无	无	0.0	4.5
20	空中网	无	无	0.0	2.8

表61 交通出行行业社会责任发展指数（2020）

排名	企业名称	CSR专栏	CSR报告	责任管理指数	2020年社会责任发展指数
★★（4家）					
1	美团打车	无	无	3.0	36.0
2	快狗打车	无	无	8.0	35.0
3	曹操出行	无	无	0.0	30.8
4	嘀嗒出行	有	无	10.0	30.3
★（6家）					
5	滴滴出行	有	无	3.0	15.1
6	首汽约车	无	无	0.0	10.8
7	货拉拉	无	无	0.0	8.5

续表

排名	企业名称	CSR专栏	CSR报告	责任管理指数	2020年社会责任发展指数
★(6家)					
8	神州专车	无	无	0.0	8.3
9	摩拜	无	无	5.0	8.0
10	易到用车	无	无	0.0	3.5

表62 网络教育行业社会责任发展指数（2020）

排名	企业名称	CSR专栏	CSR报告	责任管理指数	2020年社会责任发展指数
★★(2家)					
1	新东方	有	无	3.0	32.4
2	好未来(学而思)	有	无	6.0	29.7
★(8家)					
3	猿辅导(猿题库、小猿搜题)	无	无	0.0	17.5
4	51Talk	无	无	0.0	16.0
5	作业帮	无	无	0.0	15.8
6	尚德机构	有	无	0.0	14.0
7	学霸君	无	无	0.0	13.8
8	掌门1对1	无	无	5.0	13.5
9	VIPKID	无	无	0.0	13.3
10	小盒科技(原作业盒子)	无	无	0.0	10.3

表63 医疗健康行业社会责任发展指数（2020）

排名	企业名称	CSR专栏	CSR报告	责任管理指数	2020年社会责任发展指数
★★(3家)					
1	微医	无	无	0.0	37.0
2	平安好医生	无	有	5.0	36.9
3	阿里健康	无	无	8.0	36.7
★(7家)					
4	丁香园	无	无	0.0	12.0
5	健康160	无	无	0.0	11.5
6	健客网	无	无	0.0	10.8
7	春雨医生	无	无	0.0	10.5
8	健康之路	无	无	0.0	8.5
9	好大夫在线	无	无	0.0	6.0
10	医护到家	无	无	0.00	2.0

表64 房地产服务行业社会责任发展指数（2020）

排名	企业名称	CSR专栏	CSR报告	责任管理指数	2020年社会责任发展指数
★★★（1家）					
1	贝壳找房	无	有	29.0	44.3
★★（4家）					
2	乐有家	无	无	0.0	36.0
3	蛋壳公寓	无	无	0.0	32.0
4	房天下	无	无	0.0	26.3
5	链家网	无	无	0.0	25.8
★（5家）					
6	房多多	无	无	0.0	18.3
7	自如	无	无	0.0	17.0
8	安居客	无	无	0.0	7.3
8	我爱我家	无	无	0.0	7.3
10	诸葛找房	无	无	0.0	5.5

表65 旅游行业社会责任发展指数（2020）

排名	企业名称	CSR专栏	CSR报告	责任管理指数	2020年社会责任发展指数
★（10家）					
1	途牛旅游网	无	无	0.0	18.8
2	驴妈妈旅游网	无	无	0.0	18.0
3	同程艺龙网	无	无	0.0	17.0
4	马蜂窝	无	无	0.0	15.8
5	飞猪旅行网	无	无	8.0	15.6
6	去哪儿网	无	无	0.0	15.0
7	携程网	有	无	11.0	14.2
8	穷游网	无	无	0.0	13.0
9	欣欣旅游网	无	无	0.0	7.0
10	春秋旅游网	无	无	0.0	4.3

表66 人工智能行业社会责任发展指数（2020）

排名	企业名称	CSR专栏	CSR报告	责任管理指数	2020年社会责任发展指数
★★★（1家）					
1	搜狗（人工智能）	有	有	52.0	49.9
★★（4家）					
2	百度（人工智能）	无	无	12.0	36.5
3	海康威视	有	有	28.0	35.7
3	科大讯飞	有	有	24.0	35.7
5	云从科技	无	无	33.0	21.6
★（5家）					
6	寒武纪	无	无	5.0	17.0
7	依图科技	无	无	0.0	15.5
8	旷视科技	无	无	5.0	15.0
8	商汤科技	无	无	5.0	15.0
10	国双	无	有	8.0	11.1

（二）阶段性特征

1. 互联网行业社会责任发展指数为20.5分，总体处于二星级水平、起步者阶段；腾讯（微信、QQ）达到四星级水平、领先者阶段

互联网行业社会责任发展指数平均得分为20.5分，整体为二星级，处于起步者阶段，在20个重点行业中排第19位（见图34）。具体来看，四星级企业1家，为腾讯（微信、QQ）（64.7分）；三星级企业9家；二星级企业37家；一星级企业73家（见图35）。

2. 互联网垂直行业社会责任发展指数差异较小；6个垂直行业社会责任发展指数达到二星级水平、起步者阶段

互联网垂直行业社会责任发展指数差异较小。人工智能得分最高，为25.3分；社交平台和视频直播得分相近，分别为22.7分和22.6分；电子商务和房地产服务行业紧随其后，分别为22.1分和22.0分；网络游戏得分为20.5分；交通出行（18.6分）、网络教育（17.6分）、医疗健康（17.2

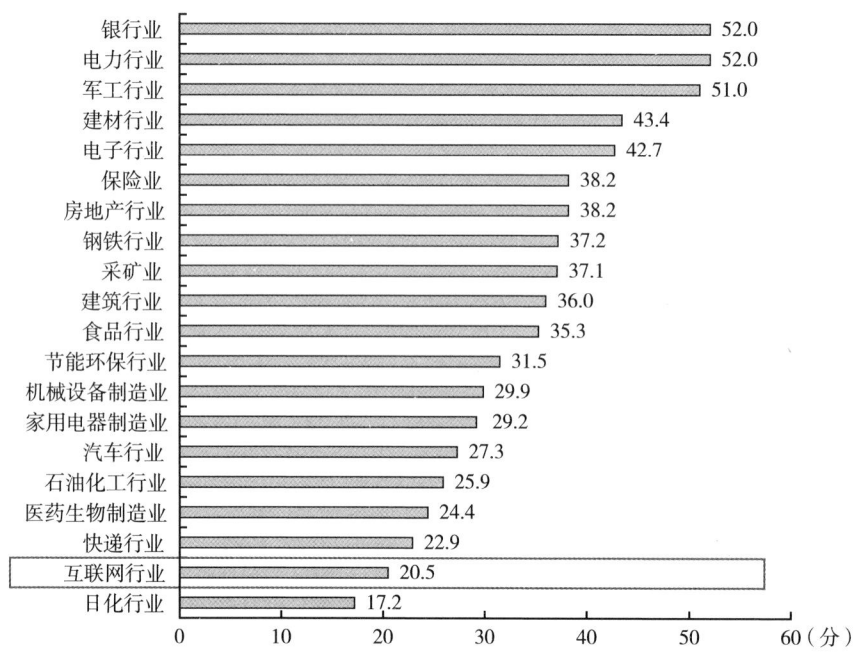

图34 2020年互联网行业社会责任发展阶段与排名

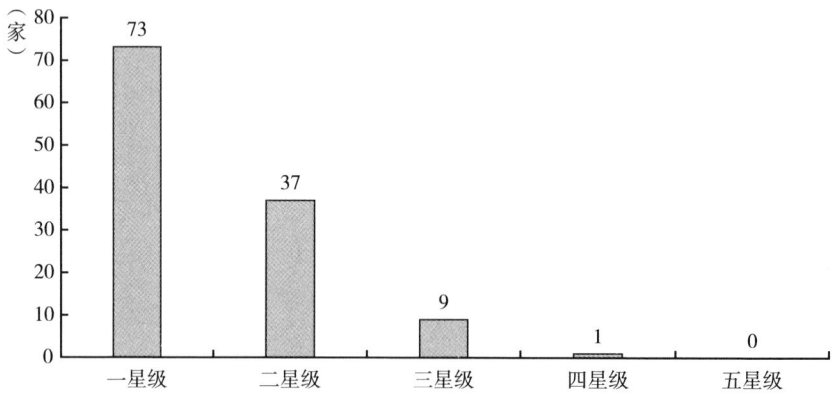

图35 2020年互联网行业120家样本社会责任发展指数星级分布

分)、旅游行业（13.9分）4个垂直行业均处于一星级水平、旁观者阶段（见图36）。

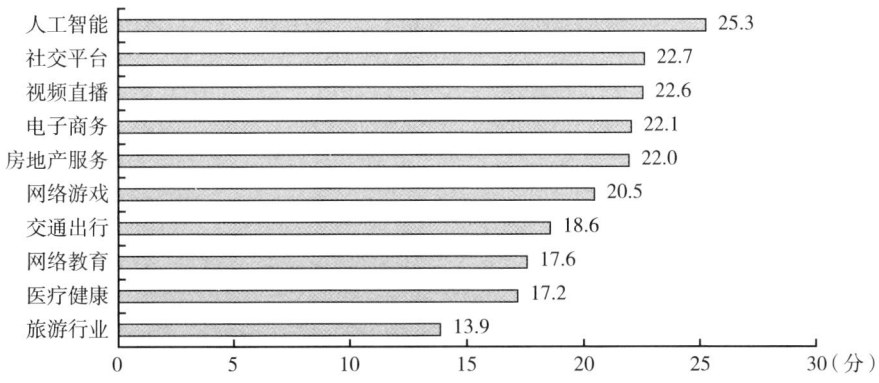

图36　2020年互联网垂直行业社会责任发展指数得分情况

3. 互联网行业责任管理指数为6.0分，总体处于一星级水平、旁观者阶段

2020年，互联网行业责任管理指数为6.0分。其中，美团（54.0分）、腾讯游戏（52.0分）、腾讯视频（52.0分）等5家企业达到三星级水平，三七互娱（39.0分）、完美世界（39.0分）、苏宁易购（34.0分）等9家企业处于二星级水平。

从责任管理的具体议题来看，互联网行业责任组织得分最高，为7.1分；责任沟通次之，为7.0分；责任融合得分最低，为1.7分（见表67）。

表67　互联网行业责任管理具体表现

单位：分

责任板块	责任议题	行业平均分	行业最高分	最佳实践
责任管理（6.0）	责任组织	7.1	100.0	搜狗（人工智能）
	责任融合	1.7	35.0	腾讯游戏、腾讯视频、腾信（微信、QQ）
	责任沟通	7.0	55.0	阿里巴巴（淘宝、天猫、盒马鲜生、饿了么）

从互联网垂直行业来看，人工智能责任管理指数最高，达17.2分；电子商务和网络游戏次之，分别为9.0分和8.1分；社交平台和视频直播相近，为5.9分和5.5分；房地产服务和交通出行分数相同，为2.9分；旅游行业为1.9分；网络教育和医疗健康分别为1.4分和1.3分（见图37）。

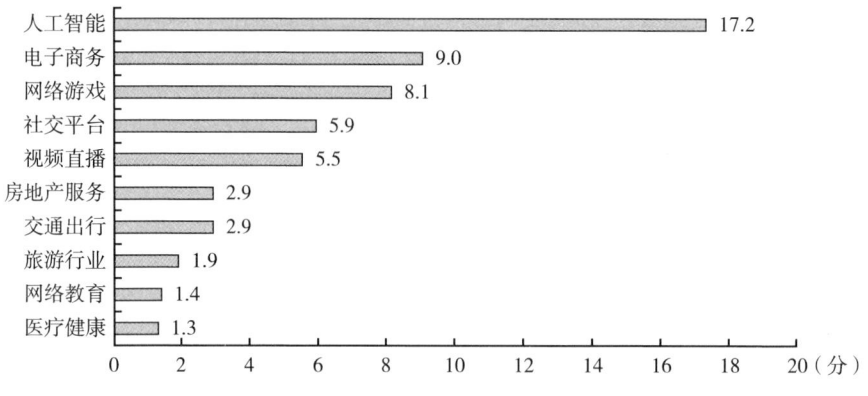

图 37 2020 年互联网垂直行业责任管理指数得分对比

4. 互联网行业责任实践指数为 23.1 分，处于二星级水平、起步者阶段；本质责任指数领先于社会责任和环境责任

2020 年，互联网业责任实践指数为 23.1 分，处于二星级水平、起步者阶段。其中，本质责任指数表现最佳，为 29.2 分；社会责任略低于本质责任，为 24.4 分；环境责任指数得分最低，为 9.4 分（见表 68）。具体来看，人工智能责任实践指数最高，为 31.4 分，房地产服务（26.8 分）、网络游戏（25.1 分）、社交平台（25.0 分）、视频直播（25.0 分）、网络教育（21.7 分）、交通出行（22.0 分）同处于起步者阶段；电子商务（19.7 分）、旅游行业（16.8 分）、医疗健康（15.9 分）相对较低，仍处于一星级水平、旁观者阶段（见图 38）。

从议题角度来看，互联网行业在抗击疫情（55.4 分）方面的信息披露水平相对较高，处于三星级水平，追赶者阶段；客户责任（31.8 分）、伙伴责任（26.9 分）、股东责任（24.9 分）、政府责任（22.2 分）四项议题处于二星级水平，起步者阶段；精准扶贫（18.1 分）、社区责任（16.8 分）、绿色运营（12.9 分）、安全生产（10.2 分）、员工责任（8.7 分）、绿色管理（7.8 分）、绿色生产（3.2 分）得分较低，处于一星级、旁观者阶段。

表68 互联网行业责任议题得分情况

单位：分

责任板块	责任议题	行业平均分	行业最高分	最佳实践
本质责任 （29.2）	股东责任	24.9	100.0	科大讯飞
	客户责任	31.8	92.1	海康威视
社会责任 （24.4）	政府责任	22.2	91.0	搜狗（人工智能）
	伙伴责任	26.9	100.0	搜狗（人工智能）、百度（人工智能）
	员工责任	8.7	88.0	三七互娱
	安全生产	10.2	100.0	腾讯（微信、QQ）、海康威视、美团打车
	社区责任	16.8	100.0	腾讯（微信、QQ）
	抗击疫情	55.4	92.2	阿里巴巴（淘宝、天猫、盒马鲜生、饿了么）
	精准扶贫	18.1	75.0	恺英网络、网易游戏
环境责任 （9.4）	绿色管理	7.8	100.0	腾讯游戏、腾讯视频、腾讯（微信、QQ）
	绿色生产	3.2	100.0	百度贴吧
	绿色运营	12.9	100.0	腾讯视频、阿里巴巴（淘宝、天猫、盒马鲜生、饿了么）、百度贴吧

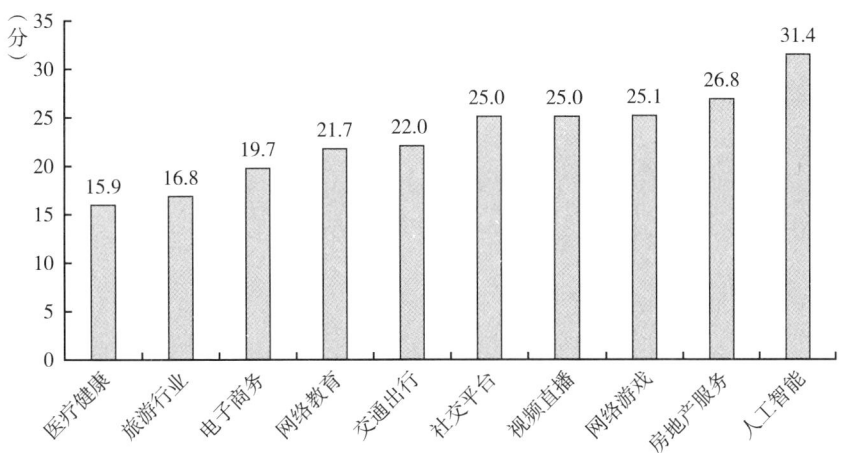

图38 2020年互联网垂直行业责任实践议题得分对比

5. 互联网行业精准扶贫指数为18.1分，处于一星级水平、旁观者阶段

互联网行业精准扶贫指数为18.1分，处于一星级水平、旁观者阶段。视频直播精准扶贫指数得分最高，为38.8分，达到二星级水平、起步者阶段；网络教育得分次之，为28.8分；旅游行业得分最低，仅为2.5分（见图39）。

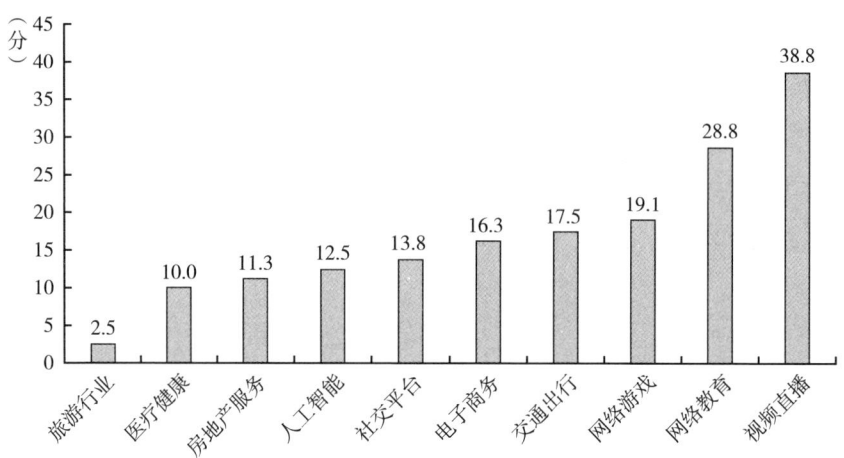

图39 2020年互联网垂直行业精准扶贫得分对比

具体分析精准扶贫议题披露情况发现，2020年，互联网行业120家样本企业中，扶贫项目类型披露率最高，达到38.3%（46家）；精准扶贫规划披露率为33.3%（40家），年度扶贫资金及物资投入和建立扶贫组织体系相近，分别为9.2%（11家）和8.3%（10家），设立扶贫产业基金和帮助建档立卡贫困人口脱贫数披露率较低，分别为3.3%（4家）和2.5%（3家）（见图40）。

在流量支持的背景下，快手启动"福苗计划"，与各贫困地区政府合作，甄选地域性扶贫山货，由招募的达人、MCN机构和服务商等合作，以直播带货形式促进销售、推广特色品牌，助力消费扶贫；苏宁易购线下深入乡村市场以及国家级贫困县开设苏宁扶贫实训店、苏宁易购零售云店，共覆盖184个国家级贫困县，同时线上，依托苏宁易购中华特色馆、苏宁拼购、苏宁超市等频道，惠及全国1万余个贫困村，761万贫困人口。

6. 互联网行业抗击疫情指数为55.4分，处于三星级水平、追赶者阶段

互联网行业抗击疫情指数为55.4分，处于三星级水平、追赶者阶段。

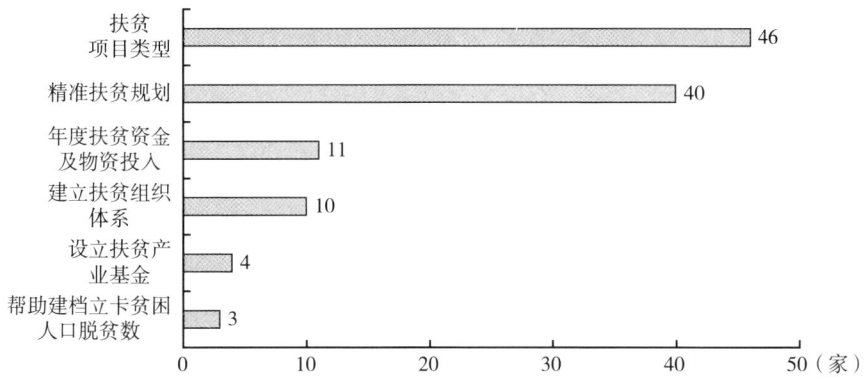

图40 2020年互联网行业120家样本企业精准扶贫六项指标披露情况

从垂直行业来看，12个垂直行业抗击疫情指数得分均在40分以上。其中，房地产服务、电子商务、网络教育3个垂直行业得分为68.7分、67.9分、63.0分，均在60分以上，达到三星级水平、追赶者阶段；社交平台得分最低（见图41）。

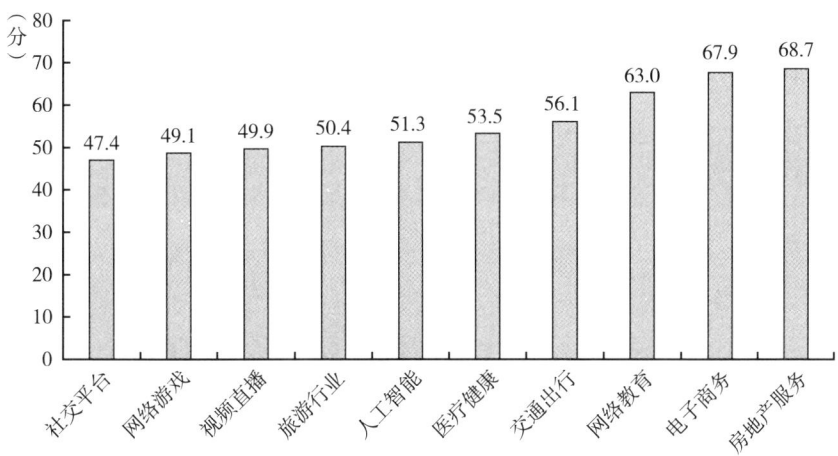

图41 2020年互联网垂直行业抗击疫情指数对比

具体分析抗击疫情议题披露情况发现，2020年，互联网行业120家样本企业中，"支持社区抗击疫情"的披露率最高，达到80.8%（97家）；

"稳定就业"披露率次之,达62.5%(75家);"抗击疫情投入总额"披露率为42.5%(51家),"供应链帮扶"披露率为35.0%(42家),"保障员工健康"披露率相对较低,为26.7%(32家)(见图42)。

除"输血"外,腾讯健康、腾讯医典、企业微信、腾讯会议、微信和QQ等产品和平台,快速推出和不断迭代远程诊疗、线上会议、健康出行、线上课堂等各类服务,助力抗击疫情、推进复产复工;阿里巴巴集团联合蚂蚁金服集团减免平台商家经营费用,为商家提供低息甚至免息贷款,同时为企业开放更多数字化服务能力,帮助企业远程办公和管理等,帮助商家尽快渡过难关。

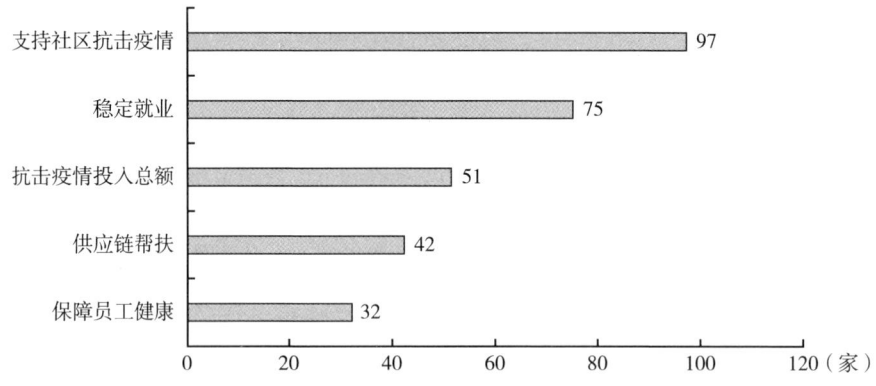

图42 2020年互联网行业120家样本企业抗击疫情五项指标披露情况

二十 日化行业社会责任发展指数(2020)

(一)评价结果

本部分评价的日化行业主要包括从事肥皂及合成洗涤剂制造、化妆品制造、口腔清洁用品制造、香料及香精制造等相关企业。2020年日化行业评价样本共有27家,样本企业社会责任发展指数排名及得分情况如表69所示。

表69 日化行业社会责任发展指数（2020）

单位：分

排名	企业名称	企业性质	CSR专栏	CSR报告	责任管理指数	2020年社会责任发展指数
★★★★（1家）						
1	爱茉莉太平洋(中国)	外资企业	有	有	66.0	67.5
★★★（2家）						
2	广州立白企业集团有限公司	民营企业	有	有	37.0	47.2
3	玫琳凯(中国)化妆品有限公司	外资企业	有	有	35.0	42.8
★★（6家）						
4	上海家化联合股份有限公司	民营企业	有	有	23.0	36.6
5	伽蓝(集团)股份有限公司	民营企业	有	有	33.0	34.1
6	欧莱雅(中国)有限公司	外资企业	有	无	42.0	27.4
7	珀莱雅化妆品股份有限公司	民营企业	有	无	9.0	27.3
8	资生堂(中国)投资有限公司	外资企业	有	无	42.0	25.7
9	花王(中国)投资有限公司	外资企业	有	无	33.0	21.9
★（18家）						
10	江苏隆力奇生物科技股份有限公司	民营企业	有	无	6.0	15.2
11	宝洁(中国)有限公司	外资企业	有	无	5.0	14.8
12	联合利华(中国)有限公司	外资企业	有	无	3.0	14.4
13	汉高(中国)投资有限公司	外资企业	有	无	13.0	14.1
14	安利(中国)日用品有限公司	外资企业	有	无	3.0	11.9
14	纳爱斯集团有限公司	民营企业	有	无	8.0	11.9
16	强生(中国)投资有限公司	外资企业	有	无	8.0	10.9
17	上海相宜本草化妆品股份有限公司	民营企业	有	无	8.0	6.9
18	高丝化妆品有限公司	外资企业	无	无	0.0	6.5
19	雅诗兰黛集团中国公司	外资企业	无	无	0.0	5.0
20	拜尔斯道夫个人护理用品(中国)有限公司	外资企业	有	无	8.0	4.6
21	上海上美化妆品有限公司	民营企业	无	无	0.0	4.3
22	天津郁美净集团有限公司	民营企业	无	无	0.0	4.0
23	雅芳(中国)有限公司	外资企业	无	无	0.0	2.5
24	浙江欧诗漫集团有限公司	民营企业	无	无	0.0	2.3
25	广州逸仙电子商务有限公司	民营企业	无	无	0.0	2.0
26	福建片仔癀化妆品有限公司	其他国有企业	无	无	0.0	1.8
27	上海百雀羚日用化学有限公司	民营企业	无	无	0.0	0.3

（二）阶段性特征

1. 日化行业社会责任发展指数为17.2分，处于一星级水平、旁观者阶段；仅爱茉莉太平洋（中国）1家企业达到四星级水平、领先者阶段

2020年，日化行业社会责任发展指数为17.2分，处于一星级水平、旁观者阶段，在20个重点行业中排第20位（见图43）。具体来看，日化行业企业得分差距较大。其中，爱茉莉太平洋（中国）得分最高（67.5分），是唯一达四星级水平、领先者阶段的企业；三星级企业2家，为立白集团、玫琳凯（中国）；二星级企业6家，为上海家化、伽蓝集团、欧莱雅（中国）、珀莱雅、资生堂（中国）、花王（中国）；一星级企业数量最多，共18家。

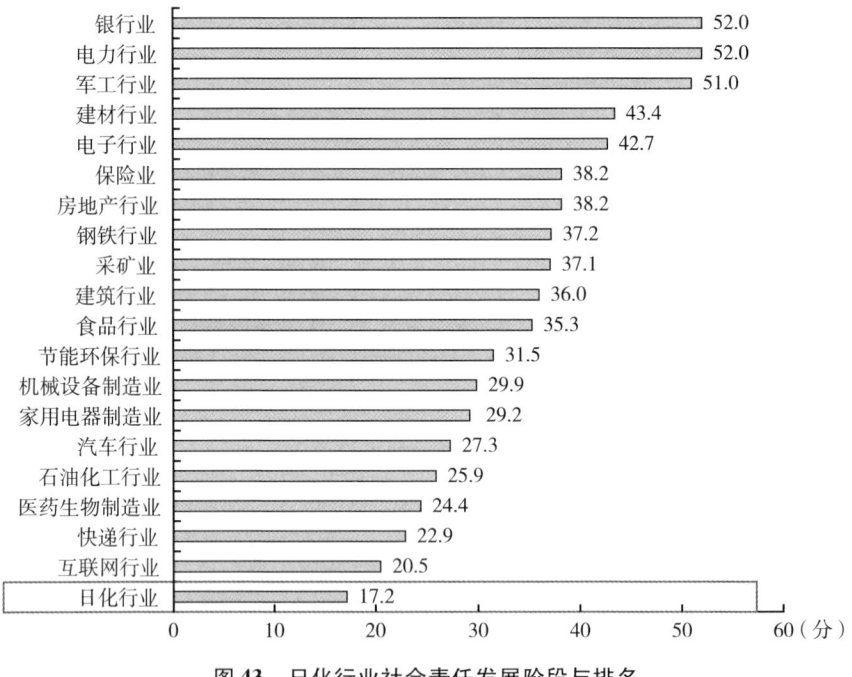

图43　日化行业社会责任发展阶段与排名

2. 日化行业责任管理指数为14.1分，处于一星级水平、旁观者阶段；仅爱茉莉太平洋（中国）1家企业达四星级水平、领先者阶段

2020年，日化行业责任管理指数为14.1分，处于一星级水平、旁观者阶段。具体来看，日化行业责任管理指数企业间得分差距较大。其中，爱茉莉太平洋（中国）得分最高（66.0分），是唯一达四星级水平、领先者阶段的企业；欧莱雅（中国）、资生堂（中国）2家企业达三星级水平、追赶者阶段，均为42.0分；二星级企业5家，为立白集团、玫琳凯（中国）、伽蓝集团、花王（中国）、上海家化；一星级企业数量最多，共19家。

从责任管理的具体议题来看，日化行业责任组织、责任融合、责任沟通均处于一星级水平、旁观者阶段，责任组织表现最佳（19.0分），责任沟通表现次之（13.8分），责任融合表现最差（5.2分）。其中，爱茉莉太平洋（中国）、欧莱雅（中国）、资生堂（中国）责任组织表现为责任管理具体议题项最优（87.5分），处于五星级水平、卓越者阶段（见表70）。

表70 日化行业责任管理议题得分情况（2020）

单位：分

责任板块	责任议题	行业平均分	行业最高分	最佳实践
责任管理（14.1）	责任组织	19.0	87.5	爱茉莉太平洋(中国)、欧莱雅(中国)、资生堂(中国)
	责任融合	5.2	25.0	爱茉莉太平洋(中国)、宝洁(中国)
	责任沟通	13.8	65.0	爱茉莉太平洋(中国)

3. 日化行业责任实践指数为17.9分，处于一星级水平、旁观者阶段；其中社会责任指数表现优于环境责任和本质责任

2020年日化行业责任实践指数为17.9分，处于一星级水平、旁观者阶段。具体来看，日化行业责任实践不同维度间得分差距不大。其中，社会责任表现最佳（20.3分），处于二星级水平、起步者阶段；环境责任表现次之（17.2分），本质责任表现最差（15.4分）（见表71）。

从责任实践的具体议题来看，日化行业在绿色运营（31.6分）、抗击疫情（27.2分）、伙伴责任（27.0分）、社区责任（26.4分）、政府责任（24.6分）方面表现处于二星级水平、起步者阶段；在客户责任（18.8分）、绿色管理（18.7分）、员工责任（13.0分）、安全生产（11.1分）、

绿色生产（10.6分）、股东责任（9.0分）、精准扶贫（8.3分）方面表现处于一星级水平、旁观者阶段，亟待加强此方面关键信息披露。

表71　日化行业责任实践议题得分情况（2020）

单位：分

责任板块	责任议题	行业平均分	行业最高分	最佳实践
本质责任 （15.4）	股东责任	9.0	100.0	珀莱雅
	客户责任	18.8	76.9	立白集团
社会责任 （20.3）	政府责任	24.6	80.0	隆力奇
	伙伴责任	27.0	100.0	欧莱雅（中国）
	员工责任	13.0	83.3	爱茉莉太平洋（中国）
	安全生产	11.1	83.3	爱茉莉太平洋（中国）
	社区责任	26.4	100.0	玫琳凯（中国）
	抗击疫情	27.2	69.6	珀莱雅
	精准扶贫	8.3	58.3	相宜本草
环境责任 （17.2）	绿色管理	18.7	71.4	爱茉莉太平洋（中国）、立白集团
	绿色生产	10.6	70.8	爱茉莉太平洋（中国）
	绿色运营	31.6	100.0	爱茉莉太平洋（中国）、立白集团

4. 日化行业精准扶贫指数为8.3分，处于一星级水平、旁观者阶段；仅相宜本草1家企业达三星级水平、追赶者阶段

具体分析精准扶贫议题披露情况发现，2020年日化行业27家样本企业中，精准扶贫规划指标披露率最高，为29.6%；年度扶贫资金及物资投入指标披露率次之，为7.4%；扶贫项目类型、设立扶贫产业基金和设立扶贫组织体系3个指标披露率相同，为3.7%；帮助建档立卡贫困人口脱贫数指标披露率最低，27家样本企业均未披露（见图44）。总体来说，日化行业精准扶贫维度信息披露程度低。

相宜本草将"万企帮万村"精准扶贫行动与产业发展紧密结合，组建专业考察团队前往上海对口支援地区云南省开展深度调研，并在楚雄、澄江、普洱等地区建立山茶花、睡莲、黑茶等中草药种植基地，通过产业扶贫带动民生改善。爱茉莉太平洋（中国）针对贫困地区女性开设"两癌筛查"项目，4年来已累计为7万余名贫困女性送去了免费"两癌"筛查，向20多万名女性普及了相关健康知识，成为健康扶贫领域的重要社会力量。

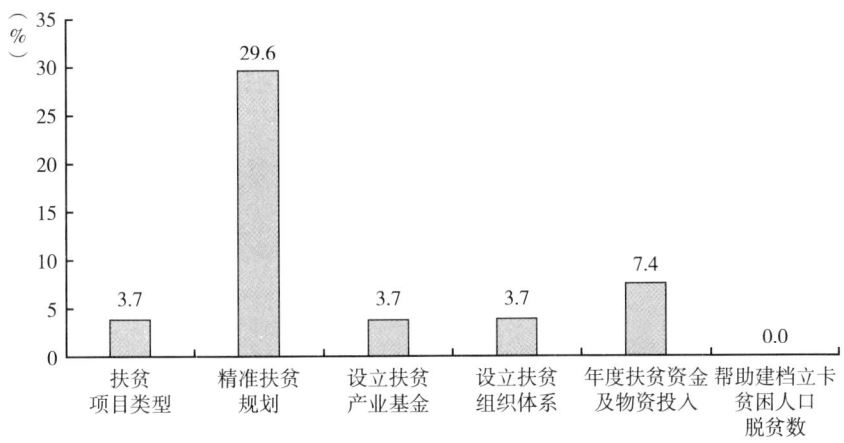

图44　日化行业27家样本企业精准扶贫六项指标披露情况

5. 日化行业抗击疫情指数为27.2分，处于二星级水平、起步者阶段；仅珀莱雅1家企业达四星级水平、领先者阶段

具体分析抗击疫情议题披露情况发现，日化行业27家样本企业抗疫捐赠超3亿元。除抗疫捐赠外，日化企业还积极通过"快复产、保供应、促运输"，实现消毒杀菌产品及时供应，并将员工防疫视为防控工作的重中之重，通过建立行动轨迹台账、办公场所消杀、为员工提供防疫物资等措施，做好员工防疫防控。此外，多家日化企业还主动稳定就业，扩大招聘规模，同心抗疫、共克时艰。

疫情发生后，珀莱雅第一时间成立疫情应对专项小组，组织团队多渠道采购前线急需医疗防护物资，并在此基础上设立1500万元慈善公益资金，用于医疗物资采买、现金捐赠和被感染员工、合作伙伴及其家属资助以及其他慈善公益事业。立白集团及其控股公司捐赠2亿元消毒除菌产品，并顺利调动1000多辆车辆，将超过1万吨的消毒除菌产品提前5天送达全国363座城市的2000多家定点收治医院，用实际行动支援防疫一线工作。

附 录

Appendices

B.8 附录一 中国企业300强社会责任发展指数排名（2020）

单位：分

排名	企业名称	行业	企业性质	CSR专栏	CSR报告	社会责任发展指数	星级
1	华润（集团）有限公司	混业（电力生产业；酒精及饮料酒制造业；房地产开发业）	中央企业	有	有	92.9	★★★★★
2	三星（中国）投资有限公司	混业（电子产品及电子元件制造业；通信设备制造业）	外资企业	有	有	91.6	★★★★★
3	中国华电集团有限公司	电力生产业	中央企业	有	有	88.4	★★★★★
4	现代汽车集团（中国）	交通运输设备制造业	外资企业	有	有	87.2	★★★★★
5	中国石油化工集团有限公司	石油和天然气开采业与加工业	中央企业	有	有	87.1	★★★★★

附录一 中国企业300强社会责任发展指数排名（2020）

续表

排名	企业名称	行业	企业性质	CSR专栏	CSR报告	社会责任发展指数	星级
6	中国华能集团有限公司	电力生产业	中央企业	有	有	86.9	★★★★★
6	中国建材集团有限公司	非金属矿物制品业	中央企业	有	有	86.9	★★★★★
8	国家开发投资集团有限公司	混业（电力生产业；一般采矿业；交通运输服务业）	中央企业	有	有	85.3	★★★★★
8	中国第一汽车集团有限公司	交通运输设备制造业	中央企业	有	有	85.3	★★★★★
10	东风汽车集团有限公司	交通运输设备制造业	中央企业	有	有	85.2	★★★★★
10	中国南方电网有限责任公司	电力供应业	中央企业	有	有	85.2	★★★★★
12	中国黄金集团有限公司	一般采矿业	中央企业	有	有	85.1	★★★★★
13	中国电信集团有限公司	通信服务业	中央企业	有	有	83.8	★★★★★
14	中国铝业集团有限公司	混业（金属冶炼及压延加工业；一般采矿业；批发贸易业）	中央企业	有	有	82.4	★★★★★
15	中国电力建设集团有限公司	混业（建筑业；机械设备制造业）	中央企业	有	有	80.2	★★★★★
15	中国民生银行股份有限公司	银行业	民营企业	有	有	80.2	★★★★★
17	松下电器中国东北亚公司	混业（电子产品及电子元件制造业；家用电器制造业）	外资企业	有	有	80.1	★★★★★
18	国家能源投资集团有限责任公司	混业（煤炭开采与洗选业；电力生产业）	中央企业	有	有	79.9	★★★★
18	中国LG	混业（电子产品及电子元件制造业；家用电器制造业、工业化学品制造业）	外资企业	有	有	79.9	★★★★
20	中国旅游集团有限公司［香港中旅（集团）有限公司］	旅游业	中央企业	有	有	79.3	★★★★

续表

排名	企业名称	行业	企业性质	CSR专栏	CSR报告	社会责任发展指数	星级
20	中国交通建设集团有限公司	建筑业	中央企业	有	有	79.3	★★★★
22	中国建筑集团有限公司	建筑业	中央企业	有	有	78.8	★★★★
23	中国移动通信集团有限公司	通信服务业	中央企业	有	有	78.5	★★★★
23	中国宝武钢铁集团有限公司	金属冶炼及压延加工业	中央企业	有	有	78.5	★★★★
25	新兴际华集团有限公司	金属冶炼及压延加工业	中央企业	有	有	77.7	★★★★
26	浦项（中国）投资有限公司	金属冶炼及压延加工业	外资企业	有	有	76.8	★★★★
27	腾讯控股有限公司	互联网服务业	民营企业	有	有	76.7	★★★★
28	中国盐业集团有限公司	混业（食品饮料业；工业化学品制造业）	中央企业	有	有	76.5	★★★★
29	华为投资控股有限公司	通信设备制造业	民营企业	有	有	76.4	★★★★
30	Apple	电子产品及电子元件制造业	外资企业	有	有	76.3	★★★★
31	北京控股集团有限公司	混业（环保产业；公用事业和基础设施；酒精及饮料酒制造业）	其他国有企业	有	有	76.1	★★★★
32	中国节能环保集团有限公司	废弃资源及废旧材料回收加工业	中央企业	有	有	75.6	★★★★
33	内蒙古伊利实业集团股份有限公司	食品饮料业	民营企业	有	有	75.5	★★★★
34	台达（中国）	电子产品及电子元件制造业	外资企业	有	有	75.4	★★★★
35	中国石油天然气集团有限公司	石油和天然气开采业与加工业	中央企业	有	有	74.4	★★★★
36	五粮液集团有限公司	食品饮料业	其他国有企业	有	有	73.9	★★★★

附录一 中国企业300强社会责任发展指数排名（2020）

续表

排名	企业名称	行业	企业性质	CSR专栏	CSR报告	社会责任发展指数	星级
37	碧桂园控股有限公司	房地产开发业	民营企业	有	有	73.3	★★★★
38	新城控股集团股份有限公司	房地产开发业	民营企业	有	有	72.4	★★★★
39	中国铁道建筑集团有限公司	建筑业	中央企业	有	有	70.9	★★★★
40	中国联合网络通信集团有限公司	通信服务业	中央企业	有	有	70.9	★★★★
41	中国南方航空集团有限公司	交通运输服务业	中央企业	有	有	70.8	★★★★
42	中国中车集团有限公司	交通运输设备制造业	中央企业	有	有	70.5	★★★★
42	中国人寿保险（集团）公司	保险业	国有金融企业	有	有	70.5	★★★★
44	华夏幸福基业股份有限公司	房地产开发业	民营企业	有	有	70.3	★★★★
45	永辉超市股份有限公司	零售业	民营企业	有	有	70.0	★★★★
45	北京汽车集团有限公司	交通运输设备制造业	其他国有企业	有	有	70.0	★★★★
47	中国一重集团有限公司	机械设备制造业	中央企业	有	有	69.8	★★★★
48	中国有色矿业集团有限公司	混业（一般采矿业；金属冶炼及压延加工业；建筑业）	中央企业	有	有	69.5	★★★★
49	中国海洋石油集团有限公司	石油和天然气开采业与加工业	中央企业	有	有	69.2	★★★★
50	中国钢研科技集团有限公司	金属冶炼及压延加工业	中央企业	有	有	69.1	★★★★
51	中国铁路通信信号集团有限公司	通信服务业	中央企业	有	有	68.6	★★★★
52	珠海华发集团有限公司	一般服务业	其他国有企业	有	有	67.6	★★★★

续表

排名	企业名称	行业	企业性质	CSR专栏	CSR报告	社会责任发展指数	星级
53	佳能（中国）有限公司	混业（电子产品及电子元件制造业；计算机及相关设备制造业；计算机服务业）	外资企业	有	有	67.3	★★★★
54	招商局集团有限公司	混业（交通运输服务业；房地产开发业；银行业）	中央企业	有	有	66.9	★★★★
55	温氏食品集团股份有限公司	农林牧渔业	民营企业	有	有	66.7	★★★★
56	中国机械工业集团有限公司	混业（机械设备制造业；建筑业；批发贸易业）	中央企业	有	有	66.4	★★★★
57	浙江吉利控股集团有限公司	交通运输设备制造业	民营企业	有	有	65.8	★★★★
58	中国国际海运集装箱（集团）股份有限公司	机械设备制造业	其他国有企业	有	有	65.4	★★★★
59	中粮集团有限公司	混业（食品饮料业；房地产开发业；批发贸易业）	中央企业	有	有	65.2	★★★★
60	台积电	电子产品及电子元件制造业	外资企业	有	有	64.8	★★★★
61	国家电网有限公司	电力供应业	中央企业	有	有	63.8	★★★★
62	中国平安保险（集团）股份有限公司	保险业	民营企业	有	有	62.6	★★★★
63	中国长江三峡集团有限公司	电力生产业	中央企业	有	有	62.3	★★★★
64	万科企业股份有限公司	房地产开发业	民营企业	有	有	62.2	★★★★
65	交通银行股份有限公司	银行业	国有金融企业	有	有	62.0	★★★★
66	中国大唐集团有限公司	电力生产业	中央企业	有	有	61.8	★★★★

附录一 中国企业300强社会责任发展指数排名（2020）

续表

排名	企业名称	行业	企业性质	CSR专栏	CSR报告	社会责任发展指数	星级
67	比亚迪股份有限公司	交通运输设备制造业	民营企业	有	有	61.5	★★★★
68	中国东方航空集团有限公司	交通运输服务业	中央企业	有	有	61.4	★★★★
69	中国农业银行股份有限公司	银行业	国有金融企业	有	有	61.2	★★★★
70	中国铁路工程集团有限公司	建筑业	中央企业	有	有	61.1	★★★★
71	中国建设银行股份有限公司	银行业	国有金融企业	有	有	60.9	★★★★
72	中国中煤能源集团有限公司	煤炭开采与洗选业	中央企业	有	无	60.8	★★★★
73	华夏银行股份有限公司	银行业	民营企业	有	有	59.8	★★★
74	中国通用技术（集团）控股有限责任公司	混业（机械设备制造业；医药生物制造业；批发贸易业）	中央企业	有	有	59.5	★★★
75	上海汽车集团股份有限公司	交通运输设备制造业	其他国有企业	有	有	59.2	★★★
76	中国航空集团有限公司	交通运输服务业	中央企业	有	有	58.9	★★★
77	招商银行股份有限公司	银行业	国有金融企业	有	有	58.4	★★★
78	阿里巴巴集团控股有限公司	互联网服务业	民营企业	有	有	58.3	★★★
79	联想控股股份有限公司	电子产品及电子元件制造业	民营企业	有	有	58.2	★★★
79	SK中国	混业（工业化学品制造业、电子产品及电子元件制造业、交通运输服务业）	外资企业	有	有	58.2	★★★
81	苏宁易购集团股份有限公司	零售业	民营企业	有	有	58.1	★★★
82	中国电子信息产业集团有限公司	电子产品及电子元件制造业	中央企业	有	有	58.0	★★★

续表

排名	企业名称	行业	企业性质	CSR专栏	CSR报告	社会责任发展指数	星级
83	中国太平保险集团有限责任公司	保险业	国有金融企业	有	有	57.6	★★★
83	中国国际技术智力合作集团有限公司	一般服务业	中央企业	有	有	57.6	★★★
85	鞍钢集团有限公司	金属冶炼及压延加工业	中央企业	有	有	57.5	★★★
86	中国医药集团有限公司	医药生物制造业	中央企业	有	无	57.4	★★★
87	机械科学研究总院集团有限公司	机械设备制造业	中央企业	有	无	57.0	★★★
88	哈尔滨电气集团有限公司	机械设备制造业	中央企业	有	有	56.8	★★★
89	中国远洋海运集团有限公司	交通运输服务业	中央企业	有	有	55.8	★★★
90	中国工商银行股份有限公司	银行业	国有金融企业	有	有	55.1	★★★
91	中国太平洋保险（集团）股份有限公司	保险业	国有金融企业	有	有	54.6	★★★
92	巴斯夫（中国）有限公司	工业化学品制造业	外资企业	有	有	54.1	★★★
93	上海浦东发展银行股份有限公司	银行业	国有金融企业	有	有	53.8	★★★
93	中国储备粮管理集团有限公司	农林牧渔业	中央企业	有	无	53.8	★★★
95	新希望集团有限公司	混业（食品饮料业；工业化学品制造业）	民营企业	有	有	53.6	★★★
96	TCL集团股份有限公司	家用电器制造业	民营企业	有	有	53.4	★★★
96	顺丰控股股份有限公司	交通运输服务业	民营企业	有	有	53.4	★★★
98	中国银行股份有限公司	银行业	国有金融企业	有	有	53.2	★★★

附录一 中国企业300强社会责任发展指数排名（2020）

续表

排名	企业名称	行业	企业性质	CSR专栏	CSR报告	社会责任发展指数	星级
99	中兴通讯股份有限公司	通信设备制造业	民营企业	有	有	52.9	★★★
100	海尔集团公司	家用电器制造业	民营企业	有	有	52.6	★★★
101	中国能源建设集团有限公司	建筑业	中央企业	有	有	52.4	★★★
102	中国商用飞机有限责任公司	交通运输设备制造业	中央企业	有	有	52.0	★★★
103	中国东方电气集团有限公司	机械设备制造业	中央企业	有	有	50.4	★★★
104	丰田汽车（中国）投资有限公司	交通运输设备制造业	外资企业	有	有	50.0	★★★
105	国家开发银行	银行业	国有金融企业	有	无	49.8	★★★
106	花旗银行（中国）有限公司	银行业	外资企业	有	有	49.6	★★★
107	北京三快科技有限公司	互联网服务业	民营企业	有	有	49.5	★★★
108	中国人民保险集团股份有限公司	保险业	国有金融企业	有	有	49.2	★★★
109	兴业银行股份有限公司	银行业	民营企业	有	有	48.8	★★★
109	中国化学工程集团有限公司	混业（工业化学品制造业；建筑业）	中央企业	有	有	48.8	★★★
111	万洲国际有限公司	食品饮料业	民营企业	有	有	48.7	★★★
112	中国五矿集团有限公司	混业（一般采矿业；批发贸易业；金属冶炼及压延加工业）	中央企业	有	有	48.6	★★★
113	上海复星高科技（集团）有限公司	混业（医药生物制造业；旅游业；文化娱乐业）	民营企业	无	有	48.4	★★★
113	美的集团股份有限公司	家用电器制造业	民营企业	无	有	48.4	★★★

237

续表

排名	企业名称	行业	企业性质	CSR专栏	CSR报告	社会责任发展指数	星级
115	北京银行股份有限公司	银行业	国有金融企业	有	有	48.3	★★★
116	国家电力投资集团有限公司	电力生产业	中央企业	有	有	46.9	★★★
117	中国中钢集团有限公司	一般采矿业	中央企业	有	无	46.6	★★★
118	矿冶科技集团有限公司	混业（一般采矿业；金属冶炼及压延加工业；金属制品业）	中央企业	有	有	46.4	★★★
119	中国煤炭科工集团有限公司	机械设备制造业	中央企业	有	有	46.3	★★★
120	小米科技有限责任公司	通信设备制造业	民营企业	无	有	46.1	★★★
121	安徽海螺集团有限责任公司	非金属矿物制品业	其他国有企业	有	有	45.0	★★★
122	融创中国控股有限公司	房地产开发业	民营企业	无	有	44.5	★★★
123	中国恒大集团	房地产开发业	民营企业	有	有	44.2	★★★
123	本田汽车（中国）有限公司	交通运输设备制造业	外资企业	有	有	44.2	★★★
125	珠海格力电器股份有限公司	家用电器制造业	其他国有企业	无	有	43.7	★★★
126	中国宏桥集团有限公司	金属冶炼及压延加工业	民营企业	无	有	43.2	★★★
127	广州富力地产股份有限公司	房地产开发业	民营企业	无	无	42.9	★★★
127	麦德龙（中国）	零售业	外资企业	有	有	42.9	★★★
129	长江和记实业有限公司	混业（交通运输服务业；零售业；通信服务业）	外资企业	有	有	42.4	★★★
129	长城汽车股份有限公司	交通运输设备制造业	民营企业	有	有	42.4	★★★
131	九州通医药集团股份有限公司	批发贸易业	民营企业	有	有	41.8	★★★

续表

排名	企业名称	行业	企业性质	CSR专栏	CSR报告	社会责任发展指数	星级
132	鸿海精密工业股份有限公司	电子产品及电子元件制造业	外资企业	有	有	40.8	★★★
133	江铃汽车集团有限公司	交通运输设备制造业	民营企业	无	无	38.7	★★
134	江苏沙钢集团有限公司	金属冶炼及压延加工业	民营企业	有	有	38.2	★★
135	雅居乐集团控股有限公司	房地产开发业	民营企业	无	有	38.1	★★
136	中国中化集团有限公司	石油和天然气开采业与加工业	中央企业	有	有	36.6	★★
137	索尼（中国）有限公司	混业（电子产品及电子元件制造业；家用电器制造业）	外资企业	有	有	36.5	★★
137	荣盛石化股份有限公司	工业化学品制造业	民营企业	有	有	36.5	★★
139	中国建筑科学研究院有限公司	一般服务业	中央企业	有	无	36.4	★★
140	中国航空油料集团有限公司	批发贸易业	中央企业	有	无	36.2	★★
141	东芝（中国）有限公司	混业（电子产品及电子元件制造业；家用电器制造业；计算机及相关设备制造业）	外资企业	有	无	36.1	★★
142	超威电源有限公司	电子产品及电子元件制造业	民营企业	有	无	35.9	★★
142	中国惠普有限公司	电子产品及电子元件制造业	外资企业	有	无	35.9	★★
144	物产中大集团股份有限公司	批发贸易业	其他国有企业	有	有	35.5	★★
145	时代中国控股有限公司	混业（房地产开发业；房地产服务业；文化娱乐业）	民营企业	无	无	34.8	★★
145	特变电工股份有限公司	机械设备制造业	民营企业	有	有	34.8	★★

续表

排名	企业名称	行业	企业性质	CSR专栏	CSR报告	社会责任发展指数	星级
147	国美零售控股有限公司	零售业	民营企业	无	有	34.5	★★
148	河钢集团有限公司	金属冶炼及压延加工业	其他国有企业	有	有	33.9	★★
148	中国光大集团股份公司	混业（银行业；证券、期货、基金及其他金融服务业；房地产开发业）	国有金融企业	有	有	33.9	★★
150	广汇汽车服务集团股份有限公司	交通运输服务业	民营企业	无	有	33.6	★★
151	雅戈尔集团股份有限公司	混业（服装鞋帽制造业；房地产开发业）	民营企业	无	有	33.5	★★
152	通用汽车（中国）	交通运输设备制造业	外资企业	有	有	32.7	★★
153	绿地控股集团有限公司	房地产开发业	其他国有企业	无	有	32.4	★★
153	施耐德电器有限公司	家用电器制造业	外资企业	无	有	32.4	★★
155	百度股份有限公司	互联网服务业	民营企业	有	有	30.9	★★
156	富德保险控股股份有限公司	保险业	民营企业	有	无	28.9	★★
157	家乐福（中国）	零售业	外资企业	有	无	28.7	★★
158	中国普天信息产业集团有限公司	混业（通信设备制造业；通信服务业）	中央企业	有	无	27.9	★★
159	沃尔玛（中国）投资有限公司	零售业	外资企业	有	无	27.7	★★
160	永旺（中国）投资有限公司	零售业	外资企业	有	无	27.4	★★
161	中国化工集团有限公司	工业化学品制造业	中央企业	有	无	27.0	★★
162	中国保利集团有限公司	混业（房地产开发；文化娱乐业；一般服务业）	中央企业	有	无	26.9	★★
163	江苏中南建设集团股份有限公司	建筑业	民营企业	有	有	26.4	★★

附录一 中国企业300强社会责任发展指数排名（2020）

续表

排名	企业名称	行业	企业性质	CSR专栏	CSR报告	社会责任发展指数	星级
164	中国国际工程咨询有限公司	一般服务业	中央企业	有	无	26.3	★★
165	Seven&I控股公司	零售业	外资企业	有	有	26.1	★★
166	中国诚通控股集团有限公司	证券、期货、基金等其他金融业	中央企业	有	无	25.0	★★
167	有研科技集团有限公司	金属制品业	中央企业	有	无	24.7	★★
168	厦门建发集团有限公司	混业（房地产开发；酒店业）	其他国有企业	有	无	23.7	★★
169	大众汽车集团（中国）	交通运输设备制造业	外资企业	有	无	23.0	★★
170	国际商业机器（中国）有限公司	混业（互联网服务业；电子产品及电子元件制造业）	外资企业	有	无	22.4	★★
171	新疆广汇实业投资（集团）有限责任公司	混业（煤炭开采与洗选业；一般采矿业；房地产开发业）	民营企业	有	无	22.1	★★
172	首钢集团有限公司	金属冶炼及压延加工业	其他国有企业	有	无	20.9	★★
173	浪潮集团有限公司	混业（互联网服务业；电子产品及电子元件制造业）	民营企业	无	有	20.8	★★
174	亨通集团有限公司	通信设备制造业	民营企业	有	有	20.4	★★
174	阳光城集团股份有限公司	房地产开发业	民营企业	有	有	20.4	★★
176	丰田通商（中国）有限公司	交通运输设备制造业	外资企业	有	无	20.0	★★
177	山东能源集团有限公司	煤炭开采与洗选业	其他国有企业	有	无	19.7	★
178	日产（中国）投资有限公司	交通运输设备制造业	外资企业	有	无	19.5	★
179	中天钢铁集团有限公司	金属冶炼及压延加工业	民营企业	有	无	18.9	★

续表

排名	企业名称	行业	企业性质	CSR专栏	CSR报告	社会责任发展指数	星级
180	广州网易计算机系统有限公司	互联网服务业	民营企业	无	无	18.8	★
181	日立（中国）有限公司	混业（机械设备制造业；家用电器制造业；计算机及相关设备制造业）	外资企业	有	无	18.4	★
182	雀巢中国	食品饮料业	外资企业	有	无	18.3	★
183	3M中国有限公司	一般制造业	外资企业	有	无	18.1	★
184	中国邮政集团公司	交通运输服务业	其他国有企业	有	无	17.1	★
184	绿城中国控股有限公司	房地产开发业	民营企业	有	无	17.1	★
186	龙湖集团控股有限公司	房地产开发业	民营企业	有	无	17.0	★
187	恒力集团有限公司	混业（工业化学品制造业；纺织业）	民营企业	有	有	16.9	★
188	罗氏中国	医药生物制造业	外资企业	有	无	16.8	★
189	海航集团有限公司	交通运输服务业	民营企业	有	无	16.5	★
190	陕西煤业化工集团有限责任公司	煤炭开采与洗选业	其他国有企业	有	无	16.5	★
191	富士通（中国）有限公司	电子产品及电子元件制造业	外资企业	有	无	16.4	★
191	普利司通(中国)投资有限公司	一般制造业	外资企业	有	无	16.4	★
193	陕西延长石油（集团）有限责任公司	石油和天然气开采业与加工业	其他国有企业	有	无	16.2	★
194	陶氏化学(中国)有限公司	工业化学品制造业	外资企业	有	无	16.0	★
195	宝马中国	交通运输设备制造业	外资企业	有	无	15.5	★
195	泰康保险集团股份有限公司	保险业	民营企业	有	无	15.5	★
197	宝洁（中国）有限公司	日用化学品制造业	外资企业	有	无	14.8	★

附录一 中国企业300强社会责任发展指数排名（2020）

续表

排名	企业名称	行业	企业性质	CSR专栏	CSR报告	社会责任发展指数	星级
198	百威英博中国	食品饮料业	外资企业	有	无	14.6	★
199	浙江恒逸集团有限公司	工业化学品制造业	民营企业	有	无	14.4	★
199	联合利华（中国）有限公司	混业（日用化学品制造业；食品饮料业）	外资企业	有	无	14.4	★
201	万向集团公司	交通运输设备制造业	民营企业	无	无	14.3	★
202	海亮集团有限公司	混业（金属制品业；房地产开发业）	民营企业	无	无	14.2	★
203	霍尼韦尔（中国）有限公司	混业（一般制造业；机械设备制造业）	外资企业	有	无	13.8	★
203	大连万达集团股份有限公司	房地产开发业	民营企业	有	无	13.8	★
205	三井住友银行（中国）有限公司	银行业	外资企业	无	无	13.6	★
206	辉瑞中国	医药生物制造业	外资企业	无	无	13.4	★
206	ABB（中国）有限公司	机械设备制造业	外资企业	无	无	13.4	★
206	波音中国	交通运输设备制造业	外资企业	无	无	13.4	★
209	福特汽车(中国)有限公司	交通运输设备制造业	外资企业	有	无	12.9	★
209	拜耳（中国）	混业（医药生物制造业；工业化学品制造业）	外资企业	有	无	12.9	★
211	通威集团有限公司	农林牧渔业	民营企业	有	无	12.6	★
212	路易达孚（中国）贸易有限责任公司	批发贸易业	外资企业	有	无	12.5	★
213	神州数码集团股份有限公司	计算机及相关设备制造业	民营企业	无	无	12.4	★
214	红豆集团有限公司	服装鞋帽制造业	民营企业	无	无	12.2	★
215	庞大汽贸集团股份有限公司	一般服务业	民营企业	无	无	12.1	★
216	三菱商事(中国)有限公司	批发贸易业	外资企业	有	无	12.0	★

续表

排名	企业名称	行业	企业性质	CSR专栏	CSR报告	社会责任发展指数	星级
217	安利（中国）日用品有限公司	日用化学品制造业	外资企业	有	无	11.9	★
218	玖龙纸业(控股)有限公司	造纸及纸制品业	民营企业	有	无	11.0	★
219	强生（中国）投资有限公司	混业（医药生物制造业；日用化学品制造业）	外资企业	有	无	10.9	★
220	壳牌（中国）有限公司	石油和天然气开采业与加工业	外资企业	有	无	10.6	★
221	华夏人寿保险股份有限公司	保险业	民营企业	有	无	10.5	★
222	正邦集团有限公司	农林牧渔业	民营企业	无	无	10.3	★
223	深圳市爱施德股份有限公司	计算机服务业	民营企业	无	无	10.0	★
224	修正药业集团股份有限公司	医药生物制造业	民营企业	无	无	9.8	★
224	深圳市怡亚通供应链股份有限公司	交通运输服务业	民营企业	无	无	9.8	★
226	杭州娃哈哈集团有限公司	食品饮料业	民营企业	有	无	9.7	★
227	雪松控股集团有限公司	混业（批发贸易业；工业化学品制造业；旅游业）	民营企业	有	无	9.5	★
227	广厦控股集团有限公司	混业（建筑业；房地产开发业）	民营企业	有	无	9.5	★
229	GE中国	混业（机械设备制造业；家用电器制造业；电子产品及电子元件制造业）	外资企业	有	无	9.4	★
230	法国兴业银行(中国)有限公司	银行业	外资企业	无	无	9.3	★
231	圣戈班（中国）投资有限公司	一般制造业	外资企业	有	无	9.0	★
232	海信集团有限公司	家用电器制造业	民营企业	无	无	8.9	★

附录一 中国企业300强社会责任发展指数排名(2020)

续表

排名	企业名称	行业	企业性质	CSR专栏	CSR报告	社会责任发展指数	星级
232	戴尔(中国)有限公司	混业(计算机及相关设备制造业;计算机服务业)	外资企业	有	无	8.9	★
232	可口可乐(中国)饮料有限公司	食品饮料业	外资企业	有	无	8.9	★
235	博世(中国)投资有限公司	混业(机械设备制造业;家用电器制造业)	外资企业	有	无	8.7	★
236	诺华中国	医药生物制造业	外资企业	有	无	8.6	★
237	瑞茂通供应链管理股份有限公司	交通运输服务业	民营企业	无	无	8.3	★
238	奥克斯集团有限公司	家用电器制造业	民营企业	有	无	8.1	★
238	青山控股集团有限公司	金属冶炼及压延加工业	民营企业	有	无	8.1	★
238	高盛(中国)	证券、期货、基金等其他金融业	外资企业	无	无	8.1	★
241	特斯拉(上海)有限公司	交通运输设备制造业	外资企业	无	无	8.0	★
241	三一集团有限公司	机械设备制造业	民营企业	有	有	8.0	★
243	大商集团有限公司	零售业	民营企业	无	无	7.9	★
244	杭州锦江集团有限公司	金属冶炼及压延加工业	民营企业	有	无	7.7	★
245	葛兰素史克(中国)投资有限公司	医药生物制造业	外资企业	有	无	7.6	★
245	思科中国	通信设备制造业	外资企业	有	无	7.6	★
247	三菱电机(中国)有限公司	机械设备制造业	外资企业	有	无	7.5	★
247	费森尤斯医疗投资(中国)有限公司	医药生物制造业	外资企业	有	无	7.5	★

续表

排名	企业名称	行业	企业性质	CSR专栏	CSR报告	社会责任发展指数	星级
249	卡特彼勒(中国)投资有限公司	机械设备制造业	外资企业	有	无	7.0	★
250	西门子(中国)	机械设备制造业	外资企业	有	无	6.7	★
251	海澜集团有限公司	服装鞋帽制造业	民营企业	有	无	6.6	★
251	微软中国	互联网服务业	外资企业	有	无	6.6	★
251	埃尼中国	石油和天然气开采业与加工业	外资企业	有	无	6.6	★
254	联合技术中国有限公司	一般制造业	外资企业	无	无	6.0	★
255	住友商事(中国)有限公司	批发贸易业	外资企业	有	无	5.9	★
254	蒂森克虏伯(中国)投资有限公司	机械设备制造业	外资企业	有	无	5.9	★
257	中国太平洋建设集团有限公司	建筑业	民营企业	无	无	5.6	★
258	天能电池集团股份有限公司	电子产品及电子元件制造业	民营企业	无	无	5.4	★
258	英特尔(中国)有限公司	电子产品及电子元件制造业	外资企业	无	无	5.4	★
260	赛诺菲中国	医药生物制造业	外资企业	有	无	5.3	★
261	采埃孚(中国)投资有限公司	机械设备制造业	外资企业	有	无	5.2	★
262	南山集团有限公司	混业(金属冶炼及压延加工业;纺织业;房地产开发业)	民营企业	无	无	5.0	★
262	中天控股集团有限公司	混业(建筑业;房地产开发业)	民营企业	有	无	5.0	★
264	道达尔中国	石油和天然气开采业与加工业	外资企业	无	无	4.4	★
265	新奥集团股份有限公司	燃气的生产和供应业	民营企业	无	无	4.1	★
265	欧尚(中国)投资有限公司	零售业	外资企业	有	无	4.1	★

附录一 中国企业300强社会责任发展指数排名（2020）

续表

排名	企业名称	行业	企业性质	CSR专栏	CSR报告	社会责任发展指数	星级
267	北京京东世纪贸易有限公司	互联网服务业	民营企业	无	无	4.0	★
268	腾邦集团有限公司	混业（旅游业；交通运输服务业）	民营企业	有	无	3.9	★
268	东方集团股份有限公司	金属冶炼及压延加工业	民营企业	有	无	3.9	★
268	阳光龙净集团有限公司	混业（证券、期货、基金等其他金融业；房地产开发业；一般服务业）	民营企业	有	无	3.9	★
271	唯品会（中国）有限公司	零售业	民营企业	有	无	3.8	★
272	山东魏桥创业集团有限公司	纺织业	民营企业	无	无	3.7	★
273	康菲石油中国有限公司	石油和天然气开采业与加工业	外资企业	有	无	3.5	★
273	埃克森美孚（中国）投资有限公司	石油和天然气开采业与加工业	外资企业	无	无	3.5	★
275	雪佛龙中国能源公司	石油和天然气开采业与加工业	外资企业	有	无	3.4	★
276	浙江荣盛控股集团有限公司	混业（工业化学品制造业；房地产开发业）	民营企业	有	无	3.2	★
277	摩根大通中国	证券、期货、基金等其他金融业	外资企业	无	无	3.0	★
277	戴姆勒中国	交通运输设备制造业	外资企业	无	无	3.0	★
279	亚马逊（中国）	零售业	外资企业	无	无	2.9	★
279	远大物产集团有限公司	批发贸易业	民营企业	无	无	2.9	★
281	铃木（中国）投资有限公司	交通运输设备制造业	外资企业	无	无	2.8	★
282	正威国际集团有限公司	混业（金属冶炼及压延加工业；电子产品及电子元件制造业）	民营企业	有	无	2.6	★
283	默沙东（中国）有限公司	医药生物制造业	外资企业	有	无	2.5	★

续表

排名	企业名称	行业	企业性质	CSR专栏	CSR报告	社会责任发展指数	星级
284	克丽丝汀迪奥商业(上海)有限公司	零售业	外资企业	无	无	2.4	★
285	力拓中国	一般采矿业	外资企业	无	无	2.3	★
286	百事(中国)投资有限公司	食品饮料业	外资企业	有	无	2.2	★
287	三胞集团有限公司	混业(零售业;房地产开发业)	民营企业	有	无	1.9	★
288	摩根士丹利	证券、期货、基金等其他金融业	外资企业	无	无	1.8	★
289	上海均和集团有限公司	混业(交通运输服务业;证券、期货、基金等其他金融业)	民营企业	有	无	1.6	★
290	邦吉公司	食品饮料业	外资企业	无	无	1.4	★
290	电装(中国)投资有限公司	机械设备制造业	外资企业	有	无	1.4	★
292	中国华信能源有限公司	批发贸易业	民营企业	无	无	1.3	★
292	麦格纳中国	机械设备制造业	外资企业	无	无	1.3	★
294	华特迪士尼(中国)有限公司	混业(旅游业;文化娱乐业;零售业)	外资企业	无	无	1.0	★
295	甲骨文(中国)	互联网服务业	外资企业	有	无	0.9	★
296	软银中国资本	证券、期货、基金等其他金融业	外资企业	无	无	0.8	★
296	埃森哲(中国)有限公司	一般服务业	外资企业	无	无	0.8	★
296	沃博联企业管理(上海)有限公司	一般服务业	外资企业	无	无	0.8	★
299	康德乐(中国)投资有限公司	一般服务业	外资企业	无	无	0.3	★
300	汇丰银行(中国)有限公司	银行业	外资企业	无	无	0.0	★

B.9
附录二 国有企业100强社会责任发展指数排名（2020）

单位：分

排名	企业名称	企业性质	行业	社会责任发展指数	星级
1	华润(集团)有限公司	中央企业	混业(电力生产业;酒精及饮料酒制造业;房地产开发业)	92.9	★★★★★
2	中国华电集团有限公司	中央企业	电力生产业	88.4	★★★★★
3	中国石油化工集团有限公司	中央企业	石油和天然气开采业与加工业	87.1	★★★★★
4	中国华能集团有限公司	中央企业	电力生产业	86.9	★★★★★
4	中国建材集团有限公司	中央企业	非金属矿物制品业	86.9	★★★★★
6	国家开发投资集团有限公司	中央企业	混业(电力生产业;一般采矿业;交通运输服务业)	85.3	★★★★★
6	中国第一汽车集团有限公司	中央企业	交通运输设备制造业	85.3	★★★★★
8	东风汽车集团有限公司	中央企业	交通运输设备制造业	85.2	★★★★★
8	中国南方电网有限责任公司	中央企业	电力供应业	85.2	★★★★★
10	中国黄金集团有限公司	中央企业	一般采矿业	85.1	★★★★★
11	中国电信集团有限公司	中央企业	通信服务业	83.8	★★★★★
12	中国铝业集团有限公司	中央企业	混业(金属冶炼及压延加工业;一般采矿业;批发贸易业)	82.4	★★★★★
13	中国电力建设集团有限公司	中央企业	混业(建筑业;机械设备制造业)	80.2	★★★★★
14	国家能源投资集团有限责任公司	中央企业	混业(煤炭开采与洗选业;电力生产业)	79.9	★★★★
15	中国旅游集团有限公司[香港中旅(集团)有限公司]	中央企业	旅游业	79.3	★★★★

续表

排名	企业名称	企业性质	行业	社会责任发展指数	星级
15	中国交通建设集团有限公司	中央企业	建筑业	79.3	★★★★
17	中国建筑集团有限公司	中央企业	建筑业	78.8	★★★★
18	中国移动通信集团有限公司	中央企业	通信服务业	78.5	★★★★
18	中国宝武钢铁集团有限公司	中央企业	金属冶炼及压延加工业	78.5	★★★★
20	新兴际华集团有限公司	中央企业	金属冶炼及压延加工业	77.7	★★★★
21	中国盐业集团有限公司	中央企业	混业（食品饮料业；工业化学品制造业）	76.5	★★★★
22	北京控股集团有限公司	其他国有企业	混业（环保产业；公用事业和基础设施；酒精及饮料酒制造业）	76.1	★★★★
23	中国节能环保集团有限公司	中央企业	废弃资源及废旧材料回收加工业	75.6	★★★★
24	中国石油天然气集团有限公司	中央企业	石油和天然气开采业与加工业	74.4	★★★★
25	五粮液集团有限公司	其他国有企业	食品饮料业	73.9	★★★★
26	中国铁道建筑集团有限公司	中央企业	建筑业	70.9	★★★★
26	中国联合网络通信集团有限公司	中央企业	通信服务业	70.9	★★★★
28	中国南方航空集团有限公司	中央企业	交通运输服务业	70.8	★★★★
29	中国中车集团有限公司	中央企业	交通运输设备制造业	70.5	★★★★
29	中国人寿保险（集团）公司	国有金融企业	保险业	70.5	★★★★
31	北京汽车集团有限公司	其他国有企业	交通运输设备制造业	70.0	★★★★
32	中国一重集团有限公司	中央企业	机械设备制造业	69.8	★★★★
33	中国有色矿业集团有限公司	中央企业	混业（一般采矿业；金属冶炼及压延加工业；建筑业）	69.5	★★★★
34	中国海洋石油集团有限公司	中央企业	石油和天然气开采业与加工业	69.2	★★★★

附录二 国有企业100强社会责任发展指数排名（2020）

续表

排名	企业名称	企业性质	行业	社会责任发展指数	星级
35	中国钢研科技集团有限公司	中央企业	金属冶炼及压延加工业	69.1	★★★★
36	中国铁路通信信号集团有限公司	中央企业	通信服务业	68.6	★★★★
37	珠海华发集团有限公司	其他国有企业	一般服务业	67.6	★★★★
38	招商局集团有限公司	中央企业	混业（交通运输服务业；房地产开发业；银行业）	66.9	★★★★
39	中国机械工业集团有限公司	中央企业	混业（机械设备制造业；建筑业；批发贸易业）	66.4	★★★★
40	中国国际海运集装箱（集团）股份有限公司	其他国有企业	机械设备制造业	65.4	★★★★
41	中粮集团有限公司	中央企业	混业（食品饮料业；房地产开发业；批发贸易业）	65.2	★★★★
42	国家电网有限公司	中央企业	电力供应业	63.8	★★★★
43	中国长江三峡集团有限公司	中央企业	电力生产业	62.3	★★★★
44	交通银行股份有限公司	国有金融企业	银行业	62.0	★★★★
45	中国大唐集团有限公司	中央企业	电力生产业	61.8	★★★★
46	中国东方航空集团有限公司	中央企业	交通运输服务业	61.4	★★★★
47	中国农业银行股份有限公司	国有金融企业	银行业	61.2	★★★★
48	中国铁路工程集团有限公司	中央企业	建筑业	61.1	★★★★
49	中国建设银行股份有限公司	国有金融企业	银行业	60.9	★★★★
50	中国中煤能源集团有限公司	中央企业	煤炭开采与洗选业	60.8	★★★★
51	中国通用技术（集团）控股有限责任公司	中央企业	混业（机械设备制造业；医药生物制造业；批发贸易业）	59.5	★★★
52	上海汽车集团股份有限公司	其他国有企业	交通运输设备制造业	59.2	★★★
53	中国航空集团有限公司	中央企业	交通运输服务业	58.9	★★★

续表

排名	企业名称	企业性质	行业	社会责任发展指数	星级
54	招商银行股份有限公司	国有金融企业	银行业	58.4	★★★
55	中国电子信息产业集团有限公司	中央企业	电子产品及电子元件制造业	58.0	★★★
56	中国太平保险集团有限责任公司	国有金融企业	保险业	57.6	★★★
56	中国国际技术智力合作集团有限公司	中央企业	一般服务业	57.6	★★★
58	鞍钢集团有限公司	中央企业	金属冶炼及压延加工业	57.5	★★★
59	中国医药集团有限公司	中央企业	医药生物制造业	57.4	★★★
60	机械科学研究总院集团有限公司	中央企业	机械设备制造业	57.0	★★★
61	哈尔滨电气集团有限公司	中央企业	机械设备制造业	56.8	★★★
62	中国远洋海运集团有限公司	中央企业	交通运输服务业	55.8	★★★
63	中国工商银行股份有限公司	国有金融企业	银行业	55.1	★★★
64	中国太平洋保险（集团）股份有限公司	国有金融企业	保险业	54.6	★★★
65	上海浦东发展银行股份有限公司	国有金融企业	银行业	53.8	★★★
65	中国储备粮管理集团有限公司	中央企业	农林牧渔业	53.8	★★★
67	中国银行股份有限公司	国有金融企业	银行业	53.2	★★★
68	中国能源建设集团有限公司	中央企业	建筑业	52.4	★★★
69	中国商用飞机有限责任公司	中央企业	交通运输设备制造业	52.0	★★★
70	中国东方电气集团有限公司	中央企业	机械设备制造业	50.4	★★★

附录二 国有企业100强社会责任发展指数排名（2020）

续表

排名	企业名称	企业性质	行业	社会责任发展指数	星级
71	国家开发银行	国有金融企业	银行业	49.8	★★★
72	中国人民保险集团股份有限公司	国有金融企业	保险业	49.2	★★★
73	中国化学工程集团有限公司	中央企业	混业（工业化学品制造业；建筑业）	48.8	★★★
74	中国五矿集团有限公司	中央企业	混业（一般采矿业；批发贸易业；金属冶炼及压延加工业）	48.6	★★★
75	北京银行股份有限公司	国有金融企业	银行业	48.3	★★★
76	国家电力投资集团有限公司	中央企业	电力生产业	46.9	★★★
77	中国中钢集团有限公司	中央企业	一般采矿业	46.6	★★★
78	矿冶科技集团有限公司	中央企业	混业（一般采矿业；金属冶炼及压延加工业；金属制品业）	46.4	★★★
79	中国煤炭科工集团有限公司	中央企业	机械设备制造业	46.3	★★★
80	安徽海螺集团有限责任公司	其他国有企业	非金属矿物制品业	45.0	★★★
81	珠海格力电器股份有限公司	其他国有企业	家用电器制造业	43.7	★★★
82	中国中化集团有限公司	中央企业	石油和天然气开采业与加工业	36.6	★★
83	中国建筑科学研究院有限公司	中央企业	一般服务业	36.4	★★
84	中国航空油料集团有限公司	中央企业	批发贸易业	36.2	★★
85	物产中大集团股份有限公司	其他国有企业	批发贸易业	35.5	★★
86	河钢集团有限公司	其他国有企业	金属冶炼及压延加工业	33.9	★★
86	中国光大集团股份公司	国有金融企业	混业（银行业；证券、期货、基金及其他金融服务业；房地产开发业）	33.9	★★

续表

排名	企业名称	企业性质	行业	社会责任发展指数	星级
88	绿地控股集团有限公司	其他国有企业	房地产开发业	32.4	★★
89	中国普天信息产业集团有限公司	中央企业	混业(通信设备制造业;通信服务业)	27.9	★★
90	中国化工集团有限公司	中央企业	工业化学品制造业	27.0	★★
91	中国保利集团有限公司	中央企业	混业(房地产开发;文化娱乐业;一般服务业)	26.9	★★
92	中国国际工程咨询有限公司	中央企业	一般服务业	26.3	★★
93	中国诚通控股集团有限公司	中央企业	证券、期货、基金等其他金融业	25.0	★★
94	有研科技集团有限公司	中央企业	金属制品业	24.7	★★
95	厦门建发集团有限公司	其他国有企业	混业(房地产开发;酒店业)	23.7	★★
96	首钢集团有限公司	其他国有企业	金属冶炼及压延加工业	20.9	★★
97	山东能源集团有限公司	其他国有企业	煤炭开采与洗选业	19.7	★
98	中国邮政集团公司	其他国有企业	交通运输服务业	17.1	★
99	陕西煤业化工集团有限责任公司	其他国有企业	煤炭开采与洗选业	16.5	★
100	陕西延长石油(集团)有限责任公司	其他国有企业	石油和天然气开采业与加工业	16.2	★

B.10
附录三 民营企业100强社会责任发展指数排名（2020）

单位：分

排名	企业名称	总部所在地	行业	社会责任发展指数	星级
1	中国民生银行股份有限公司	北京	银行业	80.2	★★★★★
2	腾讯控股有限公司	广东	互联网服务业	76.7	★★★★
3	华为投资控股有限公司	广东	通信设备制造业	76.4	★★★★
4	内蒙古伊利实业集团股份有限公司	内蒙古	食品饮料业	75.5	★★★★
5	碧桂园控股有限公司	广东	房地产开发业	73.3	★★★★
6	新城控股集团股份有限公司	上海	房地产开发业	72.4	★★★★
7	华夏幸福基业股份有限公司	北京	房地产开发业	70.3	★★★★
8	永辉超市股份有限公司	福建	零售业	70.0	★★★★
9	温氏食品集团股份有限公司	广东	农林牧渔业	66.7	★★★★
10	浙江吉利控股集团有限公司	浙江	交通运输设备制造业	65.8	★★★★
11	中国平安保险（集团）股份有限公司	广东	保险业	62.6	★★★★
11	万科企业股份有限公司	广东	房地产开发业	62.2	★★★★
13	比亚迪股份有限公司	广东	交通运输设备制造业	61.5	★★★★
14	华夏银行股份有限公司	北京	银行业	59.8	★★★
15	阿里巴巴集团控股有限公司	浙江	互联网服务业	58.3	★★★
16	联想控股股份有限公司	北京	电子产品及电子元件制造业	58.2	★★★

续表

排名	企业名称	总部所在地	行业	社会责任发展指数	星级
17	苏宁易购集团股份有限公司	江苏	零售业	58.1	★★★
18	新希望集团有限公司	北京	混业（食品饮料业；工业化学品制造业）	53.6	★★★
19	TCL集团股份有限公司	广东	家用电器制造业	53.4	★★★
19	顺丰控股股份有限公司	广东	交通运输服务业	53.4	★★★
21	中兴通讯股份有限公司	广东	通信设备制造业	52.9	★★★
22	海尔集团公司	山东	家用电器制造业	52.6	★★★
23	北京三快科技有限公司	北京	互联网服务业	49.5	★★★
24	兴业银行股份有限公司	福建	银行业	48.8	★★★
25	万洲国际有限公司	香港	食品饮料业	48.7	★★★
26	上海复星高科技（集团）有限公司	上海	混业（医药生物制造业；旅游业；文化娱乐业）	48.4	★★★
26	美的集团股份有限公司	广东	家用电器制造业	48.4	★★★
28	小米科技有限责任公司	北京	通信设备制造业	46.1	★★★
29	融创中国控股有限公司	天津	房地产开发业	44.5	★★★
30	中国恒大集团	广东	房地产开发业	44.2	★★★
31	中国宏桥集团有限公司	山东	金属冶炼及压延加工业	43.2	★★★
32	广州富力地产股份有限公司	广东	房地产开发业	42.9	★★★
33	长城汽车股份有限公司	河北	交通运输设备制造业	42.4	★★★
34	九州通医药集团股份有限公司	湖北	批发贸易业	41.8	★★★
35	江铃汽车集团有限公司	江西	交通运输设备制造业	38.7	★★
36	江苏沙钢集团有限公司	江苏	金属冶炼及压延加工业	38.2	★★
36	雅居乐集团控股有限公司	香港	房地产开发业	38.1	★★
38	荣盛石化股份有限公司	浙江	工业化学品制造业	36.5	★★
39	超威电源有限公司	浙江	电子产品及电子元件制造业	35.9	★★
40	时代中国控股有限公司	香港	混业（房地产开发业；房地产服务业；文化娱乐业）	34.8	★★
40	特变电工股份有限公司	新疆	机械设备制造业	34.8	★★
42	国美零售控股有限公司	北京	零售业	34.5	★★

附录三 民营企业100强社会责任发展指数排名（2020）

续表

排名	企业名称	总部所在地	行业	社会责任发展指数	星级
43	广汇汽车服务集团股份有限公司	上海	交通运输服务业	33.6	★★
44	雅戈尔集团股份有限公司	浙江	混业（服装鞋帽制造业；房地产开发业）	33.5	★★
45	百度股份有限公司	北京	互联网服务业	30.9	★★
46	富德保险控股股份有限公司	广东	保险业	28.9	★★
47	江苏中南建设集团股份有限公司	江苏	建筑业	26.4	★★
48	新疆广汇实业投资（集团）有限责任公司	新疆	混业（煤炭开采与洗选业；一般采矿业；房地产开发业）	22.1	★★
49	浪潮集团有限公司	山东	混业（互联网服务业；电子产品及电子元件制造业）	20.8	★★
50	阳光城集团股份有限公司	福建	房地产开发业	20.4	★★
50	亨通集团有限公司	江苏	通信设备制造业	20.4	★★
52	中天钢铁集团有限公司	江苏	金属冶炼及压延加工业	18.9	★
53	广州网易计算机系统有限公司	广东	互联网服务业	18.8	★
54	绿城中国控股有限公司	浙江	房地产开发业	17.1	★
55	龙湖集团控股有限公司	香港	房地产开发业	17.0	★
56	恒力集团有限公司	江苏	混业（工业化学品制造业；纺织业）	16.9	★
57	海航集团有限公司	海南	交通运输服务业	16.5	★
58	泰康保险集团股份有限公司	北京	保险业	15.5	★
59	浙江恒逸集团有限公司	浙江	工业化学品制造业	14.4	★
60	万向集团公司	浙江	交通运输设备制造业	14.3	★
61	海亮集团有限公司	浙江	混业（金属制品业；房地产开发业）	14.2	★
62	大连万达集团股份有限公司	北京	房地产开发业	13.8	★
63	通威集团有限公司	四川	农林牧渔业	12.6	★

续表

排名	企业名称	总部所在地	行业	社会责任发展指数	星级
64	神州数码集团股份有限公司	广东	计算机及相关设备制造业	12.4	★
65	红豆集团有限公司	江苏	服装鞋帽制造业	12.2	★
66	庞大汽贸集团股份有限公司	河北	一般服务业	12.1	★
67	玖龙纸业（控股）有限公司	广东	造纸及纸制品业	11.0	★
68	华夏人寿保险股份有限公司	北京	保险业	10.5	★
69	正邦集团有限公司	江西	农林牧渔业	10.3	★
70	深圳市爱施德股份有限公司	广东	计算机服务业	10.0	★
71	修正药业集团股份有限公司	吉林	医药生物制造业	9.8	★
71	深圳市怡亚通供应链股份有限公司	广东	交通运输服务业	9.8	★
73	杭州娃哈哈集团有限公司	浙江	食品饮料业	9.7	★
74	雪松控股集团有限公司	广东	混业（批发贸易业；工业化学品制造业；旅游业）	9.5	★
74	广厦控股集团有限公司	浙江	混业（建筑业；房地产开发业）	9.5	★
76	海信集团有限公司	山东	家用电器制造业	8.9	★
77	瑞茂通供应链管理股份有限公司	山东	交通运输服务业	8.3	★
78	奥克斯集团有限公司	浙江	家用电器制造业	8.1	★
78	青山控股集团有限公司	浙江	金属冶炼及压延加工业	8.1	★
80	三一集团有限公司	湖南	机械设备制造业	8.0	★
81	大商集团有限公司	辽宁	零售业	7.9	★
82	杭州锦江集团有限公司	浙江	金属冶炼及压延加工业	7.7	★
83	海澜集团有限公司	江苏	服装鞋帽制造业	6.6	★
84	中国太平洋建设集团有限公司	新疆	建筑业	5.6	★
85	天能电池集团股份有限公司	香港	电子产品及电子元件制造业	5.4	★

附录三 民营企业100强社会责任发展指数排名（2020）

续表

排名	企业名称	总部所在地	行业	社会责任发展指数	星级
86	南山集团有限公司	广东	混业（金属冶炼及压延加工业；纺织业；房地产开发业）	5.0	★
86	中天控股集团有限公司	浙江	混业（建筑业；房地产开发业）	5.0	★
88	新奥集团股份有限公司	河北	燃气的生产和供应业	4.1	★
89	北京京东世纪贸易有限公司	北京	互联网服务业	4.0	★
90	腾邦集团有限公司	广东	混业（旅游业；交通运输服务业）	3.9	★
90	东方集团股份有限公司	北京	金属冶炼及压延加工业	3.9	★
90	阳光龙净集团有限公司	福建	混业（证券、期货、基金等其他金融业；房地产开发业；一般服务业）	3.9	★
93	唯品会(中国)有限公司	广东	零售业	3.8	★
94	山东魏桥创业集团有限公司	山东	纺织业	3.7	★
95	浙江荣盛控股集团有限公司	浙江	混业（工业化学品制造业；房地产开发业）	3.2	★
96	远大物产集团有限公司	浙江	批发贸易业	2.9	★
97	正威国际集团有限公司	广东	混业（金属冶炼及压延加工业；电子产品及电子元件制造业）	2.6	★
98	三胞集团有限公司	江苏	混业（零售业；房地产开发业）	1.9	★
99	上海均和集团有限公司	上海	混业（交通运输服务业；证券、期货、基金等其他金融业）	1.6	★
100	中国华信能源有限公司	上海	批发贸易业	1.3	★

B.11 附录四 外资企业100强社会责任发展指数排名（2020）

单位：分

排名	公司名称	国家/地区	行业	社会责任发展指数	星级
1	三星（中国）投资有限公司	韩国	混业（电子产品及电子元件制造业；通信设备制造业）	91.6	★★★★★
2	现代汽车集团（中国）	韩国	交通运输设备制造业	87.2	★★★★★
3	松下电器中国东北亚公司	日本	混业（电子产品及电子元件制造业；家用电器制造业）	80.1	★★★★★
4	中国LG	韩国	混业（电子产品及电子元件制造业；家用电器制造业、工业化学品制造业）	79.9	★★★★
5	浦项（中国）投资有限公司	韩国	金属冶炼及压延加工业	76.8	★★★★
6	Apple	美国	电子产品及电子元件制造业	76.3	★★★★
7	台达（中国）	中国香港	电子产品及电子元件制造业	75.4	★★★★
8	佳能（中国）有限公司	日本	混业（电子产品及电子元件制造业；计算机及相关设备制造业；计算机服务业）	67.3	★★★★
9	台积电	中国台湾	电子产品及电子元件制造业	64.8	★★★★
10	SK中国	韩国	混业（工业化学品制造业、电子产品及电子元件制造业、交通运输服务业）	58.2	★★★
11	巴斯夫（中国）有限公司	德国	工业化学品制造业	54.1	★★★
12	丰田汽车（中国）投资有限公司	日本	交通运输设备制造业	50.0	★★★
13	花旗银行（中国）有限公司	美国	银行业	49.6	★★★

附录四 外资企业100强社会责任发展指数排名（2020）

续表

排名	公司名称	国家/地区	行业	社会责任发展指数	星级
14	本田汽车（中国）有限公司	日本	交通运输设备制造业	44.2	★★★
15	麦德龙（中国）	德国	零售业	42.9	★★★
16	长江和记实业有限公司	中国香港	混业（交通运输服务业；零售业；通信服务业）	42.4	★★★
17	鸿海精密工业股份有限公司	中国台湾	电子产品及电子元件制造业	40.8	★★★
18	索尼（中国）有限公司	日本	混业（电子产品及电子元件制造业；家用电器制造业）	36.5	★★
19	东芝（中国）有限公司	日本	混业（电子产品及电子元件制造业；家用电器制造业；计算机及相关设备制造业）	36.1	★★
20	中国惠普有限公司	美国	电子产品及电子元件制造业	35.9	★★
21	通用汽车（中国）	美国	交通运输设备制造业	32.7	★★
22	施耐德电器有限公司	德国	家用电器制造业	32.4	★★
23	家乐福（中国）	法国	零售业	28.7	★★
24	沃尔玛（中国）投资有限公司	美国	零售业	27.7	★★
25	永旺（中国）投资有限公司	日本	零售业	27.4	★★
26	Seven&I控股公司	日本	零售业	26.1	★★
27	大众汽车集团（中国）	德国	交通运输设备制造业	23.0	★★
28	国际商业机器（中国）有限公司	美国	混业（互联网服务业；电子产品及电子元件制造业）	22.4	★★
29	丰田通商（中国）有限公司	日本	交通运输设备制造业	20.0	★
30	日产（中国）投资有限公司	日本	交通运输设备制造业	19.5	★
31	日立（中国）有限公司	日本	混业（机械设备制造业；家用电器制造业；计算机及相关设备制造业）	18.4	★
32	雀巢中国	瑞士	食品饮料业	18.3	★
33	3M中国有限公司	美国	一般制造业	18.1	★
34	罗氏中国	瑞士	医药生物制造业	16.8	★

续表

排名	公司名称	国家/地区	行业	社会责任发展指数	星级
35	富士通(中国)有限公司	日本	电子产品及电子元件制造业	16.4	★
35	普利司通(中国)投资有限公司	日本	一般制造业	16.4	★
37	陶氏化学(中国)有限公司	美国	工业化学品制造业	16.0	★
38	宝马中国	德国	交通运输设备制造业	15.5	★
39	宝洁(中国)有限公司	美国	日用化学品制造业	14.8	★
40	百威英博中国	比利时	食品饮料业	14.6	★
41	联合利华(中国)有限公司	美国	混业(日用化学品制造业;食品饮料业)	14.4	★
42	霍尼韦尔(中国)有限公司	美国	混业(一般制造业;机械设备制造业)	13.8	★
43	三井住友银行(中国)有限公司	日本	银行业	13.6	★
44	辉瑞中国	美国	医药生物制造业	13.4	★
44	ABB(中国)有限公司	瑞士	机械设备制造业	13.4	★
44	波音中国	美国	交通运输设备制造业	13.4	★
47	拜耳(中国)	德国	混业(医药生物制造业;工业化学品制造业)	12.9	★
47	福特汽车(中国)有限公司	美国	交通运输设备制造业	12.9	★
49	路易达孚(中国)贸易有限责任公司	法国	批发贸易业	12.5	★
50	三菱商事(中国)有限公司	日本	批发贸易业	12.0	★
51	安利(中国)日用品有限公司	美国	日用化学品制造业	11.9	★
52	强生(中国)投资有限公司	美国	混业(医药生物制造业;日用化学品制造业)	10.9	★
53	壳牌(中国)有限公司	荷兰	石油和天然气开采业与加工业	10.6	★
54	GE中国	美国	混业(机械设备制造业;家用电器制造业;电子产品及电子元件制造业)	9.4	★

附录四 外资企业100强社会责任发展指数排名（2020）

续表

排名	公司名称	国家/地区	行业	社会责任发展指数	星级
55	法国兴业银行（中国）有限公司	法国	银行业	9.3	★
56	圣戈班（中国）投资有限公司	法国	一般制造业	9.0	★
57	戴尔（中国）有限公司	美国	混业（计算机及相关设备制造业;计算机服务业）	8.9	★
58	可口可乐（中国）饮料有限公司	美国	食品饮料业	8.9	★
59	博世（中国）投资有限公司	德国	混业（机械设备制造业;家用电器制造业）	8.7	★
60	诺华中国	瑞士	医药生物制造业	8.6	★
61	高盛（中国）	美国	证券、期货、基金等其他金融业	8.1	★
62	特斯拉（上海）有限公司	美国	交通运输设备制造业	8.0	★
63	葛兰素史克（中国）投资有限公司	英国	医药生物制造业	7.6	★
63	思科中国	美国	通信设备制造业	7.6	★
65	三菱电机（中国）有限公司	日本	机械设备制造业	7.5	★
65	费森尤斯医疗投资（中国）有限公司	德国	医药生物制造业	7.5	★
67	卡特彼勒（中国）投资有限公司	美国	机械设备制造业	7.0	★
68	西门子（中国）	德国	机械设备制造业	6.7	★
69	微软中国	美国	互联网服务业	6.6	★
69	埃尼中国	意大利	石油和天然气开采业与加工业	6.6	★
71	联合技术中国有限公司	美国	一般制造业	6.0	★
72	住友商事（中国）有限公司	日本	批发贸易业	5.9	★
73	蒂森克虏伯（中国）投资有限公司	德国	机械设备制造业	5.9	★
74	英特尔（中国）有限公司	美国	电子产品及电子元件制造业	5.4	★
75	赛诺菲中国	法国	医药生物制造业	5.3	★

263

续表

排名	公司名称	国家/地区	行业	社会责任发展指数	星级
76	采埃孚(中国)投资有限公司	德国	机械设备制造业	5.2	★
77	道达尔中国	法国	石油和天然气开采业与加工业	4.4	★
78	欧尚(中国)投资有限公司	法国	零售业	4.1	★
79	康菲石油中国有限公司	美国	石油和天然气开采业与加工业	3.5	★
79	埃克森美孚(中国)投资有限公司	美国	石油和天然气开采业与加工业	3.5	★
81	雪佛龙中国能源公司	美国	石油和天然气开采业与加工业	3.4	★
82	摩根大通中国	美国	证券、期货、基金等其他金融业	3.0	★
82	戴姆勒中国	德国	交通运输设备制造业	3.0	★
84	亚马逊(中国)	美国	零售业	2.9	★
85	铃木(中国)投资有限公司	日本	交通运输设备制造业	2.8	★
86	默沙东(中国)有限公司	美国	医药生物制造业	2.5	★
87	克丽丝汀迪奥商业(上海)有限公司	法国	零售业	2.4	★
88	力拓中国	英国	一般采矿业	2.3	★
89	百事(中国)投资有限公司	美国	食品饮料业	2.2	★
90	摩根士丹利	美国	证券、期货、基金等其他金融业	1.8	★
91	邦吉公司	美国	食品饮料业	1.4	★
91	电装(中国)投资有限公司	日本	机械设备制造业	1.4	★
93	麦格纳中国	加拿大	机械设备制造业	1.3	★
94	华特迪士尼(中国)有限公司	美国	混业(旅游业;文化娱乐业;零售业)	1.0	★
95	甲骨文(中国)	美国	互联网服务业	0.9	★
96	软银中国资本	日本	证券、期货、基金等其他金融业	0.8	★
96	埃森哲(中国)有限公司	爱尔兰	一般服务业	0.8	★
96	沃博联企业管理(上海)有限公司	美国	一般服务业	0.8	★

续表

排名	公司名称	国家/地区	行业	社会责任发展指数	星级
99	康德乐(中国)投资有限公司	美国	一般服务业	0.3	★
100	汇丰银行(中国)有限公司	英国	银行业	0.0	★

B.12 附录五　中国企业300强责任管理指数排名（2020）

单位：分

排名	企业名称	行业	企业性质	CSR专栏	CSR报告	责任管理指数	星级
1	华润（集团）有限公司	混业（电力生产业；酒精及饮料酒制造业；房地产开发业）	中央企业	有	有	93.0	★★★★★
2	中国华电集团有限公司	电力生产业	中央企业	有	有	92.0	★★★★★
3	新兴际华集团有限公司	金属冶炼及压延加工业	中央企业	有	有	86.0	★★★★★
4	三星（中国）投资有限公司	混业（电子产品及电子元件制造业；通信设备制造业）	外资企业	有	有	84.0	★★★★★
5	中国黄金集团有限公司	一般采矿业	中央企业	有	有	83.0	★★★★★
6	中国华能集团有限公司	电力生产业	中央企业	有	有	82.0	★★★★★
7	东风汽车集团有限公司	交通运输设备制造业	中央企业	有	有	80.0	★★★★★
7	内蒙古伊利实业集团股份有限公司	食品饮料业	民营企业	有	有	80.0	★★★★★
9	中国建材集团有限公司	非金属矿物制品业	中央企业	有	有	78.0	★★★★
10	松下电器中国东北亚公司	混业（电子产品及电子元件制造业；家用电器制造业）	外资企业	有	有	76.0	★★★★
11	中国移动通信集团有限公司	通信服务业	中央企业	有	有	75.0	★★★★

附录五 中国企业300强责任管理指数排名（2020）

续表

排名	企业名称	行业	企业性质	CSR 专栏	CSR 报告	责任管理指数	星级
11	中国有色矿业集团有限公司	混业（一般采矿业；金属冶炼及压延加工业；建筑业）	中央企业	有	有	75.0	★★★★
11	中国长江三峡集团有限公司	电力生产业	中央企业	有	有	75.0	★★★★
14	中国石油化工集团有限公司	石油和天然气开采业与加工业	中央企业	有	有	74.0	★★★★
15	华为投资控股有限公司	通信设备制造业	民营企业	有	有	73.0	★★★★
16	国家能源投资集团有限责任公司	混业（煤炭开采与洗选业；电力生产业）	中央企业	有	有	72.0	★★★★
16	SK中国	混业（工业化学品制造业、电子产品及电子元件制造业、交通运输服务业）	外资企业	有	有	72.0	★★★★
18	现代汽车集团（中国）	交通运输设备制造业	外资企业	有	有	71.0	★★★★
18	中国南方电网有限责任公司	电力供应业	中央企业	有	有	71.0	★★★★
20	华夏幸福基业股份有限公司	房地产开发业	民营企业	有	有	70.0	★★★★
21	中国电力建设集团有限公司	混业（建筑业；机械设备制造业）	中央企业	有	有	68.0	★★★★
21	中国联合网络通信集团有限公司	通信服务业	中央企业	有	有	68.0	★★★★
23	碧桂园控股有限公司	房地产开发业	民营企业	有	有	65.0	★★★★
24	中国第一汽车集团有限公司	交通运输设备制造业	中央企业	有	有	63.0	★★★★
24	北京控股集团有限公司	混业（环保产业；公用事业和基础设施；酒精及饮料酒制造业）	其他国有企业	有	有	63.0	★★★★
24	五粮液集团有限公司	食品饮料业	其他国有企业	有	有	63.0	★★★★

续表

排名	企业名称	行业	企业性质	CSR 专栏	CSR 报告	责任管理指数	星级
27	中国LG	混业（电子产品及电子元件制造业；家用电器制造业、工业化学品制造业）	外资企业	有	有	62.0	★★★★
27	中国石油天然气集团有限公司	石油和天然气开采业与加工业	中央企业	有	有	62.0	★★★★
27	中国机械工业集团有限公司	混业（机械设备制造业；建筑业；批发贸易业）	中央企业	有	有	62.0	★★★★
30	中国建筑集团有限公司	建筑业	中央企业	有	有	61.5	★★★★
31	中粮集团有限公司	混业（食品饮料业；房地产开发业；批发贸易业）	中央企业	有	有	61.0	★★★★
32	中国南方航空集团有限公司	交通运输服务业	中央企业	有	有	60.0	★★★★
32	佳能（中国）有限公司	混业（电子产品及电子元件制造业；计算机及相关设备制造业；计算机服务业）	外资企业	有	有	60.0	★★★★
34	中国铝业集团有限公司	混业（金属冶炼及压延加工业；一般采矿业；批发贸易业）	中央企业	有	有	59.0	★★★
35	中国节能环保集团有限公司	废弃资源及废旧材料回收加工业	中央企业	有	有	58.0	★★★
35	新城控股集团股份有限公司	房地产开发业	民营企业	有	有	58.0	★★★
35	中国铁路工程集团有限公司	建筑业	中央企业	有	有	58.0	★★★
38	国家开发投资集团有限公司	混业（电力生产业；一般采矿业；交通运输服务业）	中央企业	有	有	57.0	★★★
39	中国盐业集团有限公司	混业（食品饮料业；工业化学品制造业）	中央企业	有	有	56.0	★★★
39	联想控股股份有限公司	电子产品及电子元件制造业	民营企业	有	有	56.0	★★★
41	中国医药集团有限公司	医药生物制造业	中央企业	有	无	56.0	★★★

附录五 中国企业300强责任管理指数排名（2020）

续表

排名	企业名称	行业	企业性质	CSR专栏	CSR报告	责任管理指数	星级
41	北京三快科技有限公司	互联网服务业	民营企业	有	有	56.0	★★★
43	永辉超市股份有限公司	零售业	民营企业	有	有	55.0	★★★
43	浙江吉利控股集团有限公司	交通运输设备制造业	民营企业	有	有	55.0	★★★
45	哈尔滨电气集团有限公司	机械设备制造业	中央企业	有	有	54.0	★★★
46	腾讯控股有限公司	互联网服务业	民营企业	有	有	52.0	★★★
46	中国东方航空集团有限公司	交通运输服务业	中央企业	有	有	52.0	★★★
48	中国宝武钢铁集团有限公司	金属冶炼及压延加工业	中央企业	有	有	51.0	★★★
48	中国人寿保险（集团）公司	保险业	国有金融企业	有	有	51.0	★★★
50	中国民生银行股份有限公司	银行业	民营企业	有	有	50.0	★★★
50	中国中车集团有限公司	交通运输设备制造业	中央企业	有	有	50.0	★★★
50	机械科学研究总院集团有限公司	机械设备制造业	中央企业	有	无	50.0	★★★
53	中国一重集团有限公司	机械设备制造业	中央企业	有	有	49.0	★★★
54	温氏食品集团股份有限公司	农林牧渔业	民营企业	有	有	47.0	★★★
54	中国平安保险（集团）股份有限公司	保险业	民营企业	有	有	47.0	★★★
56	北京汽车集团有限公司	交通运输设备制造业	其他国有企业	有	有	46.0	★★★
56	中国海洋石油集团有限公司	石油和天然气开采业与加工业	中央企业	有	有	46.0	★★★

269

续表

排名	企业名称	行业	企业性质	CSR专栏	CSR报告	责任管理指数	星级
56	招商银行股份有限公司	银行业	国有金融企业	有	有	46.0	★★★
56	中国商用飞机有限责任公司	交通运输设备制造业	中央企业	有	有	46.0	★★★
60	中国交通建设集团有限公司	建筑业	中央企业	有	有	44.0	★★★
60	中国钢研科技集团有限公司	金属冶炼及压延加工业	中央企业	有	有	44.0	★★★
60	珠海华发集团有限公司	一般服务业	其他国有企业	有	有	44.0	★★★
60	中国化学工程集团有限公司	混业（工业化学品制造业；建筑业）	中央企业	有	有	44.0	★★★
60	小米科技有限责任公司	通信设备制造业	民营企业	无	有	44.0	★★★
60	Seven&I控股公司	零售业	外资企业	有	有	44.0	★★★
66	台达（中国）	电子产品及电子元件制造业	外资企业	有	有	42.0	★★★
67	中国国际海运集装箱（集团）股份有限公司	机械设备制造业	其他国有企业	有	有	40.0	★★★
68	中国旅游集团有限公司［香港中旅（集团）有限公司］	旅游业	中央企业	有	有	39.0	★★
68	万科企业股份有限公司	房地产开发业	民营企业	有	有	39.0	★★
68	中国航空集团有限公司	交通运输服务业	中央企业	有	有	39.0	★★
68	中国太平保险集团有限责任公司	保险业	国有金融企业	有	有	39.0	★★
68	中国太平洋保险（集团）股份有限公司	保险业	国有金融企业	有	有	39.0	★★

续表

排名	企业名称	行业	企业性质	CSR专栏	CSR报告	责任管理指数	星级
68	海尔集团公司	家用电器制造业	民营企业	有	有	39.0	★★
68	花旗银行(中国)有限公司	银行业	外资企业	有	有	39.0	★★
68	中国煤炭科工集团有限公司	机械设备制造业	中央企业	有	有	39.0	★★
76	国家电网有限公司	电力供应业	中央企业	有	有	38.0	★★
76	中国大唐集团有限公司	电力生产业	中央企业	有	有	38.0	★★
76	中国中煤能源集团有限公司	煤炭开采与洗选业	中央企业	有	无	38.0	★★
79	中国建设银行股份有限公司	银行业	国有金融企业	有	有	37.0	★★
79	顺丰控股股份有限公司	交通运输服务业	民营企业	有	有	37.0	★★
81	浦项(中国)投资有限公司	金属冶炼及压延加工业	外资企业	有	有	36.0	★★
81	索尼(中国)有限公司	混业(电子产品及电子元件制造业;家用电器制造业)	外资企业	有	有	36.0	★★
83	鸿海精密工业股份有限公司	电子产品及电子元件制造业	外资企业	有	有	35.0	★★
84	新希望集团有限公司	混业(食品饮料业;工业化学品制造业)	民营企业	有	有	34.0	★★
84	中国能源建设集团有限公司	建筑业	中央企业	有	有	34.0	★★
84	中国中化集团有限公司	石油和天然气开采业与加工业	中央企业	有	有	34.0	★★
87	中国中钢集团有限公司	一般采矿业	中央企业	有	无	33.0	★★
88	中国铁路通信信号集团有限公司	通信服务业	中央企业	有	有	32.0	★★
89	中国电信集团有限公司	通信服务业	中央企业	有	有	30.0	★★

续表

排名	企业名称	行业	企业性质	CSR专栏	CSR报告	责任管理指数	星级
89	台积电	电子产品及电子元件制造业	外资企业	有	有	30.0	★★
89	鞍钢集团有限公司	金属冶炼及压延加工业	中央企业	有	有	30.0	★★
89	兴业银行股份有限公司	银行业	民营企业	有	有	30.0	★★
93	中国建筑科学研究院有限公司	一般服务业	中央企业	有	无	29.0	★★
94	巴斯夫（中国）有限公司	工业化学品制造业	外资企业	有	有	28.0	★★
94	万洲国际有限公司	食品饮料业	民营企业	有	有	28.0	★★
96	中国铁道建筑集团有限公司	建筑业	中央企业	有	有	27.0	★★
96	招商局集团有限公司	混业（交通运输服务业;房地产开发业;银行业）	中央企业	有	有	27.0	★★
96	TCL集团股份有限公司	家用电器制造业	民营企业	有	有	27.0	★★
99	阿里巴巴集团控股有限公司	互联网服务业	民营企业	有	有	25.0	★★
100	中国通用技术（集团）控股有限责任公司	混业（机械设备制造业;医药生物制造业;批发贸易业）	中央企业	有	有	24.0	★★
101	交通银行股份有限公司	银行业	国有金融企业	有	有	23.0	★★
101	中国农业银行股份有限公司	银行业	国有金融企业	有	有	23.0	★★
101	上海汽车集团股份有限公司	交通运输设备制造业	其他国有企业	有	有	23.0	★★
101	中国国际技术智力合作集团有限公司	一般服务业	中央企业	有	有	23.0	★★
101	中国东方电气集团有限公司	机械设备制造业	中央企业	有	有	23.0	★★

附录五　中国企业300强责任管理指数排名（2020）

续表

排名	企业名称	行业	企业性质	CSR专栏	CSR报告	责任管理指数	星级
101	中国五矿集团有限公司	混业（一般采矿业；批发贸易业；金属冶炼及压延加工业）	中央企业	有	有	23.0	★★
101	中国惠普有限公司	电子产品及电子元件制造业	外资企业	有	有	23.0	★★
108	中兴通讯股份有限公司	通信设备制造业	民营企业	有	有	22.0	★★
109	比亚迪股份有限公司	交通运输设备制造业	民营企业	有	有	21.0	★★
108	国家开发银行	银行业	国有金融企业	有	无	21.0	★★
111	中国远洋海运集团有限公司	交通运输服务业	中央企业	有	有	20.0	★★
111	东芝（中国）有限公司	混业（电子产品及电子元件制造业；家用电器制造业；计算机及相关设备制造业）	外资企业	有	无	20.0	★★
113	华夏银行股份有限公司	银行业	民营企业	有	有	19.0	★
113	苏宁易购集团股份有限公司	零售业	民营企业	有	有	19.0	★
113	上海复星高科技（集团）有限公司	混业（医药生物制造业；旅游业；文化娱乐业）	民营企业	无	有	19.0	★
113	长江和记实业有限公司	混业（交通运输服务业；零售业；通信服务业）	外资企业	有	有	19.0	★
117	九州通医药集团股份有限公司	批发贸易业	民营企业	有	有	19.0	★
117	中国航空油料集团有限公司	批发贸易业	中央企业	有	无	19.0	★
117	中国光大集团股份公司	混业（银行业；证券、期货、基金及其他金融服务业；房地产开发业）	国有金融企业	有	有	19.0	★
120	矿冶科技集团有限公司	混业（一般采矿业；金属冶炼及压延加工业；金属制品业）	中央企业	有	有	18.0	★

273

续表

排名	企业名称	行业	企业性质	CSR专栏	CSR报告	责任管理指数	星级
120	施耐德电器有限公司	家用电器制造业	外资企业	无	有	18.0	★
120	恒力集团有限公司	混业（工业化学品制造业；纺织业）	民营企业	有	有	18.0	★
123	本田汽车（中国）有限公司	交通运输设备制造业	外资企业	有	有	17.0	★
123	超威电源有限公司	电子产品及电子元件制造业	民营企业	有	无	17.0	★
125	丰田汽车（中国）投资有限公司	交通运输设备制造业	外资企业	有	有	16.0	★
125	中国人民保险集团股份有限公司	保险业	国有金融企业	有	有	16.0	★
127	Apple	电子产品及电子元件制造业	外资企业	有	有	15.0	★
128	上海浦东发展银行股份有限公司	银行业	国有金融企业	有	有	14.0	★
128	中国银行股份有限公司	银行业	国有金融企业	有	有	14.0	★
128	北京银行股份有限公司	银行业	国有金融企业	有	有	14.0	★
128	中国恒大集团	房地产开发业	民营企业	有	有	14.0	★
128	麦德龙（中国）	零售业	外资企业	有	有	14.0	★
128	时代中国控股有限公司	混业（房地产开发业；房地产服务业；文化娱乐业）	民营企业	无	无	14.0	★
128	富士通（中国）有限公司	电子产品及电子元件制造业	外资企业	有	无	14.0	★
135	中国国际工程咨询有限公司	一般服务业	中央企业	有	无	13.0	★
135	3M 中国有限公司	一般制造业	外资企业	有	无	13.0	★
135	辉瑞中国	医药生物制造业	外资企业	有	无	13.0	★
138	通用汽车（中国）	交通运输设备制造业	外资企业	有	有	12.0	★

附录五 中国企业300强责任管理指数排名（2020）

续表

排名	企业名称	行业	企业性质	CSR专栏	CSR报告	责任管理指数	星级
138	新疆广汇实业投资（集团）有限责任公司	混业（煤炭开采与洗选业；一般采矿业；房地产开发业）	民营企业	有	无	12.0	★
138	日立（中国）有限公司	混业（机械设备制造业；家用电器制造业；计算机及相关设备制造业）	外资企业	有	无	12.0	★
141	中国储备粮管理集团有限公司	农林牧渔业	中央企业	有	无	11.0	★
141	融创中国控股有限公司	房地产开发业	民营企业	无	有	11.0	★
141	中国宏桥集团有限公司	金属冶炼及压延加工业	民营企业	无	有	11.0	★
141	广州富力地产股份有限公司	房地产开发业	民营企业	无	无	11.0	★
141	江铃汽车集团有限公司	交通运输设备制造业	民营企业	无	无	11.0	★
141	河钢集团有限公司	金属冶炼及压延加工业	其他国有企业	有	有	11.0	★
141	广汇汽车服务集团股份有限公司	交通运输服务业	民营企业	无	有	11.0	★
141	大众汽车集团（中国）	交通运输设备制造业	外资企业	有	无	11.0	★
149	中国工商银行股份有限公司	银行业	国有金融企业	有	有	10.0	★
149	安徽海螺集团有限责任公司	非金属矿物制品业	其他国有企业	有	有	10.0	★
149	荣盛石化股份有限公司	工业化学品制造业	民营企业	有	有	10.0	★
149	特变电工股份有限公司	机械设备制造业	民营企业	有	有	10.0	★
149	雅戈尔集团股份有限公司	混业（服装鞋帽制造业；房地产开发业）	民营企业	无	有	10.0	★
149	百度股份有限公司	互联网服务业	民营企业	有	有	10.0	★

续表

排名	企业名称	行业	企业性质	CSR专栏	CSR报告	责任管理指数	星级
155	美的集团股份有限公司	家用电器制造业	民营企业	无	有	9.0	★
155	陶氏化学（中国）有限公司	工业化学品制造业	外资企业	有	无	9.0	★
157	长城汽车股份有限公司	交通运输设备制造业	民营企业	有	有	8.0	★
157	江苏沙钢集团有限公司	金属冶炼及压延加工业	民营企业	有	有	8.0	★
157	家乐福(中国)	零售业	外资企业	有	无	8.0	★
157	永旺（中国）投资有限公司	零售业	外资企业	有	无	8.0	★
167	阳光城集团股份有限公司	房地产开发业	民营企业	有	有	8.0	★
157	丰田通商(中国)有限公司	交通运输设备制造业	外资企业	有	无	8.0	★
157	罗氏中国	医药生物制造业	外资企业	有	无	8.0	★
157	强生（中国）投资有限公司	混业(医药生物制造业；日用化学品制造业)	外资企业	有	无	8.0	★
165	珠海格力电器股份有限公司	家用电器制造业	其他国有企业	无	有	7.0	★
165	雅居乐集团控股有限公司	房地产开发业	民营企业	无	有	7.0	★
165	物产中大集团股份有限公司	批发贸易业	其他国有企业	有	有	7.0	★
165	中国邮政集团公司	交通运输服务业	其他国有企业	有	无	7.0	★
165	绿城中国控股有限公司	房地产开发业	民营企业	有	无	7.0	★
165	海航集团有限公司	交通运输服务业	民营企业	有	无	7.0	★
165	路易达孚(中国)贸易有限责任公司	批发贸易业	外资企业	有	无	7.0	★

附录五 中国企业300强责任管理指数排名（2020）

续表

排名	企业名称	行业	企业性质	CSR专栏	CSR报告	责任管理指数	星级
172	亨通集团有限公司	通信设备制造业	民营企业	有	有	6.0	★
172	霍尼韦尔（中国）有限公司	混业（一般制造业；机械设备制造业）	外资企业	有	无	6.0	★
172	拜耳（中国）	混业（医药生物制造业；工业化学品制造业）	外资企业	有	无	6.0	★
175	中国电子信息产业集团有限公司	电子产品及电子元件制造业	中央企业	有	有	5.0	★
175	国美零售控股有限公司	零售业	民营企业	无	有	5.0	★
175	江苏中南建设集团股份有限公司	建筑业	民营企业	有	有	5.0	★
175	厦门建发集团有限公司	混业（房地产开发；酒店业）	其他国有企业	有	无	5.0	★
175	陕西煤业化工集团有限责任公司	煤炭开采与洗选业	其他国有企业	有	无	5.0	★
175	陕西延长石油（集团）有限责任公司	石油和天然气开采业与加工业	其他国有企业	有	无	5.0	★
175	宝洁（中国）有限公司	日用化学品制造业	外资企业	有	无	5.0	★
175	奥克斯集团有限公司	家用电器制造业	民营企业	有	无	5.0	★
175	三一集团有限公司	机械设备制造业	民营企业	有	有	5.0	★
175	联合技术中国有限公司	一般制造业	外资企业	无	无	5.0	★
175	东方集团股份有限公司	金属冶炼及压延加工业	民营企业	有	无	5.0	★
175	阳光龙净集团有限公司	混业（证券、期货、基金等其他金融业；房地产开发业；一般服务业）	民营企业	有	无	5.0	★
187	中国普天信息产业集团有限公司	混业（通信设备制造业；通信服务业）	中央企业	有	有	4.0	★

续表

排名	企业名称	行业	企业性质	CSR专栏	CSR报告	责任管理指数	星级
188	国家电力投资集团有限公司	电力生产业	中央企业	有	有	3.0	★
188	绿地控股集团有限公司	房地产开发业	其他国有企业	无	有	3.0	★
188	沃尔玛（中国）投资有限公司	零售业	外资企业	有	无	3.0	★
188	中国化工集团有限公司	工业化学品制造业	中央企业	有	无	3.0	★
188	中国保利集团有限公司	混业（房地产开发；文化娱乐业；一般服务业）	中央企业	有	无	3.0	★
188	国际商业机器（中国）有限公司	混业（互联网服务业；电子产品及电子元件制造业）	外资企业	有	无	3.0	★
188	首钢集团有限公司	金属冶炼及压延加工业	其他国有企业	有	无	3.0	★
188	山东能源集团有限公司	煤炭开采与洗选业	其他国有企业	有	无	3.0	★
188	日产（中国）投资有限公司	交通运输设备制造业	外资企业	有	无	3.0	★
188	雀巢中国	食品饮料业	外资企业	有	无	3.0	★
188	龙湖集团控股有限公司	房地产开发业	民营企业	有	无	3.0	★
188	普利司通(中国)投资有限公司	一般制造业	外资企业	有	无	3.0	★
188	富德保险控股股份有限公司	保险业	民营企业	有	无	3.0	★
188	宝马中国	交通运输设备制造业	外资企业	有	无	3.0	★
188	泰康保险集团股份有限公司	保险业	民营企业	有	无	3.0	★
188	百威英博中国	食品饮料业	外资企业	有	无	3.0	★
188	浙江恒逸集团有限公司	工业化学品制造业	民营企业	有	无	3.0	★
188	联合利华（中国）有限公司	混业（日用化学品制造业；食品饮料业）	外资企业	有	无	3.0	★

续表

排名	企业名称	行业	企业性质	CSR专栏	CSR报告	责任管理指数	星级
188	ABB（中国）有限公司	机械设备制造业	外资企业	有	无	3.0	★
188	波音中国	交通运输设备制造业	外资企业	有	无	3.0	★
188	福特汽车（中国）有限公司	交通运输设备制造业	外资企业	有	无	3.0	★
188	通威集团有限公司	农林牧渔业	民营企业	有	无	3.0	★
188	三菱商事（中国）有限公司	批发贸易业	外资企业	有	无	3.0	★
188	安利（中国）日用品有限公司	日用化学品制造业	外资企业	有	无	3.0	★
188	玖龙纸业（控股）有限公司	造纸及纸制品业	民营企业	有	无	3.0	★
188	壳牌（中国）有限公司	石油和天然气开采业与加工业	外资企业	有	无	3.0	★
188	华夏人寿保险股份有限公司	保险业	民营企业	有	无	3.0	★
188	杭州娃哈哈集团有限公司	食品饮料业	民营企业	有	无	3.0	★
188	雪松控股集团有限公司	混业（批发贸易业；工业化学品制造业；旅游业）	民营企业	有	无	3.0	★
188	GE中国	混业（机械设备制造业；家用电器制造业；电子产品及电子元件制造业）	外资企业	有	无	3.0	★
188	圣戈班（中国）投资有限公司	一般制造业	外资企业	有	无	3.0	★
188	戴尔（中国）有限公司	混业（计算机及相关设备制造业；计算机服务业）	外资企业	有	无	3.0	★
188	可口可乐（中国）饮料有限公司	食品饮料业	外资企业	有	无	3.0	★
188	博世（中国）投资有限公司	混业（机械设备制造业；家用电器制造业）	外资企业	有	无	3.0	★

续表

排名	企业名称	行业	企业性质	CSR专栏	CSR报告	责任管理指数	星级
188	诺华中国	医药生物制造业	外资企业	有	无	3.0	★
188	青山控股集团有限公司	金属冶炼及压延加工业	民营企业	有	无	3.0	★
188	杭州锦江集团有限公司	金属冶炼及压延加工业	民营企业	有	无	3.0	★
188	葛兰素史克(中国)投资有限公司	医药生物制造业	外资企业	有	无	3.0	★
188	思科中国	通信设备制造业	外资企业	有	无	3.0	★
188	三菱电机(中国)有限公司	机械设备制造业	外资企业	有	无	3.0	★
188	费森尤斯医疗投资(中国)有限公司	医药生物制造业	外资企业	有	无	3.0	★
188	卡特彼勒(中国)投资有限公司	机械设备制造业	外资企业	有	无	3.0	★
188	西门子(中国)	机械设备制造业	外资企业	有	无	3.0	★
188	微软中国	互联网服务业	外资企业	有	无	3.0	★
188	埃尼中国	石油和天然气开采业与加工业	外资企业	有	无	3.0	★
188	住友商事(中国)有限公司	批发贸易业	外资企业	有	无	3.0	★
188	蒂森克虏伯(中国)投资有限公司	机械设备制造业	外资企业	有	无	3.0	★
188	英特尔(中国)有限公司	电子产品及电子元件制造业	外资企业	有	无	3.0	★
188	赛诺菲中国	医药生物制造业	外资企业	有	无	3.0	★
188	欧尚(中国)投资有限公司	零售业	外资企业	有	无	3.0	★
188	腾邦集团有限公司	混业(旅游业;交通运输服务业)	民营企业	有	无	3.0	★
188	康菲石油中国有限公司	石油和天然气开采业与加工业	外资企业	有	无	3.0	★

续表

排名	企业名称	行业	企业性质	CSR专栏	CSR报告	责任管理指数	星级
188	雪佛龙中国能源公司	石油和天然气开采业与加工业	外资企业	有	无	3.0	★
188	浙江荣盛控股集团有限公司	混业(工业化学品制造业;房地产开发业)	民营企业	有	无	3.0	★
188	默沙东(中国)有限公司	医药生物制造业	外资企业	有	无	3.0	★
188	百事(中国)投资有限公司	食品饮料业	外资企业	有	无	3.0	★
188	三胞集团有限公司	混业(零售业;房地产开发业)	民营企业	有	无	3.0	★
188	上海均和集团有限公司	混业(交通运输服务业;证券、期货、基金等其他金融业)	民营企业	有	无	3.0	★
188	邦吉公司	食品饮料业	外资企业	无	无	3.0	★
188	电装(中国)投资有限公司	机械设备制造业	外资企业	无	无	3.0	★
188	甲骨文(中国)	互联网服务业	外资企业	无	无	3.0	★
249	海亮集团有限公司	混业(金属制品业;房地产开发业)	民营企业	无	无	2.0	★
249	海信集团有限公司	家用电器制造业	民营企业	无	无	2.0	★
249	天能电池集团股份有限公司	电子产品及电子元件制造业	民营企业	无	无	2.0	★
249	南山集团有限公司	混业(金属冶炼及压延加工业;纺织业;房地产开发业)	民营企业	无	无	2.0	★
249	唯品会(中国)有限公司	零售业	民营企业	有	无	2.0	★
249	山东魏桥创业集团有限公司	纺织业	民营企业	无	无	2.0	★
255	中天控股集团有限公司	混业(建筑业;房地产开发业)	民营企业	有	无	1.0	★
256	中国诚通控股集团有限公司	证券、期货、基金等其他金融业	中央企业	有	无	0.0	★

续表

排名	企业名称	行业	企业性质	CSR专栏	CSR报告	责任管理指数	星级
256	有研科技集团有限公司	金属制品业	中央企业	有	无	0.0	★
256	浪潮集团有限公司	混业（互联网服务业；电子产品及电子元件制造业）	民营企业	无	有	0.0	★
256	中天钢铁集团有限公司	金属冶炼及压延加工业	民营企业	有	无	0.0	★
256	广州网易计算机系统有限公司	互联网服务业	民营企业	无	无	0.0	★
256	万向集团公司	交通运输设备制造业	民营企业	无	无	0.0	★
256	大连万达集团股份有限公司	房地产开发业	民营企业	有	无	0.0	★
256	三井住友银行（中国）有限公司	银行业	外资企业	无	无	0.0	★
256	神州数码集团股份有限公司	计算机及相关设备制造业	民营企业	无	无	0.0	★
256	红豆集团有限公司	服装鞋帽制造业	民营企业	有	无	0.0	★
256	庞大汽贸集团股份有限公司	一般服务业	民营企业	无	无	0.0	★
256	正邦集团有限公司	农林牧渔业	民营企业	无	无	0.0	★
256	深圳市爱施德股份有限公司	计算机服务业	民营企业	无	无	0.0	★
256	修正药业集团股份有限公司	医药生物制造业	民营企业	无	无	0.0	★
256	深圳市怡亚通供应链股份有限公司	交通运输服务业	民营企业	无	无	0.0	★
256	广厦控股集团有限公司	混业（建筑业；房地产开发业）	民营企业	有	无	0.0	★
256	法国兴业银行（中国）有限公司	银行业	外资企业	无	无	0.0	★
256	瑞茂通供应链管理股份有限公司	交通运输服务业	民营企业	无	无	0.0	★

续表

排名	企业名称	行业	企业性质	CSR专栏	CSR报告	责任管理指数	星级
256	高盛(中国)	证券、期货、基金等其他金融业	外资企业	无	无	0.0	★
256	特斯拉(上海)有限公司	交通运输设备制造业	外资企业	无	无	0.0	★
256	大商集团有限公司	零售业	民营企业	无	无	0.0	★
256	海澜集团有限公司	服装鞋帽制造业	民营企业	有	无	0.0	★
256	中国太平洋建设集团有限公司	建筑业	民营企业	无	无	0.0	★
256	采埃孚(中国)投资有限公司	机械设备制造业	外资企业	有	无	0.0	★
256	道达尔中国	石油和天然气开采业与加工业	外资企业	无	无	0.0	★
256	新奥集团股份有限公司	燃气的生产和供应业	民营企业	无	无	0.0	★
256	北京京东世纪贸易有限公司	互联网服务业	民营企业	无	无	0.0	★
256	埃克森美孚(中国)投资有限公司	石油和天然气开采业与加工业	外资企业	无	无	0.0	★
256	摩根大通中国	证券、期货、基金等其他金融业	外资企业	无	无	0.0	★
256	戴姆勒中国	交通运输设备制造业	外资企业	无	无	0.0	★
256	亚马逊(中国)	零售业	外资企业	无	无	0.0	★
256	远大物产集团有限公司	批发贸易业	民营企业	无	无	0.0	★
256	铃木(中国)投资有限公司	交通运输设备制造业	外资企业	无	无	0.0	★
256	正威国际集团有限公司	混业(金属冶炼及压延加工业;电子产品及电子元件制造业)	民营企业	有	无	0.0	★
256	克丽丝汀迪奥商业(上海)有限公司	零售业	外资企业	无	无	0.0	★

续表

排名	企业名称	行业	企业性质	CSR专栏	CSR报告	责任管理指数	星级
256	力拓中国	一般采矿业	外资企业	无	无	0.0	★
256	摩根士丹利	证券、期货、基金等其他金融业	外资企业	无	无	0.0	★
256	中国华信能源有限公司	批发贸易业	民营企业	无	无	0.0	★
256	麦格纳中国	机械设备制造业	外资企业	无	无	0.0	★
256	华特迪士尼（中国）有限公司	混业（旅游业；文化娱乐业；零售业）	外资企业	无	无	0.0	★
256	软银中国资本	证券、期货、基金等其他金融业	外资企业	无	无	0.0	★
256	埃森哲（中国）有限公司	一般服务业	外资企业	无	无	0.0	★
256	沃博联企业管理（上海）有限公司	一般服务业	外资企业	无	无	0.0	★
256	康德乐（中国）投资有限公司	一般服务业	外资企业	无	无	0.0	★
256	汇丰银行（中国）有限公司	银行业	外资企业	无	无	0.0	★

附录六 中国企业300强社会责任发展指数排名（2009～2020）

B.13

单位：分

2020排名	企业名称	企业性质	行业名称	2020指数	2020星级	2019排名	2018排名	2017排名	2016排名	2015排名	2014排名	2013排名	2012排名	2011排名	2010排名	2009排名
1	华润（集团）有限公司	中央企业	混业（电力生产业；酒精及饮料酒制造业；房地产业）	92.9	★★★★★	1	1	1	6	7	15	6	6	67	118	27
2	三星（中国）投资有限公司	外资企业	混业（电子产品及电子元件制造业；通信设备制造业）	91.6	★★★★★	2	4	4	4	5	13	21	56	99	131	67
3	中国华电集团有限公司	中央企业	电力生产业	88.4	★★★★★	3	2	2	2	2	4	4	8	9	15	24
4	现代汽车集团（中国）	外资企业	交通运输设备制造业	87.2	★★★★★	4	5	8	10	27	51	150	163	187	158	199
5	中国石油化工集团有限公司	中央企业	石油和天然气开采业与加工业	87.1	★★★★★	5	3	5	5	9	5	3	4	5	6	14
6	中国华能集团有限公司	中央企业	电力生产业	86.9	★★★★★	6	6	3	8	4	5	9	5	8	9	5

续表

2020排名	企业名称	企业性质	行业名称	2020指数	2020星级	2019排名	2018排名	2017排名	2016排名	2015排名	2014排名	2013排名	2012排名	2011排名	2010排名	2009排名
6	中国建材集团有限公司	中央企业	非金属矿物制品业	86.9	★★★★★	7	9	6	12	11	10	7	14	15	108	—
8	国家开发投资集团有限公司	中央企业	混业（电力生产业；一般采矿业；交通运输业）	85.3	★★★★★	9	8	10	53	49	67	80	80	55	44	—
8	中国第一汽车集团有限公司	中央企业	交通运输设备制造业	85.3	★★★★★	18	20	27	36	38	189	110	225	125	21	54
10	东风汽车集团有限公司	中央企业	交通运输设备制造业	85.2	★★★★★	10	11	13	14	16	20	37	36	54	23	20
10	中国南方电网有限责任公司	中央企业	电力供应业	85.2	★★★★★	12	7	7	1	3	1	2	3	4	6	25
12	中国黄金集团有限公司	中央企业	一般采矿业	85.1	★★★★★	8	12	14	18	13	9	10	12	16	152	—
13	中国电信集团有限公司	中央企业	通信服务业	83.8	★★★★★	23	48	39	23	23	16	14	13	37	54	55
14	中国铝业集团有限公司	中央企业	混业（金属冶炼及压延加工业；一般采矿业；批发贸易业）	82.4	★★★★★	15	10	12	34	22	19	12	10	30	52	74
15	中国电力建设集团有限公司	中央企业	混业（建设业；机械设备制造业）	80.2	★★★★★	13	15	16	22	29	58	74	171	—	—	—
15	中国民生银行股份有限公司	民营企业	银行业	80.2	★★★★★	16	13	15	21	17	12	11	9	6	10	16

附录六 中国企业300强社会责任发展指数排名（2009~2020）

续表

2020排名	企业名称	企业性质	行业名称	2020指数	2020星级	2019排名	2018排名	2017排名	2016排名	2015排名	2014排名	2013排名	2012排名	2011排名	2010排名	2009排名
17	松下电器（中国）有限公司	外资企业	混业（电子产品及电子元件制造业;家用电器制造业）	80.1	★★★★★	18	18	23	25	29	39	59	108	263	250	131
18	国家能源投资集团有限责任公司	中央企业	混业（煤炭采选业;电力生产业）	79.9	★★★★	20	26	71	82	47	87	65	67	48	42	26
18	中国LG	外资企业	混业（电子产品及电子元件制造业;家用电器制造业）	79.9	★★★★	22	16	17	17	19	26	—	—	—	—	—
20	中国交通建设集团有限公司	中央企业	建筑业	79.3	★★★★	24	24	25	30	32	47	52	48	46	17	36
20	中国旅游集团有限公司[香港中旅（集团）有限公司]	中央企业	旅游业	79.3	★★★★	21	28	29	48	61	53	123	66	168	199	—
22	中国建筑集团有限公司	中央企业	建筑业	78.8	★★★★	17	21	21	7	6	8	13	22	33	112	101
23	中国移动通信集团有限公司	中央企业	通信服务业	78.5	★★★★	14	14	20	3	1	2	5	11	2	2	3
23	中国宝武钢铁集团有限公司	中央企业	金属冶炼及压延加工业	78.5	★★★★	138	143	136	55	56	30	30	17	7	5	6
25	新兴际华集团有限公司	中央企业	金属冶炼及压延加工业	77.7	★★★★	34	34	33	50	70	237	116	145	142	61	—

续表

2020排名	企业名称	企业性质	行业名称	2020指数	2020星级	2019排名	2018排名	2017排名	2016排名	2015排名	2014排名	2013排名	2012排名	2011排名	2010排名	2009排名
26	浦项（中国）投资有限公司	外资企业	金属冶炼及压延加工业	76.8	★★★★	27	30	30	32	33	42	46	261	208	263	232
27	腾讯控股股份有限公司	民营企业	互联网服务业	76.7	★★★★	70	87	114	208	82	—	—	—	—	—	—
28	中国盐业集团有限公司	中央企业	混业（食品饮料业；工业化学品制造）	76.5	★★★★	31	33	44	—	—	—	—	—	—	—	—
29	华为投资控股有限公司	民营企业	通信设备制造业	76.4	★★★★	10	41	9	9	8	7	15	6	28	31	42
30	苹果公司	外资企业	电子产品及电子元件制造业	76.3	★★★★	35	71	90	141	156	157	168	214	—	—	—
31	北京控股集团有限公司	国有企业	混业（环保产业；公用事业和基础设施；酒精及饮料制造）	76.1	★★★★	32	22	40	45	—	—	—	—	—	—	—
32	中国节能环保集团有限公司	中央企业	废弃资源及废旧材料回收加工业	75.6	★★★★	38	120	24	24	25	27	50	111	—	—	—
33	内蒙古伊利实业集团股份有限公司	民营企业	食品饮料业	75.5	★★★★	33	42	45	145	81	164	103	73	85	70	105
34	台达（中国）	外资企业	电子产品及电子元件制造业	75.4	★★★★	28	23	26	29	43	75	67	218	275	209	199
35	中国石油天然气集团有限公司	中央企业	石油和天然气开采业与加工业	74.4	★★★★	29	55	62	44	39	78	47	32	22	13	12
36	五粮液集团有限公司	其他国有企业	食品饮料业	73.9	★★★★	—	—	—	—	—	—	—	—	—	—	—

附录六 中国企业300强社会责任发展指数排名(2009~2020)

续表

2020排名	企业名称	企业性质	行业名称	2020指数	2020星级	2019排名	2018排名	2017排名	2016排名	2015排名	2014排名	2013排名	2012排名	2011排名	2010排名	2009排名
37	碧桂园控股有限公司	民营企业	房地产开发业	73.3	★★★★	73	54	115	138	120	199	139	193	—	—	—
38	新城控股集团股份有限公司	民营企业	房地产开发业	72.4	★★★★	99	—	—	—	—	—	—	—	—	—	—
39	中国铁道建筑集团有限公司	中央企业	建筑业	70.9	★★★★	101	45	—	—	—	—	—	—	—	—	—
39	中国联合网络通信集团有限公司	中央企业	通信服务业	70.9	★★★★	25	27	37	31	26	23	21	101	70	55	58
41	中国南方航空集团有限公司	中央企业	交通运输服务业	70.8	★★★★	60	56	69	71	43	59	57	37	14	27	22
42	中国中车集团有限公司	中央企业	交通运输设备制造业	70.5	★★★★	93	86	94	89	57	—	—	—	—	—	—
42	中国人寿保险(集团)公司	国有金融企业	保险业	70.5	★★★★	81	99	176	90	79	141	180	88	66	48	30
44	华夏幸福基业股份有限公司	民营企业	房地产开发业	70.3	★★★★	84	111	102	—	—	—	—	—	—	—	—
45	北京汽车集团有限公司	国有企业	交通运输设备制造业	70.0	★★★★	37	106	85	144	148	116	33	163	146	211	262
45	永辉超市股份有限公司	民营企业	零售业	70.0	★★★★	190	—	—	—	—	—	—	—	—	—	—
47	中国一重集团有限公司	中央企业	机械设备制造业	69.8	★★★★	47	—	—	—	—	—	—	—	—	—	—

续表

2020排名	企业名称	企业性质	行业名称	2020指数	2020星级	2019排名	2018排名	2017排名	2016排名	2015排名	2014排名	2013排名	2012排名	2011排名	2010排名	2009排名
48	中国有色矿业集团有限公司	中央企业	混业（一般采矿业；金属冶炼及压延加工业；建筑业）	69.5	★★★★	77	51	35	26	209	41	54	51	—	—	—
49	中国海洋石油集团有限公司	中央企业	石油和天然气开采业与加工业	69.2	★★★★	56	29	28	16	18	32	42	70	48	14	8
50	中国钢研科技集团有限公司	中央企业	金属冶炼及压延加工业	69.1	★★★★	54	—	—	—	—	—	—	—	—	—	—
51	中国铁路通信信号集团有限公司	中央企业	通信服务业	68.6	★★★★	73	—	—	—	—	—	—	—	—	—	—
52	珠海华发集团有限公司	其他国有企业	一般服务业	67.6	★★★★	—	—	—	—	—	—	—	—	—	—	—
53	佳能（中国）有限公司	外资企业	混业（电子产品及电子元件制造业；计算机及相关设备制造业；计算机服务业）	67.3	★★★★	36	62	31	33	43	40	75	29	87	60	114
54	招商局集团有限公司	中央企业	混业（交通运输服务业；房地产开发业；银行业）	66.9	★★★★	63	148	32	37	40	62	81	86	23	47	—
55	温氏食品集团股份有限公司	民营企业	农林牧渔业	66.7	★★★★	57	57	72	—	—	—	—	—	—	—	—
56	中国机械工业集团有限公司	中央企业	混业（机械设备制造业；建筑业；批发贸易业）	66.4	★★★★	55	65	50	27	36	65	48	46	77	62	131

附录六 中国企业300强社会责任发展指数排名（2009~2020）

续表

2020排名	企业名称	企业性质	行业名称	2020指数	2020星级	2019排名	2018排名	2017排名	2016排名	2015排名	2014排名	2013排名	2012排名	2011排名	2010排名	2009排名
57	浙江吉利控股集团有限公司	民营企业	交通运输设备制造业	65.8	★★★★	86	40	51	54	67	50	69	179	95	—	—
58	中国国际海运集装箱（集团）股份有限公司	其他国有企业	机械设备制造业	65.4	★★★★	51	—	—	—	—	—	—	—	—	—	—
59	中粮集团有限公司	中央企业	混业（食品饮料业；房地产开发业；批发贸易业）	65.2	★★★★	132	67	74	60	54	81	96	81	20	46	45
60	台积电	外资企业	电子产品及电子元件制造业	64.8	★★★★	41	81	88	78	—	—	—	—	—	—	—
61	国家电网有限公司	中央企业	电力供应业	63.8	★★★★	30	24	41	15	15	3	1	2	3	3	2
62	中国平安保险（集团）股份有限公司	民营企业	保险业	62.6	★★★★	49	59	57	51	91	77	28	38	25	17	10
63	中国长江三峡集团有限公司	中央企业	电力生产业	62.3	★★★★	87	—	—	—	—	—	—	—	—	—	—
64	万科企业股份有限公司	民营企业	房地产开发业	62.2	★★★★	62	87	58	52	59	76	49	50	41	25	80
65	交通银行股份有限公司	国有金融企业	银行业	62.0	★★★★	44	50	49	42	64	38	38	23	50	43	18
66	中国大唐集团有限公司	中央企业	电力生产业	61.8	★★★★	75	31	60	65	80	151	144	169	10	4	4

续表

2020排名	企业名称	企业性质	行业名称	2020指数	2020星级	2019排名	2018排名	2017排名	2016排名	2015排名	2014排名	2013排名	2012排名	2011排名	2010排名	2009排名
67	比亚迪股份有限公司	民营企业	交通运输设备制造业	61.5	★★★★	58	47	54	59	103	111	117	76	90	183	167
68	中国东方航空集团有限公司	中央企业	交通运输服务业	61.4	★★★★	79	44	52	66	48	54	105	33	19	38	107
69	中国农业银行股份有限公司	国有金融企业	银行业	61.2	★★★★	46	46	59	71	116	80	27	54	42	41	34
70	中国铁路工程集团有限公司	中央企业	建筑业	61.1	★★★★	93	66	—	—	—	—	—	—	—	—	—
71	中国建设银行股份有限公司	国有金融企业	银行业	60.9	★★★★	45	64	100	100	99	86	56	60	36	30	22
72	中国中煤能源集团有限公司	中央企业	煤炭开采与洗选业	60.8	★★★★	52	—	—	—	—	—	—	—	—	—	—
73	华夏银行股份有限公司	民营企业	银行业	59.8	★★★	66	93	—	57	68	90	69	75	60	40	32
74	中国通用技术（集团）控股有限责任公司	中央企业	混业（机械设备制造业；医药生物制造业；批发贸易业）	59.5	★★★	82	206	210	127	211	250	251	150	158	218	—
75	上海汽车集团股份有限公司	国有企业	交通运输设备制造业	59.2	★★★	65	36	43	38	35	46	39	83	117	250	61
76	中国航空集团有限公司	中央企业	交通运输服务业	58.9	★★★	50	112	108	—	29	30	31	56	24	29	107

附录六 中国企业300强社会责任发展指数排名（2009-2020）

续表

2020排名	企业名称	企业性质	行业名称	2020指数	2020星级	2019排名	2018排名	2017排名	2016排名	2015排名	2014排名	2013排名	2012排名	2011排名	2010排名	2009排名
77	招商银行股份有限公司	国有金融企业	银行业	58.4	★★★	43	69	—	74	90	62	35	49	53	36	38
78	阿里巴巴集团控股有限公司	民营企业	互联网服务业	58.3	★★★	120	100	11	11	10	—	—	—	—	—	—
79	联想控股股份有限公司	民营企业	电子产品及电子元件制造业	58.2	★★★	149	74	84	135	69	54	23	27	260	72	7
79	SK中国	外资企业	混业（工业化学品制造业、电子产品及电子元件制造业、交通运输服务业）	58.2	★★★	—	—	—	—	—	—	—	—	—	—	—
81	苏宁易购集团股份有限公司	民营企业	零售业	58.1	★★★	68	83	203	238	71	134	240	30	32	26	65
82	中国电子信息产业集团有限公司	中央企业	电子产品及电子元件制造业	58.0	★★★	26	17	19	18	20	21	17	21	—	—	—
83	中国太平保险集团有限责任公司	国有金融企业	保险业	57.6	★★★	39	276	—	—	—	—	—	—	—	—	—
83	中国国际技术智力合作集团有限公司	中央企业	混业	57.6	★★★	96	—	—	—	—	—	—	—	—	—	—
85	鞍钢集团有限公司	中央企业	金属冶炼及压延加工业	57.5	★★★	139	123	61	84	175	57	143	18	11	11	18
86	中国医药集团有限公司	中央企业	医药生物制造业	57.4	★★★	61	196	119	158	34	182	128	35	125	131	—

293

续表

2020排名	企业名称	企业性质	行业名称	2020指数	2020星级	2019排名	2018排名	2017排名	2016排名	2015排名	2014排名	2013排名	2012排名	2011排名	2010排名	2009排名
87	机械科学研究总院集团有限公司	中央企业	机械设备制造业	57.0	★★★	114	—	—	—	—	—	—	—	—	—	—
88	哈尔滨电气集团有限公司	中央企业	机械设备制造业	56.8	★★★	79	—	—	—	—	—	—	—	—	—	—
89	中国远洋海运集团有限公司	中央企业	交通运输服务业	55.8	★★★	133	260	276	263	113	18	8	1	1	1	1
90	中国工商银行股份有限公司	国有金融企业	银行业	55.1	★★★	59	61	63	63	72	70	32	42	17	31	11
91	中国太平洋保险(集团)股份有限公司	国有金融企业	保险业	54.6	★★★	41	68	73	83	99	51	40	28	26	27	114
92	巴斯夫(中国)有限公司	外资企业	工业化学品制造业	54.1	★★★	70	89	89	108	96	101	101	96	72	158	45
93	上海浦东发展银行股份有限公司	国有金融企业	银行业	53.8	★★★	72	49	68	—	—	—	—	—	—	—	—
93	中国储备粮管理集团有限公司	中央企业	农林牧渔业	53.8	★★★	133	—	—	—	—	—	—	—	—	—	—
95	新希望集团有限公司	民营企业	混业(食品饮料业;工业化学品制造业)	53.6	★★★	239	247	221	215	158	158	193	220	148	100	29
96	顺丰控股股份有限公司	民营企业	交通运输服务业	53.4	★★★	126	—	—	—	—	—	—	—	—	—	—

附录六 中国企业300强社会责任发展指数排名（2009～2020）

续表

2020排名	企业名称	企业性质	行业名称	2020指数	2020星级	2019排名	2018排名	2017排名	2016排名	2015排名	2014排名	2013排名	2012排名	2011排名	2010排名	2009排名
96	TCL集团股份有限公司	民营企业	家用电器制造业	53.4	★★★	69	37	34	68	—	—	—	—	—	—	40
98	中国银行股份有限公司	国有金融企业	银行业	53.2	★★★	67	32	77	102	114	79	57	58	39	35	28
99	中兴通讯股份有限公司	民营企业	通信设备制造业	52.9	★★★	85	37	48	40	46	22	36	40	31	36	83
100	海尔集团公司	民营企业	家用电器制造业	52.6	★★★	131	117	130	91	78	122	79	70	—	—	—
101	中国能源建设集团有限公司	中央企业	建筑业	52.4	★★★	78	124	191	27	216	44	—	—	—	—	—
102	中国商用飞机有限责任公司	中央企业	交通运输设备制造业	52.0	★★★	123	—	—	—	—	—	—	—	—	—	—
103	中国东方电气集团有限公司	中央企业	机械设备制造业	50.4	★★★	105	—	—	—	—	—	—	—	—	—	—
104	丰田汽车（中国）投资有限公司	外资企业	交通运输设备制造业	50.0	★★★	100	60	67	69	42	59	95	109	78	162	61
105	国家开发银行	国有金融企业	银行业	49.8	★★★	64	—	—	—	—	—	—	—	—	—	—
106	花旗银行（中国）有限公司	外资企业	银行业	49.6	★★★	292	138	140	132	131	115	113	143	—	—	—
107	北京三快科技有限公司	民营企业	互联网服务业	49.5	★★★	53	—	—	—	—	—	—	—	—	—	—

295

续表

2020排名	企业名称	企业性质	行业名称	2020指数	2020星级	2019排名	2018排名	2017排名	2016排名	2015排名	2014排名	2013排名	2012排名	2011排名	2010排名	2009排名
108	中国人民保险集团股份有限公司	国有金融企业	保险业	49.2	★★★	76	53	53	64	105	140	141	248	184	67	49
109	中国化学工程集团有限公司	中央企业	混业（工业化学品制造业;建筑业）	48.8	★★★	48	—	—	—	—	—	—	—	—	—	—
109	兴业银行股份有限公司	民营企业	银行业	48.8	★★★	93	43	83	80	75	43	20	25	21	8	72
111	万洲国际有限公司	民营企业	食品饮料业	48.7	★★★	88	76	80	117	—	—	—	—	—	—	—
112	中国五矿集团有限公司	中央企业	混业（一般采矿业;批发贸易业;金属冶炼及压延加工业）	48.6	★★★	92	134	47	34	21	11	18	24	34	22	51
113	美的集团股份有限公司	民营企业	家用电器制造业	48.4	★★★	91	104	105	118	85	108	154	85	81	58	43
113	上海复星高科技（集团）有限公司	民营企业	混业（医药生物制造业;旅游业;文化娱乐业）	48.4	★★★	90	70	—	114	—	—	—	—	—	—	88
115	北京银行股份有限公司	国有金融企业	银行业	48.3	★★★	82	96	101	92	—	—	—	—	—	—	—
116	国家电力投资集团有限公司	中央企业	电力生产业	46.9	★★★	40	19	65	88	37	68	84	154	42	83	—
117	中国中钢集团有限公司	中央企业	一般采矿业	46.6	★★★	89	—	—	—	—	—	—	—	—	—	—

附录六 中国企业300强社会责任发展指数排名（2009～2020）

续表

2020排名	企业名称	企业性质	行业名称	2020指数	2020星级	2019排名	2018排名	2017排名	2016排名	2015排名	2014排名	2013排名	2012排名	2011排名	2010排名	2009排名
118	北京矿冶科技集团有限公司	中央企业	混业（一般采矿业；金属冶炼及压延加工业；金属制品业）	46.4	★★★	114	—	—	—	—	—	—	—	—	—	—
119	中国煤炭科工集团有限公司	中央企业	机械设备制造业	46.3	★★★	146	—	—	—	—	—	—	—	—	—	—
120	小米科技有限责任公司	民营企业	通信设备制造业	46.1	★★★	112	—	—	—	—	—	—	—	—	—	—
121	安徽海螺集团有限责任公司	其他国有企业	非金属矿物制品业	45.0	★★★	102	—	—	—	—	—	—	—	—	—	—
122	融创中国控股有限公司	民营企业	房地产开发业	44.5	★★★	105	—	—	—	—	—	—	—	—	—	—
123	本田汽车（中国）有限公司	外资企业	交通运输设备制造业	44.2	★★★	107	73	92	112	164	125	136	143	96	176	228
123	中国恒大集团	民营企业	房地产开发业	44.2	★★★	97	80	86	139	128	118	155	177	—	—	—
125	珠海格力电器股份有限公司	其他国有企业	家用电器制造业	43.7	★★★	104	91	—	103	60	—	—	—	—	—	—
126	中国宏桥集团有限公司	民营企业	金属冶炼及压延加工业	43.2	★★★	110	—	—	—	—	—	—	—	—	—	—
127	广州富力地产股份有限公司	民营企业	房地产开发业	42.9	★★★	98	—	—	—	—	—	—	—	—	—	—
127	麦德龙（中国）	外资企业	零售业	42.9	★★★	118	94	97	99	106	112	213	248	148	229	152

企业社会责任蓝皮书

续表

2020排名	企业名称	企业性质	行业名称	2020指数	2020星级	2019排名	2018排名	2017排名	2016排名	2015排名	2014排名	2013排名	2012排名	2011排名	2010排名	2009排名
129	长江和记实业有限公司	外资企业	混业(交通运输服务业;零售业;通信服务业)	42.4	★★★	109	133	104	122	—	—	—	—	—	—	—
129	长城汽车股份有限公司	民营企业	交通运输设备制造业	42.4	★★★	111	76	—	112	121	107	114	126	—	—	—
131	九州通医药集团股份有限公司	民营企业	批发贸易业	41.8	★★★	116	102	110	—	—	—	—	—	72	144	205
132	鸿海精密工业股份有限公司	外资企业	电子产品及电子元件制造业	40.8	★★★	103	169	158	215	170	92	89	91	135	233	253
133	江铃汽车集团有限公司	民营企业	交通运输设备制造业	38.7	★★	108	84	—	251	189	224	248	240	—	—	—
134	江苏沙钢集团有限公司	民营企业	金属冶炼及压延加工业	38.2	★★	135	175	138	205	214	199	257	259	230	95	167
135	雅居乐集团控股有限公司	民营企业	房地产开发业	38.1	★★	129	—	—	—	—	—	—	—	—	—	—
136	中国中化集团有限公司	中央企业	石油和天然气开采业与加工业	36.6	★★	184	125	79	86	50	49	72	76	27	19	17
137	荣盛石化股份有限公司	民营企业	工业化学品制造业	36.5	★★	122	—	127	41	76	56	73	47	40	—	—
137	索尼(中国)有限公司	外资企业	混业(电子产品及电子元件制造业;家用电器制造业)	36.5	★★	142	128	—	—	—	—	—	—	—	56	36

298

附录六 中国企业300强社会责任发展指数排名（2009~2020）

续表

2020排名	企业名称	企业性质	行业名称	2020指数	2020星级	2019排名	2018排名	2017排名	2016排名	2015排名	2014排名	2013排名	2012排名	2011排名	2010排名	2009排名
139	中国建筑科学研究院有限公司	中央企业	混业	36.4	★★	121	—	—	—	—	—	—	—	—	—	—
140	中国航空油料集团有限公司	中央企业	批发贸易业	36.2	★★	141	72	112	258	236	83	77	79	119	193	181
141	东芝（中国）有限公司	外资企业	混业（电子产品及电子元件制造业;家用电器制造业;计算机及相关设备制造业）	36.1	★★	128	221	—	56	93	84	83	92	123	161	137
142	超威电源有限公司	民营企业	电子产品及电子元件制造业	35.9	★★	117	84	76	146	—	—	—	—	—	—	—
142	中国惠普有限公司	外资企业	电子产品及电子元件制造业	35.9	★★	241	287	280	258	276	279	165	157	94	77	74
144	物产中大集团股份有限公司	其他国有企业	批发贸易业	35.5	★★	124	75	106	160	204	282	208	113	262	175	91
145	时代中国控股有限公司	民营企业	混业（房地产业;房地产服务业;文化娱乐业）	34.8	★★	125	—	—	—	—	—	—	—	—	—	—
145	特变电工股份有限公司	民营企业	机械设备制造业	34.8	★★	137	105	291	—	—	—	—	—	—	—	—
147	国美零售控股有限公司	民营企业	零售业	34.5	★★	118	115	129	128	233	179	142	264	240	239	149

续表

2020排名	企业名称	企业性质	行业名称	2020指数	2020星级	2019排名	2018排名	2017排名	2016排名	2015排名	2014排名	2013排名	2012排名	2011排名	2010排名	2009排名
148	中国光大集团股份公司	国有金融企业	混业（银行业；证券、期货、基金及其他金融服务业；房地产开发业）	33.9	★★	130	188	255	—	—	—	—	—	—	—	—
149	河钢集团有限公司	其他国有企业	金属冶炼及压延加工业	33.9	★★	140	100	95	98	52	74	108	69	46	68	—
150	广汇汽车服务集团股份有限公司	民营企业	交通运输服务业	33.6	★★	127	—	—	—	—	—	—	—	—	—	—
151	雅戈尔集团股份有限公司	民营企业	混业（服装鞋帽制造业；房地产开发业）	33.5	★★	143	106	116	111	109	109	119	94	239	94	63
152	通用汽车（中国）	外资企业	交通运输设备制造业	32.7	★★	145	140	143	176	178	113	124	122	84	68	34
153	绿地控股集团有限公司	其他国有企业	房地产开发业	32.4	★★	135	240	184	153	165	216	—	—	—	—	—
154	施耐德电器有限公司	外资企业	家用电器制造业	32.4	★★	—	—	—	—	—	—	—	—	—	—	—
155	百度股份有限公司	民营企业	互联网服务业	30.9	★★	148	289	126	202	101	—	—	—	—	—	—
156	富德保险控股股份有限公司	民营企业	保险业	28.9	★★	—	—	—	—	—	—	—	—	—	—	—
157	家乐福（中国）	外资企业	零售业	28.7	★★	144	144	157	151	145	156	120	264	—	—	—
158	中国普天信息产业集团有限公司	中央企业	混业（通信设备制造业；通信服务业）	27.9	★★	226	—	—	—	—	—	—	—	—	—	—

附录六 中国企业300强社会责任发展指数排名（2009－2020）

续表

2020排名	企业名称	企业性质	行业名称	2020指数	2020星级	2019排名	2018排名	2017排名	2016排名	2015排名	2014排名	2013排名	2012排名	2011排名	2010排名	2009排名
159	沃尔玛（中国）投资有限公司	外资企业	零售业	27.7	★★	147	183	124	210	263	143	184	123	101	84	94
160	永旺（中国）投资有限公司	外资企业	零售业	27.4	★★	161	163	152	137	159	—	—	—	—	—	—
161	中国化工集团有限公司	中央企业	工业化学品制造业	27.0	★★	158	157	154	60	102	73	111	81	58	127	119
162	中国保利集团有限公司	中央企业	混业（房地产开发；文化娱乐业；一般服务业）	26.9	★★	113	295	99	101	—	—	—	—	—	—	—
163	江苏中南建设集团股份有限公司	民营企业	建筑业	26.4	★★	151	268	232	—	—	—	—	—	—	—	—
164	中国国际工程咨询有限公司	中央企业	混业	26.3	★★	237	—	—	—	—	—	—	—	—	—	—
165	Seven&I控股公司	外资企业	零售业	26.1	★★	292	295	283	280	294	—	—	—	—	—	—
166	中国诚通控股集团有限公司	中央企业	证券、期货、基金等其他金融业	25.0	★★	224	—	—	—	—	—	—	—	—	—	—
167	有研科技集团有限公司	中央企业	金属制品业	24.7	★★	254	—	—	—	—	—	—	—	—	—	—
168	厦门建发集团有限公司	其他国有企业	混业（房地产开发；酒店业）	23.7	★★	152	251	128	—	77	—	—	—	—	—	—
169	大众汽车集团（中国）	外资企业	交通运输设备制造业	23.0	★★	164	129	159	191	219	184	233	240	157	199	117

301

续表

2020排名	企业名称	企业性质	行业名称	2020指数	2020星级	2019排名	2018排名	2017排名	2016排名	2015排名	2014排名	2013排名	2012排名	2011排名	2010排名	2009排名
170	国际商业机器（中国）有限公司	外资企业	混业（互联网服务业；电子产品及电子元件制造业）	22.4	★★	155	195	93	85	95	114	112	218	128	152	160
171	新疆广汇实业投资（集团）有限责任公司	民营企业	混业（煤炭开采与洗选业；一般采矿业；房地产开发业）	22.1	★★	153	204	165	162	177	229	251	231	261	122	237
172	首钢集团有限公司	其他国有企业	金属冶炼及压延加工业	20.9	★★	156	109	98	165	268	105	98	90	113	78	30
173	浪潮集团有限公司	民营企业	混业（电子产品及电子元件制造业）	20.8	★★	271	261	—	266	226	247	214	116	—	—	—
174	阳光城集团股份有限公司	民营企业	房地产开发业	20.4	★★	159	—	121	—	—	—	—	—	—	—	—
174	亨通集团有限公司	民营企业	通信设备制造业	20.4	★★	180	149	—	—	—	—	—	—	—	—	—
176	丰田通商（中国）有限公司	外资企业	交通运输设备制造业	20.0	★★	164	152	—	—	—	—	—	—	—	—	—
177	山东能源集团有限公司	其他国有企业	煤炭开采与洗选业	19.7	★	154	178	148	147	—	—	—	—	—	—	—
178	日产（中国）投资有限公司	外资企业	交通运输设备制造业	19.5	★	159	171	125	76	83	59	151	215	180	224	199
179	中天钢铁集团有限公司	民营企业	金属冶炼及压延加工业	18.9	★	167	185	139	174	173	147	133	138	101	76	67

附录六　中国企业300强社会责任发展指数排名（2009~2020）

续表

2020排名	企业名称	企业性质	行业名称	2020指数	2020星级	2019排名	2018排名	2017排名	2016排名	2015排名	2014排名	2013排名	2012排名	2011排名	2010排名	2009排名
179	广州网易计算机系统有限公司	民营企业	互联网服务业	18.9	★	169	—	—	—	—	—	—	—	—	—	—
181	日立（中国）有限公司	外资企业	混业（机械设备制造业；家用电器制造业；计算机及相关设备制造业）	18.4	★	174	126	118	96	74	102	99	93	93	164	101
182	雀巢中国	外资企业	食品饮料业	18.3	★	164	167	133	186	145	121	148	154	142	91	140
183	3M中国有限公司	外资企业	一般制造业	18.1	★	161	145	181	189	125	197	—	—	—	—	—
184	绿城中国控股有限公司	民营企业	房地产开发业	17.1	★	163	—	—	—	—	—	—	—	—	—	—
184	中国邮政集团公司	其他国有企业	交通运输服务业	17.0	★	171	207	206	188	241	160	275	207	221	171	186
186	龙湖集团控股有限公司	民营企业	房地产开发业	17.0	★	168	—	—	—	—	—	—	—	—	—	—
187	恒力集团有限公司	民营企业	混业（工业化学品制造业；纺织业）	16.9	★	278	135	144	134	182	178	177	175	153	156	205
188	罗氏中国	外资企业	医药生物制造业	16.8	★	178	181	217	—	—	—	—	—	—	—	—
189	陕西煤业化工集团有限责任公司	其他国有企业	煤炭开采与洗选业	16.5	★	179	92	81	86	—	—	—	—	—	—	—
189	海航集团有限公司	民营企业	交通运输服务业	16.5	★	183	35	46	47	73	62	115	63	68	127	181
191	普利司通（中国）投资有限公司	外资企业	一般制造业	16.4	★	176	120	110	103	152	179	173	104	101	239	224

303

续表

2020排名	企业名称	企业性质	行业名称	2020指数	2020星级	2019排名	2018排名	2017排名	2016排名	2015排名	2014排名	2013排名	2012排名	2011排名	2010排名	2009排名
191	富士通（中国）有限公司	外资企业	电子产品及电子元件制造业	16.4	★	181	98	—	—	—	—	—	—	—	—	—
193	陕西延长石油（集团）有限责任公司	其他国有企业	石油和天然气开采业与加工业	16.2	★	185	112	153	93	94	71	78	97	198	184	79
194	陶氏化学（中国）有限公司	外资企业	工业化学品制造业	16.0	★	185	220	274	217	185	221	224	179	—	—	—
195	宝马中国	外资企业	交通运输设备制造业	15.5	★	191	202	204	196	181	170	130	105	111	124	137
195	泰康保险集团股份有限公司	民营企业	保险业	15.5	★	157	233	207	274	144	211	191	117	174	85	—
197	宝洁（中国）有限公司	外资企业	日用化学品制造业	14.8	★	205	178	174	119	150	141	127	110	86	111	122
198	百威英博中国	外资企业	食品饮料业	14.6	★	188	219	235	206	—	—	—	—	—	—	—
199	浙江恒逸集团有限公司	民营企业	工业化学品制造业	14.4	★	174	185	244	286	248	234	265	177	180	220	177
199	联合利华（中国）有限公司	外资企业	混业（日用化学品制造业；食品饮料业）	14.4	★	191	227	185	214	178	131	100	111	128	136	156
201	万向集团公司	民营企业	交通运输设备制造业	14.3	★	196	152	—	286	198	207	257	225	194	115	215
202	海亮集团有限公司	民营企业	混业（金属制品业；房地产开发业）	14.2	★	171	79	66	105	88	219	209	187	123	74	60
203	大连万达集团股份有限公司	民营企业	房地产开发业	13.8	★	217	171	142	178	167	134	103	106	76	—	—

附录六 中国企业300强社会责任发展指数排名（2009~2020）

续表

2020排名	企业名称	企业性质	行业名称	2020指数	2020星级	2019排名	2018排名	2017排名	2016排名	2015排名	2014排名	2013排名	2012排名	2011排名	2010排名	2009排名
203	霍尼韦尔（中国）有限公司	外资企业	混业（一般制造业；机械设备制造业）	13.8	★	197	291	—	—	—	—	—	—	—	—	—
205	三井住友银行（中国）有限公司	外资企业	银行业	13.6	★	177	227	—	—	—	—	—	—	—	—	—
206	ABB（中国）有限公司	外资企业	机械设备制造业	13.4	★	191	155	200	152	124	120	158	132	105	96	63
206	波音中国	外资企业	交通运输设备制造业	13.4	★	195	247	201	210	217	—	—	—	—	—	—
206	辉瑞中国	外资企业	医药生物制造业	13.4	★	173	166	163	133	130	—	—	—	—	—	—
209	拜耳(中国)	外资企业	混业（医药生物制造业；工业化学品制造业）	12.9	★	187	178	227	178	169	209	221	221	179	—	—
209	福特汽车（中国）有限公司	外资企业	交通运输设备制造业	12.9	★	198	147	151	130	133	124	161	139	91	98	81
211	通威集团有限公司	民营企业	农林牧渔业	12.6	★	198	137	169	169	190	227	163	121	156	229	199
212	路易达孚（中国）贸易有限责任公司	外资企业	批发贸易业	12.5	★	201	182	—	—	—	—	—	—	—	—	—
213	神州数码集团股份有限公司	民营企业	计算机及相关设备制造业	12.4	★	170	—	—	—	—	—	—	—	—	—	—
214	红豆集团有限公司	民营企业	服装鞋帽制造业	12.2	★	194	158	168	135	140	268	201	252	109	103	110
215	庞大汽贸集团股份有限公司	民营企业	一般服务业	12.1	★	207	209	—	156	222	238	183	125	141	181	160

305

续表

2020排名	企业名称	企业性质	行业名称	2020指数	2020星级	2019排名	2018排名	2017排名	2016排名	2015排名	2014排名	2013排名	2012排名	2011排名	2010排名	2009排名
216	三菱商事（中国）有限公司	外资企业	批发贸易业	12.0	★	205	122	237	219	260	257	222	269	275	250	261
217	安利（中国）日用品有限公司	外资企业	日用化学品制造业	11.9	★	201	96	—	—	119	189	147	129	50	92	94
218	玖龙纸业（控股）有限公司	民营企业	造纸及纸制品业	11.0	★	201	—	—	—	—	—	—	—	—	—	—
219	强生（中国）投资有限公司	外资企业	混业（医药生物制造业；日用化学品制造业）	10.9	★	213	190	224	76	142	126	227	247	164	124	82
220	壳牌（中国）有限公司	外资企业	石油和天然气开采业与加工业	10.6	★	210	183	190	218	186	154	137	167	—	—	—
221	华夏人寿保险股份有限公司	民营企业	保险业	10.5	★	210	—	—	—	—	—	—	—	—	—	—
222	正邦集团有限公司	民营企业	农林牧渔业	10.3	★	208	188	209	—	—	—	—	—	—	—	—
223	深圳市爱施德股份有限公司	民营企业	计算机服务业	10.0	★	209	226	233	—	—	—	—	—	—	—	—
224	深圳市怡亚通供应链股份有限公司	民营企业	交通运输服务业	9.8	★	182	—	—	—	—	—	—	—	—	—	—
224	修正药业集团股份有限公司	民营企业	医药生物制造业	9.8	★	220	265	167	167	—	—	—	—	—	—	—
226	杭州娃哈哈集团有限公司	民营企业	食品饮料业	9.7	★	217	217	215	155	127	117	131	115	190	211	192

附录六 中国企业300强社会责任发展指数排名（2009~2020）

续表

2020排名	企业名称	企业性质	行业名称	2020指数	2020星级	2019排名	2018排名	2017排名	2016排名	2015排名	2014排名	2013排名	2012排名	2011排名	2010排名	2009排名
227	雪松控股集团有限公司	民营企业	混业（批发贸易业；工业化学品制造业；旅游业）	9.5	★	210	—	—	—	—	—	—	—	—	—	—
227	广厦控股集团有限公司	民营企业	混业（建筑业；房地产开发业）	9.5	★	282	266	246	203	258	203	248	257	174	97	119
229	GE中国	外资企业	混业（机械设备制造业；家用电器制造业；电子产品及电子元件制造业）	9.4	★	221	165	156	163	205	170	157	217	88	—	—
230	法国兴业银行（中国）有限公司	外资企业	银行业	9.3	★	200	235	289	266	199	203	235	207	—	—	—
231	圣戈班（中国）投资有限公司	外资企业	一般制造业	9.0	★	219	204	—	—	—	—	—	—	—	—	—
232	戴尔（中国）有限公司	外资企业	混业（计算机及相关设备制造业；计算机服务业）	8.9	★	214	187	189	—	232	214	187	248	240	297	205
232	可口可乐（中国）饮料有限公司	外资企业	食品饮料业	8.9	★	201	203	117	191	208	161	109	100	275	50	41
232	海信集团有限公司	民营企业	家用电器制造业	8.9	★	229	249	—	—	—	—	—	—	—	—	239
235	博世（中国）投资有限公司	外资企业	混业（机械设备制造业；家用电器制造业）	8.7	★	221	95	180	105	265	137	179	231	—	—	—

307

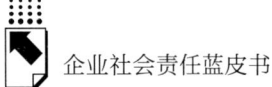

续表

2020排名	企业名称	企业性质	行业名称	2020指数	2020星级	2019排名	2018排名	2017排名	2016排名	2015排名	2014排名	2013排名	2012排名	2011排名	2010排名	2009排名
236	诺华中国	外资企业	医药生物制造业	8.6	★	234	218	252	177	163	—	—	—	—	—	—
237	瑞茂通供应链管理股份有限公司	民营企业	交通运输服务业	8.3	★	189	—	—	—	—	—	—	—	—	—	—
238	青山控股集团有限公司	民营企业	金属冶炼及压延加工业	8.1	★	221	194	164	—	—	—	—	—	—	—	—
238	高盛（中国）	外资企业	证券、期货、基金等其他金融业	8.1	★	226	264	207	266	247	253	212	196	—	—	—
238	奥克斯集团有限公司	民营企业	家用电器制造业	8.1	★	215	257	228	213	258	229	196	162	213	106	186
241	特斯拉（上海）有限公司	外资企业	交通运输设备制造业	8.0	★	232	—	—	—	—	—	—	—	—	—	—
241	三一集团有限公司	民营企业	机械设备制造业	8.0	★	285	210	193	170	211	211	195	154	216	85	110
243	大商集团有限公司	民营企业	零售业	7.9	★	215	285	198	241	225	288	268	231	264	141	192
244	杭州锦江集团有限公司	民营企业	金属冶炼及压延加工业	7.7	★	225	275	226	—	—	—	—	—	—	—	—
245	思科中国	外资企业	通信设备制造业	7.6	★	234	174	254	191	178	170	257	181	—	—	—
245	葛兰素史克（中国）投资有限公司	外资企业	医药生物制造业	7.6	★	252	141	247	219	241	254	—	—	—	—	—
247	费森尤斯医疗投资（中国）有限公司	外资企业	医药生物制造业	7.5	★	228	250	—	—	—	—	—	—	—	—	—
247	三菱电机（中国）有限公司	外资企业	机械设备制造业	7.5	★	237	234	—	—	—	—	—	—	—	—	—

附录六 中国企业300强社会责任发展指数排名（2009~2020）

续表

2020排名	企业名称	企业性质	行业名称	2020指数	2020星级	2019排名	2018排名	2017排名	2016排名	2015排名	2014排名	2013排名	2012排名	2011排名	2010排名	2009排名
249	卡特彼勒（中国）投资有限公司	外资企业	机械设备制造业	7.0	★	230	267	273	149	192	145	216	133	202	171	215
250	西门子（中国）	外资企业	机械设备制造业	6.7	★	230	161	141	143	133	128	158	142	81	121	98
251	海澜集团有限公司	民营企业	服装鞋帽制造业	6.6	★	232	278	220	183	236	259	238	207	—	—	—
251	埃尼中国	外资企业	石油和天然气开采业与加工业	6.6	★	242	241	244	—	—	—	—	—	—	—	—
251	微软中国	外资企业	互联网服务业	6.6	★	244	286	240	224	230	207	222	160	71	193	244
254	联合技术中国有限公司	外资企业	一般制造业	6.0	★	245	197	291	286	294	—	—	—	—	—	—
255	住友商事（中国）有限公司	外资企业	批发贸易业	5.9	★	247	176	188	150	211	176	163	147	—	—	—
255	蒂森克虏伯（中国）投资有限公司	外资企业	机械设备制造业	5.9	★	247	227	278	—	—	—	—	—	—	—	—
257	中国太平洋建设集团有限公司	民营企业	建筑业	5.6	★	245	270	270	264	289	294	—	—	—	—	—
258	天能电池集团股份有限公司	民营企业	电子产品及电子元件制造业	5.4	★	234	132	122	80	50	165	34	20	37	53	50
258	英特尔（中国）有限公司	外资企业	电子产品及电子元件制造业	5.4	★	250	258	22	18	12	14	—	—	—	—	—
260	赛诺菲中国	外资企业	医药生物制造业	5.3	★	252	114	258	—	149	—	—	—	—	—	—
261	采埃孚（中国）投资有限公司	外资企业	机械设备制造业	5.2	★	254	271	—	—	—	—	—	—	—	—	—

续表

2020排名	企业名称	企业性质	行业名称	2020指数	2020星级	2019排名	2018排名	2017排名	2016排名	2015排名	2014排名	2013排名	2012排名	2011排名	2010排名	2009排名
262	中天控股集团有限公司	民营企业	混业（建筑业；房地产开发业）	5.0	★	240	177	243	249	255	240	184	173	140	180	149
262	南山集团有限公司	民营企业	混业（金属冶炼及压延加工业；纺织业；房地产开发业）	5.0	★	242	282	—	201	246	290	229	205	173	135	122
264	道达尔中国	外资企业	石油和天然气开采业与加工业	4.4	★	251	211	225	238	129	182	134	147	—	—	—
265	欧尚（中国）投资有限公司	外资企业	零售业	4.1	★	261	287	283	257	252	259	280	281	—	—	—
265	新奥集团股份有限公司	民营企业	燃气的生产和供应业	4.1	★	249	155	235	—	—	—	—	—	—	—	—
267	北京京东世纪贸易有限公司	民营企业	互联网服务业	4.0	★	258	90	195	284	220	—	—	—	—	—	—
268	阳光龙净集团有限公司	民营企业	混业（证券、期货、基金等其他金融业；房地产开发业；一般服务业）	3.9	★	257	273	264	—	—	—	—	—	—	—	—
268	腾邦集团有限公司	民营企业	混业（旅游业；交通运输服务业）	3.9	★	261	269	212	—	—	—	—	—	—	—	—
268	东方集团股份有限公司	民营企业	金属冶炼及压延加工业	3.9	★	264	—	—	—	—	—	—	—	—	—	—

附录六 中国企业300强社会责任发展指数排名（2009~2020）

续表

2020排名	企业名称	企业性质	行业名称	2020指数	2020星级	2019排名	2018排名	2017排名	2016排名	2015排名	2014排名	2013排名	2012排名	2011排名	2010排名	2009排名
271	唯品会（中国）有限公司	民营企业	零售业	3.8	★	269	—	—	—	—	—	—	—	—	—	—
272	山东魏桥创业集团有限公司	民营企业	纺织业	3.7	★	260	211	241	248	280	275	274	255	198	263	268
273	康菲石油中国有限公司	外资企业	石油和天然气开采业与加工业	3.5	★	261	214	—	—	—	—	—	—	—	—	—
273	埃克森美孚（中国）投资有限公司	外资企业	石油和天然气开采业与加工业	3.5	★	264	198	155	203	187	—	—	—	—	—	—
275	雪佛龙中国能源公司	外资企业	石油和天然气开采业与加工业	3.4	★	269	251	247	225	—	—	—	—	—	—	—
276	浙江荣盛控股集团有限公司	民营企业	混业（工业化学品制造业；房地产开发业）	3.2	★	256	246	177	286	183	192	189	213	235	140	195
277	摩根大通中国	外资企业	证券、期货、基金等其他金融业	3.0	★	264	199	173	—	—	—	—	—	—	—	—
277	戴姆勒中国	外资企业	交通运输设备制造业	3.0	★	275	235	286	286	—	—	—	—	—	—	—
279	远东物产集团有限公司	民营企业	批发贸易业	2.9	★	264	277	261	—	—	—	—	—	298	—	—
279	亚马逊（中国）	外资企业	零售业	2.9	★	277	241	260	266	251	235	219	278	224	224	250
281	铃木（中国）投资有限公司	外资企业	交通运输设备制造业	2.8	★	275	281	286	286	294	296	289	296	—	—	—

311

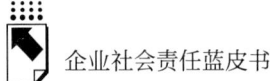
企业社会责任蓝皮书

续表

2020排名	企业名称	企业性质	行业名称	2020指数	2020星级	2019排名	2018排名	2017排名	2016排名	2015排名	2014排名	2013排名	2012排名	2011排名	2010排名	2009排名
282	正威国际集团有限公司	民营企业	混业(金属冶炼及压延加工业;电子产品及电子元件制造业)	2.6	★	259	263	218	266	230	229	256	236	—	—	—
283	默沙东(中国)有限公司	外资企业	医药生物制造业	2.5	★	271	261	—	—	—	—	—	—	—	—	—
284	克丽丝汀迪奥商业(上海)有限公司	外资企业	零售业	2.4	★	274	—	—	—	—	—	—	—	—	—	—
285	力拓中国	外资企业	一般采矿业	2.3	★	280	199	251	—	—	—	—	—	—	—	—
286	百事(中国)投资有限公司	外资企业	食品饮料业	2.2	★	271	169	199	222	139	130	135	113	—	—	—
287	三胞集团有限公司	民营企业	混业(零售业;房地产开发业)	1.9	★	282	173	170	198	268	238	211	205	191	189	199
288	摩根士丹利	外资企业	证券、期货、基金等其他金融业	1.8	★	280	274	262	206	223	282	—	—	—	—	—
289	上海均和集团有限公司	民营企业	混业(交通运输服务业;证券、期货、基金等其他金融业)	1.6	★	282	280	247	—	—	—	—	—	—	—	—
290	邦吉公司	外资企业	食品饮料业	1.4	★	287	295	256	235	250	—	—	—	—	—	—
290	电装(中国)投资有限公司	外资企业	机械设备制造业	1.4	★	287	201	—	—	—	—	—	—	—	—	—
292	中国华信能源有限公司	民营企业	批发贸易业	1.3	★	290	130	212	190	—	—	—	—	—	—	—

附录六 中国企业300强社会责任发展指数排名(2009-2020)

续表

2020排名	企业名称	企业性质	行业名称	2020指数	2020星级	2019排名	2018排名	2017排名	2016排名	2015排名	2014排名	2013排名	2012排名	2011排名	2010排名	2009排名
292	麦格纳中国	外资企业	机械设备制造业	1.3	★	290	295	—	—	—	—	—	—	—	—	—
294	华特迪士尼(中国)有限公司	外资企业	混业	1.0	★	292	293	291	286	—	—	291	298	—	—	—
295	甲骨文(中国)	外资企业	互联网服务业	0.9	★	287	295	291	280	287	244	285	286	—	—	—
296	埃森哲(中国)有限公司	外资企业	一般服务业	0.8	★	292	290	230	230	195	224	229	181	—	—	—
296	软银中国资本	外资企业	证券、期货、基金等其他金融业	0.8	★	—	295	291	286	279	292	—	—	—	—	—
296	沃博联企业管理(上海)有限公司	外资企业	一般服务业	0.8	★	292	—	—	—	—	—	—	—	—	—	—
299	康德乐(中国)投资有限公司	外资企业	一般服务业	0.3	★	292	—	—	—	—	—	—	—	—	—	—
300	汇丰银行(中国)有限公司	外资企业	银行业	0.0	★	150	110	120	115	118	106	120	120	—	—	—

B.14
附录七 重点行业社会责任发展指数排名（2020）

附表1 银行业社会责任发展指数（2020）

单位：分

排名	企业名称	企业性质	CSR专栏	CSR报告	责任管理指数	社会责任发展指数	星级
1	中国民生银行股份有限公司	民营企业	有	有	50.0	80.2	★★★★★
2	珠海华润银行股份有限公司	国有金融企业	有	有	64.0	78.5	★★★★
3	天津银行股份有限公司	民营企业	有	有	50.0	75.8	★★★★
4	中国邮政储蓄银行股份有限公司	国有金融企业	有	有	24.0	71.4	★★★★
5	交通银行股份有限公司	国有金融企业	有	有	23.0	62.0	★★★★
6	中国农业银行股份有限公司	国有金融企业	有	有	23.0	61.2	★★★★
7	招商银行股份有限公司	国有金融企业	有	有	46.0	60.9	★★★★
8	华夏银行股份有限公司	民营企业	有	有	19.0	59.8	★★★
9	中国光大银行股份有限公司	国有金融企业	无	有	41.0	59.4	★★★
10	徽商银行股份有限公司	民营企业	无	有	49.0	59.1	★★★
11	浙商银行股份有限公司	民营企业	有	有	38.0	58.0	★★★
12	渤海银行股份有限公司	民营企业	无	有	20.0	58.9	★★★
13	中国银行股份有限公司	国有金融企业	有	有	14.0	58.4	★★★
13	江苏银行股份有限公司	民营企业	有	有	27.0	58.4	★★★
15	中信银行股份有限公司	民营企业	有	有	24.0	55.6	★★★
16	中国建设银行股份有限公司	国有金融企业	有	有	37.0	55.1	★★★

续表

排名	企业名称	企业性质	CSR专栏	CSR报告	责任管理指数	社会责任发展指数	星级
17	南京银行股份有限公司	民营企业	无	有	9.5	54.9	★★★
18	中国工商银行股份有限公司	国有金融企业	有	有	10.0	53.8	★★★
19	上海浦东发展银行股份有限公司	国有金融企业	有	有	14.0	53.2	★★★
20	平安银行股份有限公司	民营企业	有	有	51.0	52.5	★★★
21	国家开发银行	国有金融企业	有	无	21.0	49.8	★★★
22	兴业银行股份有限公司	民营企业	有	有	30.0	49.6	★★★
23	花旗银行(中国)有限公司	外资企业	有	有	39.0	48.8	★★★
24	北京银行股份有限公司	国有金融企业	有	有	14.0	48.3	★★★
25	上海银行股份有限公司	民营企业	有	有	14.0	45.8	★★★
26	广发银行股份有限公司	民营企业	有	无	24.0	36.6	★★
27	中国进出口银行	国有金融企业	有	有	13.0	31.9	★★
28	三井住友银行(中国)有限公司	外资企业	无	无	0.0	13.6	★
29	法国兴业银行(中国)有限公司	外资企业	无	无	0.0	9.3	★
30	汇丰银行(中国)有限公司	外资企业	无	无	0.0	0.0	★

附表2 电力行业社会责任发展指数（2020）

单位：分

排名	企业名称	企业性质	CSR专栏	CSR报告	责任管理指数	社会责任发展指数	星级
1	中国华电集团有限公司	中央企业	有	有	92.0	88.4	★★★★★
2	中国华能集团有限公司	中央企业	有	有	82.0	86.9	★★★★★
3	中国南方电网有限责任公司	中央企业	有	有	71.0	85.2	★★★★★
4	中国电力建设集团有限公司	中央企业	有	有	68.0	80.2	★★★★★
5	国家能源投资集团有限责任公司	中央企业	有	有	72.0	79.9	★★★★
6	华润电力控股有限公司	其他国有企业	有	有	74.0	73.1	★★★★
7	国家电网有限公司	中央企业	有	有	38.0	63.8	★★★★
8	中国长江三峡集团有限公司	中央企业	有	有	75.0	62.3	★★★★

续表

排名	企业名称	企业性质	CSR专栏	CSR报告	责任管理指数	社会责任发展指数	星级
9	中国大唐集团有限公司	中央企业	有	有	38.0	61.8	★★★★
10	中国中煤能源集团有限公司	中央企业	有	无	38.0	60.8	★★★★
11	中国核工业集团有限公司	中央企业	有	有	61.0	57.4	★★★
12	新疆金风科技股份有限公司	民营企业	有	有	43.0	57.1	★★★
13	晶澳太阳能科技股份有限公司	民营企业	有	有	41.0	56.2	★★★
14	中国能源建设集团有限公司	中央企业	无	有	34.0	52.4	★★★
15	中国广核集团有限公司	中央企业	有	有	24.0	47.1	★★★
16	国家电力投资集团有限公司	中央企业	有	有	3.0	46.9	★★★
17	北京京能电力股份有限公司	其他国有企业	有	有	64.0	39.3	★★
18	国投电力控股股份有限公司	其他国有企业	有	有	8.0	37.9	★★
19	广西桂东电力股份有限公司	其他国有企业	无	有	10.0	37.5	★★
20	西山煤电(集团)有限责任公司	其他国有企业	无	有	19.0	35.1	★★
21	浙江省能源集团有限公司	其他国有企业	有	无	10.0	27.5	★★
22	广东省能源集团有限公司	其他国有企业	有	有	10.0	27.5	★★
23	中国西电集团有限公司	中央企业	有	无	3.0	26.8	★★
24	申能(集团)有限公司	其他国有企业	有	无	17.0	23.4	★★
25	山东能源集团有限公司	其他国有企业	有	无	3.0	19.7	★
26	江苏国信股份有限公司	其他国有企业	有	无	8.0	19.4	★

附表3 军工行业社会责任发展指数（2020）

单位：分

排名	企业名称	企业性质	CSR专栏	CSR报告	责任管理指数	社会责任发展指数	星级
1	中国兵器工业集团有限公司	中央企业	有	有	55.0	83.0	★★★★★
2	中国航空发动机集团有限公司	中央企业	有	有	57.0	74.2	★★★★
3	中国兵器装备集团有限公司	中央企业	有	有	20.0	69.0	★★★★

附录七 重点行业社会责任发展指数排名（2020）

续表

排名	企业名称	企业性质	CSR专栏	CSR报告	责任管理指数	社会责任发展指数	星级
4	中国核工业集团有限公司	中央企业	有	有	61.0	57.4	★★★
5	中国船舶集团有限公司	中央企业	有	有	42.0	53.5	★★★
6	中国电子科技集团有限公司	中央企业	有	无	19.0	49.6	★★★
7	中国航空工业集团有限公司	中央企业	有	有	56.0	46.4	★★★
8	中国航天科技集团有限公司	中央企业	有	无	6.0	37.2	★★
9	中国航天科工集团有限公司	中央企业	有	无	11.0	35.2	★★
10	中国融通资产管理集团有限公司	中央企业	无	无	0.0	4.5	★

附表4　建材行业社会责任发展指数（2020）

单位：分

排名	企业名称	企业性质	CSR专栏	CSR报告	责任管理指数	社会责任发展指数	星级
1	中国建材集团有限公司	中央企业	有	有	78.0	86.9	★★★★★
2	华润水泥控股有限公司	其他国有企业	有	有	78.0	83.4	★★★★★
3	中国联塑集团控股有限公司	民营企业	有	有	69.0	57.1	★★★
4	安徽海螺集团有限责任公司	其他国有企业	有	有	15.0	55.3	★★★
5	信义玻璃控股有限公司	民营企业	无	有	19.0	54.8	★★★
6	华新水泥股份有限公司	其他国有企业	有	有	19.0	50.6	★★★
7	北京金隅集团股份有限公司	其他国有企业	有	有	35.0	49.5	★★★
8	山东山水水泥集团有限公司	民营企业	无	有	36.0	49.2	★★★
9	北京东方雨虹防水技术股份有限公司	民营企业	有	有	47.0	48.9	★★★
10	福耀玻璃工业集团股份有限公司	民营企业	有	有	15.0	45.5	★★★
11	中建西部建设股份有限公司	其他国有企业	无	有	22.0	40.4	★★★
12	广东兴发铝业有限公司	民营企业	无	有	16.0	38.7	★★
13	天瑞水泥集团有限公司	民营企业	无	有	9.0	29.6	★★
14	吉林亚泰(集团)股份有限公司	其他国有企业	无	有	8.0	14.9	★
15	红狮控股集团有限公司	民营企业	无	无	5.0	12.8	★
16	建华建材(中国)有限公司	民营企业	无	无	5.0	10.1	★
17	江苏金峰水泥集团有限公司	民营企业	无	无	3.0	9.8	★

附表5　电子行业社会责任发展指数（2020）

单位：分

排名	企业名称	企业性质	CSR专栏	CSR报告	责任管理指数	社会责任发展指数	星级
1	三星（中国）投资有限公司	外资企业	有	有	84.0	91.6	★★★★★
2	中国LG	外资企业	有	有	62.0	79.9	★★★★
3	台达（中国）	外资企业	有	有	42.0	75.4	★★★★
4	SK海力士半导体（中国）有限公司	外资企业	有	有	70.0	70.8	★★★★
5	佳能（中国）有限公司	外资企业	有	有	60.0	67.3	★★★★
6	台积电	外资企业	有	有	30.0	64.8	★★★★
7	中芯国际集成电路制造有限公司	外资企业	有	有	54.0	64.1	★★★★
8	联想控股股份有限公司	民营企业	有	有	56.0	58.2	★★★
9	中国电子信息产业集团有限公司	中央企业	有	有	5.0	58.0	★★★
10	京东方科技集团股份有限公司	其他国有企业	有	有	56.0	53.7	★★★
11	中兴通讯股份有限公司	民营企业	有	有	22.0	52.9	★★★
12	鸿海精密工业股份有限公司	外资企业	有	有	35.0	40.8	★★★
13	超威电源有限公司	民营企业	有	无	17.0	35.9	★★
13	中国惠普有限公司	外资企业	有	有	23.0	35.9	★★
15	杭州海康威视数字技术股份有限公司	民营企业	有	有	28.0	35.7	★★
16	亚信科技（中国）有限公司	民营企业	无	有	12.0	32.4	★★
17	中国信息通信科技集团有限公司	中央企业	有	无	0.0	24.8	★★
18	国际商业机器（中国）有限公司	外资企业	有	无	3.0	22.4	★★
19	浪潮集团有限公司	民营企业	无	有	0.0	20.8	★★
20	富士通（中国）有限公司	外资企业	有	无	14.0	16.4	★
21	GE中国	外资企业	有	无	3.0	9.4	★
22	天能电池集团股份有限公司	民营企业	无	无	2.0	5.4	★
22	英特尔（中国）有限公司	外资企业	无	无	3.0	5.4	★
24	正威国际集团有限公司	民营企业	无	无	0.0	2.6	★

附表6　保险业社会责任发展指数（2020）

单位：分

排名	企业名称	企业性质	CSR专栏	CSR报告	责任管理指数	社会责任发展指数	星级
1	中国人寿保险（集团）公司	国有金融企业	有	有	51.0	70.5	★★★★
2	新华人寿保险股份有限公司	国有金融企业	有	有	42.0	68.7	★★★★

附录七 重点行业社会责任发展指数排名（2020）

续表

排名	企业名称	企业性质	CSR专栏	CSR报告	责任管理指数	社会责任发展指数	星级
3	中国平安保险（集团）股份有限公司	民营企业	有	有	47.0	62.6	★★★★
4	中国太平保险集团有限责任公司	国有金融企业	有	有	39.0	57.6	★★★
5	中国太平洋保险（集团）股份有限公司	国有金融企业	有	有	39.0	54.6	★★★
6	大家保险集团有限责任公司	国有金融企业	有	有	62.0	49.9	★★★
7	中国人民保险集团股份有限公司	国有金融企业	有	有	16.0	49.2	★★★
8	阳光保险集团股份有限公司	民营企业	有	有	22.0	46.9	★★★
9	中德安联人寿保险有限公司	外资企业	有	无	3.0	43.4	★★★
10	建信人寿保险股份有限公司	国有金融企业	有	有	10.0	41.5	★★★
11	中国再保险（集团）股份有限公司	国有金融企业	有	有	38.0	40.4	★★★
12	工银安盛人寿保险有限公司	外资企业	有	有	18.0	37.6	★★
13	前海人寿保险股份有限公司	民营企业	无	无	0.0	34.3	★★
14	中华联合保险集团股份有限公司	国有金融企业	有	有	10.0	32.5	★★
15	中宏人寿保险有限公司	外资企业	有	有	8.0	32.4	★★
16	中银保险有限公司	国有金融企业	无	无	0.0	31.0	★★
17	华泰保险集团股份有限公司	外资企业	有	无	3.0	30.9	★★
18	美亚财产保险有限公司	外资企业	有	有	8.0	29.4	★★
18	三井住友海上火灾保险（中国）有限公司	外资企业	有	无	3.0	29.4	★★
20	富德保险控股股份有限公司	民营企业	有	无	3.0	28.9	★★
21	瑞士再保险股份有限公司北京分公司	外资企业	有	无	3.0	24.9	★★
22	天安财产保险股份有限公司	外资企业	有	无	10.0	20.5	★★
23	泰康保险集团股份有限公司	民营企业	有	无	3.0	15.5	★
24	中国出口信用保险公司	国有金融企业	有	无	3.0	12.4	★
25	华夏人寿保险股份有限公司	民营企业	有	无	3.0	10.5	★

319

附录7 房地产行业社会责任发展指数（2020）

单位：分

排名	企业名称	企业性质	CSR专栏	CSR报告	责任管理指数	社会责任发展指数	星级
1	华润置地有限公司	其他国有企业	有	有	77.0	80.4	★★★★★
2	碧桂园控股有限公司	民营企业	有	有	65.0	73.3	★★★★
3	新城控股集团股份有限公司	民营企业	有	有	58.0	72.4	★★★★
4	华夏幸福基业股份有限公司	民营企业	有	有	70.0	70.3	★★★★
5	万科企业股份有限公司	民营企业	有	有	39.0	62.2	★★★★
6	中国海外发展有限公司	其他国有企业	有	有	60.0	60.5	★★★★
7	招商局蛇口工业区控股股份有限公司	其他国有企业	有	有	19.0	60.1	★★★★
8	旭辉控股(集团)有限公司	民营企业	有	有	34.0	51.1	★★★
9	保利房地产(集团)股份有限公司	其他国有企业	有	有	35.0	47.8	★★★
10	融创中国控股有限公司	民营企业	无	有	11.0	44.5	★★★
11	中国恒大集团	民营企业	有	有	14.0	44.2	★★★
12	雅戈尔集团股份有限公司	民营企业	无	有	10.0	33.5	★★
13	金地(集团)股份有限公司	国有企业	有	有	14.0	32.6	★★
14	绿地控股集团有限公司	其他国有企业	有	无	3.0	32.4	★★
15	江苏中南建设集团股份有限公司	民营企业	有	有	5.0	26.4	★★
16	苏宁环球集团有限公司	民营企业	有	有	8.0	25.1	★★
17	新疆广汇实业投资(集团)有限责任公司	民营企业	有	无	12.0	22.1	★★
18	绿城中国控股有限公司	民营企业	有	无	7.0	17.1	★
19	龙湖集团控股有限公司	民营企业	有	无	3.0	17.0	★
20	新华联集团有限公司	民营企业	有	无	25.0	14.8	★
21	大连万达集团股份有限公司	民营企业	有	无	0.0	13.8	★
22	广厦控股集团有限公司	民营企业	有	无	0.0	9.5	★
23	中天控股集团有限公司	民营企业	有	无	1.0	5.0	★
24	三胞集团有限公司	民营企业	有	无	3.0	1.9	★

附录七 重点行业社会责任发展指数排名（2020）

附表8 钢铁行业社会责任发展指数（2020）

单位：分

排名	企业名称	企业性质	CSR专栏	CSR报告	责任管理指数	社会责任发展指数	星级
1	中国宝武钢铁集团有限公司	中央企业	有	有	51.0	78.5	★★★★
2	新兴际华集团有限公司	中央企业	有	有	86.0	77.7	★★★★
3	浦项(中国)投资有限公司	外资企业	有	有	36.0	76.8	★★★★
4	太原钢铁(集团)有限公司	其他国有企业	有	有	53.0	70.6	★★★★
5	中国钢研科技集团有限公司	中央企业	有	有	44.0	69.1	★★★★
6	鞍钢集团有限公司	中央企业	有	有	30.0	57.5	★★★
7	北京建龙重工集团有限公司	民营企业	有	有	12.0	41.7	★★★
8	江苏沙钢集团有限公司	民营企业	有	有	8.0	38.2	★★
9	河钢集团有限公司	其他国有企业	有	有	11.0	33.9	★★
10	本钢集团有限公司	国有企业	有	无	3.0	25.6	★★
11	杭州钢铁集团有限公司	国有企业	无	无	0.0	25.0	★★
12	天津荣程联合钢铁集团有限公司	民营企业	无	无	0.0	22.3	★★
13	首钢集团有限公司	其他国有企业	有	无	3.0	20.9	★★
14	唐山瑞丰钢铁(集团)有限公司	民营企业	有	无	3.0	19.9	★
15	酒泉钢铁(集团)有限责任公司	其他国有企业	有	无	5.0	19.8	★
16	河北津西钢铁集团股份有限公司	民营企业	有	无	8.0	19.4	★
17	中天钢铁集团有限公司	民营企业	无	无	0.0	18.9	★
18	马钢(集团)控股有限公司	其他国有企业	有	无	3.0	16.1	★
19	青山控股集团有限公司	民营企业	有	无	3.0	8.1	★
20	河北新华联合冶金控股集团有限公司	民营企业	有	无	3.0	4.9	★

附表9 采矿业社会责任发展指数（2020）

单位：分

排名	企业名称	企业性质	CSR专栏	CSR报告	责任管理指数	社会责任发展指数	星级
1	中国黄金集团有限公司	中央企业	有	有	83.0	85.1	★★★★★
2	中国铝业集团有限公司	中央企业	有	有	59.0	82.4	★★★★★
3	紫金矿业集团股份有限公司	其他国有企业	有	有	73.0	81.6	★★★★★

续表

排名	企业名称	企业性质	CSR专栏	CSR报告	责任管理指数	社会责任发展指数	星级
4	中国有色矿业集团有限公司	中央企业	有	有	75.0	69.5	★★★★
5	天齐锂业股份有限公司	民营企业	有	有	45.0	56.5	★★★
6	中国五矿集团有限公司	中央企业	有	有	23.0	48.6	★★★
7	中国中钢集团有限公司	中央企业	有	无	33.0	46.6	★★★
8	北京矿冶科技集团有限公司	中央企业	有	有	18.0	46.4	★★★
9	中国中煤能源集团有限公司	中央企业	有	有	67.0	41.7	★★★
10	贵州盘江煤电集团有限责任公司	其他国有企业	无	有	8.0	41.6	★★★
11	山东黄金集团有限公司	其他国有企业	有	无	18.0	39.6	★★
12	江西铜业集团有限公司	其他国有企业	有	无	13.0	37.6	★★
13	洛阳栾川钼业集团股份有限公司	民营企业	无	无	15.0	37.5	★★
14	山西潞安矿业(集团)有限责任公司	其他国有企业	有	有	11.0	37.2	★★
15	淮北矿业控股股份有限公司	其他国有企业	无	有	43.0	33.9	★★
16	阳泉煤业(集团)有限责任公司	其他国有企业	无	无	11.0	32.7	★★
17	山东能源集团有限公司	其他国有企业	有	无	8.0	31.4	★★
18	冀中能源集团有限责任公司	其他国有企业	有	无	3.0	28.9	★★
19	西部矿业集团有限公司	其他国有企业	有	无	8.0	28.6	★★
20	陕西煤业化工集团公司	其他国有企业	有	无	3.0	26.4	★★
21	山西焦煤集团有限责任公司	其他国有企业	无	无	0.0	26.0	★★
22	云南锡业集团(控股)有限责任公司	其他国有企业	有	无	8.0	23.9	★★
23	中国冶金地质总局	中央企业	有	无	3.0	21.4	★★
24	大同煤矿集团有限责任公司	其他国有企业	无	无	0.0	17.8	★

续表

排名	企业名称	企业性质	CSR专栏	CSR报告	责任管理指数	社会责任发展指数	星级
26	开滦(集团)有限责任公司	其他国有企业	有	无	3.0	16.9	★
26	中国北方稀土(集团)高科技股份有限公司	其他国有企业	有	无	5.0	15.9	★
27	兖州煤业股份有限公司	其他国有企业	无	无	3.0	14.9	★
28	山西煤炭进出口集团有限公司	其他国有企业	无	无	0.0	12.5	★
29	皖北煤电集团公司	其他国有企业	无	有	8.0	12.1	★
30	力拓中国	外资企业	无	无	0.0	2.3	★

附表10 建筑行业社会责任发展指数（2020）

单位：分

排名	企业名称	企业性质	CSR专栏	CSR报告	责任管理指数	社会责任发展指数	星级
1	中国电力建设集团有限公司	中央企业	有	有	68.0	80.2	★★★★★
2	中国交通建设集团有限公司	中央企业	有	有	44.0	79.3	★★★★
3	中国建筑集团有限公司	中央企业	有	有	61.5	78.8	★★★★
4	中国铁道建筑集团有限公司	中央企业	有	有	27.0	70.9	★★★★
5	中国铁路工程集团有限公司	中央企业	有	有	58.0	61.1	★★★★
6	山东高速路桥集团股份有限公司	其他国有企业	无	有	12.0	53.7	★★★
7	中国能源建设集团有限公司	中央企业	有	有	34.0	52.4	★★★
8	上海建工集团股份有限公司	其他国有企业	有	有	18.0	49.9	★★★
9	中国化学工程集团有限公司	中央企业	有	有	44.0	48.8	★★★
10	北京城建投资发展股份有限公司	其他国有企业	有	有	13.0	47.1	★★★
11	浙江省交通投资集团有限公司	其他国有企业	有	无	8.0	42.9	★★★
12	湖南建工集团有限公司	其他国有企业	无	无	5.0	36.8	★★

续表

排名	企业名称	企业性质	CSR专栏	CSR报告	责任管理指数	社会责任发展指数	星级
13	云南省建设投资控股集团有限公司	其他国有企业	无	无	4.0	31.1	★★
14	陕西建工控股集团有限公司	其他国有企业	无	无	0.0	30.3	★★
15	青建集团股份公司	民营企业	有	无	3.0	27.6	★★
16	厦门建发集团有限公司	其他国有企业	有	无	5.0	23.7	★★
17	北京住总集团有限责任公司	其他国有企业	有	无	3.0	22.9	★★
18	云南省投资控股集团有限公司	其他国有企业	无	无	5.0	22.0	★★
19	广西建工集团有限责任公司	其他国有企业	无	无	0.0	16.8	★
20	南通三建控股有限公司	民营企业	有	无	0.0	15.3	★
21	浙江省建设投资集团有限公司	其他国有企业	有	无	38.0	11.4	★
22	南通二建控股有限公司	民营企业	有	无	3.0	10.4	★
23	广厦控股集团有限公司	民营企业	有	无	0.0	9.5	★
24	中国太平洋建设集团有限公司	民营企业	无	无	0.0	5.6	★
25	中天控股集团有限公司	民营企业	有	无	1.0	5.0	★
26	南通四建控股有限公司	民营企业	有	无	3.0	4.4	★

附表11 食品行业社会责任发展指数（2020）

单位：分

排名	企业名称	企业性质	CSR专栏	CSR报告	责任管理指数	社会责任发展指数	星级
1	中国盐业集团有限公司	中央企业	有	有	56.0	76.5	★★★★
2	内蒙古蒙牛乳业集团股份有限公司	其他国有企业	有	有	80.0	75.5	★★★★
2	内蒙古伊利实业集团股份有限公司	民营企业	有	有	80.0	75.5	★★★★
4	华润雪花啤酒(中国)有限公司	其他国有企业	无	有	76.0	74.5	★★★★

附录七 重点行业社会责任发展指数排名（2020）

续表

排名	企业名称	企业性质	CSR专栏	CSR报告	责任管理指数	社会责任发展指数	星级
5	北京三元食品股份有限公司	其他国有企业	无	有	66.0	74.2	★★★★
6	四川省宜宾五粮液集团有限公司	其他国有企业	有	有	63.0	73.9	★★★★
7	温氏食品集团股份有限公司	民营企业	有	有	71.0	73.2	★★★★
8	青岛啤酒股份有限公司	其他国有企业	有	有	36.0	70.7	★★★★
9	康师傅控股有限公司	外资企业	无	无	35.0	60.0	★★★★
10	新希望集团有限公司	民营企业	有	无	34.0	53.6	★★★
11	万洲国际有限公司	民营企业	有	无	28.0	48.7	★★★
12	光明食品(集团)有限公司	其他国有企业	无	有	25.0	48.0	★★★
13	旺旺(中国)投资有限公司	外资企业	无	无	12.0	45.2	★★★
14	中国贵州茅台酒厂(集团)有限责任公司	其他国有企业	有	有	10.0	28.8	★★
15	亿滋中国	外资企业	无	无	0.0	21.3	★★
16	皇氏集团股份有限公司	民营企业	无	无	7.0	20.4	★★
17	雀巢(中国)有限公司	外资企业	有	无	3.0	18.3	★
18	益海嘉里投资有限公司	外资企业	有	无	3.0	17.8	★
19	达能(中国)食品饮料有限公司	外资企业	无	无	0.0	15.3	★
20	百威英博(中国)	外资企业	有	无	3.0	14.6	★
21	通威集团有限公司	民营企业	有	无	3.0	12.6	★
22	山东鲁花集团有限公司	民营企业	有	无	8.0	11.9	★
23	农夫山泉股份有限公司	民营企业	无	无	0.0	11.5	★
24	杭州娃哈哈集团有限公司	民营企业	有	无	3.0	9.7	★
25	可口可乐(中国)饮料有限公司	外资企业	有	无	3.0	8.9	★
26	中国辉山乳业控股有限公司	民营企业	无	无	3.0	8.4	★
27	加多宝集团有限公司	外资企业	有	无	0.0	4.8	★
28	瑞康乳业有限公司	民营企业	无	无	0.0	4.0	★
29	百事(中国)投资有限公司	外资企业	有	无	3.0	2.2	★
30	邦吉公司	外资企业	无	无	3.0	1.4	★

附表 12　节能环保行业社会责任发展指数（2020）

单位：分

排名	企业名称	企业性质	CSR专栏	CSR报告	责任管理指数	社会责任发展指数	星级
1	中国节能环保集团有限公司	中央企业	有	有	58.0	75.6	★★★★
2	中国光大国际有限公司	其他国有企业	有	有	48.0	46.9	★★★
3	大唐环境产业集团股份有限公司	其他国有企业	无	有	9.0	37.1	★★
4	北京高能时代环境技术股份有限公司	民营企业	无	有	14.0	35.1	★★
5	中国天楹股份有限公司	民营企业	有	有	34.0	34.3	★★
6	北控水务集团有限公司	其他国有企业	有	有	47.0	32.9	★★
7	瀚蓝环境股份有限公司	其他国有企业	有	有	22.0	32.2	★★
8	北京首创股份有限公司	其他国有企业	无	有	21.0	32.0	★★
9	中国水务投资有限公司	其他国有企业	无	无	5.0	31.7	★★
10	北京碧水源科技股份有限公司	民营企业	无	无	15.0	30.3	★★
11	上海实业环境控股有限公司	其他国有企业	无	有	34.0	26.6	★★
12	北京三聚环保新材料股份有限公司	其他国有企业	无	有	5.0	25.8	★★
13	启迪环境科技发展股份有限公司	其他国有企业	无	无	5.0	19.8	★
14	北京东方园林环境股份有限公司	民营企业	无	无	5.0	17.8	★
15	盈峰环境科技集团股份有限公司	其他国有企业	无	无	8.0	15.1	★
16	成都环境投资集团有限公司	其他国有企业	有	无	5.0	10.5	★

附表13 机械设备制造业社会责任发展指数（2020）

单位：分

排名	企业名称	企业性质	CSR专栏	CSR报告	责任管理指数	社会责任发展指数	星级
1	斗山（中国）投资有限公司	外资企业	有	有	73.0	70.1	★★★★
2	中国一重集团有限公司	中央企业	有	有	49.0	69.8	★★★★
3	中国机械工业集团有限公司	中央企业	有	有	62.0	66.4	★★★★
4	中国国际海运集装箱（集团）股份有限公司	其他国有企业	有	有	40.0	65.4	★★★★
5	中国通用技术（集团）控股有限责任公司	中央企业	有	有	24.0	59.5	★★★
6	上海电气集团股份有限公司	其他国有企业	有	有	52.0	57.7	★★★
7	机械科学研究总院集团有限公司	中央企业	有	有	50.0	57.0	★★★
8	哈尔滨电气集团有限公司	中央企业	有	有	54.0	56.8	★★★
9	中国东方电气集团有限公司	中央企业	有	有	23.0	50.4	★★★
10	新疆金风科技股份有限公司	民营企业	有	有	20.0	48.0	★★★
11	中国煤炭科工集团有限公司	中央企业	有	有	39.0	46.3	★★★
12	亨通集团有限公司	民营企业	有	有	39.0	40.1	★★★
13	特变电工股份有限公司	民营企业	有	有	10.0	34.8	★★
14	盾安控股集团有限公司	民营企业	有	有	18.0	20.6	★★
15	日立（中国）有限公司	外资企业	有	无	12.0	18.4	★
16	正泰集团股份有限公司	民营企业	有	无	13.0	13.9	★
17	霍尼韦尔（中国）有限公司	外资企业	有	无	6.0	13.8	★
18	ABB（中国）有限公司	外资企业	有	无	3.0	13.4	★
19	GE中国	外资企业	有	无	3.0	9.4	★
20	博世（中国）投资有限公司	外资企业	有	无	3.0	8.7	★
21	三一集团有限公司	民营企业	有	无	5.0	8.0	★
22	三菱电机（中国）有限公司	外资企业	有	无	3.0	7.5	★
23	卡特彼勒（中国）投资有限公司	外资企业	有	无	3.0	7.0	★
24	西门子（中国）	外资企业	有	无	3.0	6.7	★
25	蒂森克虏伯（中国）投资有限公司	外资企业	有	无	3.0	5.9	★
26	山东大海集团有限公司	民营企业	有	无	5.0	5.75	★
27	采埃孚（中国）投资有限公司	外资企业	有	无	0.0	5.2	★
28	电装（中国）投资有限公司	外资企业	有	无	3.0	1.4	★
29	麦格纳中国	外资企业	无	无	0.0	1.3	★

表 14　家用电器制造业社会责任发展指数（2020）

单位：分

排名	企业名称	企业性质	CSR专栏	CSR报告	责任管理指数	社会责任发展指数	星级
1	三星（中国）投资有限公司	外资企业	有	有	84.0	91.6	★★★★★
2	松下电器中国东北亚公司	外资企业	有	有	76.0	80.1	★★★★★
3	中国 LG	外资企业	有	有	62.0	79.9	★★★★
4	佳能（中国）有限公司	外资企业	有	有	60.0	67.3	★★★★
5	TCL 集团股份有限公司	民营企业	有	有	27.0	53.4	★★★
6	海尔集团公司	民营企业	有	有	39.0	52.6	★★★
7	美的集团股份有限公司	民营企业	无	有	9.0	48.4	★★★
8	珠海格力电器股份有限公司	其他国有企业	无	有	7.0	43.7	★★★
9	小米科技有限责任公司	民营企业	有	有	34.0	41.8	★★★
10	创维集团有限公司	民营企业	无	有	16.0	37.5	★★
11	索尼（中国）有限公司	外资企业	有	有	36.0	36.5	★★
12	东芝（中国）有限公司	外资企业	有	无	20.0	36.1	★★
13	杭州老板电器股份有限公司	民营企业	有	有	10.0	32.5	★★
14	四川长虹电子控股集团有限公司	其他国有企业	无	有	5.0	27.0	★★
15	康佳集团股份有限公司	其他国有企业	无	无	0.0	22.3	★★
16	深圳市兆驰股份有限公司	民营企业	有	无	3.0	21.4	★★
17	飞利浦（中国）投资有限公司	外资企业	有	无	3.0	20.9	★★
18	日立（中国）有限公司	外资企业	有	无	12.0	18.4	★
19	广东新宝电器股份有限公司	民营企业	有	无	3.0	18.1	★
20	浙江苏泊尔股份有限公司	民营企业	有	无	3.0	13.9	★
21	九阳股份有限公司	民营企业	无	无	0.0	13.3	★
22	海信集团有限公司	民营企业	无	无	2.0	8.9	★
23	博世（中国）投资有限公司	外资企业	有	无	3.0	8.7	★
24	奥克斯集团有限公司	民营企业	有	无	5.0	8.1	★
25	西门子（中国）有限公司	外资企业	有	无	3.0	6.7	★

附录七 重点行业社会责任发展指数排名（2020）

表15 汽车行业社会责任发展指数（2020）

单位：分

排名	企业名称	企业性质	CSR专栏	CSR报告	责任管理指数	社会责任发展指数	星级
1	现代汽车集团（中国）	外资企业	有	有	71.0	87.2	★★★★★
2	中国第一汽车集团有限公司	中央企业	有	有	63.0	85.3	★★★★★
3	东风汽车集团有限公司	中央企业	有	有	80.0	85.2	★★★★★
4	东风悦达起亚汽车有限公司	合资企业	有	有	62.0	79.0	★★★★
5	广汽本田汽车有限公司	合资企业	有	有	69.0	76.6	★★★★
6	天津一汽丰田汽车有限公司	合资企业	有	有	59.0	74.4	★★★★
7	东风本田汽车有限公司	合资企业	有	有	59.0	72.0	★★★★
8	中国中车集团有限公司	中央企业	有	有	50.0	70.5	★★★★
9	北京汽车集团有限公司	其他国有企业	有	有	46.0	70.0	★★★★
10	浙江吉利控股集团有限公司	民营企业	有	有	55.0	65.8	★★★★
11	广汽丰田汽车有限公司	合资企业	有	有	50.0	65.2	★★★★
12	广州汽车集团股份有限公司	其他国有企业	有	有	54.0	64.0	★★★★
13	安徽江淮汽车集团股份有限公司	其他国有企业	有	有	59.0	63.6	★★★★
14	比亚迪股份有限公司	民营企业	有	有	21.0	61.5	★★★★
15	上海汽车集团股份有限公司	其他国有企业	有	有	23.0	59.2	★★★
16	保时捷（中国）汽车销售有限公司	外资企业	有	有	37.0	52.4	★★★
17	国机汽车股份有限公司	其他国有企业	有	有	18.0	52.4	★★★
18	丰田汽车（中国）投资有限公司	外资企业	有	有	16.0	50.0	★★★
19	华晨宝马汽车有限公司	合资企业	有	有	40.0	46.8	★★★
20	广汽乘用车有限公司	其他国有企业	无	无	19.0	45.1	★★★
21	本田汽车（中国）有限公司	外资企业	有	有	17.0	44.2	★★★
22	一汽大众汽车有限公司	合资企业	有	有	22.0	43.7	★★★
23	重庆长安汽车股份有限公司	其他国有企业	有	有	42.0	42.7	★★★
24	长城汽车股份有限公司	民营企业	有	有	8.0	42.4	★★★
25	东风柳州汽车有限公司	国有企业	有	有	48.0	41.6	★★★

续表

排名	企业名称	企业性质	CSR专栏	CSR报告	责任管理指数	社会责任发展指数	星级
26	奇瑞汽车股份有限公司	其他国有企业	有	有	10.0	40.3	★★★
27	江铃汽车集团有限公司	民营企业	无	无	11.0	38.7	★★
28	东风汽车有限公司	合资企业	无	有	48.0	33.6	★★
29	通用汽车(中国)	外资企业	有	有	12.0	32.7	★★
30	广汽三菱汽车有限公司	合资企业	有	无	13.0	32.6	★★
30	北汽福田汽车股份有限公司	民营企业	有	有	13.0	32.6	★★
32	东风日产乘用车公司	合资企业	有	无	40.0	31.0	★★
33	梅赛德斯-奔驰(中国)汽车销售有限公司	外资企业	有	无	6.0	25.5	★★
34	厦门金龙汽车集团股份有限公司	其他国有企业	有	无	3.0	25.1	★★
35	大众汽车集团(中国)	外资企业	有	无	11.0	23.0	★★
36	海马汽车股份有限公司	民营企业	有	无	3.0	22.6	★★
37	广州橙行智动汽车科技有限公司	民营企业	无	无	0.0	22.5	★★
38	阿斯顿·马丁·拉宫达有限公司	外资企业	有	有	15.0	20.8	★★
39	丰田通商(中国)有限公司	外资企业	有	无	8.0	20.0	★★
40	日产(中国)投资有限公司	外资企业	有	无	3.0	19.5	★
41	山东时风(集团)有限责任公司	其他国有企业	无	有	5.0	19.0	★
41	上海爱驰亿维汽车销售有限公司	民营企业	无	无	0.0	19.0	★
43	深圳市东风南方实业集团有限公司	其他国有企业	有	无	43.0	18.9	★
44	上汽通用汽车有限公司	合资企业	无	无	0.0	16.5	★
45	宝马中国	外资企业	有	无	3.0	15.5	★
46	沃尔沃(中国)投资有限公司	外资企业	无	无	0.0	15.0	★
47	上汽大众汽车有限公司	合资企业	无	无	3.0	14.9	★
48	万向集团公司	民营企业	无	无	0.0	14.3	★
48	河北中兴汽车制造有限公司	其他国有企业	无	无	0.0	14.3	★
48	奇瑞捷豹路虎汽车有限公司	合资企业	无	无	0.0	14.3	★
51	波音中国	外资企业	有	无	3.0	13.4	★
52	一汽解放汽车有限公司	其他国有企业	有	有	24.0	13.1	★

续表

排名	企业名称	企业性质	CSR专栏	CSR报告	责任管理指数	社会责任发展指数	星级
53	福特汽车(中国)有限公司	外资企业	有	无	3.0	12.9	★
54	天津一汽夏利汽车股份有限公司	其他国有企业	无	有	0.0	12.0	★
55	陕西汽车控股集团有限公司	其他国有企业	有	无	8.0	11.1	★
56	马自达(中国)企业管理有限公司	外资企业	无	无	0.0	11.0	★
57	华晨汽车集团控股有限公司	其他国有企业	有	无	3.0	10.9	★
58	前途汽车(苏州)有限公司	民营企业	无	无	0.0	10.5	★
58	斯巴鲁汽车(中国)有限公司	外资企业	无	无	0.0	10.5	★
60	青特集团有限公司	民营企业	有	无	3.0	9.9	★
61	四川野马汽车股份有限公司	民营企业	无	无	0.0	9.0	★
62	烟台海德专用汽车有限公司	民营企业	无	无	0.0	8.5	★
63	特斯拉(上海)有限公司	外资企业	无	无	0.0	8.0	★
64	众泰汽车股份有限公司	民营企业	无	无	0.0	7.5	★
65	中国重型汽车集团有限公司	其他国有企业	有	无	3.0	7.4	★
66	山西太行成功汽车销售有限公司	民营企业	无	无	0.0	7.0	★
67	中国长安汽车集团股份有限公司	其他国有企业	有	无	3.0	6.9	★
68	陕西通家汽车股份有限公司	其他国有企业	无	无	0.0	6.5	★
69	北京现代汽车有限公司	合资企业	有	无	3.0	6.4	★
70	深圳腾势新能源汽车有限公司	合资企业	无	无	0.0	6.0	★
71	江淮大众汽车有限公司	其他国有企业	无	无	0.0	5.5	★
72	北京奔驰汽车有限公司	合资企业	无	无	3.0	5.1	★
73	浙江合众新能源汽车有限公司	民营企业	无	无	0.0	4.8	★
74	三菱汽车销售(中国)有限公司	外资企业	有	无	23.0	4.6	★
75	东风小康汽车有限公司	民营企业	无	无	0.0	4.3	★
76	长安PSA汽车有限公司	合资企业	有	无	3.0	4.1	★
77	贵安新区新特电动汽车工业有限公司	民营企业	无	无	0.0	4.0	★

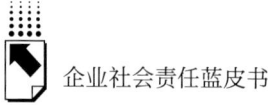

续表

排名	企业名称	企业性质	CSR专栏	CSR报告	责任管理指数	社会责任发展指数	星级
77	观致汽车有限公司	合资企业	无	无	0.0	4.0	★
79	神龙汽车有限公司	合资企业	有	无	3.0	3.9	★
80	湖南猎豹汽车股份有限公司	其他国有企业	有	无	0.0	3.5	★
81	戴姆勒中国	外资企业	无	无	0.0	3.0	★
82	郑州宇通集团有限公司	其他国有企业	有	无	3.0	2.9	★
83	铃木(中国)投资有限公司	外资企业	无	无	0.0	2.8	
84	长安马自达汽车有限公司	合资企业	无	无	0.0	2.5	
85	重庆理想智造汽车有限公司	民营企业	无	无	0.0	2.0	
85	玛莎拉蒂(中国)汽车贸易有限公司	外资企业	无	无	10.0	2.0	★
87	北京车和家信息技术有限公司	民营企业	无	无	0.0	1.5	★

附表16 石油化工行业社会责任发展指数（2020）

单位：分

排名	企业名称	企业性质	CSR专栏	CSR报告	责任管理指数	社会责任发展指数	星级
1	中国石油化工集团有限公司	中央企业	有	有	74.0	87.1	★★★★★
2	LG化学(中国)投资有限公司	外资企业	有	有	73.0	82.2	★★★★★
3	中国石油天然气集团有限公司	中央企业	有	有	62.0	74.4	★★★★
4	中国海洋石油集团有限公司	中央企业	有	有	46.0	69.2	★★★★
5	中国中化集团有限公司	中央企业	有	有	34.0	36.6	★★
6	云天化集团有限责任公司	其他国有企业	有	有	12.0	35.2	★★
7	新疆中泰(集团)有限责任公司	其他国有企业	有	有	11.0	31.7	★★
8	万华化学集团股份有限公司	中外合资企业	有	有	19.0	27.3	★★
9	中国化工集团有限公司	中央企业	有	无	3.0	27.0	★★
10	中国平煤神马能源化工集团有限公司	其他国有企业	有	有	5.0	25.5	★★
11	荣盛石化股份有限公司	民营企业	有	有	14.0	22.8	★★

续表

排名	企业名称	企业性质	CSR专栏	CSR报告	责任管理指数	社会责任发展指数	星级
12	BP中国	外资企业	有	有	13.0	19.1	★
13	中国万达集团	民营企业	有	无	13.0	17.6	★
14	山东京博控股股份有限公司	民营企业	无	无	0	17.5	★
15	天津渤海化工集团有限责任公司	其他国有企业	无	无	0	17.3	★
16	陕西延长石油(集团)有限责任公司	其他国有企业	有	无	5.0	16.2	★
17	浙江恒逸集团有限公司	民营企业	无	无	3.0	14.4	★
18	河南能源化工集团有限公司	其他国有企业	无	无	3.0	12.9	★
19	壳牌(中国)有限公司	外资企业	无	无	3.0	10.6	★
20	埃尼中国	外资企业	无	无	3.0	6.6	★
21	湖北宜化集团有限责任公司	其他国有企业	无	无	0	6.5	★
22	道达尔中国	外资企业	无	无	0	4.4	★
23	康菲石油中国有限公司	外资企业	有	无	3.0	3.5	★
23	埃克森美孚(中国)投资有限公司	外资企业	无	无	0	3.5	★
25	雪佛龙中国能源公司	外资企业	有	无	3.0	3.4	★
26	山东东明石化集团有限公司	民营企业	无	无	0	2.5	★

附表17 医药生物制造业社会责任发展指数（2020）

单位：分

排名	企业名称	企业性质	CSR专栏	CSR报告	责任管理指数	社会责任发展指数	星级
1	成都康弘药业集团股份有限公司	民营企业	有	有	57.0	70.7	★★★★
2	华润医药集团有限公司	其他国有企业	有	有	69.0	70.6	★★★★
3	石药控股集团有限公司	民营企业	无	有	41.0	58.5	★★★
4	中国医药集团有限公司	中央企业	有	无	56.0	57.4	★★★
5	浙江华海药业股份有限公司	民营企业	有	有	57.0	51.2	★★★
6	上海复星高科技(集团)有限公司	民营企业	无	有	19.0	48.4	★★★
7	云南白药集团股份有限公司	民营企业	无	有	26.0	38.5	★★
8	太极集团有限公司	其他国有企业	有	无	3.0	17.9	★

续表

排名	企业名称	企业性质	CSR专栏	CSR报告	责任管理指数	社会责任发展指数	星级
9	罗氏中国	外资企业	有	无	8.0	16.8	★
10	江苏恒瑞医药股份有限公司	民营企业	无	无	4.0	14.6	★
11	辉瑞中国	外资企业	有	无	13.0	13.4	★
12	哈药集团有限公司	民营企业	无	无	0.0	13.0	★
13	拜耳(中国)	外资企业	有	无	6.0	12.9	★
14	强生(中国)投资有限公司	外资企业	有	无	8.0	10.9	★
15	扬子江药业集团	民营企业	有	无	3.0	10.6	★
16	修正药业集团股份有限公司	民营企业	无	无	0.0	9.8	★
17	诺华中国	外资企业	有	无	3.0	8.6	★
18	葛兰素史克(中国)投资有限公司	外资企业	有	无	3.0	7.6	★
19	费森尤斯医疗投资(中国)有限公司	外资企业	有	无	3.0	7.5	★
20	阿斯利康(中国)投资有限公司	外资企业	无	无	8.0	7.4	★
21	广州医药集团有限公司	其他国有企业	无	无	3.0	6.9	★
22	赛诺菲中国	外资企业	有	无	3.0	5.3	★
23	默沙东(中国)有限公司	外资企业	有	无	3.0	2.5	★

附表18　快递行业社会责任发展指数（2020）

单位：分

排名	企业名称	企业性质	CSR专栏	CSR报告	责任管理指数	社会责任发展指数	星级
1	顺丰控股股份有限公司	民营企业	有	有	37.0	53.4	★★★
2	中通快递股份有限公司	民营企业	无	有	41.0	48.0	★★★
3	韵达控股股份有限公司	民营企业	无	有	23.0	41.1	★★★
4	圆通速递股份有限公司	民营企业	无	无	15.0	31.0	★★
5	申通快递股份有限公司	民营企业	无	有	13.0	24.1	★★
6	德邦物流股份有限公司	民营企业	无	有	11.0	20.7	★★
7	百世物流科技(中国)有限公司	民营企业	无	无	9.0	18.6	★
8	北京京东物流有限公司	民营企业	有	无	9.0	14.1	★
9	菜鸟网络科技有限公司	民营企业	无	无	0.0	11.3	★
10	江苏苏宁物流有限公司	民营企业	无	无	0.0	6.3	★
11	北京宅急送快运股份有限公司	民营企业	有	无	3.0	5.1	★
12	优速物流有限公司	民营企业	无	无	0.0	1.3	★

附录七 重点行业社会责任发展指数排名（2020）

表19 互联网行业社会责任发展指数排名前20位（2020）

单位：分

序号	简称	行业	CSR专栏	CSR报告	责任管理指数	社会责任发展指数	星级
1	腾讯（微信、QQ）	社交平台	有	有	52.0	64.7	★★★★
2	阿里巴巴（淘宝、天猫、盒马鲜生、饿了么）	电子商务	有	有	25.0	56.7	★★★
3	腾讯视频	视频直播	无	有	52.0	53.8	★★★
4	腾讯游戏	网络游戏	有	有	52.0	53.7	★★★
5	美团	电子商务	有	无	54.0	53.1	★★★
6	快手	视频直播	有	有	19.0	50.9	★★★
7	搜狗（人工智能）	人工智能	有	有	52.0	49.9	★★★
8	三七互娱	网络游戏	有	有	39.0	49.1	★★★
9	苏宁易购	电子商务	有	有	34.0	45.6	★★★
10	贝壳找房	房地产服务	无	有	29.0	44.3	★★★
11	抖音	视频直播	无	无	0.0	37.8	★★
12	国美	电子商务	无	无	10.0	37.0	★★
12	微医	医疗健康	无	无	0.0	37.0	★★
14	平安好医生	医疗健康	无	有	5.0	36.9	★★
15	拼多多	电子商务	无	无	3.0	36.9	★★
15	网易（严选、考拉）	电子商务	无	无	0.0	36.9	★★
17	阿里健康	医疗健康	无	无	8.0	36.7	★★
18	百度（人工智能）	人工智能	无	无	12.0	36.5	★★
19	百度贴吧	社交平台	无	无	7.0	36.0	★★
19	美团打车	交通出行	无	无	3.0	36.0	★★
19	乐有家	房地产服务	无	无	0.0	36.0	★★
22	海康威视	人工智能	有	有	28.0	35.7	★★
22	科大讯飞	人工智能	有	有	24.0	35.7	★★
24	恺英网络	网络游戏	无	有	26.0	35.0	★★
24	快狗打车	交通出行	无	无	8.0	35.0	★★
26	优酷土豆	视频直播	无	无	8.0	34.5	★★
27	新东方	网络教育	无	无	3.0	32.4	★★
28	蛋壳公寓	房地产服务	无	无	0.0	32.0	★★
29	曹操出行	交通出行	无	无	0.0	30.8	★★
30	嘀嗒出行	交通出行	有	无	10.0	30.3	★★
31	好未来（学而思）	网络教育	无	无	6.0	29.7	★★
32	完美世界	网络游戏	有	有	39.0	28.3	★★
33	映客	视频直播	有	无	3.0	27.4	★★

续表

序号	简称	行业	CSR专栏	CSR报告	责任管理指数	社会责任发展指数	星级
34	陌陌	社交平台	无	无	0.0	27.0	★★
35	房天下	房地产服务	无	无	0.0	26.3	★★
36	微博	社交平台	无	无	0.0	26.0	★★
37	链家网	房地产服务	无	无	0.0	25.8	★★
38	游族网络	网络游戏	无	无	0.0	24.0	★★
39	虎牙直播	视频直播	无	无	0.0	23.5	★★
40	哔哩哔哩	视频直播	无	无	0.0	23.5	★★
40	巨人	网络游戏	无	无	0.0	23.5	★★
42	斗鱼直播	视频直播	无	无	0.0	22.5	★★
42	爱奇艺	视频直播	无	无	0.0	22.5	★★
42	网易游戏	网络游戏	无	无	0.0	22.5	★★
45	云从科技	人工智能	无	无	33.0	21.6	★★
46	波克城市	网络游戏	无	无	3.0	21.1	★★
47	网龙	网络游戏	无	无	0.0	21.0	★★
48	途牛旅游网	旅游行业	无	无	0.0	18.8	★
49	房多多	房地产服务	无	无	0.0	18.3	★
50	360游戏	网络游戏	无	无	0.0	18.0	★
50	4399.00	网络游戏	无	无	0.0	18.0	★
50	驴妈妈旅游网	旅游行业	无	无	0.0	18.0	★
53	探探	社交平台	无	无	0.0	17.5	★
53	猿辅导(猿题库、小猿搜题)	网络教育	无	无	0.0	17.5	★
55	寒武纪	人工智能	无	无	5.0	17.0	★
55	自如	房地产服务	无	无	0.0	17.0	★
55	同程艺龙网	旅游行业	无	无	0.0	17.0	★
58	掌趣科技	网络游戏	无	无	0.0	16.0	★
58	51Talk	网络教育	无	无	0.0	16.0	★
60	作业帮	网络教育	无	无	0.0	15.8	★
60	马蜂窝	旅游行业	无	无	0.0	15.8	★
62	飞猪旅行网	旅游行业	无	无	8.0	15.6	★
63	依图科技	人工智能	无	无	0.0	15.5	★
64	滴滴出行	交通出行	有	无	3.0	15.1	★
65	旷视科技	人工智能	无	无	5.0	15.0	★
65	商汤科技	人工智能	无	无	5.0	15.0	★
65	去哪儿网	旅游行业	无	无	0.0	15.0	★

附录七　重点行业社会责任发展指数排名（2020）

续表

序号	简称	行业	CSR专栏	CSR报告	责任管理指数	社会责任发展指数	星级
68	盛大游戏/盛趣游戏	网络游戏	无	无	0.0	14.8	★
69	辣妈帮	社交平台	无	无	0.0	14.5	★
70	唯品会	电子商务	无	无	0.0	14.3	★
70	英雄互娱	网络游戏	无	无	0.0	14.3	★
72	携程网	旅游行业	有	无	11.0	14.2	★
73	乐逗	网络游戏	有	无	3.0	14.1	★
74	花椒直播	视频直播	无	无	0.0	14.0	★
74	搜狐视频	视频直播	无	无	0.0	14.0	★
74	尚德机构	网络教育	有	无	0.0	14.0	★
77	学霸君	网络教育	无	无	0.0	13.8	★
78	掌门1对1	网络教育	无	无	5.0	13.5	★
79	京东	电子商务	无	无	3.0	13.4	★
80	VIPKID	网络教育	无	无	0.0	13.3	★
81	世纪天成	网络游戏	无	无	0.0	13.0	★
81	穷游网	旅游行业	无	无	0.0	13.0	★
83	有缘	社交平台	无	无	0.0	12.8	★
84	珍爱	社交平台	无	无	0.0	12.5	★
85	丁香园	医疗健康	无	无	0.0	12.0	★
86	咪咕视频	视频直播	无	无	0.0	11.5	★
86	健康160	医疗健康	无	无	0.0	11.5	★
88	国双	人工智能	无	有	8.0	11.1	★
89	百合佳缘	社交平台	无	无	0.0	10.8	★
89	首汽约车	交通出行	无	无	0.0	10.8	★
89	健客网	医疗健康	无	无	0.0	10.8	★
92	春雨医生	医疗健康	无	无	0.0	10.5	★
93	小盒科技（原作业盒子）	网络教育	无	无	0.0	10.3	★
94	搜狐畅游	网络游戏	无	无	0.0	9.3	★
95	小红书	电子商务	有	无	3.0	8.6	★
96	一直播	视频直播	无	无	0.0	8.5	★
96	货拉拉	交通出行	无	无	0.0	8.5	★
96	健康之路	医疗健康	无	无	0.0	8.5	★
99	神州专车	交通出行	无	无	0.0	8.3	★
100	摩拜	交通出行	无	无	5.0	8.0	★
101	聚美优品	电子商务	无	无	0.0	7.8	★

续表

序号	简称	行业	CSR专栏	CSR报告	责任管理指数	社会责任发展指数	星级
102	西瓜视频	视频直播	无	无	0.0	7.5	★
103	安居客	房地产服务	无	无	0.0	7.3	★
103	我爱我家	房地产服务	无	无	0.0	7.3	★
105	欣欣旅游网	旅游行业	无	无	0.0	7.0	★
106	乐道	网络游戏	无	无	0.0	6.5	★
107	蘑菇街	电子商务	无	无	0.0	6.3	★
108	本来生活	电子商务	无	无	0.0	6.0	★
108	好大夫在线	医疗健康	无	无	0.0	6.0	★
110	诸葛找房	房地产服务	无	无	0.0	5.5	★
111	Soul	社交平台	无	无	0.0	5.0	★
112	金山游戏	网络游戏	无	无	0.0	4.5	★
113	春秋旅游网	旅游行业	无	无	0.0	4.3	★
114	易到用车	交通出行	无	无	0.0	3.5	★
115	当当	电子商务	无	无	3.0	3.1	★
116	每日优鲜	电子商务	无	无	0.0	2.8	★
116	空中网	网络游戏	无	无	0.0	2.8	★
118	瑞幸咖啡	电子商务	无	无	0.0	2.0	★
118	秒拍	视频直播	无	无	0.0	2.0	★
118	医护到家	医疗健康	无	无	0.00	2.0	★

附表20 日化行业社会责任发展指数（2020）

单位：分

排名	企业名称	企业性质	CSR专栏	CSR报告	责任管理指数	社会责任发展指数	星级
1	爱茉莉太平洋(中国)	外资企业	有	有	66.0	67.5	★★★★
2	广州立白企业集团有限公司	民营企业	有	有	37.0	47.2	★★★
3	玫琳凯(中国)化妆品有限公司	外资企业	有	有	35.0	42.8	★★★
4	上海家化联合股份有限公司	民营企业	有	有	23.0	36.6	★★
5	伽蓝(集团)股份有限公司	民营企业	有	有	33.0	34.1	★★
6	欧莱雅(中国)有限公司	外资企业	有	无	42.0	27.4	★★
7	珀莱雅化妆品股份有限公司	民营企业	有	无	9.0	27.3	★★
8	资生堂(中国)投资有限公司	外资企业	有	无	42.0	25.7	★★
9	花王(中国)投资有限公司	外资企业	有	无	33.0	21.9	★★

续表

排名	企业名称	企业性质	CSR专栏	CSR报告	责任管理指数	社会责任发展指数	星级
10	江苏隆力奇生物科技股份有限公司	民营企业	有	无	6.0	15.2	★
11	宝洁(中国)有限公司	外资企业	有	无	5.0	14.8	★
12	联合利华(中国)有限公司	外资企业	有	无	3.0	14.4	★
13	汉高(中国)投资有限公司	外资企业	有	无	13.0	14.1	★
14	安利(中国)日用品有限公司	外资企业	有	无	3.0	11.9	★
14	纳爱斯集团有限公司	民营企业	有	无	8.0	11.9	★
16	强生(中国)投资有限公司	外资企业	有	无	8.0	10.9	★
17	上海相宜本草化妆品股份有限公司	民营企业	有	无	8.0	6.9	★
18	高丝化妆品有限公司	外资企业	无	无	0.0	6.5	★
19	雅诗兰黛集团中国公司	外资企业	无	无	0.0	5.0	★
20	拜尔斯道夫个人护理用品(中国)有限公司	外资企业	有	无	8.0	4.6	★
21	上海上美化妆品有限公司	民营企业	无	无	0.0	4.3	★
22	天津郁美净集团有限公司	民营企业	无	无	0.0	4.0	★
23	雅芳(中国)有限公司	外资企业	无	无	0.0	2.5	★
24	浙江欧诗漫集团有限公司	民营企业	无	无	0.0	2.3	★
25	广州逸仙电子商务有限公司	民营企业	无	无	0.0	2.0	★
26	福建片仔癀化妆品有限公司	其他国有企业	无	无	0.0	1.8	★
27	上海百雀羚日用化学有限公司	民营企业	无	无	0.0	0.3	★

B.15
附录八 人才建设/行业研究

一 责任云评价中心简介

责任云评价中心是专注于企业社会责任与可持续发展评价的民间智库。中心以中国社科院、清华大学、中山大学、暨南大学等机构的顶级专家为依托,打造社会责任领域最专业、最权威的评价平台。

(一)组织架构

专家委员会:钟宏武(委员会主任)、邓国胜、陈宏辉、沈洪涛

主　　　任:张 蒽

秘　书　处:任姣姣

(二)评价领域

1. 报告评级

编制《中国企业社会责任报告评级标准》,依托"中国企业社会责任报告评级专家委员会",对申请评级的企业社会责任报告评定星级,出具评级报告;每年发布《中国企业社会责任报告研究》,对当年发布的中国企业社会责任报告进行全样本评价。

2. 行业评价

构建国有企业100强、民营企业100强和外资企业100强的社会责任发展指数,每年持续更新,为"企业社会责任蓝皮书"提供强大数据支持。评价重点行业社会责任发展水平,发布《汽车企业社会责任蓝皮

书》《中国互联网企业社会责任研究报告》《中国 5A 景区社会责任研究报告》等评价成果。

3. 区域评价

评价重点区域社会责任发展特征，发布《西三角地区企业社会责任研究报告》《西三角地区品牌影响力研究报告》《北京民营企业社会责任百强调研报告》等评价成果。

4. ESG 评价

评价中国上市公司环境、社会与治理（ESG）发展水平，形成中国样本量最大（1892 家中国 A 股主板上市公司）、指标体系最完整、信息采集最全面、数据准确度最高的 ESG 指数。

5. 企业家评价

评价国有企业 50 强、民营企业 50 强、外资企业 50 强及银行、房地产、互联网、汽车、石油化工等 15 个分行业 30 强企业的企业家社会责任履行情况，形成"企业家社会责任指数"。

二 "百人讲堂——责任官公益培训计划"简介

1. 项目简介

"百人讲堂——责任官公益培训计划"于 2013 年 5 月发起，旨在以公益的方式分享责任、培育力量、达成共识，通过为中外企业管理人员提供为期 3 天的社会责任专项培训，普及社会责任知识、推广社会责任理念、提升社会责任意识，帮助解决企业发展中遇到的社会责任问题，指导受训人员管理复杂的社会、环境议题，应对多元的挑战。

2. 项目回顾

截至 2020 年 9 月，"百人讲堂——责任官公益培训计划"已成功举办十二期，有近 70 位名师走进课堂，为 2500 多名学员提供了专业的社会责任培训。

附表1 中国企业社会责任百人讲堂举办情况

序号	举办地	举办时间	序号	举办地	举办时间
第一期	北京	2013年5月10~12日	第七期	北京	2015年6月17~19日
第二期	广州	2013年8月21~23日	第八期	北京	2016年10月12~14日
第三期	西安	2013年11月6~8日	第九期	苏州	2017年8月9~11日
第四期	北京	2014年4月23~25日	第十期	上海	2018年5月21~23日
第五期	武汉	2014年7月23~25日	第十一期	深圳	2019年9月25~27日
第六期	成都	2014年10月29~31日	第十二期	北京、上海、广州、成都、郑州	2020年9月24~25日

三 中国企业社会责任报告编写指南5.0

1. 项目简介

本土标准是引领中国企业社会责任报告发展的重要工具。2009年，《中国企业社会责任报告编写指南》（简称《指南1.0》）发布，此后两次升级到3.0版本。2015年，400余家中外大型企业参考了《指南3.0》，《指南3.0》成为全球报告倡议组织（GRI）官方认可的全球唯一国别报告标准，有力提升了中国在国际社会责任运动中的话语权。2017年，指南再次升级至4.0版本，《指南4.0》融合了联合国可持续发展目标（SDGs）、中国社会责任国家标准（GB/T 36000）和香港联交所《环境、社会及管治（ESG）报告指引》等重要标准/倡议内容。为进一步提升《指南》的国际性、包容性和引领性，指导委员会已于2020年正式启动《指南5.0》升级工作。

2. 编写原则

开放平台：成立《指南5.0》指导委员会，下设学术委员会、行业/议题委员会、秘书处，广泛吸纳企业社会责任政策制定者、理论研究者、实践推进者参与《指南5.0》开发。

共建共享：与政府机构、行业协会、领先企业等深度合作，共同开展《指南5.0》的编写、发布、软件开发、培训、宣传推广及后续报告评级等工作。

简洁实用：进一步提升《指南5.0》指标的实质性，较大幅度减少社会责任报告指标数量，引导信息披露方式转变，提升指南的实用性和可操作性。

国际视野：深入研究国际企业社会责任最新动态，整合国际社会责任标准最新研究成果。

3. 主要特点

更全面：开发三个系列的一般框架，除《CHINA-CSR指南5.0》以外，还将针对在海外发展的企业以及上市公司开发《CHINA-SDR指南5.0》《CHINA-ESG指南5.0》。

更精细：在一般框架基础上，开发行业标准和议题标准，形成"1+N+M"综合指标体系。

更普适：研发针对中小企业的基础版和针对大型企业的高级版，全面覆盖各类型企业。

更与时俱进：年度修订，每年召开指标研讨会，与合作单位一起，结合社会责任发展最新形势和企业社会责任领先实践对指标进行升级。

四 中国企业社会责任报告评级

1. 项目简介

2010年，在彭华岗等专家的支持下，中国社会科学院企业社会责任研究中心牵头成立"中国企业社会责任报告评级专家委员会"（以下简称"评级专家委员会"），制定了《中国企业社会责任报告评级标准》，从过程性、实质性、完整性、平衡性、可比性、可读性和创新性等七个维度对报告进行综合评价，出具附有专家签名的评级报告，颁发评级证书，推动我国企业社会责任报告高质量发展。

截至2020年9月15日，评级专家委员会已累计为超150余家中外企业出具了703份评级报告，成为国内最具影响力的报告评价业务。

2. 历年参评企业名单（2010~2020）

报告评级自2010年启动以来，评级企业数量呈平稳上升趋势。截至2020年9月15日，已累计为703份中外企业社会责任报告提供报告评级服务。

2010年（10家）	2011年（22家）	2012年（43家）	2013年（60家）	2014年（61家）	2015年（65家）	2016年（66家）	2017年（72家）	2018年（94家）	2019年（91家）	2020年（106家）
中石化集团	南方电网	中石化股份	中国建材	中国移动	中国石化	中国华电	中国移动	华润集团	中国石化	中国海油
中石化股份	中国电信	中国华能	中国建筑	中国海油	神华集团	中国一汽	中国人保	中国黄金	国投	中国通号
民生银行	中国华能	中国铝业	中煤集团	中粮集团	北控集团	中国建筑	中国交建	上海家化	中国华电	中国建筑
中国华能	中石化集团	华润集团	中国海油	中航工业	国投集团	中国建材	海立股份	中国交建	中国华电	南方电网
中国华电	中石化股份	神华集团	中国联通	中国交建	光大银行	远洋中国	丰田中国	中国浦项	中国移动	国家能源集团
中国大唐	中国黄金	中国电科	中国电子	国机集团	三元食品	佳能中国	华润电力	协鑫集团	民生银行	中国移动
中钢集团	远洋地产	新兴际华	北汽集团	海航集团	台达（中国）	松下电器	保利协鑫	松下电器	现代汽车	中铝集团
南方电网	中国电科	广东粤电	中国三星	松下电器	上汽大众	现代汽车	LG化学	北控集团	松下电器	SK中国
马钢集团	中国兵装	佳能（中国）	斗山（中国）	丰田（中国）	LG（中国）	民生银行	佳能中国	现代汽车	佳能（中国）	腾讯
鞍钢集团	……	……	……	……	……	……	……	……	……	……

B.16 后　记

2020年，新冠肺炎疫情的突然暴发让中国企业在这一年的社会责任履行变得十分不平凡，《中国企业社会责任研究报告》作为连续12年开展的研究，在这个特殊的年份必须更加有针对性的分析和评价。课题组依然延续了企业社会责任发展指数的基础评价路线，同时在优化评价指标体系时，纳入了对企业抗疫举措的考量，并新增反映中国企业在抗击疫情中开展慈善捐赠特征的内容，让本报告更好地反映中国企业履行社会责任的年度特征，记录下这特殊的一年。

《中国企业社会责任研究报告（2020）》是集体劳动的成果。项目历时5个月，先后有50余人投入其中。内容结构和技术路线由钟宏武、张蒽、任姣姣研究确定，并组织多次研讨会，听取相关专家、企业代表、媒体等相关方的意见和建议。数据采集过程涉及中国企业300强、国有企业100强、民营企业100强、外资企业100强、20个重点行业社会责任公开信息的收集、阅读和整理，由责任云评价中心牵头完成，任姣姣、陆烨等负责了信息采集录入和数据整理工作。汪杰、黄晓娟负责了企业抗击疫情捐赠数据的统计和分析工作。

《中国企业社会责任研究报告（2020）》的写作框架由钟宏武、张蒽共同确定。总报告《中国企业社会责任发展报告（2020）》由张蒽、任姣姣、陆烨撰写完成；分报告《中国国有企业100强社会责任发展指数（2020）》由陆烨撰写，《中国民营企业100强社会责任发展指数（2020）》由刘璐璐撰写，《中国外资企业100强社会责任发展指数（2020）》由刘璐璐撰写；专题报告《中央企业社会责任研究报告（2020）》由张蒽、任姣姣撰写，《中国企业抗击疫情捐赠研究报告（2020）》由汪杰、黄晓娟撰写；行业报告《重点行业社会责任发展指数（2020）》由汪杰、王娅郦、张闽湘、马燕、赵思琪、杨静、刘袖瑕、张阳光、陈思颖、肖玮琪、彭雯雯、马文婷、聂霄萌、侯磊、董德尚、杨秀、王雨霏、齐梦雪、王沿坪、喻雨田、柳梦笛、张金爽、王惠、樊潇、罗恒国、李华峰、罗濛雨、陈东等撰写；附录由任姣姣、陆烨、刘璐璐整理完成。

全书最终由钟宏武、张蒽、任姣姣等审阅、修改和定稿。

中国企业社会责任的研究起步不久，还有很多问题有待探索和解决。希望各行各业的专家学者、读者朋友不吝赐教，共同推动中国企业社会责任更好更快地发展。

感谢所有为本书的顺利出版而付出努力的人！

企业社会责任蓝皮书课题组

2020 年 10 月

社会科学文献出版社

皮 书
智库报告的主要形式
同一主题智库报告的聚合

✤ 皮书定义 ✤

皮书是对中国与世界发展状况和热点问题进行年度监测,以专业的角度、专家的视野和实证研究方法,针对某一领域或区域现状与发展态势展开分析和预测,具备前沿性、原创性、实证性、连续性、时效性等特点的公开出版物,由一系列权威研究报告组成。

✤ 皮书作者 ✤

皮书系列报告作者以国内外一流研究机构、知名高校等重点智库的研究人员为主,多为相关领域一流专家学者,他们的观点代表了当下学界对中国与世界的现实和未来最高水平的解读与分析。截至2020年,皮书研创机构有近千家,报告作者累计超过7万人。

✤ 皮书荣誉 ✤

皮书系列已成为社会科学文献出版社的著名图书品牌和中国社会科学院的知名学术品牌。2016年皮书系列正式列入"十三五"国家重点出版规划项目;2013~2020年,重点皮书列入中国社会科学院承担的国家哲学社会科学创新工程项目。

中国皮书网

（网址：www.pishu.cn）

发布皮书研创资讯，传播皮书精彩内容
引领皮书出版潮流，打造皮书服务平台

栏目设置

◆ **关于皮书**
何谓皮书、皮书分类、皮书大事记、
皮书荣誉、皮书出版第一人、皮书编辑部

◆ **最新资讯**
通知公告、新闻动态、媒体聚焦、
网站专题、视频直播、下载专区

◆ **皮书研创**
皮书规范、皮书选题、皮书出版、
皮书研究、研创团队

◆ **皮书评奖评价**
指标体系、皮书评价、皮书评奖

◆ **互动专区**
皮书说、社科数托邦、皮书微博、留言板

所获荣誉

◆ 2008年、2011年、2014年，中国皮书网均在全国新闻出版业网站荣誉评选中获得"最具商业价值网站"称号；
◆ 2012年，获得"出版业网站百强"称号。

网库合一

2014年，中国皮书网与皮书数据库端口合一，实现资源共享。

权威报告·一手数据·特色资源

皮书数据库
ANNUAL REPORT(YEARBOOK) DATABASE

分析解读当下中国发展变迁的高端智库平台

所获荣誉

- 2019年，入围国家新闻出版署数字出版精品遴选推荐计划项目
- 2016年，入选"'十三五'国家重点电子出版物出版规划骨干工程"
- 2015年，荣获"搜索中国正能量 点赞2015""创新中国科技创新奖"
- 2013年，荣获"中国出版政府奖·网络出版物奖"提名奖
- 连续多年荣获中国数字出版博览会"数字出版·优秀品牌"奖

成为会员

通过网址www.pishu.com.cn访问皮书数据库网站或下载皮书数据库APP，进行手机号码验证或邮箱验证即可成为皮书数据库会员。

会员福利

- 已注册用户购书后可免费获赠100元皮书数据库充值卡。刮开充值卡涂层获取充值密码，登录并进入"会员中心"—"在线充值"—"充值卡充值"，充值成功即可购买和查看数据库内容。
- 会员福利最终解释权归社会科学文献出版社所有。

数据库服务热线：400-008-6695
数据库服务QQ：2475522410
数据库服务邮箱：database@ssap.cn
图书销售热线：010-59367070/7028
图书服务QQ：1265056568
图书服务邮箱：duzhe@ssap.cn

卡号：367621678572
密码：

基本子库 SUB DATABASE

中国社会发展数据库（下设 12 个子库）

整合国内外中国社会发展研究成果，汇聚独家统计数据、深度分析报告，涉及社会、人口、政治、教育、法律等 12 个领域，为了解中国社会发展动态、跟踪社会核心热点、分析社会发展趋势提供一站式资源搜索和数据服务。

中国经济发展数据库（下设 12 个子库）

围绕国内外中国经济发展主题研究报告、学术资讯、基础数据等资料构建，内容涵盖宏观经济、农业经济、工业经济、产业经济等 12 个重点经济领域，为实时掌控经济运行态势、把握经济发展规律、洞察经济形势、进行经济决策提供参考和依据。

中国行业发展数据库（下设 17 个子库）

以中国国民经济行业分类为依据，覆盖金融业、旅游、医疗卫生、交通运输、能源矿产等 100 多个行业，跟踪分析国民经济相关行业市场运行状况和政策导向，汇集行业发展前沿资讯，为投资、从业及各种经济决策提供理论基础和实践指导。

中国区域发展数据库（下设 6 个子库）

对中国特定区域内的经济、社会、文化等领域现状与发展情况进行深度分析和预测，研究层级至县及县以下行政区，涉及地区、区域经济体、城市、农村等不同维度，为地方经济社会宏观态势研究、发展经验研究、案例分析提供数据服务。

中国文化传媒数据库（下设 18 个子库）

汇聚文化传媒领域专家观点、热点资讯，梳理国内外中国文化发展相关学术研究成果、一手统计数据，涵盖文化产业、新闻传播、电影娱乐、文学艺术、群众文化等 18 个重点研究领域。为文化传媒研究提供相关数据、研究报告和综合分析服务。

世界经济与国际关系数据库（下设 6 个子库）

立足"皮书系列"世界经济、国际关系相关学术资源，整合世界经济、国际政治、世界文化与科技、全球性问题、国际组织与国际法、区域研究 6 大领域研究成果，为世界经济与国际关系研究提供全方位数据分析，为决策和形势研判提供参考。

法律声明

"皮书系列"(含蓝皮书、绿皮书、黄皮书)之品牌由社会科学文献出版社最早使用并持续至今,现已被中国图书市场所熟知。"皮书系列"的相关商标已在中华人民共和国国家工商行政管理总局商标局注册,如LOGO( )、皮书、Pishu、经济蓝皮书、社会蓝皮书等。"皮书系列"图书的注册商标专用权及封面设计、版式设计的著作权均为社会科学文献出版社所有。未经社会科学文献出版社书面授权许可,任何使用与"皮书系列"图书注册商标、封面设计、版式设计相同或者近似的文字、图形或其组合的行为均系侵权行为。

经作者授权,本书的专有出版权及信息网络传播权等为社会科学文献出版社享有。未经社会科学文献出版社书面授权许可,任何就本书内容的复制、发行或以数字形式进行网络传播的行为均系侵权行为。

社会科学文献出版社将通过法律途径追究上述侵权行为的法律责任,维护自身合法权益。

欢迎社会各界人士对侵犯社会科学文献出版社上述权利的侵权行为进行举报。电话:010-59367121,电子邮箱:fawubu@ssap.cn。

社会科学文献出版社